स्वामी विवेकानन्द

स्वामी विवेकानन्द

एम० कुमार
दीप्ति शर्मा

अर्जुन पब्लिशिंग हाउस

स्वामी विवेकानन्द

संस्करण, 2026

ISBN 978-81-8330-251-7

प्रकाशक :

अर्जुन पब्लिशिंग हाऊस

4831/24, गोविन्द लेन,

अंसारी रोड, दरियागंज,

नई दिल्ली—110002

फोन : 23272541, 23242541

e-mail : arjunbooks2001@gmail.com

टाइपसेटिंग :

डिम्पल कम्प्यूटर्स

दिल्ली

प्रिन्टर्स :

डिवाईन डिजीटल प्रेस

दिल्ली

भूमिका

विवेकानन्द ब्रह्म को अज्ञेय मानते हैं, क्योंकि जो सबका ज्ञाता है, जो सब ज्ञानों का आधार है, उसे किस प्रकार जाना जा सकता है। जब ब्रह्म, अज्ञेय, अनिर्वचनीय व अवर्णनीय है तो यह निश्चित है कि, उसके विषय में किसी प्रकार के विशेषणों का प्रयोग नहीं किया जा सकता। फिर भी ब्रह्म को सत्, चित्त और आनन्द शब्दों से अभिहित किया जाता है। अद्वैतवादी होने के नाते विवेकानन्द ब्रह्म को एक रस मानते हैं। वे निरपेक्ष में किसी प्रकार का भेद नहीं मानते हैं, उनके अनुसार ब्रह्म को एक शुष्क एवं नीरस अस्तित्व नहीं है। वह अनेकता में एकता है। वह विश्व में होकर भी विश्व से परे है। वह समस्त विश्व का आधार है, इसका सार है।

विवेकानन्द इसे विश्व के सृष्टा, पालनकर्ता, शासक और संहारक के रूप में उसके उपादान और निमित्तकारण के रूप में, परमशासक के रूप में, जीवनमय, प्रेममय, परम सौन्दर्यमय के रूप में, सर्वोच्च और सर्वशक्तिमान, जीवन या ऊर्जा के रूप में हुई है। वह परमात्मा या ब्रह्म, वह सच्चिदानन्द, निर्गुण और यथार्थ अनन्त है। उच्चत्तम से लेकर निम्नतम प्रत्येक सत्ता अपनी-अपनी कोटि के अनुरूप ऊर्जा, आकर्षण और साम्यावस्था के लिए संघर्ष की अभिव्यक्ति करता है। पर परमऊर्जा प्रेम सौन्दर्य एक शरीर है, व्यक्ति है। इस विश्व की अनन्त जननी है–देवाधिदेव–परमप्रभु, सर्वव्यापी, फिर भी विश्व से पृथक् परमात्मा, फिर भी प्रत्येक आत्मा से पृथक्, इस विश्व की जननी, क्योंकि उसी ने उत्पन्न किया है। वह विश्व नियंत्रिका है, क्योंकि वही इसकी परम प्रेममय निर्देशिका और अनन्तः अर वस्तु को स्वयं में पुनः ले जाने वाली है। उसी के आदेश से सूर्य चन्द्र प्रकाशमान है, मेघ बरसते हैं और मृत्यु धरती पर अदृश्य विचरण करती है।

इस प्रकार विवेकानन्द ने जिस वेदान्त के ब्रह्म को स्वीकार किया, वह न तो हेगल का स्थूल परमतत्व है, न माध्यमिकों का शून्य और न योगाचारियों का आलय विज्ञान। उन्होंने अद्वैत वेदान्त के अनुयायी होने के कारण ब्रह्म की निरपेक्ष, निर्विशेष एवं निर्गुण सत्ता को स्वीकार किया है और यही उनके दर्शन का सार है।

प्रस्तुत पुस्तक की विषय-वस्तु छात्रों एवं प्राध्यापकों के लिए अत्यन्त ही उपयोगी सिद्ध होगी। पुस्तक की भाषा अत्यन्त सरल है जो पढ़ने में रोचकता प्रदान करती है।

एम. कुमार
दीप्ति शर्मा

अनुक्रमणिका

*****

1

परिचयात्मक दृष्टिकोण

महान् भारतीय सन्त और चिन्तक स्वामी विवेकानन्द का जीवन-दर्शन निश्चय ही अत्यन्त गौरवपूर्ण और प्रेरणादायक है। उनकी इस बात में अडिग आस्था थी कि भीरू, म्लान और उदासीन व्यक्ति जीवन में कोई कार्य नहीं कर सकते हैं। कार्य वही व्यक्ति कर सकते हैं जो वीर, निर्भय और कर्मठ है। अतः प्रत्येक नर-नारी के लिये स्वामी जी का सन्देश था—**जीवन संग्राम में वीर बनो। कहो, सबसे कहो, कि तुम निर्भय हो। भय का त्याग करो क्योंकि भय मृत्यु है, भय पाप है, भय अधोलोक है, भय अधार्मिकता है, भय का जीवन में कोई स्थान नहीं है।**

स्वामीजी का कथन है कि मनुष्य के जीवन में संघर्ष की प्रधानता होनी चाहिये जो कोई प्रकृति के विरुद्ध लड़ता है, उसमें ही चैतन्य का विकास होता है। जहाँ चेष्टा या पुरुषार्थ है वहीं जीवन का चिह्न और चेतना का प्रकाश है। स्वामी जी ने स्वयं अतीत और वर्तमान पूर्व और पश्चिम, स्वप्न और यथार्थ का विरोधी महाशक्तियों में समन्वय स्थपित करने के लिये आजीवन अविराम संघर्ष किया और अन्त में इसी संघर्ष में अपने जीवन की आहुति दे दी।

अपने प्रखर वाणी व ओजस्वी चिन्तन के कारण आध्यात्मिक क्षेत्र के 'भारतीय नेपोलियन'[2] एवं 'विश्वात्मा की अनुपम संगीत रचना' के रूप में विख्यात स्वामी विवेकानन्द आधुनिक भारतीय विचार परम्परा के सर्वाधिक प्रतिभाशाली तथा प्रभावशाली चिन्तक हैं। पूर्व में राजा राममोहन राय ने भारतीय समाज में 'आधुनिकता' की प्रारम्भिक किरणों का समावेश किया था जिसे दयानन्द सरस्वती ने 'स्वाभिमान के संदेश' से और अधिक आलोकित किया। स्वामी विवेकानन्द भारतीयों को 'आत्मबल व शक्ति' का उपदेश देकर समस्त निर्बलताओं से मुक्ति पाने का आह्वान करते हैं। उन्होंने शिकागो के विश्व धर्म सम्मेलन में जिन विचारों को रखा उससे न सिर्फ स्वयं विख्यात हुए

अपितु दुनिया ने सम्भवतः पहली बार हिन्दू धर्म के श्रेष्ठतम होने के दावे पर गंभीरतापूर्ण विमर्श प्रारम्भ किया।

किन्तु जिस संन्यासी को आज हम विवेकानन्द के नाम से जानते हैं उनको बाल्यावस्था में 'बिले' कहकर पुकारा जाता था। उनकी माता भुवनेश्वरी देवी भगवान शिव की उपासिका थीं और पुत्र की लालसा में शिव से मनोकामना पूर्ति हेतु प्रार्थना करती रहती थीं। शंकर के आशीर्वाद से 12 जनवरी, 1863 ई. को पौष संक्रान्ति की प्रभात वेला में, सोमवार को भुवनेश्वरी देवी की गोद एक शिशु की किलकारी से भर गई। नामकरण के दिन उसका राशि नाम 'वीरेश्वर' रखा गया। अन्नप्राशन के शुभ अवसर पर 'बिले' का नामकरण 'नरेन्द्रनाथ दत्त' के रूप में हुआ। नरेन्द्र नाथ के पितामह श्री दुर्गादास दत्त ने युवावस्था में ही सांसारिक जीवन का त्याग कर दिया था। नरेन्द्र की मुखाकृति भी अपने दादा से मिलती-जुलती थी लेकिन तब किसने सोचा होगा कि श्री विश्वनाथ दत्त व भुवनेश्वरी देवी का यह पुत्र भी संन्यास धारण कर परिवार का परित्याग कर देगा और सम्पूर्ण मानवता को ही अपना परिवार बना लेगा। 'नरेन' के दो छोटे भाई भी थे-महेन्द्र नाथ दत्त व भूपेन्द्र नाथ दत्त। दोनों बहनें इनसे उम्र में बड़ी थीं। चाचा का नाम था-रामदत्त।

अविस्मरणीय स्मरण शक्ति[1] एवं अलौकिक तर्क क्षमता का धारक बालक नरेन्द्र प्रत्येक वस्तु व व्यवहार को जिज्ञासा के साथ देखता था और प्रत्येक कौतूहल का उचित समाधान भी चाहता था। उसके शिक्षक उसकी प्रतिभा पर हतप्रभ थे। 1881 ई. में उसने जिस Scottish College से इंटर (I.A.) किया उसके प्राचार्य विलियम हैस्टी (William Hastie) ने एक बार कहा था कि "नरेन वास्तव में एक विलक्षण विद्यार्थी है। मैंने दूर-दूर तक यात्राएँ की हैं परन्तु मुझे अभी तक कहीं भी कोई ऐसा बालक नहीं मिला जिसमें उसके (नरेन) जैसी क्षमताएँ व सम्भावनाएँ हों, यहाँ तक कि जर्मनी के विश्वविद्यालयों के दार्शनिक छात्रों में भी नहीं।[2]"

इसका एक प्रमाण यह भी है कि बी.ए. तक पहुँचते-पहुँचते वे भारतीय धर्म-दर्शन के साथ-साथ जे.एस. मिल, देकार्ते, ह्यूम, स्पेन्सर व डार्विन का गहन अध्ययन कर चुके थे। वे 'ब्रह्म समाज' के नियमित सदस्यों में से एक थे। गीत-संगीत, कविता लेखन, क्रिकेट एवं कुश्ती में भी उन्हें महारथ हासिल थी।

इस बहुआयामी प्रतिभा के धनी पुत्र को देखकर श्री विश्वनाथ दत्त ने यह अवश्य सोचा होगा कि नरेन आगे चलकर उनके समान ही एक सफल अधिवक्ता बनेगा

लेकिन नियति (प्रारब्ध) को कुछ और ही मंजूर था। जैसे-जैसे भारतीय व पाश्चात्य दार्शनिक परम्परा में युवक नरेन का ज्ञान बढ़ता गया वैसे-वैसे एक नितान्त नई समस्या, एक प्रश्न का रूप धारण कर, उसकी निद्रा व शान्ति का हरण करने लगी। प्रश्न यह था कि-सत्य के विभिन्न विश्लेषणों के मध्य वास्तविक सत्य (Real Truth) किसे माना जाए? इसका आंशिक उत्तर तो उसके पास था। वह यह जानता था कि वास्तविक सत्य का ज्ञान वही व्यक्ति देगा जिसने जगत् के नियन्ता अर्थात् ईश्वर का साक्षात्कार किया हो। लेकिन ईश्वर का प्रत्यक्ष दर्शन करने वाला कौन है, कहाँ है? इस प्रश्न ने नरेन को बेचैन कर दिया। उस पर एक झक सवार हो गई। वह तत्कालीन बंगाली समाज के मान्यता प्राप्त विद्वानों से सीधे पूछने लगा-"श्रीमान् क्या आपने ईश्वर को देखा है? (Sir, have you seen God?)" ब्रह्म समाज के प्रकाण्ड नेता महर्षि देवेन्द्र नाथ टैगोर[1] उत्तर नहीं दे सके। निराश युवक ने कक्षा में यही प्रश्न विलियम हैस्टी के समक्ष रखा। वे भी निरुत्तर। एक सत्यवादी ईश्वर-भक्त के रूप में उन्होंने स्पष्टतः स्वीकार किया कि उन्हें आज तक ईश्वर नहीं दिखा, किन्तु जिज्ञासु युवक को यह जानकारी अवश्य दी कि दक्षिणेश्वर मन्दिर के संत श्री रामकृष्ण परमहंस इस समस्या का समाधान कर सकते हैं जिन्हें माँ काली का आशीर्वाद प्राप्त है।

परन्तु समस्या यह थी कि श्री रामकृष्ण परमहंस से मुलाकात कैसे हो? सौभाग्य से श्री विश्वनाथ दत्त के परिवार से कुछ ही दूरी पर रहने वाले श्री सुरेन्द्र नाथ मित्र ने अपने आवास पर दक्षिणेश्वर के संत को आमंत्रित किया। किसी अच्छे गायक का प्रबन्ध न हो पाने के कारण सुरेन्द्रनाथ ने अपने परिचित रामदत्त के भतीजे नरेन्द्रनाथ दत्त को गायन हेतु बुलवाया। यहीं पर नरेन की श्री रामकृष्ण परमहंस (1836-86) से पहली मुलाकात हुई। यह घटना नवम्बर, 1880 ई. की है। दोनों एक-दूसरे से प्रभावित हुए और एक बड़ी सीमा तक आकर्षित भी। फिर भी नरेन को यह नहीं मालूम था कि यही संत उसका वास्तविक गुरु होगा और उसके 'सत्य' से साक्षात्कार का माध्यम बनेगा, लेकिन गुरु ने अपने दिव्य शिष्य को पहचान लिया। गायन के बाद एकान्त कमरे में उन्होंने हाथ जोड़कर श्रद्धापूर्वक युवक से कहा-"मैं जानता हूँ तुम सप्तर्षि-मण्डल के ऋषि हो-नर रूपी नारायण हो, तुमने मानवता के दुःखों को दूर करने के लिए ही इस धरती पर जन्म लिया है[2]।" विस्मित नरेन कुछ समझ नहीं सका।

फिर भी, यह सम्पर्क ऐतिहासिक प्रमाणित हुआ। नरेन का रूपान्तरण होने लगा। वह जाने-अनजाने श्री रामकृष्ण परमहंस की तरफ झुकने लगा, यद्यपि वह अब भी ब्रह्म समाज की प्रार्थना में सम्मिलित होता था। 1885 ई. के उत्तरार्द्ध में श्री रामकृष्ण परमहंस के गले का रोग काफी बढ़ गया और अन्ततः 16 अगस्त, 1886 को उन्होंने चिर समाधि के द्वारा इस नश्वर जगत् से विदा ले लिया किन्तु महानिर्वाण से पूर्व उन्होंने अपनी समस्त आध्यात्मिक उपलब्धियों को नरेन्द्रनाथ दत्त को सौंप दिया। ऐसा माना जाता है कि जनवरी 1887 ई. में अन्य धर्मभाइयों के साथ वीराज होम में उन्होंने अपनी सांसारिक मनोकामनाओं की आहुति दी और 21 फरवरी, 1887 को गेरुआ वस्त्र धारण किया। संन्यास का नाम सर्वप्रथम विविदिसानन्द (Vividisanand) रखा गया था। विवेकानन्द वे शिकागो जाने से पूर्व बने थे।

संन्यास धारण करने के उपरान्त उन्होंने भारत का व्यापक भ्रमण किया। इसी क्रम में वे जनवरी, 1890 के अन्त में ग़ाज़ीपुर (उ.प्र.) के पवहारी बाबा (Air-eating Father) से भी मिले। ग़ाज़ीपुर के ज़िला जज मि. पेनीग्टन (Mr. Penigton) वे पहले व्यक्ति थे जिन्होंने स्वामी जी को विदेश (इंग्लैण्ड) जाने की सलाह दी। इस देश भ्रमण से वे देश की धार्मिक व सांस्कृतिक विविधताओं के साथ-साथ व्यापक आर्थिक विषमता से भी अवगत हुए। 'दरिद्रनारायण' की अवधारणा के बीज-तत्व को इसी भ्रमण से जोड़कर देखा जाना चाहिए। इसी मध्य शिकागो (Chicago) के विश्व धर्म-सम्मेलन की जानकारी मिली और मद्रास के उत्साही शिष्यों के आग्रह एवं खेतड़ी के महाराज मंगलसिंह बहादुर के आर्थिक सहयोग से 31 मई, 1893 को Peninsular नामक ज़हाज से स्वामी विवेकानन्द ने संयुक्त राज्य अमेरिका के लिए प्रस्थान किया। बीच में अनेक समस्याएँ आईं लेकिन गुरु के आशीर्वाद व माँ काली की कृपा से अन्ततः 11 सितम्बर, 1893 का वह स्वर्णिम दिन आ ही गया जब दुनिया भर के विभिन्न धर्म-सम्प्रदायों के श्रेष्ठ प्रतिनिधियों के समक्ष प्राच्य के एक अनजान, युवा किन्तु ऊर्जावान संन्यासी ने उस दिन, लगभग 7000 श्रोताओं की उपस्थिति में, ऐसा अतुलनीय आध्यात्मिक प्रवचन दिया[1] कि समस्त प्रतिभागियों व श्रोताओं के मानस पटल पर एक नाम अमिट रूप से अंकित हो गया -स्वामी विवेकानन्द।

वे धर्म सम्मेलन के बाद भी अमेरिका में रुके और वहाँ वेदांत का प्रचार-प्रसार प्रारम्भ किया। न्यूयार्क में वेदान्त सोसाइटी (Vedanta Society)की स्थापना एक

महत्वपूर्ण घटना थी। वे दो बार इंग्लैण्ड भी गए जहाँ मिस मार्गरेट ई. नोबल (सिस्टर निवेदिता) के रूप में उन्हें एक परम शिष्या मिली जिसने अपने आचार्य के व्याख्यानों को संकलित करने के साथ भारत में वेदान्त व महिला शिक्षा के प्रसार के लिए उल्लेखनीय कार्य किया। स्वामी विवेकानन्द जनवरी, 1897 में भारत लौटे। भारत में वेदान्त एवं श्री रामकृष्ण परमहंस की शिक्षाओं के प्रचार हेतु 1 मई, 1897 को कलकत्ता में बलराम बोस के निवास पर 'रामकृष्ण मिशन' (Ramkrishna Mission) की स्थापना का निर्णय लिया गया। जून, 1899 से दिसम्बर, 1900 तक उन्होंने यूरोप की दूसरी सफल यात्रा की और भारत आगमन के उपरान्त दलितों के उत्थान तथा सामाजिक-धार्मिक पुनर्निर्माण में प्राणप्रण से संलग्न हो गए।

इस बीच बेलूरमठ के सहकर्मियों व शिष्यों ने अनुभव किया कि स्वामी जी मठ व मिशन की गतिविधियों के प्रति लगातार उदासीन होते जा रहे हैं। जून, 1902 के अन्तिम सप्ताह में उन्होंने एक पंचांग मँगवाया। अपने गुरु के समान वे भी महासमाधि का दिन स्थिर करना चाहते थे लेकिन भक्तगण इसका अनुमान नहीं लगा सके। वे 4 जुलाई, 1902 को अपेक्षाकृत अधिक स्वस्थ लग रहे थे। वे प्रातःकाल 8.00 से 11.00 बजे तक ध्यान पर बैठे। दोपहर में सामूहिक भोजन में सम्मिलित होकर कुछ समय तक विश्राम किया। तदुपरान्त अपने शिष्यों को संस्कृत का व्याकरण, 'संवादकौमुदी' पढ़ाने लगे[1]। संध्या में आरती से विदा होकर वे अपने कक्ष में चले गए। पिछले कुछ दिनों से उदासीन एवं गंभीर स्वामी जी की इस सक्रियता से बेलूर मठ के सदस्य अत्यन्त प्रसन्न थे। वे कल्पना भी नहीं कर सकते थे कि उनका पथ-प्रदर्शक कुछ घण्टों के बाद ही 'महासमाधि' में सदैव के लिए लीन हो जाएगा। उधर स्वामी जी अपने कक्ष में जप हेतु आसनारूढ़ हुए तथा कुछ समय बाद बिस्तर पर आकर लेट गए। पंखा कर रहे ब्रह्मचारी ने देखा कि उनका शरीर पूर्णतः स्थिर है, वातावरण बिल्कुल प्रशान्त। अचानक रात्रि के लगभग 9 बजे उनका शरीर पलभर के लिए कम्पित हुआ और इससे पूर्व कि कोई कुछ समझ पाता "अमावस्या की रात्रि के अन्धकारपूर्ण घूँघट की आड़ में जगन्माता ने अपने व्यग्र बाहुओं को प्रसारित कर रणश्रान्त वीरपुत्र को अपनी गोद में उठा लिया।[2]"

इस प्रकार मात्र 39 वर्ष 5 माह, 24 दिन की अल्पायु में स्वामी विवेकानन्द ने अपने को पहचान लिया और गुरु के कथन को सत्य प्रमाणित करते हुए, नश्वर शरीर का परित्याग कर एकमात्र शाश्वत सत्ता ब्रह्म में विलीन हो गए[3]। फिर भी इस

अल्पावधि में उन्होंने जगत् को जो कुछ प्रदान किया वह इतना विपुल व श्रेष्ठ है कि मानव सभ्यता के अन्त तक उन्हें जीवित रखने के लिए पर्याप्त सिद्ध होगा। पूर्व और पश्चिम के उनके शिष्यों ने अलग-अलग शीर्षकों से अनेक रचनाओं को प्रस्तुत किया जिसमें स्वामी जी के व्याख्यानों व व्यक्तिगत वार्तालापों का संकलन किया गया। उनके विचारों को व्यापक रूप से समझने के लिए उनकी निम्नलिखित रचनाएँ महत्वपूर्ण हैं-

1. Modern India
2. Karma yoga
3. On India and Her Problems
4. From Colombo to Almora : Lectures
5. Jhana Yoga

उन्होंने प्लेटो, अरस्तू, काण्ट, हीगल, काम्टे के दर्शन के अतिरिक्त विश्व के विविध धर्मों, सभ्यताओं व संस्कृतियों का भी अध्ययन किया था।

"जब जब धर्म की अवनति होती है और अधर्म बढ़ता है, तब तब मैं पुन: धर्म की संस्थापना के लिए अवतीर्ण होता हूँ।"

हे राजन्, ये शब्द पवित्र गीताशास्त्र में उन्हीं सनातन भगवान के वाक्य हैं। यह वाक्य संसार में आध्यात्मिक शक्तिप्रवाह के सनातन उत्थान और पतन के नियमों का मूलमन्त्रस्वरूप है।

ये परिवर्तन बारम्बार संसार में नये-नये तालों और छन्दों में प्रकाशित हो रहे हैं और यद्यपि अन्यान्य महान् परिवर्तनों की तरह उनके कार्यक्षेत्र में प्रत्येक क्षुद्र वस्तु के ऊपर उनका प्रभाव पड़ता है, फिर भी अनुकूल स्थान में ही उनकी कार्यशक्ति का प्रकाश अधिक पाया जाता है।

समष्टि रूप से जिस प्रकार संसार की आदिम अवस्था त्रिगुणों का साम्य-भाव है-इस साम्य-भाव की च्युति और उनको पुन: प्राप्त करने के लिए समुदय चेष्टा ही इस प्रकृति का विकास या ब्रह्माण्ड है; और जब तक यह साम्यावस्था पुन: न आ जायेगी, तब तक इसी प्रकार चलता रहेगा-उसी प्रकार व्यष्टि रूप से देखने पर मालूम होता है कि इस पृथ्वी पर जब तक मनुष्यजाति वर्तमान रूप में रहेगी, तब तक विषमता और उसकी नित्य सहचरी-साम्यलाभ की चेष्टा दोनों ही साथ-साथ चलती रहेंगी। इसके फलस्वरूप संसार में सर्वत्र भिन्न-भिन्न जातियों में, उनके बाह्य आवरणों में,

यहाँ तक कि प्रत्येक व्यक्ति में प्रबल विशेषत्व सृष्ट होता रहेगा, जिससे कि एक, दूसरे से पृथक् रूप में भली-भाँति जाना जा सकेगा।

अतएव निरपेक्ष भाव से, मानो तुला में तौलकर, सभी जातियों को समान शक्ति दी जाने पर भी, प्रत्येक जाति ही मानो किसी विशेष प्रकार के शक्ति संग्रह एवं उसके वितरण के उपयोगी एक-एक अद्भुत यन्त्रस्वरूप है, और उस जाति के पास अन्यान्य अनेक शक्तियों के रहने पर भी वही विशेष शक्ति उस जाति के विशेष लक्षण के रूप में उद्भासित होती है। मनुष्यप्रकृति के किसी विशेष भाव का विशेष विकास तथा उद्दीपन होने पर उसका प्रभाव अल्पाधिक मात्रा में सभी पर होता है, परन्तु जिस जाति का वह भाव विशेष लक्षण है एवं साधारणतः जिसे केन्द्र बनाकर वह उत्पन्न हुआ है, उसी जाति के अन्तस्तल को वह सबसे अधिक आलोड़ित कर देता है। इसी कारण धर्मजगत् में किसी आन्दोलन के उपस्थित होने पर, उसके फलस्वरूप, भारत में अवश्य ही अनेक प्रकार के महत्त्वपूर्ण परिवर्तन प्रकटित होंगे- उस भारतवर्ष में, जिसको केन्द्र बनाकर बारम्बार धर्म की तरंगें उत्थित हुई हैं, क्योंकि धर्म ही भारत का विशेषत्व है।

प्रत्येक व्यक्ति केवल उसी वस्तु को सत्य समझता है, जो उसे उसके उद्देश्य की पूर्ति में सहायक होती है। सांसारिक भावापन्न व्यक्तियों के समक्ष वही वस्तु सत्य है, जिसके विनिमय में उन्हें अर्थ की प्राप्ति होती हो; और जिसके बदले में उन्हें धन लाभ नहीं होता, वह उनके लिए असत्य है। जिस व्यक्ति की आकांक्षा दूसरों पर प्रभुत्व स्थापित करने की है, उसके लिए तो सत्य वही है जिसके द्वारा उसकी यह आकांक्षा पूर्ण होती है, और शेष सब उसके लिए निरर्थक है। इसी प्रकार जो वस्तु किसी व्यक्ति की आकांक्षापूर्ति में सहायक नहीं होती, उस वस्तु में वह व्यक्ति किसी प्रकार का सत्य या अर्थ नहीं देख पाता।

जिन व्यक्तियों का एकमात्र लक्ष्य अपने जीवन की समस्त शक्तियों के विनिमय में कांचन, नाम-यश या अन्य किसी प्रकार के भोगविलास का अर्जन करना है, जिनके समक्ष रणभूमिगामी सुसज्जित सेनादल ही शक्ति के विकास का एकमात्र प्रतीक है, जिनके निकट इन्द्रियसुख ही जीवन का एकमात्र सुख है- ऐसे लोगों के लिए भारत सर्वदा ही एक बड़े मरुस्थल के समान प्रतीत होगा, जहाँ की आँधी का एक झोंका ही उनकी कल्पित जीवन-विकास की धारणा के लिए मानो मृत्युस्वरूप है।

किन्तु जिन व्यक्तियों की जीवन-तृष्णा इन्द्रिय-जगत् से सुदूर स्थित अमृतसरिता के दिव्य सलिल-पान से सम्पूर्णतः बुझ चुकी है, जिनकी आत्मा ने सर्प के केंचुल-त्याग की तरह काम, कांचन और यश-स्पृहा के त्रिविध बन्धनों को दूर फेंक दिया है, जिनका मन शान्ति की अत्युच्च शिखा पर पहुँच गया है और जो वहाँ से इन्द्रियभोगों में आबद्ध तथा नीचजनोचित कलह, विषाद और द्वेष-हिंसा में रत व्यक्तियों को प्रेम तथा सहानुभूतिपूर्ण दृष्टि से देखते हैं, जिनके संचित पूर्व सत्कर्म के प्रभाव से आँखों के सामने से अज्ञान का आवरण लुप्त हो गया है, जिससे वे असार नाम-रूप को भेदकर प्रकृत सत्य का दर्शन करने में समर्थ हुए हैं, ऐसे व्यक्ति कहीं भी क्यों न रहे, आध्यात्मिकता की जननी एवं अनन्त खानि-स्वरूप भारतवर्ष उनके समक्ष भिन्न रूप में, अधिक महिमान्वित और उज्ज्वल भासित होगा। इस मायावी जगत् में जो एकमात्र प्रकृत सत्ता है, उसके अनुसन्धान में रत प्रत्येक व्यक्ति के लिए भारतवर्ष आशा की एक प्रज्जवलित शिखा है।

अधिकाँश मनुष्य शक्ति को उसी समय शक्ति समझते हैं, जब वह उनके अनुभव के योग्य होकर स्थूलाकार में उनके सामने प्रकट हो जाती है। उनकी दृष्टि में समरांगण में तलवारों की झनझनाहट आदि ही खूब स्पष्टतः प्रत्यक्ष शक्ति के विकास मालूम होते हैं और जो आँधी की भाँति सामने से चीजों को तोड़-मोड़कर उथल-पुथल पैदा न कर देती हो, वह उनकी दृष्टि में शक्ति का विकास नहीं है-वह तो मानो जीवन का परिचायक न होकर मृत्युस्वरूप है। इसीलिए शताब्दियों से विदेशियों द्वारा शासित एवं निश्चेष्ट, एकताहीन एवं देशभक्तिशून्य भारतवर्ष उनके निकट ऐसा प्रतीत होगा, मानो वह गलित अस्थि-चर्मों से ढँकी हुई भूमि मात्र हो।

ऐसा कहा जाता है-योग्यतम ही जीवन-संग्राम में विजयी होता है। तब फिर प्रश्न उठता है कि साधारण धारणानुसार यह जो जाति अन्य जातियों की अपेक्षा नितान्त अयोग्य है, दारुण जातीय दुर्भाग्यचक्र में फँस जाने पर भी उसके विनाश का कोई चिह्न दिखाई क्यों नहीं देता? तथाकथित वीर्यशाली और कर्मपरायण जातियों की वृद्धि-शक्ति जिस प्रकार एक ओर प्रतिदिन कम होती जा रही है, उसी प्रकार दूसरी ओर दुर्नीतिपरायण (?) हिन्दुओं की वृद्धि-शक्ति का विकास सर्वापेक्षा अधिक हो रहा है-यह किस प्रकार होता है? जो लोग एक पल में समस्त विश्व को रक्तरंजित कर सकते हैं, उनके लिए तारीफ की झड़ी लग सकती है; जो लोग कुछ लाख लोगों के सुख के लिए संसार के अधिकांश लोगों को भूखा मार सकते हैं, वे भी गौरवान्वित

हो सकते हैं; किन्तु जो लोग अन्य लोगों का अन्न न छीनकर लाखों मनुष्यों को सुख और शान्ति प्रदान करते हैं, वे क्या किसी प्रकार का सम्मान प्राप्त करने योग्य नहीं हैं? शताब्दियों से दूसरों के ऊपर किसी भी प्रकार का अत्याचार न करके लाखों के भाग्य का संचालन करने वालों के कार्य में क्या किसी प्रकार की शक्ति का विकास प्रकट नहीं होता?

सभी प्राचीन जातियों के ग्रन्थों में, उनके वीरों की गाथाओं में यह देखा जाता है कि उनका प्राण उनके शरीर के किसी विशेष छोटे से अंश में आबद्ध रहा था और जब तक उनका वह अंश अस्पृष्ट रहा, तब तक वे अजेय रहे। इसी प्रकार प्रतीत होता है कि मानो प्रत्येक जाति में ही किसी विशेष स्थान में उसकी जीवनीशक्ति संचित रहती है; और जब तक वह स्थान अक्षुण्ण बना रहेगा, तब तक किसी प्रकार का दुःख या विपत्ति उस जाति का विनाश नहीं कर सकती।

धर्म ही है भारत की यह जीवनशक्ति; और जब तक हिन्दू जाति अपने पूर्वजों से प्राप्त उत्तराधिकार को स्मरण रखेगी, तब तक संसार में ऐसी कोई भी शक्ति नहीं है जो उसका ध्वंस कर सके।

जो व्यक्ति हमेशा अपनी जाति के प्राचीन कार्य-कलापों की आलोचना करता है, आजकल सभी लोग उसकी निन्दा किया करते हैं। वे कहते हैं कि इस प्रकार निरन्तर अतीत की आलोचना करने के कारण ही हिन्दू जाति को नाना प्रकार के दुःख और आपत्तियाँ भोगनी पड़ी हैं। किन्तु मेरी तो यह धारणा है कि इसका विपरीत ही सत्य है। जब तक हिन्दू जाति अपने अतीत के गौरव को, अपने अतीत के इतिहास को भूली हुई थी, तब तक वह संज्ञाहीन अवस्था में पड़ी रही और अब अतीत काल की जितनी आलोचना हो रही है, उतना ही चहुँ ओर पुनर्जीवन के लक्षण दिखायी दे रहे हैं। भविष्य को इसी अतीत के साँचे में ढालना होगा, अतीत ही भविष्य होगा।

अतएव हिन्दू लोग अतीत के इतिहास की जितनी ही आलोचना करेंगे, उनका भविष्य उतना ही उज्ज्वल होगा; और जो कोई इस अतीत के बारे में प्रत्येक व्यक्ति को विज्ञ करने की चेष्टा कर रहे हैं, वे ही स्वजाति के परम हितकारी हैं। भारत की अवनति इसलिए नहीं हुई कि हमारे पूर्वपुरुषों के नियम एवं आचार-व्यवहार खराब थे, वरन् उसकी अवनति का कारण यह था कि उन नियमों और आचार-व्यवहारों का न्यायतः जो परिणाम होना चाहिए था, उनमें उनको परिणत नहीं होने दिया गया।

भारतवर्ष का इतिहास पढ़ने वाला प्रत्येक विचारशील पाठक यह जानता है कि भारत के सामाजिक विधान प्रत्येक युग के साथ परिवर्तित हुए हैं।

आरम्भ से ही ये नियम एक ऐसी विराट् योजना के पुंजीभूत रूप थे, जिसे क्रमशः भविष्य में फलीभूत होना था। प्राचीन भारत के ऋषिगण इतने दूरदर्शी थे कि उनकी ज्ञानराशि के महत्त्व को समझने में विश्व को अब भी सदियों तक प्रतीक्षा करनी पड़ेगी और उनके वंशधरों द्वारा इस महान् उद्देश्य को पूर्ण रूप से ग्रहण करने की यह अक्षमता ही भारत की अवनति का एकमात्र कारण है।

प्राचीन भारत सदियों तक ब्राह्मण और क्षत्रिय अपनी इन दो प्रधान जातियों की महत्त्वाकांक्षा की पूर्ति के लिये एक युद्धक्षेत्र रहा था।

एक ओर ब्राह्मणगण साधारण प्रजा पर क्षत्रियों के अन्यायपूर्ण सामाजिक अत्याचार को निर्मूल करने में दृढ़-संकल्प हो डटे हुए थे-उस प्रजा को क्षत्रियगण अपने धर्म-संगत खाद्य के रूप में देखा करते थे - और दूसरी ओर, भारत की एकमात्र शक्ति-सम्पन्न क्षत्रिय जाति ने जनता को ब्राह्मणों के आध्यात्मिक अत्याचार से बचाने तथा निरन्तर बढ़ते हुए नये-नये क्रियाकाण्डरूप बन्धनों से उसको छुड़ाने के लिए कमर कसी थी। इसमें क्षत्रियों को कुछ परिमाण में सफलता भी मिली थी।

दोनों जातियों का यह संघर्ष अति प्राचीन काल से आरम्भ हुआ था। समस्त श्रुतियों में यह स्पष्ट रूप से प्रकट है। कुछ समय के लिए यह विरोध कम हो गया, जब क्षत्रियों तथा ज्ञानकाण्ड के नेता श्रीकृष्ण ने यह दिखला दिया कि दोनों विपक्षी दलों का मेल किस तरह हो सकता है। उसके परिणामस्वरूप निःसृत हुई गीता की शिक्षा, जो दर्शन, उदारता एवं धर्म का सारस्वरूप है। किन्तु संघर्ष का कारण तब भी विद्यमान था, अतः उसका परिणाम अनिवार्य था। निर्धन एवं अशिक्षित जनता पर प्रभुत्व स्थापित करने की महत्त्वाकांक्षा इन दोनों जातियों में वर्तमान थी, अतः पुनः घोर संघर्ष की उत्पत्ति हुई। हमें उस समय का जो कुछ थोड़ा-सा साहित्य उपलब्ध है, वह प्राचीन काल के उसी प्रबल संघर्ष की क्षीण प्रतिध्वनि मात्र है। किन्तु अन्त में क्षत्रियों की विजय हुई, ज्ञान की जीत हुई, स्वाधीनता की जीत हुई; कर्मकाण्ड की प्रधानता अब और न रह गयी तथा कर्मकाण्ड का अधिकांश हमेशा के लिए नष्ट हो गया।

यह वही क्रान्ति थी, जिसे हम बौद्ध सुधारवाद के नाम से अभिहित करते हैं। धर्म की ओर से देखने पर यह उत्थान कर्मकाण्ड के हाथों से मुक्ति का सूचक है,

और राजनीति के दृष्टिकोण से यह क्षत्रियों के द्वारा ब्राह्मणों के प्राधान्य का विनाश सूचित करता है।

यह एक विशेष रूप से ध्यान देने योग्यत बात है कि प्राचीन भारत में जिन दो सर्वश्रेष्ठ पुरुषों ने जन्म ग्रहण किया था, वे दोनों ही क्षत्रिय थे। वे कौन थे?-वे थे कृष्ण और बुद्ध। और यह उससे भी अधिक ध्यान देने योग्य बात है कि इन दोनों ही अवतारों ने लिंग और जातिभेद को न मानकर सबके लिए ज्ञान का द्वार उन्मुक्त कर दिया था।

बौद्ध धर्म में अद्भुत नैतिक बल विद्यमान रहने पर भी उसकी अधिकतर शक्ति ध्वंस-कार्य में ही नियोजित की जाने के कारण उसे अपनी जन्मभूमि में ही अपना विनाश देखना पड़ा एवं उसका जो कुछ शेष रहा, वह जिन कुसंस्कारों तथा क्रियाकाण्डों के निवारण के लिए नियोजित किया गया था, उनसे शतशः अधिक भयानक कुसंस्कारों और क्रियाकाण्डों में फँस गया। यद्यपि आंशिक रूप में वह वैदिक पशुबलि निवारण करने में सफल हुआ, पर उसने समस्त देश को मन्दिर, प्रतिमा, यन्त्र तथा साधुओं की अस्थियों से पूर्ण कर दिया। विशेषतः, उसके द्वारा आर्य, मंगोल एवं आदिवासियों का जो एक विचित्र मिश्रण हुआ, उससे अज्ञात रूप से कितने ही वीभत्स वामाचार-सम्प्रदायों की सृष्टि हुई। मुख्यतया इसीलिए श्रीशंकराचार्य और उनके मतानुयायी संन्यासियों को उन महान् आचार्य बुद्ध के इस विकृत रूप में परिणत उपदेशों को भारत के बाहर निकाल देना पड़ा।

इस प्रकार मनुष्यदेहधारियों में सर्वश्रेष्ठ भगवान बुद्ध द्वारा परिचालित संजीवनी-शक्तिप्रवाह भी दुर्गन्धमय रोग-कीटाणुपूर्ण क्षुद्र गन्दे जलाशय में बदल गया और भारतवर्ष को भी अनेक शताब्दियों तक प्रतीक्षा करनी पड़ी, जब तक कि भगवान शंकर और उनके कुछ ही समय बाद रामानुज एवं मध्वाचार्य आविर्भूत नहीं हुए।

इस बीच में भारतवर्ष के इतिहास का एक नितान्त नया अध्याय आरम्भ हो गया था। प्राचीन ब्राह्मण और क्षत्रिय जातियाँ लुप्त हो गयी थीं। हिमालय तथा विन्ध्याचल की मध्यवर्ती वह आर्यभूमि, जिसने कृष्ण और बुद्ध को जन्म दिया था, जो महामना राजर्षियों तथा ब्रह्मर्षियों की क्रीड़ाभूमि रही थी, इस समय नीरव रही और भारत प्रायद्वीप के सबसे आखिरी छोर से, भाषा तथा रूप में सम्पूर्ण विभिन्न जातियों की ओर से एवं प्राचीन ब्राह्मणों के वंशज कहकर गौरवानुभव करने वाली पीढ़ियों से विकृत बौद्ध धर्म के विरुद्ध प्रतिक्रिया आरम्भ हो गयी।

आर्यावर्त के उन ब्राह्मणों और क्षत्रियों का क्या हुआ? उनका नाम हमेशा के लिए मिट गया, इधर-उधर ब्राह्मणत्व एवं क्षत्रियत्व पर अभिमान करने वाली केवल कुछ मिश्रित जातियाँ ही शेष रह गयीं और इन जातियों के इस प्रकार अहंकार तथा आत्मप्रशंसापूर्ण वाक्यों के कहने पर भी कि 'इस देश (ब्रह्मावर्त या ब्रह्मर्षि देश) में पैदा हुए ब्राह्मणों से ही संसार के सभी मनुष्य चरित्र-निर्माण की शिक्षा प्राप्त करेंगे,' इन लोगों को दीन वेष में दाक्षिणात्यों के पदप्रान्त में बैठकर विनयपूर्वक शिक्षा ग्रहण करनी पड़ी। इसका परिणाम हुआ भारत में वेदों का पुनरभ्युदय, वेदान्त का ऐसा प्रबल पुनरुत्थान, जैसा भारत ने और कभी नहीं देखा था; यहाँ तक कि गृहस्थाश्रमी भी आरण्यकों के अध्ययन में संलग्न हो गये।

बौद्ध धर्म के प्रचार में क्षत्रियगण ही वास्तव में नेता रहे थे तथा बड़ी संख्या में उन्होंने बौद्धधर्म स्वीकार किया था। सुधार तथा धर्म-परिवर्तन के उत्साह में संस्कृत भाषा लोगों द्वारा उपेक्षित होकर लोक-प्रचलित भाषाओं की चर्चा प्रबल रूप से शुरू हो गयी थी और अधिकांश क्षत्रिय वैदिक साहित्य एवं संस्कृत शिक्षा के क्षेत्र से बाहर हो गये थे। अतएव दाक्षिणात्यों से यह जो सुधार तरंग उत्थित हुई, उससे कुछ सीमा तक केवल ब्राह्मणों का ही उपकार हुआ, पर भारत की शेष कोटि-कोटि जनता के पैरों में उसने पहले से भी अधिक शृंखलाएँ डाल दीं।

क्षत्रियगण सदा से ही भारत का मेरुदण्ड रहे हैं, अतएव वे ही विज्ञान और स्वतन्त्रता के सनातन रक्षक हैं। देश से अन्धविश्वासों को हटा देने के लिए चिरकाल से ही उनकी वज्रवाणी प्रतिध्वनित हुई है और भारतवर्ष के इतिहास के आदि से अन्त तक ब्राह्मणों के अत्याचारों से साधारण जनता की रक्षा करने के लिए वे स्वयं एक अभेद्य दीवार की भाँति खड़े रहे हैं।

जब उनमें से अधिकांश घोर अज्ञानता में निमग्न हो गये और शेष थोड़ों ने जब मध्य एशिया की जंगली जातियों के साथ रोटी-बेटी का सम्बन्ध स्थापित कर भारत में पुरोहितों की शक्ति दृढ़ करने के लिए तलवार हाथ में ली, तब तो भारत के पाप का प्याला लबालब भर गया और भारतभूमि एकदम नीचे डूब गयी-और इससे इसका उद्धार उस समय तक नहीं होगा जब तक कि क्षत्रियगण स्वयं न जागेंगे तथा अपने को मुक्त कर शेष जातियों के पैरों से जंजीरों को न खोल देंगे। पुरोहित-प्रपंच ही भारत की अधोगति का मूल कारण है। मनुष्य अपने भाई को पतित बनाकर क्या स्वयं पतित होने से बच सकता है?

राजन्, स्मरण रखिये, आपके पूर्वजों द्वारा आविष्कृत सत्यों में सर्वश्रेष्ठ सत्य है- इस ब्रह्माण्ड का एकत्व। क्या कोई व्यक्ति स्वयं का किसी प्रकार अनिष्ट किये बिना दूसरों को हानि पहुँचा सकता है? ब्राह्मण और क्षत्रियों के ये ही अत्याचार चक्रवृद्धि ब्याज के नियमानुसार वृद्धिगत हो अब स्वयं उन्हीं के सिर पर पतित हुए हैं एवं यह हजारों वर्षों की पराधीनता और अवनति निश्चय ही उन्हीं के कर्मों के अनिवार्य फल का भोग है। आपके एक पूर्वज ने, जिन्हें लोग ईश्वर का अवतार समझते हैं, कहा था, ''इहैव तैर्जितः सर्गो येषां साम्ये स्थितं मनः'' अर्थात् ''जिनका मन साम्यभाव में अवस्थित है, उन्होंने जीवित दशा में ही संसार पर जय-लाभ कर लिया है।'' हम सभी का यही विश्वास है। तब क्या उनका यह वाक्य अर्थहीन प्रलाप के समान है? यदि नहीं है-और हम जानते हैं कि ऐसा नहीं है- तब तो समस्त सृष्ट जगत् के जन्म-लिंग-विरहित, यहाँ तक कि गुणनिर्विशेष इस सम्पूर्ण साम्य के विरुद्ध कोई भी चेष्टा भयंकर भ्रमपूर्ण है और जब तक मानव इस साम्य-ज्ञान को प्राप्त नहीं करता, तब तक वह कभी मुक्त नहीं हो सकता।

अतएव, हे राजन्, आप वेदान्त के उपदेशों का पालन कीजिये। किसी अमुक-तमुक भाष्यकार अथवा टीकाकार के अनुसार नहीं, वरन् उसी प्रकार, जिस प्रकार आपके अन्तर्यामी प्रभु आपको समझाते हैं। सर्वोपरि, सर्वभूतों में समस्त वस्तुओं में इस समज्ञान रूप महान् उपदेश का पालन कीजिये - सर्वभूतों में उसी एक भगवान को अवस्थित देखिये।

यही मुक्ति का पथ है; वैषम्य ही बन्धन का मार्ग है। कोई व्यक्ति या कोई ज्ञाति बाह्य-एकत्व-ज्ञान के बिना बाह्य स्वाधीनता प्राप्त नहीं कर सकती और मानसिक शक्तियों के एकत्व-ज्ञान के बिना मानसिक स्वाधीनता का लाभ भी उसे नहीं हो सकता।

अज्ञान, भेदबुद्धि एवं वासना, ये तीनों ही मानव-जाति के दुःख के कारण हैं और उनमें एक के साथ दूसरे का अविच्छिन्न सम्बन्ध है। अपने आप को अन्य मनुष्यों की अपेक्षा, यहाँ तक कि पशु से भी श्रेष्ठ समझने का किसी को क्या अधिकार है? वास्तव में तो सर्वत्र एक ही वस्तु विराजमान है। ''त्वं स्त्री, त्वं पुमानसि, त्वं कुमार उत वा कुमारी'' - ''तुम स्त्री हो, तुम पुरुष हो, तुम कुमार हो एवं तुम्हीं कुमारी हो।''

बहुत-से लोग कहेंगे, ''इस प्रकार सोचना तो संन्यासी को ही शोभा देता है, उनके लिए ही यह ठीक है, किन्तु हम सब तो गृहस्थ हैं।'' अवश्य ही गृहस्थ को

दूसरे अनेक कर्त्तव्यों का पालन करना पड़ता है, अतः वह इस साम्य-भाव में इतना स्थित नहीं रह सकता; परन्तु उन लोगों का आदर्श भी यही होना उचित है, क्योंकि इस समत्व-भाव को प्राप्त करना ही सभी समाजों का, समस्त जीवों का एवं समस्त प्रकृति का आदर्श है। पर अफसोस! लोग समझते हैं कि वैषम्य ही समता की प्राप्ति का मार्ग है, मानो अन्याय करते-करते वे न्याय के रास्ते पर आ पहुँचेंगे!

यह वैषम्य ही मनुष्य-प्रकृति की घोर दुर्बलता है, मनुष्य जाति के ऊपर अभिशापस्वरूप है तथा समस्त दु:ख-कष्टों का मूलस्वरूप है। यही भौतिक, मानसिक तथा आध्यात्मिक सर्वविध बन्धनों का मूल है।

''समं पश्यन् हि सर्वत्र समवस्थितमीश्वरम्।
न हिनस्त्यात्मनात्मानं तद्रो याति परां गतिम्॥''

-''ईश्वर को सर्वत्र समान रूप से अवस्थित देखकर वे आत्मा के द्वारा आत्मा की हिंसा नहीं करते, अतएव परमगति प्राप्त करते हैं।'' इसी एक श्लोक के द्वारा, थोड़े से शब्दों में मुक्ति का सार्वभौमिक उपाय बतलाया गया है।

आप राजपूत लोग ही प्राचीन भारत के गौरव-स्वरूप रहे हैं। आप लोगों की अवनति के साथ ही जातीय अवनति आरम्भ हो गयी; और भारत का उत्थान केवल तभी हो सकता है, जब क्षत्रियों के वंशज ब्राह्मणों के वंशजों के साथ समवेत प्रयत्न में कटिबद्ध होंगे - लूटे हुए वैभव और शक्ति का बँटवारा करने के लिए नहीं, वरन् अज्ञानियों को ज्ञान प्रदान करने के लिए एवं पूर्वजों की पवित्र निवासभूमि की खोयी हुई महिमा के पुनःस्थापन के लिए।

कौन कह सकता है कि यह शुभ मुहूर्त नहीं है? फिर से कालचक्र घूमकर आ रहा है, एक बार फिर भारत से वही शक्ति प्रवाह निःसृत हो रहा है, जो शीघ्र ही समस्त जगत् को प्लावित कर देगा। एक वाणी मुखरित हुई है, जिसकी प्रतिध्वनि चारों ओर व्याप्त हो रही है एवं जो प्रतिदिन अधिकाधिक शक्ति संग्रह कर रही है और यह वाणी इसके पहले की सभी वाणियों की अपेक्षा अधिक शक्तिशाली है, क्योंकि वह अपने पूर्ववर्ती उन सभी वाणियों का समष्टिस्वरूप है। जो वाणी एक समय कलकल-निनादिनी सरस्वती के तीर पर ऋषियों के अन्तस्तल में प्रस्फुटित हुई थी, जिस वाणी ने रजतशुभ्रहिमाच्छादित गिरिराज हिमालय के शिखर-शिखर पर प्रतिध्वनित हो कृष्ण, बुद्ध और चैतन्यदेव में से होते हुए समतल प्रदेशों में अवरोहण

कर समस्त देश को प्लावित कर दिया था, वही वाणी एक बार पुनः मुखरित हुई है। एक बार फिर से द्वार खुल गये हैं। आइये, हम सब आलोकराज्य में प्रवेश करें-द्वार एक बार पुनः उन्मुक्त हो गये हैं।

हे मेरे प्रिय राजन्, आप उसी जाति के वंशधर हैं, जो सनातन धर्म का जीवन्त आधार-स्तम्भस्वरूप है एवं जो उस सनातन धर्म की कर्त्तव्यबद्ध रक्षक और सहायक हैं; आप ही क्या इससे दूर रहेंगे? मैं जानता हूँ, यह कभी नहीं हो सकता। यह मेरी दृढ़ धारणा है कि आपका ही हाथ सर्वप्रथम फिर से धर्म की सहायता के लिए आगे बढ़ेगा। और जब भी, हे राजा अजितसिंह, मैं आपके बारे में सोचता हूँ, तब यह देखकर मुझे बड़ी प्रसन्नता होती है कि आपमें आपकी वंशगत सर्वपरिचित वैज्ञानिक शिक्षा के साथ ही सब मानवों के प्रति असीम प्रेमयुक्त ऐसे पवित्र चरित्र का सम्मिलन हुआ है, जिससे एक साधु भी गौरवान्वित हो सकता है; और जब ऐसे व्यक्ति ही सनातन धर्म के पुनर्गठन के इच्छुक हैं, तब मैं उसके महागौरवशाली पुनरुद्धार में विश्वास रखे बिना नहीं रह सकता।

सर्वदा ही आप तथा आपके स्वजनों पर श्रीरामकृष्णदेव के आशीर्वाद की वर्षा हो और दूसरों के उपकारार्थ एवं सत्य-प्रचार के लिए आप दीर्घकाल तक जीवित रहें- यही विवेकानन्द की सदैव प्रार्थना है।

शिकागो विश्व-धर्म सम्मेलन में स्वामी विवेकानन्द का भाषण

अमेरिका निवासी भगिनी तथा भ्रातृगण!

जिस सौहाद्ता और स्नेह के साथ आपने हम लोगों का स्वागत किया है, उसके फलस्वरूप मेरा हृदय अकथनीय हर्ष प्रफुल्लित हो रहा है। संसार के प्राचीन महर्षियों के नाम पर मैं आपको धन्यवाद देता हूँ तथा सब धर्मों को मातास्वरूप हिन्दू-धर्म एवं भिन्न-भिन्न सम्प्रदाय के लाखों-करोड़ों हिन्दुओं की ओर से भी धन्यवाद प्रकट करता हूँ।

मैं उन सज्जनों के प्रति भी धन्यवाद ज्ञापित करता हूँ, जिन्होंने इस सभामंच पर से प्राच्य-प्रतिनिधियों के सम्बन्ध में आपको यह बतलाया है कि ये दूर देश वाले पुरुष सर्वत्र सहिष्णुता का भाव प्रसारित करने के निमित्त यश और गौरव के अधिकारी हो सकते हैं। मुझको ऐसे धर्मावलम्बी होने का गौरव है, जिसने संसार को 'सहिष्णुता' तथा 'सब धर्मों को मान्यता प्रदान' करने की शिक्षा दी है। हम लोग सब धर्मों के प्रति केवल सहिष्णुता में

ही विश्वास नहीं करते, वरन् समस्त धर्मों को सच्चा मानकर ग्रहण करते हैं। मुझे आपसी यह निवेदन करते गर्व होता है कि मैं ऐसे धर्म का अनुयायी हूँ, जिसकी पवित्र भाषा संस्कृत में अंग्रेजी शब्द Exclusion का कोई पर्यायवाची शब्द नहीं। मुझे एक ऐसे देश का व्यक्ति होने का अभिमान है, जिसने इस पृथ्वी की समस्त पीड़ित और शरणागत जातियों तथा विभिन्न धर्मों के बहिष्कृत मतावलम्बियों को आश्रय दिया है। मुझे यह बतलाते हुए गर्व होता है कि जिस वर्ष यहूदियों का पवित्र मन्दिर रोमन-जाति के अत्याचार से धूल में मिला दिया गया, उसी वर्ष कुछ अभिजात यहूदी आश्रय लेने दक्षिण भारत में आये और हमारी जाति ने उन्हें छाती से लगाकर शरण दी। ऐसे धर्म में जन्म लेने का मुझे अभिमान है, जिसने पारसी जाति की रक्षा की और उसका पालन अब तक कर रहा है। भाइयों, मैं आप लोगों को एक स्रोत के कुछ पद सुनाता हूँ, जिसे मैं अपने बचपन से गाता रहा हूँ और जिसे प्रतिदिन लाखों मनुष्य गाया करते हैं :

रुचीनां वैचित्र्यादृजुकुटिलनानापथजुषाम्।
नृणामेको गम्यस्त्वमसि पयसामर्णव इव॥

-शिवमहिम्न स्तोत्र

"जैसे विभिन्न नदियाँ भिन्न-भिन्न स्रोतों से निकलकर समुद्र में मिल जाती है, उसी प्रकार हे प्रभो! भिन्न-भिन्न रुचि के अनुसार विभिन्न टेढ़े-मेढ़े अथवा सीधे रास्ते से जाने वाले लोग अन्त में तुझमें ही आकर मिल जाते हैं।"

यह सभा, जो संसार को अब तक की सर्वश्रेष्ठ सभाओं में से एक है, जगत के लिए गीता के उस अद्भुत उपदेश की घोषणा एवं विज्ञापन हैं, जो हमें बतलाता है-

ये यथा मां प्रपद्यन्ते तांस्तथैव भजाम्यहम्।
मम वर्त्मानुवर्तन्ते मनुष्याः पार्थ सर्वशः॥

-गीता, 4/99

"जो कोई मेरी ओर आता है-चाहे किसी प्रकार से हो-मैं उसको प्राप्त होता हूँ लोग भिन्न-भिन्न मार्ग द्वारा प्रयत्न करते हुए अन्त में मेरी ही ओर आते हैं।"

साम्प्रदायिकता, संकीर्णता और इनसे उत्पन्न भयंकर धर्म-विषयक उन्मत्तता इस सुन्दर पृथ्वी पर बहुत समय तक राज्य कर चुके हैं। इनके घोर अत्याचार से पृथ्वी भर गयी, इन्होंने अनेक बार मानव-रक्त से धरणी को सींचा, सभ्यता नष्ट कर डाली

तथा समस्त जातियों को हताश कर डाला। यदि यह सब न होता, तो मानव समाज आज की अवस्था से कहीं अधिक उन्नत हो गया होता। पर अब उनका भी समय आ गया है, और मैं पूर्ण आशा करता हूँ कि जो घण्टे आज सुबह इस सभा के सम्मान के लिए बजाये गये हैं, वे समस्त कट्टरताओं, तलवार या लेखनी के बल पर किये जाने वाले समस्त अत्याचारों तथा एक ही लक्ष्य की ओर अग्रसर होने वाले मानवों की पारस्परिक कटुताओं के लिए मृत्यु-नाद ही सिद्ध होंगे।

❑❑❑

2

वेदान्तमूलक दृष्टिकोण

1893 के विश्व धर्म-सम्मेलन (Parliament of Religion) में स्वामी विवेकानन्द ने स्वयं को 'समस्त वर्गों एवं सम्प्रदायों के करोड़ों हिन्दू जनता' के प्रतिनिधि के रूप में प्रस्तुत किया था। 11 सितम्बर के इस संबोधन में उन्होंने हिन्दू धर्म को 'धर्मों की जननी' (Mother of Religions) की संज्ञा भी प्रदान की। किन्तु व्यक्तिगत स्तर पर वे वेदान्ती हैं।

वेदान्त दर्शन (Vedantic Philosophy)–

वेदान्त का शाब्दिक अर्थ होता है–वेदों का अन्त (End of Vedas)। सामान्यत: वेदान्त दर्शन को उपनिषदों से संबद्ध किया जाता है किन्तु विवेकानन्द सहित अधिकांश वेदान्तियों ने 'श्रीमद्‌भागवद्‌गीता' व बादरायण के 'ब्रह्म-सूत्र' को अपनी शिक्षाओं का आधार बनाया है[1]। भारत में वेदान्त दर्शन की तीन शाखाएँ प्रचलित हुई हैं–

1. अद्वैतवाद (Non-dualism)
2. विशिष्टाद्वैतवाद (Qualified Non-dualism)
3. द्वैतवाद (Dualism)

स्वामी विवेकानन्द के हृदय में अद्वैत वेदान्त के लिए अधिक सम्मान था लेकिन वे किसी मत विशेष से कठोरतापूर्वक बंधे रहने वाले व्यक्ति नहीं थे। उनके अनुसार भारत में विविध विचारों, स्वरूपों व रीति-रिवाजों पर आधारित अनेक धर्म हैं। लेकिन वेदान्त समस्त धर्मों का संश्लेषण (Sythesis) है। उन्होंने वेदान्त की व्यावहारिक व्याख्या करते हुए कहा कि वेदान्त स्वयं में अद्वैत, विशिष्टाद्वैत व द्वैत को, यहाँ तक कि बौद्ध व जैन धर्म को भी सम्मिलित करता है[1]। वेदान्तिक मानते हैं कि 'एकल, अखण्ड, अकथनीय, अनन्त व अनादि' 'ब्रह्म' ही अन्तिम सत्य है। वास्तविकता के

रूप में दृष्टिगत होने वाला जगत् वस्तुतः असत्य एवं भ्रम हैं। शंकराचार्य ने इसे 'माया *(Maya)* कहा है।' 'जीव' भी नश्वर है परन्तु शरीर में अन्तर्निहित 'आत्मा' *(Atman)* उस एकल शाश्वत चेतना 'ब्रह्म' का अंश होने के कारण स्वयं भी अनादि व अनश्वर है और इस प्रकार 'ब्रह्म' व 'आत्मा' दोनों एक रूप हैं। आत्मा भी अनादि है, वह किसी पदार्थ से निर्मित नहीं है। निर्माण का अर्थ होता है–विभिन्न तत्वों का संयोग और इस संयोग का अर्थ है–भविष्य में वियोग[2]।" किन्तु आत्मा अविनाशी है, कोई वस्तु या शक्ति इसको नष्ट नहीं कर सकती। यह एक ऐसा वृत्त है जिसकी परिधि कहीं नहीं है। (A circle whose circumference is no-where) यद्यपि इसका केन्द्र शरीर में स्थित है[3]। मृत्यु जीव की होती है, जीवात्मा की नहीं। जिस प्रकार पुराने वस्त्र का त्याग करके व्यक्ति नया वस्त्र धारण करता है, उसी प्रकार आत्मा एक शरीर का त्याग कर दूसरा शरीर धारण करती है[4]। इस प्रकार आत्मा के केन्द्र का परिवर्तन ही मृत्यु है। स्वयं आत्मा सनातन है।

पुनर्जन्म का चक्र (Cycle of Rebirth)–

आत्मा की 'अमरता' और 'केन्द्र-परिवर्तन' के सिद्धान्त को स्वीकार करने का तात्पर्य यह भी है कि "स्वामी विवेकानन्द पुनर्जन्म की परम्परा में विश्वास करते हैं। पूरब के थामस एक्वीनास माने जाने वाले शंकराचार्य (788-820 ई.)[1] के अनुरूप स्वामी जी का भी मानना है कि व्यक्ति अपनी इच्छा के वशीभूत होकर कर्म *(Karma)* करते हैं और कर्मफल के अनुसार पुनर्जन्म के चक्र में पड़ते हैं। जीव के स्वार्थपूर्ण कर्म के कारण उसकी आत्मा जीवन-मरण के बन्धन में बंधी रहती है और उसकी मुक्ति नहीं होती है।

विवेकानन्द जी इस तथ्य को भली-भाँति समझते थे कि वैज्ञानिक दृष्टिकोण वाले पश्चिमी समाज के लिए 'पुनर्जन्म' सहज ही स्वीकार्य नहीं होगा, इसलिए उन्होंने इसे तार्किक आधार पर समझाने का प्रयत्न किया। उनके अनुसार विज्ञान यह मानता है कि प्रत्येक कार्य का एक निश्चित कारण होता है। व्यावहारिक स्तर पर देखा जाए तो दुनिया में कुछ लोग स्वस्थ, सम्पन्न, सुखी व प्रसन्न होते हैं जबकि दूसरे अस्वस्थ, निर्धन, दुःखी व निराश हैं। जीव-जीव में सुख-दुःख का यह अन्तर क्यों है? यदि यह मान लिया जाए कि यह भेदभाव स्वयं ईश्वर करता है तो प्रश्न है कि वह ऐसा किस आधार पर करता है? क्योंकि ईश्वर तो दयालु व न्यायी है, वह किसी के साथ पक्षपात या अन्याय नहीं कर सकता। अतः स्पष्ट है कि इस जन्म से पूर्व ऐसे कारण

होने ही चाहिए जिनके परिणामस्वरूप व्यक्ति इस जन्म में सुखी या दुःखी हैं। पूर्वजन्म का कर्मफल ही वह कारण है, जिसे भोगने के लिए पुनर्जन्म होता है[2]।

यहाँ एक महत्वपूर्ण सवाल यह उठता है कि यदि 'एक ही आत्मा' बार-बार नवीन शरीर को धारण करती रहती है तो **जीव या मनुष्य को अपने पूर्व जन्म की घटनाएँ याद क्यों नहीं रहती हैं?** यह प्रश्न स्वामी दयानन्द सरस्वती के समक्ष भी आया था। उनका कहना था कि "जीव अल्पज्ञ है, त्रिकालदर्शी नहीं, इसलिए उसे पूर्वजन्म व मृत्यु की बातों का स्मरण नहीं रहता।" इसके अतिरिक्त जीव "जिस मन से ज्ञान करता है वह भी एक समय में दो ज्ञान नहीं कर सकता।" वैसे "वर्तमान जगत् में विचित्र सुख-दुःख की घटती-बढ़ती देखकर पूर्वजन्म का अनुमान किया जा सकता है[3]।" स्वामी विवेकानन्द का कहना है कि वर्तमान की अनेक बातों के समान पूर्वजन्म की स्मृतियाँ भी व्यक्ति के अचेतन मन में संचित रहती हैं और प्रयत्न करने पर चेतन मन के धरातल पर आ सकती हैं वैसे ही जैसे भूली हुई कोई बात या घटना कोशिश करने पर याद आ जाती है। पुनः यदि पुनर्जन्म अस्वीकार कर दिया जाए तो ईश्वर अन्यायी प्रमाणित हो जाएगा क्योंकि तब यह मानना पड़ेगा कि वह व्यक्ति को कर्म के अनुसार नहीं बल्कि अपनी स्वेच्छा से सुख या दुःख प्रदान करता है। लेकिन ईश्वर को अन्यायी कौन कहेगा? वह तो विगत जन्म के कर्म (पुण्य-पाप) के अनुसार ही व्यक्ति को सुख व दुःख प्रदान कर न्याय करता है। अतः स्पष्ट है कि पुनर्जन्म की मान्यता आध्यात्मिक व वैज्ञानिक, दोनों ही दृष्टियों से सत्य है। अपने कर्म के अनुरूप व्यक्ति का पुनर्जन्म होता है और यह 'चक्र' तब तक चलता रहेगा जब तक कि व्यक्ति को मोक्ष न मिल जाए।

मोक्ष या मुक्ति (Moksha or Mukti)–

लेकिन **मोक्ष या मुक्ति कैसे प्राप्त होगी?** अद्वैत वेदान्त के अनुसार व्यक्ति पुनर्जन्म के चक्र में इसलिए फंसे होते हैं क्योंकि वे अज्ञान *(Avidya)* के कारण यह विश्वास करने लगते हैं कि उनका अपना स्व (Self) है और दृश्यगत् जगत् सत्य है। अतः मुक्ति (Liberation) के लिए ज़रूरी है कि व्यक्ति ब्रह्म व आत्मा की एकरूपता का अनुभव कर इस सांसारिक अस्तित्व के भ्रम से मुक्त हो जाए। ज्ञान, ध्यान, भक्ति एवं प्रार्थना इसके साधन हैं।

इस बिन्दु पर स्वामी विवेकानन्द परम्परागत वेदान्त में कुछ संशोधन करते हैं जिसके कारण उनके दर्शन को 'व्यावहारिक वेदान्त' (Practical Vedanta)

का नाम दिया जाता है। शंकराचार्य ने इस जगत् व जीव को माया मानकर पूर्ण परित्याग का समर्थन किया था क्योंकि यदि यह जगत् और इसके प्राणी भ्रम हैं, माया हैं तो इनसे किसी प्रकार का सम्बन्ध रखना स्वयं को 'माया' के जटिल बंधन में डालने एवं इस प्रकार 'मोक्ष' की संभावना को नष्ट करने के समान है। स्वामी योगानन्द जैसे गुरु भाइयों ने स्वामी विवेकानन्द से तर्क किया था कि मानव -कल्याण, गरीबों की सेवा, ग्रन्थों का अध्ययन, सार्वजनिक उपदेश व अन्य मानवतावादी कार्य श्री रामकृष्ण परमहंस की शिक्षाओं और स्वयं अद्वैत वेदान्त के अनुकूल नहीं है। 'एकान्त में प्रार्थना व ध्यान' (Prayer and Meditation in solitude) द्वारा ईश्वर भक्ति से ही मुक्ति सम्भव है[1]।

स्वामी विवेकानन्द 'परम ब्रह्म की प्राप्ति' व 'पीड़ित मानवता की सेवा' के मध्य एक संतुलन स्थापित करते हुए कहते हैं कि व्यक्ति की 'स्वयं की मुक्ति' का पथ 'मानवता की मुक्ति' के द्वार से संबद्ध है। दूसरों के कल्याण के प्रति नैतिक समर्पण (Moral Commitment) से ही 'मोक्ष' की प्राप्ति संभव है। यह विविधतापूर्ण जगत् व इसके जीव 'ब्रह्म की ही अभिव्यक्ति' (Manifestation of the Brahman) हैं। इसलिए 'स्व-कल्याण' और 'पर-कल्याण' में कोई संघर्ष नहीं है। परिणामस्वरूप "जब कोई व्यक्ति किसी दूसरे की सेवा करता है तो वास्तव में वह स्वयं की सेवा करता है क्योंकि आवश्यक रूप से सभी एक हैं[1]।" उल्लेखनीय है कि विवेकानन्द व्यावहारिक वेदान्त के माध्यम से नैतिकता की एक मानवतावादी व्याख्या प्रस्तुत कर रहे हैं जो ब्रिटिश विचारक टी.एच. ग्रीन की याद दिलाता है। ग्रीन भी मानता था कि व्यक्ति को 'आत्मानुभूति' (Self-realization) की प्राप्ति तब तक नहीं हो सकती जब तक कि वह दूसरों के साथ इसमें सहभागी नहीं बनता है। मानवता की पूर्णता में सहयोग करने से ही व्यक्ति को आत्मसंतुष्टि मिलती है[2]। योगानन्द से स्वामी विवेकानन्द ने यह स्पष्ट किया कि वे देश के उद्धार के लिए, देशवासियों को अन्धकार तमस से निकालने व उन्हें 'मनुष्य' बनाकर उनके पैरों पर खड़ा करने के लिए हज़ारों बार नरक में जाने के लिए तैयार हैं। "मैं श्री रामकृष्ण परमहंस या अन्य किसी का अनुकर्ता नहीं हूँ, बल्कि सिर्फ उसका अनुयायी हूँ जो स्वयं की भक्ति व मुक्ति की चिन्ता किए बिना दूसरों की सेवा व सहायता करता है।" मानव सेवा ही ईश्वर की सेवा है, इसके माध्यम से ही 'ब्रह्म' से 'एकत्व' स्थापित किया जा सकता है। यही वास्तविक 'मुक्ति' है।

स्वामी विवेकानन्द के अनुसार मनुष्य तीन गुणों से निर्मित होता है–पाशविक (Brutal), मानवीय (Human) और ईश्वरीय (Godly)। प्रत्येक व्यक्ति को अपनी पाशविक प्रकृति का दमन कर मानव बनने का प्रयत्न करना चाहिए[3]। धर्म वह विचार है जो पशु को मनुष्य और मनुष्य को ईश्वर के स्तर तक उन्नत कर रहा है[4]। व्यक्ति 'ईश्वरत्व' को तब प्राप्त करता है जब वह स्वार्थहीन होकर दूसरों की सेवा करता है। संक्षेप में, "वेदान्त का आदर्श व्यक्ति को उसके वास्तविक स्वरूप में जानना है और इसका यह संदेश है कि यदि तुम अपने बन्धुओं की पूजा नहीं कर सकते, जो ईश्वर की अभिव्यक्ति हैं, तो तुम उस ईश्वर की आराधना कैसे कर सकते हो जो कि अव्यक्त है?[5]" ईश्वर और शैतान (The Devil) में स्वार्थहीनता (Unselfishness) और स्वार्थपूर्णता (Selfishness) के अतिरिक्त अन्य कोई अन्तर नहीं है[6]। वास्तव में निःस्वार्थता ही ईश्वर है[7]।

हिन्दू धर्म (Hinduism)–

स्वामी विवेकानन्द के अनुसार हिन्दू धर्म एक ऐसा धर्म है जो पूर्व ऐतिहासिक युग से विद्यमान है[1]। किन्तु इसकी महानता इसकी प्राचीनता में नहीं अपितु इसकी अतुलनीय उदारता में अन्तर्निहित है जिसने विश्व को सभी धर्मों के प्रति 'सहिष्णुता एवं सार्वभौम स्वीकृति' (Tolerance and Universal Acceptance) की शिक्षा दी है[2]। यह सहिष्णुता आन्तरिक व बाह्य दोनों ही क्षेत्रों में दृष्टिगत होती है। आन्तरिक दृष्टि से "वेदान्त दर्शन के उच्च आध्यात्मिक भावों–विज्ञान के अत्याधुनिक आविष्कार जिसकी प्रतिध्वनि मात्र प्रतीत होते हैं–से लेकर इसके बहुरूपी पौराणिक कथाओं के साथ मूर्ति–पूजा के निम्न विचार, बौद्ध धर्म के अज्ञेयवाद (Agnosticism) और जैनों के अनीश्वरवाद (Atheism) तक, सभी (सम्प्रदायों) को हिन्दू धर्म में स्थान मिला हुआ है[3]।" बाह्य दृष्टि से हिन्दू धर्म ने विदेशी धर्मों के प्रति भी दयालुता व सहनशीलता का प्रदर्शन किया है। स्वामी विवेकानन्द को भारतवर्ष व हिन्दुत्व की इस महानता पर गर्व है। उन्होंने इसे स्वीकार करते हुए कहा है कि "मैं एक ऐसे धर्म का अनुकरणकर्ता हूँ जिसकी पवित्र भाषा संस्कृत में अंग्रेजी शब्द Exclusion[4] का कोई समानार्थी शब्द नहीं है। मुझे एक ऐसे देश का व्यक्ति होने का अभिमान है जिसने इस धरती के समस्त पीड़ित व शरणागत जातियों एवं विभिन्न धर्मों तथा वर्गों के बहिष्कृत मतावलम्बियों को आश्रय प्रदान किया है।" उदाहरण के लिए 'जिस वर्ष यहूदियों का पवित्र मंदिर रोमन जाति के द्वारा ध्वस्त कर दिया गया

तब कुछ कुलीन यहूदी शरण लेने के लिए, उसी वर्ष, दक्षिण भारत पधारे जिन्हें हमारी जाति ने हृदय से लगाकर शरण प्रदान किया।' 'हिन्दू धर्म ने पारसी धर्म के अनुयायियों की रक्षा की और अभी भी कर रहा है[5]।'

वास्तव में स्वामी विवेकानन्द को अपने गुरु की इस मान्यता में पूर्ण विश्वास था कि "**जितने मत होते हैं उतने ही पथ होते हैं**[6]"–अतः सभी धर्म वन्दनीय हैं क्योंकि विविध धर्म अपने-अपने अनुयायियों को वह साधन उपलब्ध कराते हैं जिसका अनुप्रयोग करके वे परम सत्य-ईश्वर-को प्राप्त करने का प्रयत्न करते हैं। आन्तरिक रूप से सभी धर्म समान हैं क्योंकि उनका लक्ष्य समान है–मुक्ति की प्राप्ति। "जिस प्रकार विभिन्न स्रोतों से निकलने वाली विविध नदियाँ अपनी जलराशि समुद्र में मिश्रित कर लेती हैं, वैसे ही हे प्रभो! व्यक्ति, विभिन्न प्रवृत्तियों के अनुसार जिन विभिन्न पथों को चुनते हैं, वे अलग-अलग प्रतीत हो सकते हैं, लेकिन टेढ़े-मेढ़े या सरल तरीके से अन्ततः 'तुझमें' ही मिल जाते हैं[1]।" यही 'एकत्व' है और यह एकत्व ही विभिन्न धर्मों के सह-अस्तित्व का आधार है। विज्ञान भी एकता की खोज के अतिरिक्त और कुछ नहीं है। जैसे ही विज्ञान पूर्ण एकता (Perfect Unity) तक पहुँच जाएगा वैसे ही यह आगे विकास करना रोक देगा क्योंकि वह अपने लक्ष्य (एकता) को प्राप्त कर लेगा, और धर्म का विज्ञान (Science of Religion) तब पूर्णता को प्राप्त करेगा जब वह इस 'ईश्वर' को खोज लेगा जो मृत्यु के ब्रह्माण्ड में एकमात्र 'जीवन' है, 'वहीं' इस सतत् परिवर्तनशील जगत् का स्थिर आधार (Constant Basis) है, वही एक मात्र 'आत्मा' है और अन्य आत्माएँ उसकी भ्रमात्मक अभिव्यक्तियाँ (Delusive Manifestations) हैं। इस प्रकार विविधरूपता व वैधता के माध्यम से अन्तिम एकता तक पहुँचा जाता है[2]।" अतः समस्त धर्मों एवं धार्मिक सम्प्रदायों को एक-दूसरे के प्रति परम्परागत अलगाव, घृणा तथा संघर्ष की भावना का परित्याग कर देना चाहिए और यह नारा लगाना चाहिए कि 'संघर्ष नहीं सहयोग' 'विनाश नहीं, ग्रहण' 'मतभेद नहीं बल्कि समन्वय व शान्ति[3]।'

धर्म-परिवर्तन (Conversion)–

चूँकि समस्त धर्म सार रूप में एक हैं और 'ईश्वर' की प्राप्ति ही सबका उद्देश्य है, अतः **स्वामी विवेकानन्द 'धर्म परिवर्तन' की आवश्यकता को अस्वीकार करते हैं।** उनके अनुसार "ईसाई को हिन्दू या बौद्ध बनने की ज़रूरत नहीं है, और न ही एक हिन्दू या बौद्ध, ईसाई बने। प्रत्येक को दूसरों की मूल-भावना (Spirit) को

आत्मसात् करना चाहिए, और, फिर भी, अपनी वैयक्तिकता (Individuality) को सुरक्षित रखते हुए अपने स्वयं के विकास के नियमों के अनुसार विकसित होना चाहिए। यदि धर्म-सम्मेलन ने विश्व को कुछ भी दिखलाया है तो वह यह कि-इसने विश्व के समक्ष यह प्रमाणित किया है कि शुद्धता, पवित्रता और दयालुता किसी धार्मिक संगठन की सम्पत्ति नहीं हैं और प्रत्येक धार्मिक व्यवस्था ने अत्यधिक उन्नत चरित्र वाले स्त्रियों व पुरुषों को उत्पन्न किया है।" इस परिवेश में यदि कोई यह सोचता है कि केवल उसका धर्म विकसित हो या अन्य धर्म नष्ट हो जाएँ तो वह व्यक्ति दया का पात्र है, उसकी सोच दया की पात्र है।

सार्वभौम धर्म (Universal Religion)–

हिन्दू धर्म की श्रेष्ठता का प्रतिपादन करने के बावजूद विवेकानन्द विभिन्न धर्मों के संकीर्ण दायरे से ऊपर उठकर सम्पूर्ण मानवता के लिए एक सार्वभौम धर्म की स्थापना का विचार प्रस्तुत करते हैं। उनके अनुसार "यदि कभी सार्वभौम धर्म बना तो वह (धर्म) स्थान व समय की सीमा से मुक्त तथा ईश्वर के समान ही अनन्त होगा। उसका प्रकाश कृष्ण या ईसा के अनुयायियों तथा संतों व पापात्माओं पर समान रूप से पड़ेगा। वह ब्राह्मणों या बौद्धों या ईसाइयों या मुसलमानों का धर्म न होकर, इन सबका संयुक्त योग (Sum Total) होगा। यह ऐसा धर्म होगा जिसकी राजनीतिक व्यवस्था में दमन या असहिष्णुता के लिए कोई स्थान नहीं होगा। यह धर्म प्रत्येक पुरुष व स्त्री के देवत्व को स्वीकार करेगा, और उसका समस्त बल, मानवता को उसके वास्तविक दैवीय प्रकृति की अनुभूति में सहायता प्रदान करने पर केन्द्रित होगा।" 'ऐसा धर्म प्रस्तुत प्रदान करने पर समस्त देश इसका पालन करेंगे।' 'धर्मान्धता की मुख्य स्रोत हमारे संकीर्ण धार्मिक दृष्टिकोण में निहित है। जिस प्रकार कुएँ का मेढ़क कुएँ को ही अखिल ब्रह्माण्ड समझता है, उसी प्रकार वर्तमान धर्मों की सोच हो गई है।' जबकि ब्रह्म अल्लाह, गॉड सब एक हैं[2]।

हिन्दू कौन हैं? (Who are Hindus?)–

स्वामी विवेकानन्द के अनुसार प्राचीन काल में इस शब्द-हिन्दू का केवल इतना ही अर्थ था-सिन्धु तट के इस ओर निवास करने वाले लोग। भारत के आलोचकों के लिए हिन्दू शब्द कलंकित, पददलित, निकम्मी और धर्मभ्रष्ट जाति का प्रतीक है। लेकिन स्वामी विवेकानन्द के दृष्टिकोण में 'हिन्दू' नाम ऐसी प्रत्येक वस्तु का द्योतक है जो गरिमामय एवं आध्यात्मिक है। उनके शब्दों में "सम्पूर्ण विश्व हमारी मातृभूमि

के महान ऋण का ऋणी है। एक-एक देश को लेने पर भी इस धरती पर ऐसी कोई दूसरी प्रजाति नहीं है जिसका विश्व पर इतना ऋण है जितना कि इस संयमी हिन्दू, सौम्य हिन्दू का[1]।'' यह सौम्य हिन्दू (Mild Hindu) सदैव ही परमपिता ईश्वर की प्रिय संतान रहा है।

उन्होंने ऐतिहासिक दृष्टिकोण से भी हिन्दू जाति व उसकी सभ्यता की महानता को प्रतिपादित किया। उनके शब्दों में ''जब ग्रीस (यूनान) का अस्तित्व नहीं था, जब रोम की कल्पना तक नहीं थी, जब आधुनिक यूरोपवासियों के पूर्वज जंगलों में रहते थे और अपने शरीर को नीले रंग से रंगा करते थे तब भी भारत में कर्म चेतना की व्याप्ति थी। उससे भी पहले, जिसका इतिहास के पास कोई लेखा-जोखा (Record) नहीं है, और जिस सुदूर अतीत के गहन अंधकार में झाँकने का साहस परम्पराएँ भी नहीं करतीं, उस समय से लेकर आज तक भारत में एक के बाद एक विचारों का आगमन हुआ लेकिन उसका प्रत्येक शब्द अपने पीछे आशीर्वाद (Blessing) और अपने आगे शान्ति (Peace) लेकर उच्चारित हुआ है। संसार की समस्त जातियों में केवल हम हिन्दू ही ऐसे हैं जिन्होंने दूसरों पर सैनिक विजय प्राप्त करने का रास्ता नहीं अपनाया और इसी कारण हम आशीर्वाद के पात्र रहे हैं[2]।''

हिन्दू धर्म की कमियाँ (Shortcoming of Hinduism)–

इसका तात्पर्य यह नहीं है कि उन्हें हिन्दू धर्म की वर्तमान पतनशील अवस्था का अनुमान नहीं था। 1897 ई. में काश्मीर भ्रमण के दौरान उन्होंने दुःखित होकर कहा कि ''वर्तमान समय के हिन्दू अपने पूर्वजों के आदर्शों से विचलित हो चुके हैं। लोग धर्म के नाम पर विभिन्न मिथ्या-मान्यताओं (Superstitions) से चिपक गए हैं।'' उदाहरण के लिए ''प्राचीन समय में लोग तब भी जाति से बहिष्कृत नहीं होते थे जब वे व्यभिचार (Adultery) जैसे वास्तविक पाप (Sin) करते थे, लेकिन आजकल भोजन के सामान्य नियमों का उल्लंघन करने पर भी व्यक्ति 'अछूत' बन जाता है।'' इस प्रवृत्ति में बदलाव के लिए वे शिक्षित वर्ग को आगे आने का आह्वान करते हैं। उनके शब्दों में, ''धर्म के नाम पर प्रचलित आचार-व्यवहार वास्तव में धर्म हैं... या नहीं, इसका परीक्षण करने का दायित्व आज के शिक्षित युवा वर्ग के कंधों पर है। यदि हम पाते हैं कि परम्परागत आचार नियम समाज के विकास व समृद्धि के मार्ग में विघ्न उत्पन्न कर रहे हैं, यदि वे हमारे विशुद्ध ज्ञान की प्राप्ति में अवरोध के समान हैं, तो हम जितना शीघ्र उनका त्याग कर दें उतना ही अच्छा है[1]।''

इसी प्रकार 'शिक्षा-दीक्षा के अभाव में निम्न-जातीय लोग पुरोहित वर्ग के हृदयहीन कठोर व्यवहार से सनातन धर्म के प्रति न सिर्फ श्रद्धाहीन हो गए हैं अपितु हज़ारों व्यक्ति हिन्दू धर्म को ही अपराधी मानकर दूसरे धर्म को ग्रहण करने के लिए तैयार हैं। करोड़ों व्यक्ति नित्य-प्रति अज्ञान के अन्धकार में डूब रहे हैं-उनके हृदय में न आशा है, न विश्वास है और न ही नैतिक बल है[2]।''

मूर्ति-पूजा (Idolatory)-

अन्य धर्मावलम्बियों-विशेषतः इस्लाम व ईसाई धर्म के समर्थकों द्वारा हिन्दू धर्म में स्वीकृत मूर्तिपूजा को अतार्किक व अधार्मिक कहकर आलोचना की जाती रही है। स्वयं स्वामी विवेकानन्द भी श्री रामकृष्ण परमहंस के सम्पर्क में आने बाद भी काफी समय तक मूर्ति पूजा के विरोधी बने रहे लेकिन कालांतर में वे इसकी मनोवैज्ञानिक सार्थकता को स्वीकार करने लगे। उनका कहना है कि ''विभिन्न प्रकार की प्रार्थनाएँ व धार्मिक रीतियाँ 'मन के शुद्धीकरण' में सहायक होती हैं। इसी प्रकार मूर्ति या चित्र की पूजा 'आध्यात्मिक एकाग्रता' (Spiritual Concentration) में सहायता प्रदान करती है।'' इस संदर्भ में दयानन्द सरस्वती मूर्ति-पूजा को पूर्णतः निरर्थक मानते थे क्योंकि व्यक्ति मूर्ति को ही ईश्वर मानने लगते हैं और इस प्रकार ईश्वर से दूर हो जाते हैं। विवेकानन्द जी का कहना है कि पत्थर या धातु से बनी प्रतिमाएँ ईश्वर की विशेष गुणवाचक मूर्तियाँ हैं। उन्हें देखते ही भक्त के मन में उसी ईश्वर की बातें जाग्रत हो जाती हैं। भक्त मूर्ति के द्वारा भगवान् की उपासना करते हैं धातु या पत्थर की नहीं! कभी किसी हिन्दू को यह कहते हुए नहीं सुना कि ''हे पत्थर! हे धातु! मैं तुम्हारी पूजा कर रहा हूँ, तुम मुझ पर प्रसन्न हो जाओ[3]।''

लेकिन निश्चित रूप से मूर्ति-पूजा स्वयं में साध्य न होकर एक साधन है[4] जो भक्त को ईश्वर की प्रत्यक्ष अनुभूति में सहायता करती है। जिस प्रकार मन्दिर, मस्जिद व गिरजाघर ईश्वरीय आवास के प्रतीक हैं, जिस प्रकार नीला आसमान या विस्तृत समुद्र अनन्तता (Infinity) का प्रतीक है, उसी प्रकार एक मूर्ति-पूजक के लिए मूर्तियाँ शुद्धता, पवित्रता, सत्य, ईश्वर की सर्वव्यापकता और उच्च विचारों की प्रतिबिम्ब हैं। अतः यदि कोई व्यक्ति किसी चित्र के माध्यम से अपने दैवीय प्रकृति की अनुभूति कर सकता है तो इसे 'पाप' की संज्ञा देना अनुचित है। यदि वह व्यक्ति 'इस स्तर[1]' से ऊपर उठने के बाद यह अनुभव करता है कि मूर्तिपूजा अनुचित या अनावश्यक है तब भी उस व्यक्ति की पूर्ववर्ती मूर्तिपूजा को पाप नहीं कहा जाना चाहिए क्योंकि

हिन्दुओं के लिए धर्म एक ऐसी यात्रा है जिसमें व्यक्ति त्रुटि (Error) से सत्य की तरफ नहीं अपितु सत्य से सत्य की तरफ व निम्नतर से उच्चतर सत्य की तरफ बढ़ता है। उन्होंने ईसाई आलोचकों से पूछा कि यदि ईश्वर सर्वव्यापी है तो वे चर्च में आराधना करने क्यों जाते हैं? 'क्रास' को इतना पवित्र, इतना सम्माननीय क्यों मानते हैं[2]?

वास्तविक धर्म शक्ति (Real Religion : Strength)–

इस मनःस्थिति में वास्तविक धर्म किसे माना जाए? 1897 में अल्मोड़ा में जब अश्वनी कुमार दत्त ने स्वामी जी से यह प्रश्न किया कि आप किस मत विशेष (Particular Creed) को 'धर्म' के रूप में स्वीकार करते हैं, तब उन्होंने 'वेदान्त' का नाम लिया, किन्तु तत्काल यह भी कहा कि "मेरे धर्म का सारतत्व है–शक्ति। वह धर्म जो हृदय में 'शक्ति का संचार' नहीं करता, वह मेरे लिए धर्म नहीं है– चाहे वह उपनिषद हों, गीता हो या भागवत। शक्ति ही धर्म है और शक्ति से श्रेष्ठ कुछ भी नहीं है[3]।" एक स्थल पर इसी संवेदना को स्वर देते हुए उन्होंने घोषित किया कि शक्ति व पौरुष सद्गुण हैं, निर्बलता व कायरता पाप हैं[4]।

वेदान्त की विभिन्न शाखाओं में भी उन्होंने अद्वैतवाद को सर्वाधिक महत्व दिया क्योंकि जिस 'शक्ति, साहस व पौरुष' की आवश्यकता भारतीय समाज को थी वह अद्वैत दर्शन में निहित है। उन्होंने अपने इस झुकाव को स्वीकार करते हुए कहा कि मैंने इस शिकायत को सुना है कि मैं अद्वैतवाद की अत्यधिक शिक्षा देता रहा हूँ और द्वैतवाद की बहुत कम। मैं जानता हूँ कि द्वैतवादी धर्म में कैसी विशालता, प्रेम का सागर, अनन्तता, कैसा परम आनन्दायक आशीर्वाद तथा प्रसन्नता है। मैं यह सबकुछ जानता हूँ। लेकिन हमारे लिए यह समय रोने का नहीं है–यहाँ तक कि आनन्द में भी नहीं, हम पर्याप्त रो चुके हैं, अब हमारे पास कोमल बनने के लिए और समय नहीं है। हमारे साथ कोमलता इतने लम्बे समय से है कि हम रुई के ढेर (Masses of Cotton) में बदल गए हैं। आज हमारे देश को जिन वस्तुओं की आवश्यकता है, वे हैं–लोहे की माँसपेशियाँ, इस्पात की तंत्रिकाएँ, विशाल संकल्प (Gigantic Will) जिसका कोई प्रतिरोध न कर सके, जो अपना कार्य हर प्रकार से पूर्ण करे चाहे इसके लिए समुद्र के तल में जाकर मृत्यु का सामना ही क्यों न करना पड़े। यह है जिसकी हमें ज़रूरत है, और इसकी प्राप्ति हम तभी कर सकते हैं, इसे तभी स्थापित कर सकते हैं, और इसे तभी शक्तिशाली बना सकते हैं जब हम अद्वैत के आदर्श (Ideal of Advaita) का साक्षात्कार कर लें, सबकी एकता के आधार की अनुभूति

क्रर लें[1]। अत: वास्तविक धर्म वही है जो 'शक्ति' की प्रेरणा देता है। भारत के लिए यह धर्म है–अद्वैतवादी वेदान्त।

सामाजिक चिन्तन (Social Thought)–

स्वामी विवेकानन्द ने न सिर्फ पश्चिमी जगत् की दो बार यात्राएँ की अपितु शिकागो जाने से पूर्व व वहाँ से लौटने के उपरान्त भारत का भी व्यापक भ्रमण किया। उन्होंने पश्चिमी समाज के प्रगतिशील सामाजिक जीवन व आर्थिक समृद्धि की पृष्ठभूमि में जब अपने देश का मूल्यांकन किया तो इस निष्कर्ष पर पहुँचे कि यहाँ व्यापक सामाजिक सुधार की आवश्यकता है, वह भी अविलम्ब। भारतीय समाज के शिक्षित वर्ग में पश्चिम के तर्कहीन अनुकरण (नकल) तथा जनसाधारण में अशिक्षा, कुसंस्कार, अधार्मिकता, अलगाव, दरिद्रता, असमानता, स्त्री जाति की उपेक्षा और छुआछूत को देखकर उनका हृदय व्यथित हो उठा। वे भारत के पुनर्जीवन (Regeneration) के लिए व्यग्र हो उठे। किन्तु सर्वाधिक महत्वपूर्ण प्रश्न यह था कि इस पुनर्जीवन का तरीका क्या होगा?

भारत में सामाजिक सुधार का सवाल कोई नया नहीं था। इसमें एक वर्ग ऐसा था जो पश्चिम की भौतिकवादी, तार्किक एवं धर्मनिरपेक्ष दृष्टि को भारतीय सामाजिक सुधारों का आधार बनाना चाहता था। स्वामीजी भी पश्चिमी सभ्यता की सहायता का समर्थन करते हुए कहते हैं कि "हमारी वर्तमान आवश्यकता है–पश्चिमी विज्ञान की सहायता से आर्थिक व सामाजिक स्थिति को उन्नत बनाने की चेष्टा करना। (लेकिन) केवल यूरोपवासियों के द्वार पर खड़े होकर रुदन-क्रन्दन (रोना-चिल्लाना) करने और भिक्षा माँगने से उद्देश्य सिद्ध नहीं होगा। वे लोग हमें जिस प्रकार उन्नत वैज्ञानिक प्रणाली से कृषि, शिल्प आदि की शिक्षा देंगे उसके बदले में हमें भी कुछ देना होगा। भारत के पास इस समय एकमात्र आध्यात्मिक ज्ञान के अतिरिक्त और देने योग्य है क्या[2]?"

पश्चिम का अनुकरण नहीं, सहायता–

स्वामी विवेकानन्द पश्चिम से वैज्ञानिक व तकनीकी ज्ञान ही लेना चाहते हैं, वे भारतीय समाज को पश्चिमी समाज में बदलने के पूर्ण विरोधी हैं[1]। वे मानते हैं कि जातीय भाव व सभ्यता के प्रति विद्रोह करके, स्वधर्म व शिक्षा का त्याग करके, विदेशी धर्म व संस्कृति को अपनाकर भारत प्रगति नहीं कर सकता। "धर्म भारत की आत्मा है।" हिन्दुओं को अपने धर्म का परित्याग नहीं करना चाहिए अपितु धर्म को

उसकी उचित सीमा में रखते हुए समाज को विकसित होने की स्वतंत्रता प्रदान करनी चाहिए...। भारत के समस्त समाज सुधारकों ने पुरोहितवाद के समस्त भय एवं पतन के लिए धर्म को उत्तरदायी मानकर एक गंभीर ग़लती की और एक अनाशवान संरचना (Indestructible Structure) को नष्ट करने के लिए आगे आए। किन्तु परिणाम क्या हुआ? असफलता! महात्मा बुद्ध से लेकर राममोहन राय ने यही गलती की। उन्होंने जाति को एक धार्मिक संस्थान मान लिया और जाति व धर्म, दोनों को ही नष्ट करने का प्रयास करने लगे[2]। दयानन्द सरस्वती के समान स्वामी विवेकानन्द भी भारतीय सामाजिक व्यवस्था की उन्नति विरोधी विसंगतियों को समाप्त करना चाहते हैं लेकिन पश्चिमी जगत् का अन्ध-अनुकरण (Blind-imitation) द्वारा नहीं बल्कि स्वयं भारत की प्राचीन गौरवमयी शक्तियों के आधार पर। भारत का विकास आन्तरिक शक्तियों से करना तथा समस्त बाहरी शक्तियों की उपेक्षा करना आवश्यक भी है और वांछनीय भी[3]।

उनका कहना है कि "भारत व यूरोप दोनों ही विकास की युवावस्था में हैं, दोनों ही अभी अपूर्ण हैं, अतः स्पष्टतः किसी को गलत कहना ठीक नहीं है। लेकिन यह सत्य है कि भारत को अपने 'स्वभाव' के अनुसार ही विकसित होना चाहिए। हम पाश्चात्य नहीं बन सकते, इसलिए पश्चिम का अनुकरण करना अर्थहीन है।" दोनों के मूल्यों व आदर्शों में मौलिक भेद है। एक तरफ अतिशय भौतिकवाद है, दूसरी तरफ युगों-युगों से प्रवाहित होने वाली आध्यात्मिकता। एक तरफ-नये फैशन में पढ़ी-लिखी लड़कियों की लज्जाहीन स्वतंत्रता है, दूसरी तरफ हैं, सीता व सावित्री। "एक तरफ है निजी-स्वार्थ पर आधारित पाश्चात्य समाज की स्वतंत्रता, दूसरी तरफ है-आर्य समाज[1] का अतिआत्म-बलिदान। पश्चिम का उद्देश्य है व्यक्तिगत स्वतंत्रता, भाषा है धन निर्माण करने वाली शिक्षा, साधन है-राजनीति, भारत का उद्देश्य है मुक्ति, भाषा है-वेद, और साधन है-त्याग[2]।" "नया भारत कह रहा है कि जब तक हम पश्चिम के विचारों भाषा, भोजन, वस्त्र व तरीकों को नहीं अपनाएँगें, तब तक हम पश्चिमी राष्ट्रों की तरह मज़बूत व शक्तिशाली नहीं हो सकते।" लेकिन प्राचीन भारत का कहना है कि "मूर्खों! दूसरों के विचारों की नकल करने से वे किसी के अपने विचार नहीं हो जाते। जब तक इन्हें तुम खुद नहीं हासिल करोगे वे तुम्हारे नहीं होंगे। क्या शेर की खाल पहनने से गधा शेर बन जाता है?" अतः भारत के सामाजिक जीवन का पुनर्गठन मूलतः भारतीय आध्यात्मिक मूल्यों के आधार पर होना चाहिए।

उनके शब्दों में, कोई भी व्यवस्था–चाहे वह आर्थिक हो या सामाजिक अथवा राजनीतिक, जो आध्यात्मिक धरातल पर आधारित नहीं है, वह मज़बूत व स्थायी नहीं होगी[3]।"

इसका यह तात्पर्य भी नहीं है कि भारत में जो कुछ है वह अच्छा है। हमारी श्रेष्ठतम व्यवस्थाएँ भी आज अनेक त्रुटियों से परिपूर्ण हैं। इसमें सर्वाधिक उल्लेखनीय है–जाति व्यवस्था।

जाति-व्यवस्था (Caste-System)–

भारत में सामाजिक संरचना का मूलाधार वैदिक वर्ण-व्यवस्था रही है। दयानन्द सरस्वती के समान ही स्वामी विवेकानन्द उस प्राचीन व्यवस्था के समर्थक हैं जिसमें व्यक्ति का वर्ण उसके गुण व कर्म के अनुसार निर्धारित होता था[4]। इस प्रकार प्राचीन वर्ण व्यवस्था को गुणात्मक जाति व्यवस्था भी कहा जा सकता है जिसने चारों वर्णों में सामंजस्य व समरसता को बढ़ावा दिया था। उस समय यदि असाधारण प्रतिभा से सम्पन्न कोई व्यक्ति शूद्र वर्ण में होता था तो उसे सम्मान देकर उच्चवर्ण या शासक वर्ग में सम्मिलित कर लिया जाता था, इसी प्रकार "उच्च वर्ण से त्याग दिए गए व्यक्तियों को शूद्र वर्ण का सदस्य बनना पड़ता था[5]।"

किन्तु वर्तमान में परिस्थितियाँ पूरी तरह परिवर्तित हो गई हैं। वर्ण-व्यवस्था छुआछूत पर आधारित जाति-व्यवस्था में बदल गई है जहाँ कोई भी व्यक्ति, चाहे वह कितना ही बुद्धिमान या धनवान हो–अपने जाति या समुदाय को नहीं बदल सकता। विवेकानन्द के लिए सबसे दुःखद बात यह है कि कुछ धर्मग्रन्थ भी शूद्रों को वेद इत्यादि के अध्ययन से वंचित रखने का समर्थन करते हैं। इस निषेध से शूद्रगण 'वैदिक ज्ञान' से ही वंचित नहीं हुए हैं अपितु 'ज्ञान' मात्र से दूर होकर दासत्व की स्थिति में पहुँच गए हैं। हिन्दू समाज ने उन्हें ऐसा निकृष्ट जीव मान लिया है जिसके स्पर्श मात्र से उच्चवर्ण का व्यक्ति, उसकी कोई वस्तु या भोजन 'अपवित्र' हो जाता है। 'अस्पृश्यता' ही धर्म बन गई है–विशेष रूप से खान-पान में इसकी पराकाष्ठा नज़र आती है। स्वामी जी व्यंग्य से कहते हैं, "लोग न तो हिन्दू हैं और न ही वैदान्तिक-वे मात्र 'न छूओ' वाद के समर्थक (Don't Touchists) हैं, रसोई घर उनका मन्दिर है और भोजन पकाने के बर्तन उनकी पूजा की वस्तुएँ हैं। यह स्थिति समाप्त होनी चाहिए[1]।"

स्वामी विवेकानन्द का मानवतावादी हृदय–जो 'बहुजन हिताय, बहुजन सुखाय' के सिद्धान्त में विश्वास करता था–इस अस्पृश्यता से व्यथित था। उन्होंने उच्च-निम्न

और ब्राह्मण-शूद्र के तथाकथित अन्तर को अस्वीकार करते हुए कहा है कि "मैं सर्वत्र ब्रह्म को, यहाँ तक कि निम्नतम प्राणी (Meanest Creature) में भी 'उसी' की अभिव्यक्ति देखता हूँ। मेरे लिए कुछ भी उच्च या निम्न नहीं है[2]।" स्वामी जी शूद्रों को वेद-अध्ययन या उपनयन संस्कार से दूर रखने की व्यवस्था को अतार्किक व धर्म-विरुद्ध मानते हैं। उनके शब्दों में, "श्री रामकृष्ण के समस्त भक्तगण ब्राह्मण हैं।" गुरु के निधन के उपरान्त आने वाली पहली जयन्ती के अवसर पर[2] उन्होंने पचास शूद्रवर्गीय सदस्यों के उपनयन को व्यावहारिक रूप प्रदान करते हुए घोषित किया कि "इस पुण्य अवसर पर "वे" अपने अधिकार के अनुसार क्षत्रियत्व व वैश्वत्व को ग्रहण करें। समय पर इन्हें ब्राह्मण बना डालना होगा[3]।"

किन्तु वर्तमान स्थिति के लिए पुरोहितवाद को उत्तरदायी मानकर ब्राह्मणों को शूद्र नहीं बनाना है। बल्कि प्रत्येक शूद्र को ही ब्राह्मण बनाना होगा। इसके लिए निम्न बातें सर्वाधिक महत्वपूर्ण हैं-

1. शिक्षा का प्रसार,
2. ग़रीबों की सेवा, व
3. निर्धनता का उन्मूलन।

स्वामी विवेकानन्द के अनुसार यह कार्य सरकार नहीं करेगी। इसकी अपेक्षा धनिक वर्ग से भी नहीं हैं कि वे निम्न जातियों व ग़रीबों के उद्धार के लिए कार्य करेंगे। "तथाकथित धनवानों पर तो बिल्कुल विश्वास मत करो, वे जीवित की अपेक्षा मरे हुए अधिक हैं[1]।" आशा के केन्द्र हैं-संन्यासी व शिक्षित युवा वर्ग। उनका कहना है कि "शिक्षित युवा वर्ग गाँव-गाँव जाकर निम्न जातियों के व्यक्तियों को मानवीय समानता के उच्च आदर्शों का ज्ञान प्रदान करे[2]।" उन्होंने आह्वान किया कि "सभी को जाकर समझा दो कि ब्राह्मणों के समान ही तुम्हारा भी धर्म में समान अधिकार है। 'चाण्डाल' तक को इस अग्निमंत्र से दीक्षित करो और सरल भाषा में उन्हें व्यापार, वाणिज्य, कृषि आदि गृहस्थ जीवन के अत्यावश्यक विषयों का उपदेश दो अन्यथा तुम्हारी पढ़ाई-लिखाई को धिक्कार है, और तुम्हारे वेद-वेदान्त पढ़ने को भी धिक्कार है।"

भारतीय समाज की दूसरी प्रधान समस्या है-इसकी ग़रीबी। यह विकास की प्रमुख बाधा है। शिकागो जाते समय उन्होंने चीन की दयनीय दशा[3] को देखकर कहा कि "सभ्यता की सीढ़ी पर अगर चीनी व भारतवासी एक कदम भी अग्रसर नहीं

हो रहे हैं तो इसका एक कारण उनकी दरिद्रता ही है। एक सामान्य हिन्दू या चीनी के लिए उसके दैनिक जीवन की आवश्यकताएँ इतनी भयंकर (Hideous) हैं कि इसे कुछ और सोचने का अवसर ही नहीं मिल पाता[4]।" जहाँ तक भारत का प्रश्न है–इसकी आर्थिक समस्या का समाधान पश्चिमी वैज्ञानिक तकनीकी द्वारा भारतीय कृषि के विकास में अन्तर्निहित है। यह कार्य भी शिक्षित युवा करेंगे।

इस दरिद्रता के उन्मूलन के बग़ैर भारत के पुनर्जीवन या पुनर्गठन की कल्पना करना निरर्थक है। "एक देश जहाँ लाखों व्यक्ति महुआ के पेड़ के फूल पर ज़िन्दा हैं, और एक लाख या दो लाख साधु तथा एक करोड़ या अधिक ब्राह्मण इन गरीबों का रक्त चूस रहे हैं–इनकी उन्नति का थोड़ा भी प्रयास किए बिना–यह देश है या नरक? यह धर्म है या शैतान का नृत्य? हमें ध्यान रखना होगा कि खाली पेट वाले व्यक्ति के लिए धर्म किसी काम का नहीं होता[5]।" अत: ज़रुरत है राष्ट्र की भलाई के लिए इन ग़रीबों की दीन-हीन स्थिति का समापन करना।

"मैंने सम्पूर्ण भारत का पैदल भ्रमण किया है और अपने लोगों की अज्ञानता, दु:ख व गन्दगी को प्रत्यक्षत: देखा है। इन निम्न परिस्थितियों को बदलने की उग्र इच्छा से मैं जल रहा हूँ। किसी को कर्म *(Karma)* की बात करने दो। यदि उनका कर्म दु:ख सहना था तो हमारा कर्म है उस दु:ख को दूर करना। यदि तुम ईश्वर को प्राप्त करना चाहते हो तो मनुष्य की सेवा करो। नारायण *(Narayana)* तक पहुँचने के लिए तुम्हें दरिद्र नारायण (Daridra Narayan) की सेवा करनी होगी–भारत के लाखों भूखे व्यक्तियों की सेवा[1]।" उन्हें शिक्षित करने से पहले, "उनके भूखे मुख में रोटी रखनी होगी।" वे यह भी भूल चूके हैं कि वे मनुष्य हैं, जिसका परिणाम है–दासता[2]।

हमें उन्हें 'मनुष्य' बनाना है, उनकी वैयक्तिकता (Individuality) वापस लानी है, उनकी खोई हुई निजता उन्हें देनी है।

महिलाओं की उन्नति (Elevation of Women)–

स्वामी विवेकानन्द के सामाजिक दर्शन का एक अति महत्वपूर्ण पहलू 'स्त्री-मुक्ति' संबंधित उनके विचारों से संबद्ध है। 19वीं शताब्दी में भारतीय महिलाओं की स्थिति शूद्रों या दासों से किसी भी प्रकार अलग नहीं थी। यही कारण है कि राजा राममोहन राय व उनके बाद के समाज सुधारकों ने स्त्रियों की दशा सुधारने के लिए व्यापक सुधारों को प्रस्तावित किया।

स्वामीजी भी महिलाओं की दशा को उन्नत बनाना चाहते हैं। वे स्त्री को 'शक्ति' (Shakti-The Power) के रूप में स्वीकार करते हैं। "शक्ति के बिना विश्व का पुनर्जीवन (Regeneration)संभव नहीं है। क्या कारण है कि हमारा देश विश्व में सर्वाधिक निर्बल व पिछड़ा हुआ है? क्योंकि यहाँ 'शक्ति' को असम्मान से ग्रहण किया जाता है...। मैंने अमेरिका व यूरोप में क्या पाया? 'शक्ति' की उपासना, ताक़त (Power) की आराधना। फिर भी वे इसकी पूजा ऐन्द्रिय-संतुष्टि (Sense-gratification) के माध्यम से करते हैं। तब कल्पना करो कि उन्हें कितनी अपार भलाई प्राप्त होगी जो 'उसकी' पूजा पूर्ण शुद्धता से, सात्विक चेतना *(Sattivika spirit)* से और 'उसे' अपनी माता मानते हुए करते हैं[3]।" इसीलिए उन्होंने अपने शिष्यों व गुरु भाइयों को उपदेश दिया कि वे पूर्ण ब्रह्मचर्य का पालन करते हुए प्रत्येक स्त्री को माँ के रूप में देखें। क्षमता व गुण के दृष्टिकोण से भी वे स्त्रियों को पुरुषों से हीन नहीं मानते हैं। अपने समतावादी विचार के कारण ही उन्होंने 'महिला वैराग्य' (Women Monasticism) को व्यावहारिक रूप देने का प्रयास किया। उन्होंने कहा कि "हमें स्त्रियों व पुरुषों, दोनों की ज़रूरत है। आत्मा में लिंग-भेद नहीं होता[1]।"

स्वामी विवेकानन्द ने धार्मिक ग्रन्थों द्वारा महिलाओं पर आरोपित समस्त निषेधों (प्रतिबन्धों) का विरोध किया। "प्रत्येक व्यक्ति-उच्च व निम्न-के समान महिलाओं को भी प्राचीन आध्यात्मिक संस्कृति को ग्रहण करने, संस्कृत शिक्षा प्राप्त करने व ऋषियों के समस्त आध्यात्मिक आदर्शों की व्यावहारिक अनुभूति करने का अधिकार है। लड़कियों को लड़कों के समान ही ध्यानपूर्वक शिक्षा व समर्थन मिलना चाहिए। स्वामी जी ने बाल-विवाह का भी विरोध किया है।

यद्यपि उन्होंने लड़कियों के लिए न्यूनतम आयु का ज़िक्र नहीं किया तथापि वे अमेरिका के बारे में लिखते हैं कि "यहाँ कुछ ही स्त्रियाँ बीस या पच्चीस वर्ष की आयु के पूर्व विवाह करती हैं और वे आकाश के पक्षी की तरह स्वतंत्र हैं... और हम क्या कर रहे हैं? हम अपनी बच्चियों की शादी ग्यारह वर्ष से पूर्व नियमित रूप से करते चले आ रहे हैं ताकि वे पतित या अनैतिक न हो जाएँ[2]।" इसी स्थल पर उन्होंने मनु का उल्लेख करते हुए कहा है कि "जिस प्रकार लड़कों को तीस वर्ष तक ब्रह्मचर्य का पालन करते हुए शिक्षा प्राप्त करनी चाहिए उसी प्रकार लड़कियों को भी ब्रह्मचर्य का पालन करते हुए अपने माता-पिता से शिक्षा प्राप्त करनी चाहिए[3]।"

इससे स्पष्ट होता है कि वे पहले महिलाओं को शिक्षित करना चाहते हैं। फिर

उनकी शादी की बात सोची जानी चाहिए। "शिक्षित महिलाएँ अपनी समस्याओं का स्वत: ही समाधान ढूँढ़ लेंगी"।" उन्होंने स्पष्ट रूप से कहा है कि "स्त्रियों की दशा में उन्नति किए बग़ैर भारत की उन्नति नहीं हो सकती। कोई भी पक्षी एक पंख से नहीं उड़ सकता।" फिर भी भारतीय महिलाओं को पश्चिमी स्वतन्त्रता ही चाहिए, उनके सामाजिक मूल्य नहीं। भारत में स्त्रियों की आदर्श सीता व सावित्री हैं।

□□□

3

दार्शनिक और शैक्षिक विचार

'दर्शन' शब्द संस्कृत की 'दृश्' धातु से बना हैं। दृश धातु में ल्युट् प्रत्यय लगा देने से इस शब्द का निर्माण होता हैं। आंग्ल भाषा में 'फिलासॉफी'शब्द का प्रयोग किया जाता हैं। जिसका निर्माण दो शब्दों से मिलकर हुआ हैं। सोफिया का अर्थ है 'ज्ञान' और संज्ञा पद फिलस, फिलीन क्रिया पद से बना है जिसका अर्थ है 'प्रेम' या 'अनुराग' इस प्रकार पूरे शब्द का अर्थ हुआ ज्ञान का प्रेम अथवा ज्ञानानुराग। यहाँ ज्ञान का अर्थ केवल बोध नहीं वरन् सत् का गहन अवगाहन हैं। यह अन्तर्दृष्टि या अवबोध से सम्बन्धित है। सत्य की प्राप्ति हेतु गहन अवगाहन की धारणा जर्मन कवि लेसिंग के कथन से सुरन्दरता से स्पष्ट होती हैं। वह कहता हैं "यदि सर्वशक्तिमान् अपने दाहिने हाथ में'सत्य' और बायें हाथ में 'सत्यान्वेषण' लेकर मुझे दोनों में एक चुन लेने का अधिकार हैं, तो मै अत्यन्त नम्रतापूर्वक किन्तु संकोच भाव में 'सत्यान्वेष्ण' को ही चुनूँगा।"

दर्शन का विशिष्ट अर्थ—दर्शन ऐसी जटिल समस्याओं का कठिन अनुशासित तथा सावधानी के साथ किया हुआ विश्लेषण है जिसका मानव ने कभी अनुभव किया हो। जैसे कि पूर्व में वर्णित विभिन्न प्रश्न सृष्टि, ब्रह्माण्ड, प्रकृति एवं जीव के प्रति गूढ़ से गूढ़त्तम प्रश्नों का सूक्ष्म विवेचन करने हेतु चिन्तन एवं मनन का कार्य सामन्य बुद्धि द्वारा संभव नहीं हैं। विशिष्ट एवं विलक्षण ज्ञान से युक्त चिन्तनशील ज्ञान के प्रेमी (फिलासफर) ही इस कार्य को सम्पन्न कर सकते हैं। हैंडरसन द्वारा इसी भाव को इन शब्दों में प्रकट किया गया हैं, "दर्शन ऐसी सबसे जटिल समस्याओं का कठिन, अनुशासित तथा सावधानी के साथ किया हुआ विश्लेषण है जिसका मनव ने भी अनुभव किया हो।"

दर्शन का व्यापक अर्थ–व्यापक अर्थ में दर्शन, तर्कपूर्ण, विधिपूर्वक एवं क्रमिक रूप से विचार करने की कला है। इस अर्थ में संसर का प्रत्येक व्यक्ति जन्मजात् दार्शनिक हैं। प्रत्येक व्यक्ति को अपने जीवन की यात्रा में अनेकानेक अनुभव प्राप्त होते हैं। वह किसी न किसी रूप में सतत्य की खोज में निरन्तर लग रहता हैं। अपने सम्पूर्ण जीवन के अनुभवों को संकलत कर चलता हुआ व्यक्ति अपनी एक मौलिक विचारधारा का निर्माण करता हैं तथा सत्य एवं यथार्थ को ज्ञात करने की दिशा में प्रयत्नशील रहता है। वह अपनी जीवन यात्रा को पूर्ण करता हुआ कुछ मूल्यों एवं आदर्शों में आस्था रखने लगता हैं। वस्तुत: बिना दर्शन के जीवन की कल्पना भी असम्भव है। हक्सले इस विचार को मानते हुए कहता है कि मनुष्य अपने जीवन दर्शन तथा संसार के विषय में अपनी-अपनी धारणाओं के अनुसार जीवन व्यतीत करते हैं। यह बात अधिक से अधिक विचारहीन व्यक्तियों के विषय में भी सत्य है। बिना दर्शन के जीवन व्यतीत करना असंभव है।

भारतीय दृष्टिकोण के अनुसार दर्शन का अर्थ–भारतीय चिन्तन के अनुसार अर्थात् परम तत्त्व का साक्षात्कार या अपरोक्षानुभव ही दर्शन का अर्थ है। छान्दोग्य उपनिषद् में 'दृश' का आत्म दर्शन के अर्थ में प्रयोग किय ागया हैं। दर्शन वह है जिसके द्वारा यथार्थ तत्त्व की अनुभूति हो–'दृश्यते यथार्थ तत्त्वमनेन'। यहाँ दर्शन शब्द के अन्तर्गत साक्षात्कार के साधनों को भी लिया गया है (दर्शनम् साक्षात्करणम् अपि च, दृश्यते अनेन इति दर्शनम्)मनु और याज्ञवल्क्य ने आत्म दर्शन को 'सम्यक् दर्शन' माना है। वे कहते हैं आत्मा साक्षात् अनुभव करने येाग्य है और यह अनुभव, श्रवण, मनन तथा निदिध्यासन से प्राप्य है। आचार्य कौटिल्य ने दर्शन के स्थान पर 'आन्विक्षकी' विद्या क प्रयोग किया है तथा इसकी तुलना एक ऐसे दीपक से की है जो समस्त विद्याओं को प्रकाशित करता है। भारतीय विचारधारा के अनुसार सत्य का प्रत्यक्ष ही दर्शन है। **डॉ. राधकृष्णन्** के अनुसार, ''दर्शन यथार्थता के स्वरूप का तार्किक ज्ञान हैं।'' **श्री अरविन्द** ने इस विचार को अधिक स्पष्ट किया है–''दर्शन का कार्य ज्ञान के विभिन्न साधनों द्वारा उपलब्ध सामग्री को, कुछ भी न छोड़ते हुए व्यवस्थित करना और उनको एक सत्य, सर्वोच्च, सार्वभौम सद्वस्तु से समुचित सम्बन्ध में रखना है।''

वास्तव में दर्शन की सामग्री पर सुव्यवस्थित चिन्तन द्वारा उपलब्ध अन्तर्दृष्टि की परिणति है। वह सत् के चरम भाव के स्वरूप के साकल्प और सामंजस्य की खोज करता है। वह आभास से चलकर सत् तक पहुँचता है।

दर्शन की परिभाषा

दर्शनशास्त्र को अनेक प्रकार से परिभाषित करने का प्रयास किया गया है। कुछ विद्वानों जैसे प्लेटो, हीगल, तथा ब्रैडले ने इसे अलौकिक तथा चिरन्तन ज्ञान से सम्बन्धित माना है। कान्ट एवं फिश्ते ने ज्ञानशास्त्र को महत्त्व दिया है। काम्टे, हरबर्ट स्पेन्सर तथा रसेल ने इसे विज्ञान के सम्बन्धों के विश्लेषण के रूप में परिभाषित किया है। जॉन डीवी ने कहा है कि "जब कभी दर्शन पर गम्भीरतापूर्वक विचार किया गया तो सदा ही यह मन लिया गया कि वह एक ऐसे ज्ञान की प्राप्ति का द्योतक है जो कि जीवन के व्यवहार को प्रभावित को प्रभावित करेगा।"

कुछ प्रमुख परिभाषाएँ निम्नलिखित है-

प्लेटो के अनुसार "पदार्थ या वस्तुओं की शाश्वत् प्रकृति का ज्ञान प्राप्त करना दर्शन क उद्देश्य है।"

अरस्तु के अनुसार,"दर्शन ऐसा विज्ञान है, जो परम तत्त्व के यथार्थ की जाँच करता है। "

हैगेल का विचार कि"शाश्वत तथा चिरन्तन तत्त्व का ज्ञान प्राप्त करना दर्शन का मूल प्रयोजन है। वस्तुतः दर्शन का तत्त्व दर्शन है। "

ब्रैडले ने दृश्य जगत् की अपेक्षा यथार्थ के ज्ञान को प्राप्त करने के प्रयत्न को दर्शन माना है।

फिश्ते ने दर्शनशास्त्र को ज्ञान का विज्ञान कहा है।

कान्ट के अनुसार, दर्शनशास्त्र बोध-क्रिया का विज्ञान एवं उसकी आलोचना हैं।

हरबर्ट स्पेन्सर ने अन्य विद्याओं के समान दर्शन का मुख्य उद्देश्य ज्ञान प्राप्ति को माना तथा विज्ञान के मूलभूत सिद्धान्त का तार्किक अध्ययन दर्शनशास्त्र को कहा है।

काम्टे ने दर्शनशास्त्र को विज्ञानों का विज्ञान कहा जाता हैं।

दर्शन का विषय-क्षेत्र

प्रस्तुत अध्याय में दर्शन के विषय में ज्ञान प्राप्त करने का हमारा मुख्य उद्देश्य है शिक्षकों को शिक्षा दर्शन का ज्ञान प्रदान करना। इस दृष्टि से दर्शन के विषय क्षेत्र का ज्ञान प्राप्त करना आवश्यक हो जाता है। दर्शन का विषय क्षेत्र व्यापक है। अध्ययन की सुविधा हेतु इसे तीन भागों में विभाजित किया गया है-

1. तत्त्व मीमांसा 2. ज्ञान मीमांसा 3. मूल्य मीमांसा

(1) तत्त्व मीमांसा

अरस्तु द्वारा भौतिक शास्त्र के अध्ययन के पश्चात् अतिभौतिकी या मतैटाफिजिक्स को तत्त्व ज्ञान की खोज हेतु रूप दिया गया। वास्तव में भौतिक शास्त्र की समाप्ति पर ही यह तत्त्व ज्ञान प्रारम्भ होता हैं। दर्शन के इस क्षेत्र के विवेच्य विषय निम्नलिखित हैं-

(क) आत्मा सम्बन्धी तत्त्व ज्ञान– आत्मा क्या है? आत्मा व शरीर का सम्बन्ध क्या हैं? संकल्प स्वतन्त्र है अथवा परतन्त्र? इत्यादि प्रश्नों का उत्तर खोजने का प्रयास किया जाता हैं।

(ख) ईश्वर सम्बन्धी तत्त्व ज्ञान– ईश्वर का स्वरूप, उसका अस्तित्व प्रमाण आदि प्रश्नों का विवेचन किया जाता है।

(ग) सृष्टिशास्त्र– इस क्षेत्र में हम यह खोजने का प्रयास करते हैं कि सृष्टि की उत्पत्ति किस प्रकार हुई तथा अनेकानेक सृष्टि सम्बन्धित प्रश्नों का समाधान ज्ञात करते हैं।

(घ) ब्रह्माण्ड विज्ञान– ब्रह्माण्ड की रचना किन भौतिक तत्त्वों से हुई हैं? क्या ब्रह्माण्ड एक है? यह आध्यात्मिक है या भौतिक? इन प्रश्नों पर विचार किया जाता हैं।

(ङ) सत्ता विज्ञान–इस क्षेत्र में ब्रह्माण्ड के नश्वर और अक्षर तत्त्वों, उसके आदि अन्त तथा तत्त्वों के आपसी सम्बन्धों की विवेचना की जाती है।

(2) ज्ञान मीमांसा

इसमें ज्ञान से जुड़ी समस्याओं का विवेचन किया जाता है। ज्ञाता व ज्ञेय में क्या सम्बन्ध है? ज्ञान के स्रोत क्या हैं? ज्ञान की सीमाएँ क्या हैं? सत्य क्या हैं? भ्रम क्या हैं? अर्थात् ज्ञान मीमांसा में ज्ञान की संभावनाओं, ज्ञान के प्रकार, ज्ञान के साधनों का विवेचन किया जाता हैं।

ज्ञानशास्त्र आगमन और निगमन समन्वय और विश्लेषण की दार्शनिक प्रणालियों का प्रयोग करता है। इसमें तटस्थ सतत और अनुभव एवं तर्क से निर्देशित अभिवृत्ति को क्रियाविधि में देखा जा सकता है।

(3) मूल्य मीमांसा

जिन विषयों का सम्बन्ध मानव जीवन के मूल्यों, उद्देश्यों एवं आदर्शों से होता है उनका विवेचन मूल्य शास्त्र में किया जाता है। इसके मुख्यत: तीन भाग है–तर्क शास्त्र, नीतिशास्त्र एवं सौन्दर्य विज्ञान। इनका संक्षिप्त उल्लेख निम्नवत् है–

(क) तर्कशास्त्र–'लॉजिक' शब्द यूनानी शब्द लोगस से लिया गया है। इसका अर्थ है शब्दों या वाद-विवाद में तर्क की अभिव्यक्ति। दर्शन वास्तविकता का युक्तिपूर्ण या तर्कपूर्ण विवेचन है। आगमन व निगमन विधियाँ, तर्कशास्त्र में सम्मिलित की जाती है। तर्कपूर्ण चिन्तन, कल्पना, अनुमान और तर्क की पद्धति दर्शन का प्रमुख अंग हैं।

(ख) नीतिशास्त्र–ऐथिक्स शब्द इथेस शब्द से निकला है। जिसका अर्थ है चरित्र। इसके अन्तर्गत मानव आचरण का विवेचन किया जाता है। नीतिशास्त्र परम शुभ का विज्ञान है। यह मानव जीवन के आदर्शों का अध्ययन करता है। क्या होना चाहिए क्या नहीं यह स्पष्ट करता है?

(ग) सौन्दर्यशास्त्र–सौन्दर्यशास्त्र के विवेच्य प्रश्न सुन्दरता पर केन्द्रित होते हैं। वस्तुत: सौन्दर्य क्या है? सौन्दर्य का मापदण्ड क्या हैं? क्या ऐसा है जिसे असुन्दर कहा जाये? उसे असुन्दर कहने के लिए उसमें किन लक्षणों की उपस्थित होती है? इन सभी 'सुन्दर' से जुड़े प्रश्नों का उत्तर ज्ञात करने हेतु चिन्तन-मनन की प्रक्रिया हमें सौन्दर्यशास्त्र के क्षेत्र में ले जाती है।

दर्शन के इस विषय-क्षेत्र को अग्रवत् रेखाचित्र में प्रदर्शित कर सकता हैं–

दर्शन के अध्ययन की आवश्यकता एवं महत्त्व

दर्शनशास्त्र का अध्ययन प्रश्नों के सुनिश्चित उत्तर प्राप्त करने केलिए नहीं किया जाना चाहिये, अपितु स्वयं प्रश्नों के लिए किया जाना चाहिये, क्योंकि वे प्रश्न सम्भावनाओं की हमरी अवधारणा को व्याप्त बनाते हैं, हमारी बौद्धिक कल्पना को समृद्ध करते हैं और हठवादी सुनिश्चिचता को कम करते हैं जो कि कल्पना के विरुद्ध मस्तिष्क को बंद कर देती है, किन्तु यह इस सबसे ऊपर विश्व की महानता जिस पर दर्शन विचार करता है एवं मस्तिष्क को भी महान और विश्व से एकीकरण के योग्य बना देती है जो कि उसके सर्वोच्च शुभ का निर्माण करता है।

स्पेन्सर ने कहा है कि केवल एक सच्चा दर्शनिक ही शिक्षा को व्यावहारिक रूप दे सकता है। शिक्षार्थियों से उसकी अन्त:क्रिया इस तथ्य पर निर्भर करती है कि शिक्षार्थी के प्रति उसकी अवधारणा क्या हैं? वह छात्र को क्या समझता हैं? जर्मन दर्शनकि फिश्ते ने भी कहा है कि शिक्षा की कला दर्शन के बिना कभी भी पूर्णतया स्पष्ट नहीं हो सकती।

शिक्षा के क्षेत्र में उठने वाले विभिन्न प्रश्नों एवं समस्याओं के समाधान हेतु दर्शन किस प्रकार सहायक होता है, इस तथ्य को हम निम्नलिखित बिन्दुओं के माध्यम से समझ सकते हैं –

(1) शिक्षा द्वारा प्राप्त किये जाने वाले लक्ष्यों का निर्धारण–शिक्षा के क्षेत्र में प्रथम एवं सबसे महत्त्वपूर्ण समस्या यह है कि हमें यह सुनिश्चित करना होता है कि शिक्षा से हम किस आदर्श को प्राप्त करना चाहते हैं तदानुसार शिक्षा के लक्ष्यों का निर्धारण किया जाता हैं। श्री विवेकानन्द ने शिक्षा द्वारा चरित्र निर्माण पर बल दिया तो महात्मा गाँधी ने आत्म-निर्भर बनाने पर, महर्षि अरविन्द, गीजू भाई बधेका, श्री रविन्द्रनाथ ठाकुर आदि ने भिन्न विचार व्यक्त किये हैं। वस्तुत: शिक्षा के लक्ष्यों के निर्धारण में एकांगी के पश्चात् समाज की आवश्यताओं के अनुरूप ही हम शिक्षा के लक्ष्यों का निर्धारण करते हैं, जान डीवी ने भी कहा है कि ''दर्शन का सरोकार शिक्षा के लक्ष्यों का निर्धारण है, जबकि शिक्षा का विज्ञान, इस्तेमाल किये जाने वाले साधनों को निर्धारित करता है।''

शिक्षा के इन लक्ष्यों का विस्तार से वर्णन न करके मात्र इतना कहना पर्याप्त होगा कि ये तथ्यों की व्याख्या एवं विवेचना करता है तो दर्शन, मूल्यों से जुड़ी समस्याओं का हल करने के लिए तैयार करता है। शिक्षा दर्शन द्वारा दर्शन मूल्यों पर विचार किया जाता है। शैक्षिक मूल्य साधन भी है और साध्य भी। इनमें कौनसे मूल्य साध्य है तथा कौनसे साधन मूल्य हैं यह विववादास्पद विषय है। शैक्षिक मूल्यों में ही शिक्षा के परम लक्ष्य निहित रहते हैं। उदाहरणार्थ आध्यात्मिक मूल्यों को सर्वोपरि मानने वाले शिक्षा दार्शनकि आत्म-साक्षात्कार को शिक्षा का लक्ष्य मानते हैं तथा भौतिक को महत्त्व देने वाले अर्थोपार्जन इस प्रकार मूल्यों की समस्या का समाधान भी दर्शन ही करता है।

(2) ज्ञान का सिद्धान्त–शिक्षा का वास्तविक कार्य ज्ञान प्रदान करता है। यह ज्ञान वास्तव में क्या हैं? सत्य क्या है? असत्य क्या है? ज्ञान प्राप्त करने के

कौन-कौनसे साधन हैं इन सब प्रश्नों को हल करने हेतु हमें शिक्षा दर्शन का आश्रय लेना होता है। दार्शनिक भिन्न-भिन्न व्याख्या प्रस्तुत करते हैं।

(3) शिक्षा का पाठ्यक्रम–शिक्षा के पाठ्यक्रम से सम्बन्धित समस्याओं के समाधान मेंभी दर्शन की महत्ती भूमिका है। पाठ्यक्रम का निर्धारण इस आधार पर किया जाता है कि हमें बालकों में किन क्षमताओं का विकास करना है। इसके लिए बालक को क्या पढ़ना हैं? किस क्रम में पढ़ना है? भिन्न-भिन्न प्रकार के पाठ्यक्रमों के निर्धारण के पीछे भिन्न-भिन्न दार्शनिक प्रणालियाँ होती हैं। शिक्षा के क्षेत्र में उत्पन्न होने वाली नित नवीन पाठ्यक्रम सम्बन्धित समस्याओं को हल करने में शिक्षा-दर्शन की सक्रिय भूमिका है।

(4) शिक्षा की प्रक्रिया–शिक्षा की प्रक्रिया एक सप्रयोजन प्रक्रिया है जिसके कुछ प्रमुख एवं कुछ गौण लक्ष्य होते हैं। इन लक्ष्यों की प्राप्ति हेतु एक सुनिश्चित पाठ्यक्रम का निर्धारण होता है। इस पाठ्यक्रम के आधार पर छात्र-अध्यापक अन्तःक्रिया सम्पन्न करने के कुछ प्रतिमान होते हैं जिनके आधार पर सीखने के अनुभव छात्र को प्रदन किये जाते हैं। इस क्रम में दार्शनिक प्रणालियों का विशेष महत्त्व है। समय एवं छात्र की आवश्यकताओं के अनुसार किस प्रकार की व्यूह रचना का निर्धारण करना है यह शिक्षा दर्शन द्वारा सुनिश्चित किया जाता है। दर्शनशास्त्र शिक्षा की परिस्थितयों को सम्पूर्ण रूप में देखता है, उसके दृष्टिकोण एकांगी न होकर सर्वांग है। **श्री अरविन्द** ने इस विषय में कहा है- "हृदय और मस्तिष्क सार्वभौम देवता हैं और न तो हृदय के बिना मस्तिष्क और न मस्तिष्क के बिना हृदय मानव आदर्श हो सकता है।"

(5) जीवन-दर्शन–शिक्षा द्वारा न केवल छात्र में वांछित परिवर्तन लाने का कार्य किया जाता है अपितु शिक्षार्थियों में एक जीवनदर्शन का विकास भी किया जाता है। यह सर्वविदित है कि महान शिक्षकों, दार्शनिकों ने समाज को केवल ज्ञान ही प्रदान नहीं किया अपितु जीवन दर्शन प्रदान किया है शिक्षक को अपने शिक्षार्थियों में एक जीवन-दर्शन को विकसित करना होता है इस क्षेत्र में आने वाले विभिन्न समस्याओं के हल के लिए भी शिक्षा दर्शन की आवश्यकता होती है। रस्क ने ठीक ही कहा है–"जो शिक्षक यह मानते हैं कि वे दर्शन की अवहैलना कर सकते हैं। वे इस अवहैलना का मूल्य चुकाते हैं क्योंकि उनके प्रयासों में समन्वयकारी तत्त्व के अभाव के कारण वे प्रभावहीन हो जाते हैं।"

उपर्युक्त विवेचन से यह स्पष्ट होता है कि शैक्षिक परिदृश्य के निर्माण में दर्शन की केन्द्रीय भूमिका है क्योंकि दर्शन न केवल प्रश्नों के उत्तर देता है अपितु विभिन्न प्रश्नों को स्वयं उठाता भी है। इसीलिए पैरी ने कहा है "दर्शनशास्त्र न तो आकस्मिक और न अति प्राकृतिक बल्कि अनिवार्य और सामान्य है।" इस दृष्टि से जीवन की समस्त समस्याओं के समाधान हेतु दर्शन उत्तरदायी हो जाता है। दर्शनशास्त्र सीधे-सीधे जीवन व उसकी आवश्यकताओं में अगता है। शिक्षा जीवन की आवश्यकताओं की पूर्ति की व्यवस्थित प्रक्रिया है। अतः मानव प्रकृति की यह विशिष्टता है कि वह एक ओर दर्शन से चिन्तन ग्रहण करता है तो दूसरी ओर चिन्तन को शिक्षा द्वारा व्यवहार में परिणित करता है। **जॉन डीवी** ने स्वीकार किया है "जब कभी दर्शन शास्त्र को गम्भीरतापूर्वक लिया गया है, सदैव यह मान लिया गया है कि वह एक ऐसा ज्ञान प्राप्त करना है जो कि जीवन के आधार को प्रभावित करेगा।"

शिक्षा का अर्थ

शिक्षा दर्शन (Educational Philosophy)—स्वामी विवेकानन्द का शिक्षा दर्शन उनके जीवन के सामान्य दर्शन का प्रतिबिम्ब है। उनके लिये—"शिक्षा मनुष्य में पहले से मौजूद पूर्णता का प्राकट्य है।" बाहर से कोई भी ज्ञान नहीं आता है, यह मनुष्य के मन में निवास करता है। व्यक्ति केवल इसको खोजता है। विवेकानन्द के अपने शब्दों में—"मनुष्य ज्ञान का प्राकट्य करता है और इसको अपने अन्दर खोजता है, जो शाश्वत माध्यम से उसमें पहले से विद्यमान है।" स्वामी जी ने अपने समय की शिक्षा को निषेधात्मक बताया तथा लोगों से कहा, आप उस व्यक्ति को शिक्षित मानते हैं, जिसने कुछ परीक्षाएँ पास कर ली तथा जो अच्छे भाषण दे सकता हो पर वास्तविकता तो यह है कि जो शिक्षा जन साधारण को जीवन संघर्ष के लिये तैयार नहीं कर सकती, जो चरित्र का निर्माण नहीं कर सकती तथा जो भावना को विकसित नहीं कर सकती तथा जो शेर जैसा साहस पैदा नहीं कर सकती, ऐसी शिक्षा से क्या लाभ"

इन्होंने कलुषित एवं पुस्तकीय शिक्षा को व्यर्थ माना। स्वामी जी के अनुसार वास्तविक शिक्षा वह है जो चरित्र का निर्माण, मस्तिष्क की शक्ति में वृद्धि, बुद्धि का विकास कर व्यक्ति को अपने पैरों पर खड़ा होने के योग्य बना सके। स्वामी जी की शिक्षा के प्रति अत्यन्त व्यापक दृष्टिकोण रहा है। वे तकनीकी शिक्षा के पक्षधर थे, जिससे भारत अपने यहाँ उद्योग-धन्धों का विकास कर धनधान्य से परिपूर्ण हो जाये। इन्होंने सैद्धान्तिक

शिक्षा का खण्डन करते हुए व्यावहारिक शिक्षा पर बल दिया।

स्वामी जी ने एकाग्रता को ज्ञान प्राप्ति का साधन माना। मन की एकाग्रता शिक्षा के लिये अत्यन्त आवश्यक है। यदि किसी मानव में एकाग्रता की शक्ति अधिक है तो वह अन्य व्यक्तियों से उच्चतम है। इन्होंने एकाग्रता का आधार ब्रह्मचर्य को माना है उनका मत था कि पूर्ण ब्रह्मचर्य के पालन से अधिकतम शिक्षा न्यूनतम समय में प्राप्त की जा सकती है।

स्वामी जी ने शिक्षा में व्यावहारिकता पर अधिक बल दिया। इस सम्बन्ध में उन्होंने कहा कि "तुमको कार्य के प्रत्येक क्षेत्र में व्यावहारिक बनना पड़ेगा। सम्पूर्ण देश के सिद्धान्तों के ढेरों ने विनाश कर दिया है।"

शिक्षा दर्शन के आधारभूत सिद्धान्त (Fundamental Principles of Educational Philosophy)

स्वामी विवेकानन्द विश्व के महान् दार्शनिक एवं शिक्षाशास्त्री माने जाते हैं। उनके शिक्षा दर्शन के आधारभूत सिद्धान्त निम्नानुसार है—

1. पुस्तकीय ज्ञान शिक्षा नहीं हो सकती।

2. ज्ञान व्यक्ति के मन में विद्यमान है, अतः व्यक्ति स्वयं ही सीखता है। उसे अन्य कोई व्यक्ति नहीं सिखा सकता।

3. चित्त की एकाग्रता ही ज्ञान प्राप्ति का सच्चा साधन है। इस शक्ति को विकसित करने के लिये ब्रह्मचर्य आवश्यक है।

4. मन, वचन एवं कर्म की बुद्धि आत्मनियन्त्रण है।

5. सच्ची शिक्षा वह है जो शारीरिक, मानसिक, नैतिक तथा आध्यात्मिक विकास कर सके।

6. शिक्षा बालक में आत्मिक निष्ठा तथा श्रद्धा विकसित करें तथा उसमें आत्म त्याग की भावना उत्पन्न कर पूर्णता प्रदान करें।

7. शिक्षा द्वारा बालक चरित्र का निर्माण, आत्मिक शक्ति का विकास और बौद्धिक विकास कर आत्म-निर्भर बन सकता है।

8. धार्मिक शिक्षा पुस्तकों से न देकर व्यवहार, आचरण एवं संस्कारों के माध्यम से दी जाये।

9. बालक एवं बालिकाओं को समान शिक्षा दी जाये।

10. जन साधारण में शैक्षिक चेतना जाग्रत की जाये।

11. तकनीकी एवं व्यावसायिक शिक्षा की व्यवस्था की जाये।

12. शिक्षक को मित्र, सहायक पथप्रदर्शक एवं दार्शनिक होना चाहिये।

13. भौतिक एवं आध्यात्मिक विकास करने वाले विषयों को पाठ्यक्रम में सम्मिलित किया जाये।

शिक्षा का अर्थ (Meaning of Education)—

स्वामी जी शिक्षा के द्वारा मनुष्य को लौकिक एवं पारलौकिक दोनों जीवन के लिये तैयार करना चाहते थे। उनका विश्वास था कि जब तक हम भौतिक दृष्टि से सम्पन्न एवं सुखी नहीं होते तब तक ज्ञान, कर्म, भक्ति योग, ये सब कल्पना की वस्तु है। लौकिक दृष्टि से उन्होंने नारा दिया—हमें ऐसी शिक्षा चाहिये जिसके द्वारा चरित्र का गठन हो, मन का बल बढ़े, बुद्धि का विकास हो और मनुष्य स्वावलम्बी बनें। परन्तु मनुष्य जीवन का अन्तिम उद्देश्य अपने अन्दर छिपी आत्मा (पूर्णता) की अभिव्यक्ति है।

स्वामी विवेकानन्द के अनुसार शिक्षा केवल सूचनायें प्राप्त करना ही नहीं है। अध्यापक बालक के मस्तिष्क में केवल रटी-रटाई सूचनायें बलपूर्वक ठूंसता है, उसे शिक्षा मानना शिक्षा का अनर्थ मात्र है। उन्होंने लिखा है कि ''यदि शिक्षा का अर्थ मात्र सूचनाओं से होता तो पुस्तकालय विश्व के सबसे बड़े एवं सर्वश्रेष्ठ सन्त तथा विश्वकोष ऋषि बन जाते।''

स्वामी विवेकानन्द ने शिक्षा का अर्थ स्पष्ट करते हुए लिखा है कि ''शिक्षा उस सन्निहित पूर्णता का प्रकाश है, जो मनुष्य में पहले से ही विद्यमान है।''

शिक्षा का उद्देश्य (Objectives of Education)—

स्वामी जी ने शिक्षा का उद्देश्य स्पष्ट करते हुए कहा है ''सभी कथाओं का, अभ्यासों का उद्देश्य मनुष्य निर्माण ही है। समस्त अभ्यासों का अन्तिम लक्ष्य मनुष्य का विकास करना है। जिस अभ्यास के द्वारा मनुष्य की इच्छाशक्ति का प्रवाह आविष्कार संयमित होकर फलदायी बन सके, उसी का नाम शिक्षा है।''

स्वामी विवेकानन्द के अनुसार शिक्षा के उद्देश्य निम्नलिखित हैं—

1. शारीरिक विकास—स्वामी जी शारीरिक व्यायाम की आवश्यकता पर अत्यधिक बल देते थे। एक बार उन्होंने अपने शिष्य से कहा था ''तुम्हें शरीर को अत्यधिक

शक्तिशाली बनाने की विधि जाननी चाहिये।'' इस प्रकार उनके अनुसार शिक्षा का प्रथम उद्देश्य शारीरिक विकास करना है।

2. मानसिक विकास—स्वामी जी के अनुसार शिक्षा को बालक का विकास मानसिक रूप से करना चाहिये। उनका कहना था कि बालक बहुत कुछ पहले से ही जानता है। शिक्षा के द्वारा बालक की मानसिक शक्तियों का विकास किया जाना चाहिये। इस प्रकार शिक्षा का उद्देश्य बालक का मानसिक विकास करना होना चाहिये।

3. नैतिक विकास—शिक्षा का उद्देश्य बालकों का नैतिक विकास करना होना चाहिये। किसी देश का उत्थान अच्छे नागरिकों से होता है। अत: नागरिकों का नैतिक विकास शिक्षा का उद्देश्य होना चाहिये।

4. आध्यात्मिक विकास—स्वामी जी के अनुसार शिक्षा का एक महत्त्वपूर्ण उद्देश्य बालक का आध्यात्मिक विकास करना है। शिक्षा की व्यवस्था इस प्रकार की जानी चाहिये कि वह बालक का आध्यात्मिक विकास करे।

5. चरित्र निर्माण—शिक्षा का सबसे महत्त्वपूर्ण उद्देश्य बालकों का चरित्र निर्माण करना है। विवेकानन्द के अनुसार चरित्रविहीन शिक्षा व्यर्थ है। शिक्षा की व्यवस्था इस प्रकार की जानी चाहिये कि वह बालक के चरित्र निर्माण में सहायता करे।

6. विश्वबन्धुत्व की भावना का विकास—स्वामी जी शिक्षा का उद्देश्य व्यक्ति में विश्व चेतना तथा विश्वबन्धुत्व के गुणों को विकसित करना भी बताते थे। उनके अनुसार व्यक्ति इस भावना से स्वतन्त्रता, विरक्ति तथा आत्मत्याग की ओर बढ़ता है। शिक्षा के द्वारा इस आन्तरिक शक्ति का ज्ञान देना परम आवश्यक है। इसी से अनेक चिन्ताओं से छुटकारा मिलता है।

7. व्यावसायिक क्षमता का विकास—यह सत्य है कि जब तक बालक को व्यावसायिक शिक्षा नहीं मिलती, वह अपने पैरों पर खड़ा नहीं हो सकता। इसलिये शिक्षा का उद्देश्य व्यावसायिक शिक्षा प्रदान करके बालक को अपने पैरों खड़ा होने की क्षमता प्रदान करना है। स्वामी जी उसी शिक्षा को सच्ची शिक्षा मानते थे जो बालक को अपने पैरों पर खड़ा होना सिखा सके।

शिक्षा का पाठ्यक्रम (Curriculum)—

स्वामी विवेकानन्द मानव जीवन का चरम लक्ष्य आध्यात्मिक विकास के साथ-साथ लौकिक समृद्धि को भी उतना ही महत्त्वपूर्ण मानते थे कि उनके विचार से शिक्षा का

पाठ्यक्रम ऐसा होना चाहिये जो आध्यात्मिक उन्नति के साथ-साथ मानव की भौतिक अथवा लौकिक उन्नति भी कर सके। अतः स्वामी जी के अनुसार पाठ्यक्रम में दोनों प्रकार के विषयों का समावेश आवश्यक है। आध्यात्मिक उन्नति के लिये निम्नांकित विषयों का पाठ्यक्रम में समावेश होना माना गया है—

- धर्मशास्त्र, दर्शन, पुराण, उपनिषद् आदि।
- साधु-संगत, उपदेश तथा कीर्तन के कार्यक्रम।
- लौकिक उन्नति के लिये निम्नांकित विषयों का समावेश आवश्यक माना गया-
- भाषा एवं साहित्य।
- भूगोल, राजनीति, अर्थशास्त्र।
- विज्ञान, मनोविज्ञान।
- कला।
- व्यावसायिक विषय, कृषि एवं प्राविधिक विषय।
- खेलकूद, व्यायाम।

शिक्षण विधियाँ (Teaching Methods)—

नव्य वेदान्त आत्मा की पूर्णता में विश्वास करता है। उसका स्पष्टीकरण है कि आत्मज्ञान होने पर सारा ज्ञान स्वयं साक्षात् हो जाता है। परन्तु इस आत्मज्ञान को प्राप्त करने के लिये पहले मनुष्य को अपने प्राकृतिक स्वरूप का ज्ञान प्राप्त करना होता है, फिर सामाजिक स्वरूप का और उसके बाद आध्यात्मिक स्वरूप का। स्वामी जी ने भौतिक ज्ञान के लिये प्रत्यक्ष अनुकरण, व्यायाम निर्देशन, विचार-विमर्श और प्रयोग विधियों को माना है और आध्यात्मिक ज्ञान के लिये अध्ययन, मनन, ध्यान, चिन्तन और योग की विधियों पर बल दिया है। उन्होंने स्वयं के अनुभव के आधार पर यह बात बहुत बलपूर्वक कही थी कि भौतिक एवं आध्यात्मिक किसी भी प्रकार के ज्ञान के लिये प्रथम सर्वोत्तम सीढ़ी योग विधि (मन की एकाग्रता) है। स्वामी जी के शिक्षण सम्बन्धी इन विचारों का मनोवैज्ञानिक क्रम निम्न प्रकार है—

1. बच्चों के सामने उच्च आदर्श प्रस्तुत करना।

2. उपदेश और व्याख्यान द्वारा विभिन्न तथ्यों का ज्ञान कराना, यह व्याख्यान विधि है।

3. प्रयोग-प्रदर्शन द्वारा तथ्यों का ज्ञान देना अथवा स्वयं प्रयोग करके तथ्यों का ज्ञान प्राप्त करना।

4. आर्य ग्रन्थों का अध्ययन कर पूर्वजों द्वारा खोजे ज्ञान को जानना। यह स्वाध्याय विधि है।

5. वैयष्टिक निर्देशन और परामर्श द्वारा बच्चों की शंकाओं का समाधान करना और उन्हें उचित मार्ग पर अग्रसर करना। इसे निर्देशन और परामर्श विधि कह सकते हैं।

6. तर्क एवं विचार-विमर्श से ज्ञान का स्पष्टीकरण। इसे विश्लेषण विधि कह सकते हैं।

7. मन को एकाग्र कर वास्तविकता को जानना। इसे योग विधि कहते हैं। आत्मज्ञान इसी विधि से प्राप्त हो सकता है।

अनुशासन (Discipline)—

मनुष्य जीवन के मुख्य रूप से तीन पक्ष होते हैं—प्राकृतिक, सामाजिक और आध्यात्मिक। नव्य वेदान्त इन तीनों पक्षों को महत्त्व देता है। स्वामी विवेकानन्द के अनुसार अनुशासन का अर्थ है अपने व्यवहार में आत्मा द्वारा निर्दिष्ट होना। उनके अनुसार जब मनुष्य अपने प्राकृतिक स्व से प्रेरित होकर कार्य करता है तो उसे हम अनुशासित नहीं कह सकते जब वह अपने प्राकृतिक स्वत्व पर संयम रखकर सामाजिक स्व से प्रेरित होता है तो हम उसे अनुशासित कह सकते हैं। परन्तु वास्तव में अनुशासित वह है जो आत्म तत्त्व से प्रेरित होकर कार्य करता है।

शिक्षक का स्थान (Place of Teacher)—

स्वामी विवेकानन्द का कथन है—"वास्तव में किसी को किसी के द्वारा कभी शिक्षा नहीं दी गई है। हममें से प्रत्येक को अपने-आप को शिक्षा देनी पड़ती है। बाह्य शिक्षक केवल ऐसे सुझाव देता है जिनसे आत्मा कार्य करने और समझने के लिये चैतन्य हो जाती है।"

इस प्रकार स्वामी जी ने शिक्षक को बालक का मित्र, परामर्शदाता और पथ प्रदर्शक का स्थान दिया है। इस रूप में शिक्षक के मुख्य कार्य निम्नलिखित हैं—

1. शिक्षक को बालक के निकट घनिष्ठ और व्यक्तिगत सम्बन्ध स्थापित करना चाहिये।

2. शिक्षक को बालक के प्रति असीम प्रेम, अनन्त धैर्य और वास्तविक सहानुभूति रखनी चाहिये।

3. शिक्षक को बालक की प्रवृत्तियों में अपनी पूर्ण शक्ति को आत्मसात् कर देना चाहिये।

4. शिक्षक को बालक में संसार के प्रति उचित दृष्टिकोण का निर्माण करने में सहायता करनी चाहिये।

5. शिक्षक को बालक के ज्ञान प्राप्ति के मार्ग की बाधाओं को दूर करने में सहायक होना चाहिये।

6. शिक्षक को यह कभी नहीं समझना चाहिये कि वह बालक को शिक्षा दे रहा है क्योंकि इससे शिक्षा का उद्देश्य पूर्णतया नष्ट हो जाता है।

7. शिक्षक द्वारा बालक को इस प्रकार के सभी अवसर प्रदान किये जाने चाहिये जिनसे वह हाथ-पैरों, कानो आदि का प्रयोग करके अपनी बुद्धि का विकास कर सके।

बालक (Learner)—

स्वामीजी जी ने बालक को शिक्षा का केन्द्र बिन्दु माना। उनका कहना था कि बालक लौकिक एवं आध्यात्मिक ज्ञान का पुंज है। उनका मानना था कि बालक पेड़-पौधों की भाँति स्वयं ही विकसित होता है, आवश्यकता केवल उसके चारों ओर बाड़ की है। बालक पर बाहरी दबाव या बल प्रयोग के प्रति स्वामी जी विरोधी थे। उन्होंने सुझाव दिया कि "अपने अन्दर जाओ और उपनिषदों को अपने मन से बाहर निकालो। तुम सबसे महान् पुस्तक हो, जो कभी थी अथवा होगी। जब तक अन्तरात्मा नहीं खुलती, समस्त बाह्य शिक्षण व्यर्थ है।"

विद्यालय (School)—

स्वामी जी गुरु गृह प्रणाली के पक्षधर थे, परन्तु आधुनिक परिप्रेक्ष्य में वे यह जानते थे कि अब गुरु गृह जन कोलाहल से दूर कहीं प्रकृति की सुरम्य गोद में स्थापित नहीं किये जा सकते। वे केवल इस बात पर बल देते थे कि विद्यालयों का पर्यावरण शुद्ध हो और वहाँ व्यायाम, खेलकूद, अध्ययन-अध्यापन और इन सबके साथ-साथ भजन-कीर्तन सध्योपासन-ध्यान की क्रियायें भी सम्पादित हो।

निष्कर्ष (Conclusion)—स्वामी जी व्यावहारिक अध्यात्म की भाषा बोलते थे। उन्होंने मानव निर्मात्री शिक्षा पर बल दिया। मानव निर्मात्री शिक्षा में उन्होंने चरित्र निर्माण,

राष्ट्र की निःस्वार्थ सेवा, स्वतन्त्रता और समानता पर अधिक बल दिया। वे भारतीय संस्कृति के पुनरुद्धारक थे। उनके कारण राष्ट्रीय चेतना और देशभक्ति की लहर उमड़ उठी थी। उन्होंने मानवतावाद की शिक्षा दी और उनके गतिशील दर्शन ने सहानुभूति तथा प्यार के सागर में देश के लाखों पीड़ित व्यक्तियों को स्नान कराया। उनके लिये सच्ची शिक्षा व्यक्तिगत जीवन की नहीं बल्कि राष्ट्र को समृद्धशाली बनाने वाली थी। उनके वेदान्त दर्शन ने जीवन तथा शिक्षा के लक्ष्य को नई परिभाषा दी। त्याग का अर्थ उनके लिये गृहस्थी और सामाजिक दायित्व का त्याग नहीं बल्कि स्वार्थ और संकीर्ण उद्देश्यों का परित्याग था। वे प्रेम के शिक्षक बन गये—ईश प्रेम मानव सेवा में, विश्वास कार्यों में प्रवाहित होने वाला प्रेम है तथा दोनों के मिलन से मानवोचित चरित्र का बनना और मानवीयता का अध्यात्म होना है। (स्वामी रंग नाथ नन्दा 'ईटर्नल वेल्यूज फॉर ए चेन्जिंग सोसायटी अद्वैत आश्रम कोलकाता' 1958)।

स्वामी विवेकानन्द ने भारत के सन्त और ऋषियों की परम्परा का निर्वाह किया लेकिन वे विशिष्ट सन्त थे। वे वनों में रहने वाले तपस्वी नहीं बल्कि गतिशील समाज या विश्व के प्रचेता थे। उन्होंने समाज शास्त्र, संस्कृति, इतिहास, राजनीति विज्ञान, दर्शन और शिक्षा शास्त्र सहित जीवन के सभी पहलुओं पर अपने विचार व्यक्त किये, भावना-प्रवण मानव की प्रामाणिक आवाज के साथ वे उस भाषा में अपने भाषण देते थे जो तुरन्त ही हृदय के अन्तरतम में पहुँचती थी। उनकी वाणी शाश्वत तथा उनके उपदेश/शिक्षायें प्रेरणादायी हैं।

शिक्षा के लिए प्रयुक्त अंग्रेजी शब्द एजुकेशन (Education) शब्द की व्युत्पत्ति शासन (Etymological) सम्बन्धी अर्थ, "बाहर ले चलने या निकालने" की कला से लगायी जाती है। **रॉस** ने लिखा है, "यदि हम शिक्षा को दर्शन का क्रियात्मक पक्ष मानकर चलें, तो इस शबद का वास्तविक या कल्पित व्युत्पत्ति की अपेक्षा कहीं अधिक अच्छा और व्यापक अर्थ हमारे सामने आता।" क्योंकि इस दृष्टिकोण से शिक्षा का अर्थ बाहर निकलने मात्र तक ही सीमित नहीं रहता है। **सर जॉन एडम्स (Sir John Adams)** का मत है, "क्रिया दर्शन का क्रियात्मक पहलू है।" यह दार्शनिक विश्वास का सक्रिय पहलू तथा जीवन के आदर्शों को वास्तविकता देने का क्रियात्मक साधन है। सामान्यतः शिक्षा वह प्रभाव है, जो किसी प्रबल विश्वास से मुक्ति द्वारा दूसरे व्यक्ति पर इसे ध्येय से डाला जाता है कि वह दूसरा व्यक्ति भी उसी विश्वास को ग्रहण कर ले। दर्शन खास ढंग की जीवन-पद्धति या

जीवन-प्रणाली (Way of life) में प्रतिफलित होता है और शिक्षा प्रयोजन के अनुसार उसके सैद्धान्तिक रूप को व्यावहारिकता प्रदान करती है।

दर्शन और शिक्षा में सम्बन्ध

दर्शन और शिक्षा का घनिष्ठ सम्बन्ध है। दर्शन मानव-जीवन के विभिन्न पक्षों पर विचार करता है तथा उसके लक्ष्य निर्धारित है। इन लक्ष्यों की प्राप्ति ही मानव का प्रमुख उद्देश्य होता है, शिक्षा इन लक्ष्यों की प्राप्ति में सहायक होती है। शिक्षा के द्वारा ज्ञान एवं कौशल विकसित होते हैं, तो पुनः दर्शन को नवीन रूप देते हैं। नवीन दर्शन जीवन शिक्षा को जन्म देकर इस चक्र को गतिशील रहता है। इसी दृष्टिकोण को शिक्षाशास्त्री डीवी ने अपने इस कथन द्वारा स्पष्ट किया है कि, "अपनी साधारण अवस्था में शिक्षा-सिद्धान्त ही दर्शन है।"

शिक्षा सदैव दर्शन से प्रभावित होती रहती है। दार्शनिक विचारधारा शिक्षा के उद्देश्य, पाठ्यक्रम, पठन-विधि आदि को निश्चित करने में सदैव क्रियाशील नहीं है। दार्शनिक विचारधारा में परिवर्तन शिक्षा में सभी अंगों को प्रभावित करता है।

इस बात की पुष्टि शिक्षा के इतिहास को देखने से होती है। दर्शनिक विचारों के परिवर्तन के साथ शिक्षा के विभिन्न अंगों में परिवर्तन इन दोनों के घनिष्ठ सम्बन्ध का द्योतक है।

शिक्षा और दर्शन दोनों जीवन में चरम सत्य की खोज करते हैं। जिससे जीवन को समृद्धिशाली बनाया जा सके। इसलिए विश्व के महान् दार्शनिक महान् शिक्षक भी रहे है। इतिहास प्रमाणित करता है कि महान् दार्शनिक शिक्षाविद् भी थे और शिक्षाविद् ही महान् दार्शनिक। भारत का प्राचीन इतिहास अनेकानेक ऐसे प्रत्यक्ष उदाहरणों से परिपूर्ण है। जगत गुरु वशिष्ठ अपने युग के महान् दार्शनिक नहीं, वरन् एक प्रख्यात तथा कुशल शिक्षक भी थे। दर्शनवेत्ता और साथ ही साथ कुशल शिक्षावेता होने के सुन्दर उदाहरण विश्वामित्र, जनक, याज्ञवल्क्य आदि है। महात्मा बुद्ध में दोनों ही गुण विद्यमान थे। उन्होंने अपने जीवन-दर्शन का प्रचाल एक शिक्षक के रूप में ही किया। वर्तमान काल में महात्मा गाँधी उच्च कोटि के दार्शनिक थे। अपने जीवन-दर्शन के मूल-सिद्धान्त सत्य और अहिंसा की प्राप्ति हेतु उन्होंने बेसिक शिक्षा योजना को जन्म दिया।

उसी प्रकार पाश्चात्य देशों का इतिहास भी ऐसे उदाहरणों से भरा पड़ा है।

वहाँ भी दर्शवत्ता महान् शिक्षक हुए और शिक्षक ही महान् दार्शनिक। यूनान का प्रसिद्ध दार्शनिक प्लेटो पाश्चात्य आदर्शवाद का जन्मदाता था। साथ ही साथ सांस्कृतिक शिक्षा व्यवस्था का प्रतिपादक था। अपने दार्शनिक सिद्धान्तों का प्रयोगात्मक रूप देने के लिए उन्होंने एकेडमी नामक पाठशाला स्थापित की थी। उनके गुरु सुकरात की भी वही स्थिति थी। उन्होंने भी ''लीसियस'' नामक विद्यालय की स्थापना की थी। इसी प्रकार प्रमुख विचारक अरस्तु, लॉक, रूसी, स्पेन्सर भी शिक्षक तथा महान् दार्शनिक थे। लॉक का दर्शन के क्षेत्र में अनुभववाद तथा शिक्षा में विवेकवाद, रूसी का दर्शन में यथार्थवादी दृष्टिकोण और शिक्षा में प्रकृतिवाद तथा स्पेन्सर का दर्शन में 'आनन्दवाद' शिक्षा के प्राकृतिक द्वारा सुविदित है।

क्या दर्शन और शिक्षा एक ही सिक्के दो पहलू हैं? –शिक्षा और दर्शन के अन्योन्याश्रित सम्बन्ध को देखते हुए यह कहा जा सकता है कि दर्शन और शिक्षा एक ही सिक्के के दो पहलू हैं। दर्शन जीवन का विचारात्मक पक्ष और शिक्षा क्रियात्मक पक्ष है। एक विचार का जन्म देता है तो दूसरा उस विचार को व्यावहारिक रूप प्रदान करता है। शिक्षा के महत्त्व को खोजने का प्रयास दार्शनिकों ने ही किया है। शिक्षा का उद्देश्य दर्शन के अभाव में कभी पूर्णता और स्पष्टता को प्राप्त नहीं कर सकता। दर्शन और शिक्षा को परस्पर निर्भरता विद्वानों के निम्नलिखित कथनों से भी स्पष्ट होती है–

1. **जण्टाइल**–''दर्शन की शिक्षा के बिना सही मार्ग पर आगे नहीं बढ़ सकती है।''

2. **फिक्टे**–''दर्शनशास्त्र की सहायता के बिना शिक्षा का उद्देश्य कभी पूर्ण रूप से सफल नहीं हो सकता है।''

3. **जी. इ. पाटरीज**–''जिस प्रकार शिक्षा दर्शन पर आधारित है, उसी प्रकार दर्शन शिक्षा पर आधारित है।''

4. **एडम्स,** ''शिक्षा दर्शन का गतिशील पहलू है। यह दार्शनिक विश्वास का सक्रिय पक्ष और जीवन के आदर्शों को प्राप्त करने का व्यावहारिक साधन है।''

5. **रॉस** ''शिक्षा और दर्शन–एक सिक्के के दो पहलुओं के समान है। दर्शन–जीवन का विचारात्मक पक्ष है, और शिक्षा क्रियात्मक पक्ष।''

उपर्युक्त कथन इस तथ्य पर बल देते हैं कि शिक्षा और दर्शन एक–दूसरे पर आश्रित है।

शिक्षक के लिए दर्शन की आवश्यकता क्या है? -प्रश्न यह उठता है कि बी. एड. के कोर्स में शिक्षा-दर्शन रखने की क्या आवश्यकता है अथवा शिक्षक को दर्शन की जानकारी हीक्यों रखनी चाहिए? दर्शन की आवश्यकता जीवन के प्राय: हर कार्य के लिए और अधिक है। **रॉस** के अनुसार तो ''शिक्षा के सभी प्रश्न अन्तत: दर्शन के प्रश्न हैं। दर्शन शिक्षा का मार्ग-दर्शन करता है।'' और शिक्षा उन्हें उपलब्ध कराकर ही छोड़ती है। दूसरे शब्दों में, शिक्षा एक प्रयोगशाला है, जहाँ दर्शन के सूक्ष्म सिद्धान्तों तथा चिन्तन की परीक्षा की जाती है। उन्हें स्थूल रूप में व्यवहार में लाकर देखा और समझा जा सकता है। तभी शिक्षा को प्रायोगिक दर्शन भी कहा जा सकता है।

दर्शन की आवश्यकता

रस्क के अनुसार जीवन और शिक्षा-दोनों के लिए दर्शन की आवश्यता है-

1. जीवन के लिए दर्शन की आवश्यकता-सर्वप्रथम, दर्शन की आवश्यकता जीवन के लिए होती है क्योंकि दर्शन द्वारा जीवन को उपयोगी बनाया जाता है। प्रत्येक व्यक्ति, चाहै वह विद्वान हो या मूढ़, सभी अपना एक जीवन-दर्शन रखते हैं और उसी जीवन-दर्शन के अनुसार अपने जीवन का व्यतीत करते हैं। सच्चे जीवन-दर्शन अपने धारक के उस सीमा तक महत्त्वपूर्ण होता है-जहाँ तक वह उसके अनुसार ही जीवन व्यतीत करते हैं। दर्शन विभिन्न गुणों की प्राप्ति एवं अवगुणों के त्याग, रहन-सहन के विशेष ढंग एवं विशेष कार्यों को रोकने में उपयोगी एवं आवश्यकता होता है।

2 शिक्षा के लिए दर्शन की आवश्कता-शिक्षा के लिए दर्शन की आवश्यकता है, क्योंकि दर्शन शिक्षा का एक प्रमुख आधार है। दर्शन द्वारा शिक्षा के उद्देश्य, पाठ्यक्रम, शिक्षण विधि विद्यालय-संगठन, अनुशासन, पाठ्यक्रमों के निर्धारण, मूल्यांकन आदि को एक निश्चित रूप प्रदान किया जाता है। अत: शिक्षा योजना को सफल बनाने के लिए दर्शन आवश्यक है। शिक्षा के विभिन्न अंग दर्शन से प्रभावित रहते हैं। इसलिए शिक्षा के सभी अंगों पर दर्शन की अमित छाप स्पष्ट दिखाई पड़ती है जैसे-दर्शन और शिक्षा के उद्देश्य। उ

1. दर्शन और शिक्षा के उद्देश्य - शिक्षा जीवन की स्मुन्नता बनाने वाली एक दिव्य चेतना है। जीवन के प्रति दृष्टिकोण ही दर्शन है। दर्शन ही जीवन के लक्ष्यों को निधारित करता है। जीवन के लक्ष्य शिक्षा के उद्देश्यों को निर्धारित करते हैं।

जैसे हमारा जीवन के प्रति दृष्टिकोण होगा वैसे ही शिक्षा के उद्देश्य होंगे। जीवन के प्रति दृष्टिकोण देश व काल की विचारधाराओं के द्वारा परिवर्तित होता रहता है उसी के अनुकूल शिक्षा के उद्देश्य बदलते है। शिक्षा जीवन के लक्ष्यों के अनुरूप अपने उद्देश्यों का निर्माण करती है। उदाहरण के लिए प्राचीन भारत में धर्म का बोलबाला था तथा आध्यात्मिकता पर जोर दिया जाता है इसके अनुरूप ही शिक्षा का उद्देश्य आध्यात्मिक उन्नति करना था आधुनिक भारत में लोकतांत्रिक शासन प्रणाली होने से राष्ट्रभक्त कुशल नागरिक तैयार करना शिक्षा का उद्देश्य है। प्राचीन स्पार्टा में लोगों के जीवन का लक्ष्य देश की रक्षा करना था। इसी के अनुसार वीर एवं सच्चे सैनिक तैयार करना उस समय की शिक्षा का उद्देश्य था। आधुनिक काल में साम्यवादी विचारधारा के अनुसार शिक्षा के उद्देश्य राज्य की सेवा करने वाले नागरिक तैयार करना है। इससे स्पष्ट है कि शिक्षा के उद्देश्य तात्कालिक विचारधाराओं से प्रभावित होते रहते है और होते रहेंगे। **टी. पी. नन** ने लिखा है शिक्षा की प्रत्येक योजना अन्ततोगत्वा व्यावहारिक दर्शन और जीवन के प्रत्येक बिन्दु को आवश्यक रूप से स्पर्श करती है। अत: शिक्षा के कोई उद्देश्य जो निश्चित रूप से पथ- पदर्शन करने के लिए पर्याप्त रूप से स्थूल है। जीवन के आदर्शों से सम्बन्धित होते हैं क्योंकि जीवन के आदर्श सर्वथा भिन्न होते हैं इसलिए उनकी भिन्नता शैक्षिक सिद्धांन्तो में अवश्क प्रतिबिम्बत होगी। इस प्रकार से शिक्षा के विभिन्न उद्देश्यों के रूप में दर्शन मूलत: जीवन के साधनों को निर्धारित करता है।

2. दर्शन व पाठ्यक्रम- शिक्षा-क्रम शिक्षा के उद्देश्यों की पूर्ति का एक महत्त्वपूर्ण साधन कैसा हो- इसका रूप-रंग आकार प्रकार कैसा हो वह शिक्षा उद्देश्य और अन्तत: जीवन दर्शन होता रहता है। हम शिक्षा-क्रम में क्रियाशील रखें किन-किन ज्ञान-क्षेत्रों का इसमें समावेश करे, संगठन किस भाँति किया जाय। इन प्रश्नों का उत्तर दर्शन ही देगा। शिक्षा-क्रम में हम वैज्ञानिक विषयों को प्रधानता दें या सांस्कृतिक विषयों को, इसमें दस्तकारी को स्थान दिया जाय या नहीं आदि बातें हमारे दार्शनिक दृष्टिकोण से प्रभावित होंगी। सामग्री के चयन के साथ ही इनके संगठन में भी हमें दर्शन से प्रकाश ग्रहण करना होगा। यह संगठन बाल केन्द्रित हो या शिक्षक- केन्द्रिक इसका निर्णायक दर्शन होगा। दर्शन से ही हमको ज्ञात होता है कि अनुभव का कौन-सा अंग मूल्यवान है और कौन-सा निरर्थक है। आध्यात्मिक विचारधारा नैतिकशास्त्र तथा धर्म-शास्त्र को पाठ्यक्रम में सम्मिलित करने पर बल

देती है। आदर्शवादी दर्शन पाठ्यक्रम में मानवीय विचारों एवं मूल्यों को अधिक महत्तव देता है, क्योंकि प्रकृतिवादी दार्शनिक बालकेन्द्रित विचारधारा पर अधिक बल देती है, क्योंकि प्रकृतिवादी दार्शनिक बालक के स्वाभाविक विकास पर अधिक बल देते हैं। प्रयोजनवादी विचारधारा उपयोगिता एवं व्यावहारिकता को आधार मानकर तात्कालिक आवश्यकताओं को ध्यान में रखकर पाठ्यक्रम की रचना करती है। **रस्क** क्रा कथन है कि, शिक्षा किसी अन्य अंग की अपेक्षा पाठ्यक्रम के बारे म्रे दर्शन पर अधिक निर्भर है। दर्शनशास्त्र और शिक्षा के बीच घनिष्ठ सम्बन्ध की पुष्टि करता है।

3. दर्शन व शिक्षण-विधियाँ- पाठ्यक्रम की तरह ही दर्शनशास्त्र शिक्षण विधि के चयन में भी सहायक होता है। विभिन्न दार्शनिकों ने भी अपने दार्शनिक सिद्धान्तों के अनुकूल शिक्षण विधियों का प्रतिपादन किया है। उदाहरण के लिए संकरात ने प्रश्नोत्तर विधि, अरस्तु ने आगमन-निगमन विधि, बेकन ने प्रयोग एवं निरीक्षण विधि को जन्म दिया। आदर्शवादी व्याखान एवं प्रश्नोत्तर विधि को उपयुक्त समझते है, तो प्रकृतिवादी बालक की स्वतन्त्रता पर बल देते हैं। प्रयोजनवादी क्रियाविधि को उपयुक्त समझते है। स्पष्ट है कि जिस दर्शन ने सिद्धान्तों का जैसा प्रतिपादन किया है उसके समर्थकों ने उसके अनुकूल ही शिक्षण- विधियों का प्रतिपादन किया है। रूसो ने बालक को अत्यधिक स्वतन्त्रता प्रदान करने का समर्थन किया। इसलिए उसने स्वानुभव तथा स्वक्रिया पर बल दिया। मांटेसरी इन्द्रिय यथार्थवाद के आधार पर इन्द्रिय प्रशिक्षण को अपनी पद्धति का आधार बनाया। फ्रोबेल ने अपने दर्शन के अनुसार किंडरगार्टेन पद्धति को जन्म दिया। इस प्रकार भिन्न-भिन्न शिक्षाशास्त्रियों तथा दार्शनिकों ने भिन्न-भिन्न पद्धतियों को ग्रहण करने का परामर्श दिया। उन्होंने ऐसा क्यों किया? इसका उत्तार हमें दर्शनशास्त्र से मिलता है।

4. दर्शन तथा अनुशासन- शिक्षा के अन्य अंगों की तरह अनुशासन भी दर्शन से प्रभावित होता है। किसी देश की दार्शनिक एवं राजनीतिक विचारधारा अनुशासन के स्वरूप को निश्चित करती है। उदाहरण के लिए स्पार्टा का मुख्य उददेश्य देश की रक्षा करना था। अतएवं वहाँ के विद्यालयों में सैनिक अनुशासन था। प्रकृतिवादी बालक के स्वाभाविक विकास के लिए किसी प्रकार के नियंत्रण की आवश्यकता को उपयोग नहीं मानतें। आदर्शवादी प्रयोगात्मक अनुशासन पर बल देते है तो कुछ

अध्यात्मवादी इन्द्रिय-नियंत्रण के लिए दमनात्मक अनुशासन को उपयुक्त समझते हैं। प्रयोजनवादी भी आत्म-नियंत्रण के पक्षपाती है। उनके अनुसार बालक का आचरण सामाजिक परिसीमाओं के द्वारा नियंत्रित होना चाहिए। इससे स्पष्ट है कि प्रत्येक दर्शन का अनुशासन के द्वारा नियंत्रित होना चाहिए। इससे स्पष्ट है कि प्रत्येक दर्शन का अनुशासन के सम्बन्ध में दृष्टिकोण भिन्न-भिन्न है। रस्क का कथन है विद्यालय-कार्य के अन्य किसी पक्ष की अपेक्षा अनुशासन किसी व्यक्ति या युग की दार्शनिक पूर्व धारणाओं को अधिक प्रत्यक्ष रूप से प्रतिबिम्बत करता है।

5. दर्शन और शिक्षक- दार्शनिक विचारधाराओं में परिवर्त्तन के साथ ही विद्यालय में शिक्षक का स्थान बदलता रहा है, क्योंकि दर्शन ही शिक्षा में शिक्षक के स्थान को निर्धारित करता है। प्रकृतिवादी विचारधारा शिक्षक का स्थान पर्दे के पीछे मानती है। आदर्शवादियों के अनुसार विद्यालय में अध्यापक का स्थान महत्त्वपूर्ण है। प्रकृतिवादी शिक्षक को सामाजिक वातावरण के निर्माण के रूप में देखता है। इससे स्पष्ट है कि विद्यालय के शिक्षक चयन तथा महत्त्व पर दर्शनशास्त्र का गहरा प्रभाव पड़ता है।

6. दर्शन व पाठ्य-पुस्तकें - पाठ्यक्रम की भाँति पाठ्य-पुस्तकों पर भी दर्शन का व्यापक प्रभाव पड़ता है। पाठ्य पुस्तकें जीवन की मान्यताओं आदर्शों एवं शिक्षा के लक्ष्यों की प्राप्ति के लिए सशक्त साधन है। पाठ्य-पुस्तकों के चयन एवं निर्माण-प्रदर्शन का आधार का कार्य करता है। पाठ्य-पुस्तकों के चुनाव के लिए जीवन की मान्यताओं आदर्शों एवं सिद्धान्तों को ध्यान में रखा जाता है। क्योंकि इनके द्वारा जीवन के मानदण्डों की स्थापना की जाती है। **वेस्ले** का मत है, पाठ्य-पुस्तक मापदण्डों को प्रतिबिम्बत एवं स्थापित करती है। संभवतः यह अधिकतर इस बात का संकेत देती है कि शिक्षक को क्या जानना चाहिए और बालकों को क्या सीखना चाहिए। यह शिक्षण-विधियों को प्रभावित करती है तथा विद्वता के बढ़ते हुए मानदण्डों को प्रकट करती है। जिन पुस्तकों में जीवन व प्रचलित आदर्शों को प्रतिबिम्बत किया जाता है, उन्हें उपयुक्त पाठ्य-पुस्तकों की श्रेणी में रखा जाता है इस प्रकार पाठ्य-पुस्तकों के निर्माण एवं उनकी उपयुक्तता का आधार दर्शन होता है। उसी प्रकार पाठ्य-पुस्तकों के निर्माण एवं उनकी उपयुक्तता का आधार दर्शन होता है। उसी प्रकार पाठ्य-पुस्तकें भी दर्शन के निर्माण में महत्त्वपूर्ण योग देती है।

7. दर्शन व शैक्षिक प्रशासन- विद्यालय में शैक्षिक प्रशासन में भी दर्शनशास्त्र का काफी प्रभाव रहता है। दर्शन समाज को मान्यताओं तथा आदर्शों का विश्लेषण

करके उसके लिए मार्गदर्शक सिद्धान्त निश्चित करता है। विद्यालय का शासन किसके हाथ में हो? शिक्षा पर राज्य का नियंत्रण हो अथवा नहीं ? इन प्रश्नों का उत्तर दर्शन द्वारा दिया जाता है। यदि समाज व्यक्तिवादी दर्यान में आस्था रखता है तो वह शिक्षा को ऐच्छिक संगठनों के हाथ में रखेगा। यदि समाज समाजवादी विचारधारा में विश्वास रखता है तो वह समाज या राज्य का शिक्षा पर पूर्ण नियंत्रण चाहेगा। विद्यालय की आन्तरिक व्यवस्था का निर्धारण समाज के दर्शन पर निर्भर है। यदि समाज लोकतांत्रिक दर्शन में आस्था रखता है तो विद्यालय की आन्तरिक व्यषस्था लोकतांत्रिक होगी और प्राचार्य का दृष्टिकोण भी लोकतांत्रिक होगा। यदि समाज अधिनायकवादी होगा तो अधिकनायकवादी दृष्टिकोण के अनुसार कार्य होगा।

उपयुक्त विवेचन के आधार पर हम कह सकते हैं किसी भी दृष्टि से क्यों न देखा जाय शिक्षा और दर्शन परस्पर सम्बन्धित है।

दर्शन शिक्षक दैनिक कार्यों को सम्पादित करने में उनकी सहायता करता है- प्रत्येक शिक्षक का अपना जीवन दर्शन होता है। युग किसी-न-किसी दार्शनिक अथवा विचारकों की विचारधारा से अनुप्राणित होकर वह शिक्षक का कार्य करता है। शिक्षक प्रक्रिया के तीन मुख्य बिन्दु माने गये हैं-शिक्षार्थी शिक्षण सामग्री और शिक्षक । शिक्षा की शिक्षण-सामग्री के सहयोग से शिक्षक शिक्षण प्रक्रिया सम्पादित करता है। शिक्षण प्रक्रिया शिक्षक के व्यक्तित्व से प्रभावित होती है। शिक्षक भी अपने जीवन का एक दर्शन एवं आदर्श रखता है। दर्शनशास्त्र के अध्ययन द्वारा शिक्षण-प्रक्रिया में शिक्षक को मदद मिलती है। दर्शनशास्त्र द्वारा शिक्षण-प्रक्रिया में शिक्षक को मदद मिलती है। दर्शन के अध्ययन से शिक्षक को शिक्षा के उद्देश्यों, पाठ्यक्रम शिक्षण-विधियों और अनुशासन आदि के बारे में विस्तृत ज्ञान प्राप्त होता है। जिससे शिक्षण-प्रक्रिया को ठीक उसी प्रकार से संचालित करने में सहायता मिलती है। इन सभी बातों को अच्छी तरह से जानने वाले शिक्षक ही अच्छी शिक्षा दे सकते हैं। दर्शन का प्रभाव शिक्षक-संस्थाओं के संगठन, विद्यालय के क्रियाशीलनों के कार्यान्वयन शिक्षण कार्य, छात्रों के चरित्र एवं व्यक्तिगत के निर्धारण पर भी पड़ता है।

अतः दर्शन शिक्षण को दैनिक कार्यों को प्रभावशाली ढंग से सम्पादित करने में सहायता करता है।

भारतीय शिक्षा दर्शन और पाश्चात्य शिक्षा दर्शन में तुलना-शिक्षा और दर्शन में अटूट सम्बन्ध है। दर्शन का कार्य सामाजिक संघर्ष या समस्याओं का समाधान खोज निकालना है। इसका कार्य जीवन की वास्तविकता स्थितियों में प्रतिष्ठित मूल्यों का परीक्षण और नए मूल्यों का सृजन है। यह कार्य शिक्षा के माध्यम से हो सकता है शिक्षा में ही शिक्षा की प्रवृत्तियाँ- मनोवैज्ञानिक, वैज्ञानिक तथा सामाजिक निहित है। पेस्टालाँजी, हरवर्ट, फ्रावेल, महात्मा गाँधी टैगोर आदि शिक्षा सम्बन्धी संधारकों की जड़ें उपरोक्त विचारों में निहित है। इस प्रकार से दर्शन और शिक्षा का निकट का सम्बन्ध है।

जहाँ भारतीय शिक्षा दर्शन के विचारकों में टैगोर, गाँधी, विवेकानन्द, विनोवा भावे आदि की गिनती की जाती है वही पाश्चात्य शिक्षा दर्शन के प्रणेताओं में रूसो, हरबर्ट स्पेनसर, लाँक, डीवी आदि प्रमुख है।

रविन्द्र नाथ टैगोर ने अपने शैक्षिक विचारों में प्रकृति को महत्त्वपूर्ण स्थान दिया किन्तु रूसो ने प्रकृतिवादी जीवन दर्शन को अपनाते हुए मनोवैज्ञानिक प्रवृत्ति को अधिक प्रश्रय दिया। चुँकि रूसो प्रकृतिवादी दार्शनिक था इसलिए प्रकृत्ति के विशाल क्षेत्र बाह्य तथा आन्तरिक तथा मनोविज्ञान को अपने अध्ययन का क्षेत्र बनाया। जहाँ रूसो ने स्वयं खोज विधि को शिक्षण में प्रमुखता दी वहीं टैगोर ने शिक्षा विधि में कलात्मक अभिरुचि तथा सरसता को अधिक महत्त्व दिया। रूसो के समय में तत्कालीन समाज में बहुत सी कुरीतियाँ आ गई थी। इसलिए उन्होंने अपनी शिक्षा योजना में बालकों के सामाजिक विकास पर कम ध्यान दिया है। किन्तु रविन्द्र नाथ ने शिक्षा योजना में सामाजिक गुणों के विकास की समुचित व्यवस्था है।

रूसो ने अपनी शिक्षा के लिए उपयुक्त पाठ्यक्रम तथा प्राकृतिक वातावरण को अधिक प्रश्रय दिया। रवीन्द्रनाथ की विश्व भारती भी प्राकृतिक वातावरण में ही अवस्थित है। किन्तु प्रकृत्ति की गोद में स्थित उनका विद्यालय प्राचीन भारत के ऋषि कुलों का आधुनिक संस्करण जैसा लगता है। यहाँ छात्र प्रकृत्ति के निरन्तर साहचर्य से स्वस्थ तन और स्वस्थ मन के विकास के परिवेश पाते है। यहाँ वे सभी प्राणियों, पशु-पक्षियों, वृक्ष लताओं को प्यार करना सीखते है। यहाँ वे धरती, आकाश, जल-थल वायु आदि के भीतर से झाँकते रहस्य की अनुभूति ईश्वर की अनुभूति पाते है। यहाँ वे निकट के किसानों-मजदूरों से मिल जुलकर उनके सुख-दुख में हाथ बँटाते हैं।

इस प्रकार पाश्चात्य शिक्षा दर्शन में शिक्षा केन्द्र बालक को बनाया गया है। जीवन विधान के अनुसार शिक्षा बनाकर रूसो ने शिक्षा म्रे बालक को महत्त्वपूर्ण स्थान दिया। रूसो के पूर्व बालक शिक्षा के लिए था जहाँ तक शिक्षा का जीवन से सम्बन्ध का प्रश्न है रूसो शिक्षा द्वारा जीवन का तैयारी के पक्ष में न था। वह शिक्षा को ही जीवन मानता था। दूसरे शब्दों में वह जीवन द्वारा ही शिक्षा चाहता था। इस प्रकार रूसो की शिक्षा दर्शन जीवन से अलग न थी। रविन्द्र नाथ टैगोर का शिक्षा दर्शन का मूलाधार एकत्व और समन्वीकरण का सिद्धान्त है जिसे वे तीन श्रेणियों में विभाजित करते हैं। प्रकृति मानव वातावरण तथा अन्तर्राष्ट्रीय सम्बन्धों के साथ एकत्व तथा समन्वीकरण ।इसी एकत्व नवीन स्थापना को टैगोर मनुष्य का वास्तविक जीवन मानते हैं। इसी विचारधारा से प्राभावित होकर उन्होंने वोलपुर में एक विद्यालय की स्थापना की जो कालान्तर में विश्व भारती के रूप और नाम से प्रसिद्ध हुआ। टैगोर के शिक्षा दर्शन सम्बन्धी विचारों पर आदर्शवादी का स्पष्ट प्रभाव है। वे चाहते थे कि बालक का सन्तुलित विकास हो इसलिए उन्होंने बालक के बौद्धिक और शारीरिक विकास के साथ आध्यात्मिक विकास पर भी ध्यान दिया ।टैगोर के शिक्षा दर्शन में हम प्रगतिवाद की झलक तब पाते है जब वे पूर्ण सम्पूर्ण मानव की शिक्षा का समुदाय के जीवन से घनिष्ठ सम्बन्ध होना चाहिए और उसे सजीव एवं गतिशील होने के लिए व्यापक होना चाहिए। छात्रों को नगर की जिन्दगी और अनैतिकता से दूर प्रकृत्ति के घनिष्ठ सम्पर्क में रखकर शिक्षा दी जानी चाहिए। छात्रों को भारतीय विचारधारा और भारतीय समाज की पृष्ठ-भूमि का स्पष्टज्ञान प्रदान किया जाना चाहिए। अत: टैगोर के अनुसार भारतीय शिक्षा के दर्शन का रूप अत्यन्त व्यापक है। शिक्षा के व्यापक अर्थ के अन्तर्गत टैगोर ने शिक्षा के प्राचीन भारतीय आदर्श को स्थान दिया है।

पाश्चात्य शिक्षा दर्शन के पोषकों में एक नाम पेस्टालॉजी का भी है। इन्होंने शिक्षा का प्रयोजन व्यक्ति का विकास माना। यह विकास शारीरिक, मानसिक, नैतिक तीनों प्रकार का होना चाहिए। यह विकास किसी बाहरी विधि विधानों से निर्देशित नहीं होता बल्कि उन व्यापारों के द्वारा फलीभूत होता है। जिनकी प्रेरणा आन्तरिक होती है। मनुष्य वृक्ष के समान है। नवजात शिशु में वे शक्तियाँ छिपी हुई हैं जो जीवन में विकसित होती है। शिक्षा योजना में छात्रों की योजना को प्रमुख स्थान देने की बात कहीं तथा साथ ही ऐसी शिक्षा यो जना चलाई जिसने शिक्षा को

अधिकतर तथा रूढ़ि से मुक्त कर नई दिशा की ओर प्रेरित किया। शिक्षण में वैयक्तिक विभिन्नताओं पर ध्यान की बात पाश्चात्य शिक्षा दर्शन के विचारकों की देन है साथ ही उन लोगों ने स्वीकारा है कि बालक मूलतः अनुभव से सीखता है। इन्ही विचारकों में एक फ्रावेल साहब है। उनके अनुसार पाश्चात्य शिक्षा दर्शन जीवन दर्शन के तत्वों पर आधारित है। उसका जीवन-दर्शन आदर्शवादी आध्यात्मवाद पर आधारित था। उसके अनुसार शिक्षा को मनुष्य का अपने सम्बन्ध में स्पष्टता के लिए अपनी शक्ति की जागरूकता के लिए प्रकृत्ति से प्रदर्शन स्थापित करने के लिए तथा ईश्वर से एकता स्थापित करने के लिए निर्देशन एवं पथ प्रदर्शन करना चाहिए। उनके अनुसार नैतिक विकास के लिए रचनात्मक कार्यों का महत्त्वपूर्ण साधन बनाया जाना चाहिए। भारतीय शिक्षा दर्शन का विचारक **श्री अरविन्द घोष** ने कहा कि नैतिक शिक्षा के सहारे बालक का शारीरिक मानसिक चारित्रिक अध्यात्मिक और संवेगात्मक विकास करके उसे पूर्ण मानव बनाना चाहिए। बालक की नैतिकता का पूर्ण विकास कर उसके व्यावहारिक जीवन को सफल बनाना चाहिए। साथ ही उन्होंने बताया कि शिक्षा दर्शन को व्यक्ति में निहित समस्त शक्तियों का इस प्रकार विकास करना चाहिए कि वह उनसे पूर्ण रूप से लाभान्वित हो।

पाश्चात्य शिक्षा दर्शन के प्रणेताओं में ड्यूवी का नाम एक महत्त्वपूर्ण स्थान रखता है। वे दर्शन शास्त्र तथा शिक्षा में कोई भेद नहीं मानते। उनके अनुसार अपनी स.्न्य अवस्थाओं में शिक्षा सिद्धान्त ही दर्शन कहलाता है। ड्यूवी अपने शिक्षा दर्शने द्वारा जिसका एक व्यावहारिक लक्ष्य है लोगो के विचारों में स्पष्टता ला सकें जिससे वे अपने समय की सामाजिक समस्याओं एवं ग्रन्थियों का हल निकाल सकें। इ.।कारण उसने शिक्षा का यह कार्य माना कि वह मनुष्य को इस योग्य बनाए जिससे वह उन समस्याओं एवं ग्रकन्थयों का सामना कर सकें। इस प्रकार ड्यूवी ने शिक्षा एवं दर्शन दोनों में सामाजिक पुट की प्रधानता दी। उनके अनुसार बालकों को तभी उचित ढंग से निर्देशित या पथ- प्रदेशित किया ज़ा सकता है। जब उनके आवेगों को सामाजिक क्रियाओं तथा सहयोगी अनुभवों में क्रियाशील किया जा सकता है। जब उनके आवेगों को सामाजिक क्रियाओं तथा सहयोगह अनुभवों में क्रियाशील रहते के लिए उपयुक्त अवसर प्रदान किये जायेंगे

भारतीय शिक्षा दर्शन के क्षेत्र में महात्मा गाँधी का अनोखा स्थान था। जिन्होंने शिक्षा के क्षेत्र को नव ज्योति दी है। ग्रीन का कथन था कि पेस्टालाँजी आधुनिक

शिक्षा सिद्धान्त और व्यवहार का प्रारम्भिक बिन्दु था। जहाँ तक पाश्चात्य शिक्षा का सम्बन्ध है। यह बात सत्य हो सकती है। गाँधीजी के शिक्षा सम्बन्धी विचारों का निष्पक्ष अध्ययन सिद्ध करता है कि वे पूर्व में शिक्षा सिद्धान्त और व्यवहार के प्रारम्भिक बिन्दु है। गाँधी ने कहा कि बालक की शिक्षा किसी लाभप्रद दस्तकारी के शिक्षण से प्रारम्भ होनी चाहिए और जिस समय से उसका प्रशिक्षण प्रारम्भ हो उसी समय से उसे उत्पादन करने योग्य बनाना चाहिए। साथ ही बालकों को बेरोजगारी से एक प्रकार की सुरक्षा देनी चाहिए।

पाश्चात्य शिक्षा दर्शन के पोषक जॉन ड्यूवी की शिक्षा का आधार स्तम्भ प्रयोजनवादी दर्शन है। वही महात्मा गाँधी की शिक्षा का आधार स्तम्भ आदर्शवादी दर्शन है। फलतः ड्यूवी की शिक्षा भैतिकवादी है। गाँधीजी की शिक्षा आध्यात्मिक है। प्रयोजनवादी दर्शन के अनुसार ड्यूवी के लिए जीवन का कोई पूर्व उद्देश्य नहीं है। गाँधी के अनुसार जीवन के शास्वत मुल्य है। ईश्वर की इच्छा के बिना एक तृर्ण भी नहीं हिलता। उसमें उस आध्यात्मिक स्वीकृति है जिससे समस्त दृश्य जगत प्रेरित रहता है। इस तत्व को महात्मा गाँधी सत्य के रूप में ग्रहण करते हैं। सत्य ही उनका परमात्मा है। इसकी प्राप्ति जीवन का अन्तिम लक्ष्य है। शिक्षा का प्रयोजन इस लक्ष्य की प्राप्ति में सहायता करना है। गाँधी जी और जॉन ड्यूवी दोनों ही क्रिया द्वारा ज्ञानार्जन प्रस्तावित करते हैं। दोनों कार्य- जनित अनुभव को शिक्षा को की क्रिया में प्रधानता देते है। किन्तु गाँधी जी की शिक्षा में उत्पादक कार्य को अधिक महत्त्व दिया गया है। ड्यूवी के आर्ट्स तथा व्यवसाय का क्षेत्र बड़ा है। जहाँ गाँधी स्वाशीयता को अपनी शिक्षा की सच्ची कसौटी मानते हैं वहाँ ड्यूवी की शिक्षा में छात्रों द्वारा अर्थोपार्जन की कल्पना नही की गई। इसी तरह जहाँ गाँधी जी बुनियादी शिक्षा में समवाणी शिक्षण का विधान है वहीं ड्यूवी की शिश्रा में प्रोजेक्ट विधि का समवाय विधि एक व्यवस्थित तथा प्रभावोत्पादक विधि क रूप में विकसित नहीं हो सकी। प्रोजेक्ट विधि कम से कम प्राथमिक शिक्षा में सफलतापूर्वक व्यवहृत होती है। माध्यमिक शिक्षा में भी इसका व्यवहार लाभप्रद सिद्ध हो रहा है। गाँधी की शिक्षा में उत्पादन कार्य को अयधिक महत्त्व दिया गया। फलतः विद्यालय की क्रियाशीलता कताई बुनाई कृषि आदि पर आश्रित रहकर अन्तत अवरूद हो गई। ड्यूवी के विद्यालयों में क्रिया शीलनों का क्षेत्र बड़ा रहा। इसलिए यहाँ के क्रियाशीलनों में जड़ता नही आयी। जहाँ बुनियादी शिक्षा में विश्व में अहिसक समाज के अवतरण का सन्देश है वहीं विश्व शान्ति का सन्देश भी उसमें निहित है।

जॉन ड्यूवी की दृष्टि में अमेरिकी का शिक्षा, अमेरिकी समाज की माँगो के पीछे थी। फलतः शिक्षा जीवन का समाधान नहीं कर पा रही थी। किन्तु महात्मा गाँधी की दृष्टि में भारतीय शिक्षा दर्शन में भारतीय जीवन की रंचमात्र परख न थी क्योंकि उसका प्रयोजन जीवन का सर्वांगीण विकास न था।

अतः उपरोक्त विवेचनों द्वारा यह स्पष्ट होता है कि जहाँ पाश्चात्य शिक्षा दर्शन में केवल लौकिक पक्ष का समावेश है वही भारतीय शिक्षा दर्शन में लौकिक तथा आध्यात्मिक दोनों पक्षों का समावेश है।

शिक्षा एवं दर्शन

"जो ज्ञान की प्यास रखते हैं वे सब दार्शनिक हैं।" जो व्यक्ति सभी प्रकर का ज्ञान प्राप्त करने की इच्छा रखता है और सदैव सीखने के लिए उत्सुक रहता है, कभी सन्तुष्ट नहीं होता और सीखता ही रहता है, वास्तविक रूप में दार्शनिक हैं।

प्लेटो

इस विश्व की तुलना किसी ईरानी कवि ने उस प्राचीन ग्रन्थ की पाण्डुलिपि से की है जिसका पहला और अन्तिम पृष्ठ खो गया है। विचारशील मानव प्रारम्भ से ही उस पाण्डुलिपि के प्रथम व अन्तिम पृष्ठ को खोजने के लिए उत्सुक व प्रयत्नशील है। इस विश्व की उत्त्पत्ति कैसे हुई? क्यों हुई? कहाँ हुई? कब हुई? व्यक्ति इस संसार में क्यों अया? जीवन का उद्देश्य क्या हैं? मृत्यु क्यों होती हैं? मृत्यु के पश्चात जन्म होता हैं या नहीं? प्रकृति क्या हैं? ब्रह्माण्ड क्या हैं? मानव का इस जगत के साथ क्या सम्बन्ध हैं? शुभ-अशुभ क्या हैं? ज्ञान क्या हैं? अनुभव कितने विश्वसनीय एवं वैध हैं? ज्ञान के साधन क्या हैं? आदि बहुत से प्रश्नें के उत्तर खोजने के लिए मानव मन-मस्तिष्क प्रारम्भ से ही उत्सुक हैं, प्रयासरत हैं। यदि निष्कर्ष रूप में कहें तो हम कह सकते हैं कि मानव की उत्कंठा उसके जीवन के तथा विश्व के कस्मात्, कुतः और कुत्र अर्थात् यह क्यों हैं, कहाँ से उत्पन्न हुआ और इसकी गति किधर है को जानने की रही हैं।

हम इस विश्व में आते हैं किन्तु यह ज्ञात नहीं है कि कहाँ से आये हैं। बस, बहते नीर के समान हम चले जा रहै हैं, बहै जा रहै हैं; जिस प्रकार आँधी मरुभूमि को परकर निकल जाती है उसी प्रकार हम भी इस संसार से निकल जायेगें, किन्तु कहाँ बतायेगें, यह नहीं जानते। इन समस्त जिज्ञासाओं के समाधान हेतु गहन एवं

सुव्यवस्थित चिन्तन-मनन ही दर्शन कहा गया हैं। मानव मन सृष्टि की गति, लय, नियमबद्धता एवं व्यवस्था के साथ-साथ सृष्टि के रहस्यों का अवलोकन कर मुग्ध हो उठता हैं; आश्चर्यों के साथ रहस्यों को जानने का प्रयास करता है और तब प्रारम्भ होता हैं-दार्शनिक चिन्तन।

शिक्षा-दर्शन के कार्य

दर्शन शब्द अंग्रेजी भाषा के फिलोसॉफी (Philosophy) शब्द का हिन्दी रूपान्तर है।'फिलोसॉफी' यूनानी शब्द फिलास (Philos) और सोफिया (Sophia) से मिलकर बना है। जिसका अर्थ क्रमश: प्रेम (Love) और विद्या या ज्ञान (Knowledge or wisdom) है। इस प्रकार फिलोसॉफी का शब्दिक अर्थ विद्यानुराग या ज्ञान से प्रेम हुआ। इसी शब्द को स्पष्ट करते हुए डीवी ने कहा है, "जब कभी दर्शन पर गंभीरता से विचार किया गया है तब सदैव यही धारणा रही है कि इसका अर्थ ऐसी विद्वता प्राप्त करना है जो जीवन-व्यवहार को प्रभावित करे।"

"Whenever philosophy has been taken seriously, it has been assumed that is signified achieving a wisdom that will influence the conduct of life."

भारतीय वाङ्मय में दर्शन शब्द का अभिप्राय दृश्य या देखने से है। दर्शन शब्द संस्कृत की दृश् से बना है, जिसका अर्थ देखना है। दृश धातु से ल्युट् प्रत्यय लगने से दर्शन शब्द बना है। अतएव दर्शन का अर्थ है, जिससे देखा जाये।' उपनिषदों में दर्शन का यही अर्थ है। सत्य का दर्शन जिस वस्तु के द्वारा किया जाए वही दर्शन है। यहाँ यह 'दर्शन' शब्द से अभिप्राय ऐसी सूक्ष्म सत्ता का प्रत्यक्षीकरण है जो इन्द्रिय ज्ञान से परे हो। आत्मा, परमात्मा, प्रकृति, सत्य तथा जीवन के सार्वभौम तत्त्वों की खोज करना दर्शन का प्रमुख ध्येय रहा है। **सुकरात** के अनुसार, "सच्चा दार्शनिक वह है जो सत्य के आलोक का प्रेमी हो। स्पष्टत: सत्य की खोज दर्शन का विषय है।" **आर. डब्ल्यू. सेलर्स** के अनुसार, "दर्शन एक व्यवस्थित विचार द्वारा विश्व और मनुष्य की प्रकृति के विषय में ज्ञान प्राप्त करने का निरन्तर प्रयास।" **बट्रैण्ड रसेल** ने कहा है, "अन्य विद्याओं के समान दर्शन का मुख्य उद्देश्य ज्ञान की प्राप्ति है।"

उपर्युक्त व्याख्याओं के अधार पर हम दर्शन के अर्थ को स्पष्ट कर सकते हैं। दर्शन-प्रकृति, व्यक्तियों और वस्तुओं तथा उनके लक्ष्यों एवं उद्देश्यों के बारे में

निरन्तर विचार करता है। यह ईश्वर, ब्रह्माण्ड और आत्म के रहस्यों और इनके पारस्परिक सम्बन्धों पर प्रकाश डालता है। जो व्यक्ति इससे सम्बन्धित प्रश्नों का उत्तर देने का प्रयत्न करता है, उसे हम दार्शनिक कहते हैं। रॉस ने इस तथ्य को स्पष्ट करते हुए लिखा है, ''वे सब लोग जो सत्यता एवं साहस से उपर्युक्त प्रश्नों का कोई उत्तर देने का प्रयत्न करते हैं और जिन उत्तरों में कुछ सुसंगति तथा तर्कबद्धता होती है, वे दार्शनिक होते हैं-चाहै वे भौतिकवादी, धर्म शास्त्री या अज्ञेयवादी हों।''

हम सत्य के किस स्वरूप को स्वीकार करते हैं? यह इस बात पर निर्भर करता है कि हम किस प्रकार के सामाजिक, आर्थिक, राजनीतिक एवं धार्मिक वातावरण के अन्तर्गत रह रहै हैं। हम चाहते हैं कि अन्य व्यक्ति भी हमारे विचारों को स्वीकार करें। हम अपने विचारों को दूसरों से स्वीकार करने के लिए उन पर विभिन्न रीतियों एवं साधनों से प्रभाव डालने का प्रयत्न करते हैं, यही शिक्षा की पृष्ठभूमि है।

दर्शन पर शिक्षा का प्रभाव-

1. शिक्षा दर्शन का निर्माण करती है- डीवी ने दर्शन को शिक्षा की देन को एक वाक्य मे ही दिया है 'दर्शन की प्रयोग शिक्षा है।' शिक्षा के बिना दार्शनिक चिन्तन तो क्या साधारण विचार तक संभव नहीं है। दर्शन के निर्माण के लिए निरीक्षण, चिन्तन, मनन, कल्पना, तर्क आदि क्षमताओं का विकास शिक्षा ही करती है।

2. शिक्षा दार्शनिक अवधारणाओं एवं सिद्धान्तो को मूर्त रूप देती है- शिक्षा, दर्शन द्वारा स्थापित किये गये विचारो, सिद्धान्तो को व्यावहारिक रूप प्रदान कर दार्शनिक सिद्धान्त को मूर्त रूप प्रदान करती है। इसीलिए दर्शन को जीवन काविचारात्मक पहलू तथा शिक्षा को गतिशील पहलू कहा जाता है। यदि दार्शनिक सिद्धान्तों को क्रियान्वित किया जाये तो वे कोरे सिद्धान्त मात्र रह जायेगें।

3. शिक्षा दार्शनिक सिद्धान्तों को वैज्ञानिक स्वरूप प्रदान करती है- दार्शनिक सिद्धान्तों, आदर्शों और परिकल्पनाओं अनुरूप शिक्षा समाज में जीवन जीने के लिए व्यक्तियों में क्षमता उत्पन्न करती है। महर्षि अरविन्द का कथन इस दृष्टि से महत्त्वपूर्ण है ''प्रत्येक प्रत्यय हमारे लिए अपूर्ण हैं और हमारी प्रकृति के लिए एक अंश केलिये लगभग अयर्थाथ है जब तक कि वह एक अनुभव नहीं बन जाता।'' शिक्षा ही दर्शनिक विचारों को वैज्ञानिक स्परूप प्रदान करती हैं।

4. शिक्षा, दर्शन को नई समस्याओं से परिचित कराती है–शिक्षा का कार्य राष्ट्र क़ी पुनर्रचना करना है, मूल्यों की पुनर्परिभाषा करना है जिससे कि वे मूल्य हमारे परिवर्तनशील जीवन एवं विचार का स्पष्टीकरण कर सकें। अपनी आवश्यकताओं की पूर्ति एवं प्रगति के कुमार्ग पर अग्रसर होने के लिए मानव एवं मानव समाज के सामने विभिन्न समस्याएँ आती हैं। दर्शन इन समस्याओं का हल भी खोजने की चेष्टा करता है।

5. शिक्षा, दर्शन को सुरक्षित रखती है–दर्शन द्वारा सृष्टि, सृष्टिकता, आत्मा, परमात्मा, जीव, जीवन, जगत आदि संप्रत्ययों की व्याख्या प्रस्तुत की जाती है। इस ज्ञान को आगामी पीढ़ी को स्थानान्तरित करने का कार्य शिक्षा द्वारा ही सम्पन्न किया जाता है। यदि शिक्षा, दर्शन को सुरक्षित न रखे तो आगामी पीढ़ी दार्शनिक विचारों से परिचित ही न हो पाये।

इस प्रकार यह स्पष्ट दृष्टिकोण होता है कि शिक्षा एवं दर्शन परस्पर अन्योन्याश्रित हैं। एक सैद्धान्तिक पक्ष है तो दूसरा क्रियान्वयन। दर्शन व शिक्षा का सम्बन्ध आत्मा व शरीर का सम्बन्ध है। फिश्ते ने ठीक ही कहा है, "शिक्षा, दर्शन की सहायता के अभाव में पूर्णता तथा स्पष्टता को प्राप्त नहीं कर सकती।"

शिक्षा (Education)

स्वामी विवेकानन्द के अनुसार भारतीय समाज की समस्त समस्याओं-भौतिक या आध्यात्मिक का मूल कारण 'अशिक्षा' ही है। पश्चिमी देशों की वर्तमान सभ्यता वँ भारत, मिश्र व रोम आदि की प्राचीन सभ्यताओं में अन्तर उसी दिन से प्रारम्भ हुआ जब से शिक्षा, सभ्यता इत्यादि उच्च जातियों से धीरे-धीरे निम्न जातियों में फैलने लगी। जिस जाति की जनता में विद्या-बुद्धि का जितना अधिक प्रचार है, वह जाति उतनी ही अधिक उन्नत है। भारत के सत्यानाश का मुख्य कारण यही है कि देश की सम्पूर्ण विद्या-बुद्धि को, राज-शासन व अहंकार से, मुट्ठी भर लोगों के एकाधिकार में सीमित कर दिया गया है। यदि भारत को पुनः उन्नति करनी है तो उसे उसी मार्ग पर चलना होगा (जिस पर पश्चिमी समाज चल रहा है) अर्थात् जनता में शिक्षा का प्रसार करना होगा।

किन्तु मूल प्रश्न यह है कि "शिक्षा क्या है?" (What is education?) क्या पुस्तकीय विद्या ही शिक्षा है? या विविध प्रकार के ज्ञान को शिक्षा कहते हैं? स्वामी विवेकानन्द का उत्तर है-दोनों में से कोई भी नहीं। उनके अनुसार, "शिक्षा

उस प्रशिक्षण को कहते हैं जिसके द्वारा इच्छा की अभिव्यक्ति व प्रवाह को नियन्त्रण के अधीन लाया जाता है और उसे फलप्रद बनाया जाता है[1]।" चूँकि समस्त शुभ व अशुभ इच्छाओं व विचारों का स्रोत मस्तिष्क है, अतः 'इच्छा के नियन्त्रण' (Control of Will) का दूसरा अर्थ है–मस्तिष्क का नियन्त्रण। नैतिक दृष्टि से व्यक्ति व समाज का हित इस तथ्य में अन्तर्निहित है कि व्यक्ति का व्यवहार शुभ हो, अच्छा हो। इसके लिए मन को अच्छे विचारों के प्रति 'एकाग्र' करना आवश्यक है। इसीलिए स्वामी विवेकानन्द कहते हैं कि "मेरे लिए शिक्षा का सारतत्व 'मस्तिष्क की एकाग्रता' में है, तथ्यों के संकलन में नहीं[2]।" यदि व्यक्ति अपने मन को 'एकाग्र' करने की शक्ति का विकास कर ले तो तथ्यों का संग्रह तो स्वतः हो जाएगा[3]। मनुष्यों व पशुओं में मुख्य भेद केवल चित्त की एकाग्रता का ही होता है। पशु एकाग्रचित्त नहीं हो सकते। मनुष्य-मनुष्य का भेद भी उनकी एकाग्रता-शक्ति के इस तारतम्य से होता है।[4]

प्लेटो ने अपने शिक्षा-सिद्धान्त में प्रतिपादित किया है कि आत्मा का अन्तिम लक्ष्य 'शिव के विचार' (Idea of God) को प्राप्त करना है लेकिन यह 'विचार' आत्मा के बाहर नहीं होता बल्कि स्वयं आत्मा में ही अन्तर्निहित होता है। शिक्षा मात्र उस परिवेश को निर्मित करती है। जिसमें आत्मा 'शुभ के विचार' को सहजतापूर्वक प्राप्त कर सके। स्वामी विवेकानन्द भी कहते हैं कि "ज्ञान व्यक्ति में ही निहित है, कोई भी ज्ञान बाहर से नहीं आता, सब कुछ अन्दर है।" इसे उन्होंने एक उदाहरण द्वारा समझाने का प्रयत्न किया है–हम सभी कहते हैं कि न्यूटन ने गुरुत्वाकर्षण (Gravitation) की खोज की। क्या गुरुत्वाकर्षण किसी कोने में बैठकर न्यूटन की प्रतीक्षा कर रहा था? क्या 'वह' सेब में था? क्या 'वह' बाह्य जगत् में था? नहीं। 'वह' उसके अपने मस्तिष्क में मौजूद था और समय आने पर बाहर निकला। इसीलिए स्वामी जी कहते हैं कि "समस्त ज्ञान, जिसे दुनिया ने प्राप्त किया है, मस्तिष्क की देन है, ब्रह्माण्ड का अपरिमित पुस्तकालय तुम्हारे मस्तिष्क में है।[1]" वास्तव में जिसे हम 'जानना' कहते हैं, मनोवैज्ञानिक भाषा में वह 'आविष्कार करना' है। आविष्कार का अर्थ है–मनुष्य का अपनी अनन्त ज्ञान रूपी आत्मा के ऊपर से आवरण हटा लेना। जैसे-जैसे यह आवरण हटता जाता है व्यक्ति का ज्ञान बढ़ता जाता है।

यदि ज्ञान आन्तरिक है और सब कुछ मन-मस्तिष्क में ही अवस्थित है तो शिक्षक की भूमिका क्या है? प्लेटो कहता है कि यदि शिक्षक चाहे भी तो इस 'आत्मतत्व'

का स्पर्श नहीं कर सकता। जो मस्तिष्क में नहीं है उसकी शिक्षा की कल्पना करना ही अर्थहीन है। स्वामी विवेकानन्द भी मानते हैं कि शिक्षक का कार्य बालक के मस्तिष्क में सूचनाएँ या तथ्य भरना नहीं है। समस्त ज्ञान तो बच्चे के मस्तिष्क में भरा पड़ा है, आवश्यकता है उसे जाग्रत करने की। इस प्रकार शिक्षक मस्तिष्क को जागृति (Awakening) का अवसर प्रदान करता है। इसीलिए उन्होंने शिक्षा को 'व्यक्ति में पहले से विद्यमान सम्पूर्णता की अभिव्यक्ति' भी कहा है[1]। शिक्षक ज्ञान पर पड़े आवरण को हटाने में सहायक है।

इस प्रकार वास्तविक शिक्षा तथ्यात्मक नहीं होती बल्कि व्यक्ति के मस्तिष्क को नियन्त्रित करके उसके चरित्र को श्रेष्ठ बनाने का कार्य करती है। श्रेष्ठ चरित्र का तात्पर्य है–साहस, उदारता, सत्यवादिता, परोपकारिता व मानवीयता से परिपूर्ण आचरण। अतः शिक्षा के माध्यम से एक तरफ व्यक्ति सच्चे अर्थों में मनुष्य बनकर 'आत्म-अनुभूति' की प्राप्ति करता है। अतः शिक्षा मनुष्य-निर्माण (Man-making) की प्रक्रिया है। साथ ही व्यक्ति इतना उदार बन जाता है कि सम्पूर्ण मानवता के कल्याण हेतु अपने हितों का उत्सर्ग करने के लिए भी तत्पर रहे।

इस शिक्षा का एक व्यवहारिक उद्देश्य भी है। यह उद्देश्य है–व्यक्ति को आत्म-निर्भर बनाना। भूख से पीड़ित व्यक्ति के लिए न तो धर्म लाभदायक है और न ही उपदेश। सबसे पहले शिक्षा के माध्यम से प्रत्येक व्यक्ति-विशेषतः ग़रीब वर्ग को उसकी आर्थिक समस्याओं से मुक्ति प्रदान करनी है। इसीलिए वे आम जनता के लिए व्यापार, वाणिज्य, कृषि व गृहस्थ जीवन की अति आवश्यक विषयों की जानकारी प्रदान करना चाहते हैं। इसी प्रकार महिलाओं को आत्मनिर्भर बनाने के लिए उन्हें धर्म, कला व विज्ञान के अतिरिक्त गृहस्थी के रख-रखाव, पाक-कला, सिलाई व स्वच्छता की शिक्षा भी देना चाहते हैं[1]।" इसके साथ ही शिक्षा ऐसी होनी चाहिए जिससे व्यक्ति स्वयं वस्तुओं व घटनाओं का विश्लेषण करना सीख जाए। इसे ही वे 'आँख खोलने वाली शिक्षा' (Eye-opener Education) कहते हैं[2]। व्यक्तियों में यह क्षमता विकसित होनी चाहिए कि वे अपने चतुर्दिक-देश व विदेश–की गतिविधियों को समझ सकें। ऐसा होने पर स्त्री-पुरुष अपनी समस्याओं का स्वयं समाधान खोजने में सक्षम हो जाएँगे। जो शिक्षा सामान्य जन समूह को अपने जीवन-संघर्ष का सामना करने में सहायक चारित्रिक शक्ति नहीं प्रदान करती अथवा उन्हें आर्थिक दृष्टि से आत्मनिर्भर नहीं बनाती वह शिक्षा वास्तविक शिक्षा नहीं है। किन्तु

स्वामी विवेकानन्द व्यक्ति को केवल वैज्ञानिक या तकनीकी ज्ञान की शिक्षा तक सीमित नहीं रखना चाहते। केवल तकनीकी ज्ञान या पदार्थ संचय के लिए शिक्षा तो व्यक्तियों का अमानवीयकरण कर देगी, उन्हें मशीन बना देगी। उनके शब्दों में, "जो कुछ हम चाहते हैं वह है-वेदान्त से संयुक्त पश्चिमी विज्ञान, पथ प्रदर्शक आदर्श वाक्य के रूप में ब्रह्मचर्य, श्रद्धा व स्वयं में विश्वास।... लेकिन धर्म मूल तत्व होगा[3]।"

शिक्षा के प्रसार के लिए स्कूलों व विद्यालयों की स्थापना ज़रूरी है। लेकिन शिक्षित युवाओं व संन्यासियों का यह तथ्य भी ध्यान में रखना चाहिए कि जनता ग़रीब है और यदि निर्धन बच्चे विद्यालयों में नहीं आ पाते हैं तो शिक्षा को स्वयं उन तक पहुँचाना होगा[4]। क्योंकि निर्धन बच्चे पाठशाला में आने की अपेक्षा अपने पिता की सहायता के लिए खेतों में जाना या जीविका के लिए अन्य कोई काम-धन्धा करना अधिक पसंद करते हैं। ऐसी स्थिति में, "यदि पहाड़ मुहम्मद के पास नहीं आता तो मुहम्मद को पहाड़ के पास जाना होगा। संन्यासियों को लालटेन, ग्लोब, नक्शे व रसायन लेकर निर्धन लोगों तक जाना होगा और पुस्तकों के स्थान पर कहानियों के माध्यम से इतिहास, भूगोल, साहित्य और साथ ही साथ धर्म के गंभीर सत्यों की शिक्षा देनी होगी[1]।"

उन्होंने पाश्चात्य शिक्षा की आलोचना की। उनके अनुसार 'विदेशी भाषा में दूसरों के विचारों को रटकर अपने मस्तिष्क में भर लेना' शिक्षा नहीं है। अंग्रेजी विश्वविद्यालयी शिक्षा का उद्देश्य भी अत्यन्त सीमित है। यह लिपिक, वकील या अधिक से अधिक 'ज़िला मजिस्ट्रेट' बनती है जो मुंशीगिरी का ही दूसरा रूप है। जन सामान्य के लिए यह शिक्षा निरर्थक है। जनता अंग्रेजी तो दूर संस्कृत भाषा भी नहीं जानती। अतः उन्हें उनकी भाषा में शिक्षा देनी चाहिएए जैसे कि महात्मा बुद्ध ने 'पाली' भाषा को जन शिक्षा का माध्यम बनाया। लेकिन संस्कृत शिक्षा बंद करने के स्थान पर उसका जन-जन तक प्रसार होना चाहिए क्योंकि 'संस्कृत शब्दों की ध्वनि मात्र से हमारी जाति को प्रतिष्ठा, बल व शक्ति मिलती है[2]।'

वास्तव में स्वामीजी प्राचीन गुरुकुल परम्परा को पुनर्जीवित करना चाहते हैं क्योंकि "शिक्षक के व्यक्तिगत जीवन के बिना कोई शिक्षा संभव नहीं है[3]।" साथ ही वे विज्ञान व आध्यात्मिक तथा अंग्रेजी, संस्कृत व देशी भाषाओं का ऐसा समन्वय करना चाहते हैं जिससे एक तरफ व्यक्तियों को 'अपने पैरों पर खड़ा होने' का अवसर मिले दूसरी ओर उनका 'चरित्र-निर्माण' व 'मानसिक विकास' भी हो। इसके लिए शिक्षक

व शिष्य दोनों में ही कुछ विशिष्ट गुणों का होना ज़रूरी है। गुरु के लिए- शास्त्रों की मर्मज्ञता, चित्त की पवित्रता तथा स्वार्थहीनता के गुण आवश्यक हैं। इसी प्रकार शिष्य को–विचार, वचन व कर्म से पवित्र, सच्चे ज्ञान का आकांक्षी तथा परिश्रमी होना चाहिए। इसके अतिरिक्त गुरु का शिष्य के प्रति स्नेह व शिष्य का गुरु के प्रति श्रद्धा का होना भी अति आवश्यक है।

❑❑❑

3

राजनीतिक चिन्तन

महात्मा गाँधी ने अपने समर्थकों से बहुधा आग्रह किया कि उनके विचारों को 'वाद' का रूप न प्रदान किया जाए, लेकिन आज उनके उपदेश 'गांधीवाद' के रूप में सर्व स्वीकृत हैं। स्वामी विवेकानन्द ने भी उस धारणा का खण्डन किया जिसमें उन्हें 'राजनीतिज्ञ', 'राजनीतिक उद्वेगकर्त्ता' (Political Agitator), 'राजनीति दूत' या 'राजनीतिक उपदेशक' (Political Preacher)-प्रमाणित करने का प्रयत्न किया जा रहा था[1]। उन्होंने कहा कि 'मैं राजनीति में विश्वास नहीं करता। ईश्वर और सत्य ही विश्व में एकमात्र राजनीति हैं। अन्य सभी चीजें निरर्थक हैं[2]।' इसीलिए उनके लेखन या व्यक्तव्यों से कोई 'राजनीतिक महत्व' नहीं जुड़ना चाहिए[3]।' निश्चित रूप से स्वामी विवेकानन्द ने राज्य, शासन, संविधान, क़ानून या क्रान्ति का विश्लेषण नहीं किया है अपितु वे मूलतः सम्पूर्ण मानवता को सर्वोच्च आध्यात्मिक आदर्श की प्राप्ति के लिए प्रयत्न करने का आह्वान करते हैं, तथापि उनके सामाजिक व धार्मिक चिन्तन में ही अनेक स्थल ऐसे हैं जिनका प्रत्यक्ष या अप्रत्यक्ष संबंध राजनीतिक पक्षों से है। इन विभिन्न पक्षों को क्रमशः इस प्रकार प्रस्तुत किया जा सकता है-

राजनीति चक्र का सिद्धान्त (Theory of Political Cycle)-

स्वामी विवेकानन्द द्वारा प्रतिपादित राजनीतिक चक्र का सिद्धान्त इटालि समाजशास्त्री विल्फ्रेडो पैरेटो (1848-1923) के 'अभिजन-वर्ग के परिभ्रमण' सिद्ध की याद दिलाता है किन्तु तात्विक दृष्टि से दोनों एक दूसरे से नितान्त भिन्न पैरेटो ने आर्थिक व बौद्धिक शक्ति की श्रेष्ठता के आधार पर निर्मित होने वाले अभिजन-वर्ग को अपने विश्लेषण का आधार बनाया है, जबकि स्वामी विवेकानन्द गुण-कर्म आधारित 'वर्ण-व्यवस्था' को अपने अध्ययन का केन्द्र बनाते हैं। भारत की जन्म-आधारित जाति-व्यवस्था भी मूलतः गुणाधारित वर्ण-व्यवस्था का ही विकृत रूप है।

यहाँ इस तथ्य का ध्यान रखना आवश्यक है कि स्वामी विवेकानन्द 'राजनीतिक चक्र' के सिद्धान्त को विश्व इतिहास के एक सार्वभौम संघटना (Universal Phenomenon) के रूप में प्रस्तुत करते हैं जो भारत पर भी लागू होता है[4]। इसके अतिरिक्त यह सिद्धान्त वर्ण-व्यवस्था नामक एक सामाजिक अवधारणा पर निर्भर होने के कारण जितना राजनीतिक है, उतना ही सामाजिक भी है।

स्वामी विवेकानन्द के अनुसार मानव के तीन मूलभूत गुण होते हैं- सत्व, (Sattva) रजस (Rajas) और तमस (Tamas)। इन गुणों के कम या अधिक उपस्थिति के अनुसार ही प्रत्येक सभ्य समाज में, प्रत्येक युग में ब्राह्मण, क्षत्रिय, वैश्य व शूद्र-इन चार वर्णों का अस्तित्व रहा है। देश व काल के अनुरूप इन वर्णों की संख्या व शक्ति में अन्तर होता है लेकिन यह प्रकृति का नियम है और विश्व इतिहास का सतर्क अध्ययन इस नियम को प्रमाणित करता है कि प्रत्येक समाज में ये चारों वर्ण क्रमशः इस जगत् को संचालित करते हैं[1]। दूसरे शब्दों, में ब्राह्मण के बाद क्षत्रिय व क्षत्रिय के उपरान्त वैश्य शासन शक्ति पर अपना प्रभुत्व व नियन्त्रण स्थापित करेंगे।

प्रथम चरण की शुरुआत पुरोहित या ब्राह्मण वर्ग के राजनीतिक व सामाजिक प्रभुत्व के साथ होती है। यह पशु प्रवृत्ति पर दैवीय प्रवृत्ति व पदार्थ पर चेतना की प्रथम विजय तथा प्रकृति के दास, माँस के पिण्ड अर्थात मानव शरीर में अन्तर्निहित ईश्वरीय शक्ति की प्रथम अभिव्यक्ति थी। चीनी, सुमेरियन, बेबिलोनियन, कैल्डियन, ईरानी, अरब, यहूदी तथा आर्यों (भारतीयों) के प्राचीन राष्ट्रों के प्रारम्भिक चरण में समाज का नियन्त्रण पुरोहित वर्ग के हाथों में ही आया। संयमी, सात्विक व इन्द्रियों से परे देखने वाले इस पुरोहित वर्ग की शक्ति बुद्धिबल पर आधारित थी, भौतिक बल पर नहीं। सामान्य रूप से पुरोहित वर्ग का शासन संयमपूर्ण था क्योंकि यह वर्ग विवेक से शासन करता है, स्वेच्छा से नहीं। एकमात्र मिस्र को इसका अपवाद कहा जा सकता है जहाँ प्राचीन काल के अन्य समाजों से अलग पुरोहित वर्ग ने- यद्यपि सीमित अवधि तक ही-अनियन्त्रित शक्ति का उपयोग किया अन्यथा ये स्वयं भी नियन्त्रित रहते थे व अपने आत्मबल तथा बुद्धिबल से राजपरिवारों को नियन्त्रित रखते थे। इस प्रकार प्राचीन काल में भी पुरोहित वर्ग का राजशक्ति से विरोध था लेकिन इस विरोध में, अपने तप, त्याग व संयम के बल पर, पुरोहित वर्ग सभ्यता के प्रथम चरण में समाज व शासन को निर्देशित व नियन्त्रित करता रहा।

मानव सभ्यता के इतिहास के दूसरे चरण में राजशक्ति का उदय हुआ। प्रकृति के सार्वभौम नियम के अनुसार पुरोहित वर्ग का पतन हुआ। भारत में यह घटना छठी शताब्दी ई.पू. में घटी जब बौद्ध व जैन आन्दोलन के कारण परम्परागत पुरोहित वर्ग का प्रभाव कम हुआ। कुछ ही समय बाद पाटलीपुत्र (पटना) को केन्द्र बनाकर मगध साम्राज्य का उदय हुआ जिसे सम्राट अशोक ने बौद्ध साम्राज्य में बदल दिया। किन्तु भारत में राजशक्ति की विजय अन्य प्राचीन सभ्य देशों से काफी बाद में हुई[2]। उदाहरण के लिए मिस्र में राजशक्ति ने अल्पकाल में ही पुरोहितों की सर्वाधिकारी शक्ति को अपने अधीन कर लिया। चीन में भी जो राजशक्ति[3], कन्फ्यूशियस (Confucius) की प्रतिभा द्वारा संगठित थी, वह पिछले 2500 वर्षों से अधिक अवधि से पुरोहित-शक्ति को अपनी स्वेच्छा से संचालित कर रही है। एकमात्र यहूदी समाज में राजशक्ति, अपने कठिन प्रयत्नों के उपरान्त भी, पुरोहित शक्ति पर प्रभुत्व स्थापित करने में सफल नहीं हो सकी और इसके विपरीत उसे निर्णायक पराजय का सामना करना पड़ा। स्वामी विवेकानन्द का कहना है कि "राजपूत राजाओं के काल में पुरोहित-शक्ति ने पुनः प्रभावकारी स्थिति प्राप्त करने की कोशिश की लेकिन मुस्लिम राज्य के उदय के साथ ही ब्राह्मण शक्ति के पुनः उदित होने की सम्भावना समाप्त हो गई। वैसे ऐतिहासिक दृष्टि से मुस्लिम राज्य में पहले से ही पुरोहित शक्ति का पूर्ण नाश हो चुका था[1]।"

समय के शक्तिशाली हाथों से राजशक्ति का पतन भी लिखा गया। यद्यपि द्वितीय चरण में क्षत्रिय वर्ण ने भौतिक सुख-सुविधाओं की पूर्ति के लिए विज्ञान के विकास, कला की उन्नति व नगरों के निर्माण को प्रोत्साहित किया तथापि परिवर्तन के प्राकृतिक नियम के अनुरूप क्षत्रिय वर्ण के नेतृत्व में संचालित इतिहास का दूसरा चरण पतन अन्धकार में अपनी आभा (चमक) खोने के लिए विवश हुआ और इस प्रकार मानव सभ्यता का तीसरा चरण प्रारम्भ हुआ।

तीसरा चरण वैश्य युग है। तेल, नमक, चीनी व सुरा के व्यापारियों के वर्ग ने राजशक्ति को उसी प्रकार सत्ता से च्युत कर दिया जिस प्रकार स्वयं राजशक्ति ने मध्ययुग में पुरोहित-शक्ति को प्रभुत्व से वंचित किया था। सम्पत्ति के सर्वग्रासी नियन्त्रण की आंधी में अनेक शासकीय मुकुट धूल-धूसरित हो गए तथा अनेक साम्राज्य खण्ड-खण्ड कर दिए गए। स्वामी विवेकानन्द के अनुसार, वैश्य वर्ण का उदय आधुनिक पश्चिमी समाजों की विशिष्ट विशेषता है। राजशक्ति पर वैश्य शक्ति की विजय सर्वप्रथम इंग्लैण्ड में दृष्टिगत होती है[2]। इंग्लैण्ड का राजसिंहासन अभी भी सुरक्षित है लेकिन

उसके पीछे वास्तविक शक्ति यही वैश्य शक्ति है[3]। भारत पर इंग्लैण्ड की विजय, विवेकानन्द जी के अनुसार, वैश्य वर्ण की ही जीत है। वैश्य प्रभुत्व की सबसे बड़ी विशेषता यह है कि इसने आर्थिक दृष्टि से समस्त राष्ट्रों को जोड़ दिया। विश्व के किसी भी कोने में निर्मित या उत्पादित होने वाली वस्तु (माल) भारत सहित किसी भी देश के बाज़ार में पाई जा सकती है। "इस युग में सम्पत्ति व विचारों का विश्वव्यापी विसरण होता है[4]।"

स्वामी विवेकानन्द के अनुसार, **अन्त में शूद्र वर्ण का शासन स्थापित होगा।** "यद्यपि संभव है कि इसमें संस्कृति अपने निम्न स्तर पर पहुँच जाए किन्तु लाभ यह होगा कि भौतिक सुख समान रूप से, सबको वितरित होंगे। असामान्य प्रतिभाशाली व्यक्ति कम हो जाएँगे परन्तु जन-शिक्षा का व्यापक प्रसार होगा[1]। भविष्य शूद्रों का है। इन्हें कोई नहीं रोक सकता। पश्चिमी जगत् में 'समाजवाद,' 'अराजकतावाद' व 'शून्यवाद' (Nihilism) जैसे आन्दोलन इस नये परिवर्तन की संभावना के संकेतक हैं।" उन्होंने यह भविष्यवाणी भी की थी कि शूद्रों का शासन सर्वप्रथम रूस या फिर चीन में स्थापित होगा[2]।

शासकीय वर्णों में परिवर्तन के कारण

विवेकानन्द जी के अनुसार प्राकृतिक नियम के अनुसार जब समाज में नवीन व शक्तिशाली जीवन (वर्ण) जाग्रत होता है तब वह प्राचीन व पतनशील जीवन को विजित करने व उसका स्थान ग्रहण करने का प्रयत्न करता है। प्रकृति सदैव योग्यतम एवं अतिजीवी का पक्ष लेती है। सामाजिक प्रगति का एक नियम यह भी है कि जितनी आवश्यकता शक्ति के संचय या केन्द्रीकरण की होती है उतनी ही या उससे भी अधिक ज़रूरत उसके प्रसार और विसरण की होती है। पुरोहित वर्ण ने अपने विशेषाधिकारों को सुरक्षित करने के ध्येय से समस्त विद्याओं को स्वयं तक सीमित रखने का प्रयत्न किया किन्तु इस प्रक्रिया में वे स्वतः ही विद्याहीन हो गए क्योंकि आवश्यकता तो विद्या के अभ्यास व प्रसार की थी लेकिन उसे छुपाने की कोशिश में उनमें स्वार्थ व कपट आ गया जिससे ये अन्ततः पुरुषार्थहीन हो गए और उनका पतन हो गया। इसी प्रकार क्षत्रिय वर्ण ने समस्त सांसारिक शक्तियों, को स्वयं में केन्द्रित करने का प्रयास किया। यही ग़लती वैश्य वर्ण भी करेगा। वह सम्पूर्ण सम्पत्ति को अपने तक सीमित रखने का प्रयत्न करेगा।

स्वामी विवेकानन्द के अनुसार, "जिस प्रकार हृदय में रक्त के एकत्रित होने के साथ-साथ शरीर के समस्त अंगों में उसका संचार होना भी आवश्यक है अन्यथा जीव की मृत्यु हो जाती है, उसी प्रकार ज्ञान, सुख व सम्पत्ति का भी समाज में उचित वितरण होना चाहिए। जो वर्ण इस नियम की अवहेलना करता है वह अपने ही हाथों अपने कुलीन तन्त्र की कब्र खोदता है[1]।" यहाँ इस बात का ध्यान रखना ज़रूरी है कि स्वामी विवेकानन्द ने इस तथ्य को स्पष्ट नहीं किया है कि शूद्र वर्ण के शासन के पतन के उपरान्त ब्राह्मण अर्थात् पुरोहित वर्ण का प्रभुत्व पुन: स्थापित होगा अथवा नहीं?

ब्राह्मण, क्षत्रिय, वैश्य व शूद्र-इन चार वर्णों की अन्तर्निहित प्रवृत्तियों के आधार पर चार महान् राष्ट्रीय कार्य भी सम्पादित होते हैं-हिन्दुओं द्वारा धार्मिक या पुरोहितीय, रोमन साम्राज्य द्वारा सैनिक, वर्तमान इंग्लैण्ड द्वारा व्यावसायिक और भविष्य में अमेरिका के द्वारा लोकतान्त्रिक। उन्होंने इस बात की भी घोषणा की कि अमेरिका शूद्रों की समस्या जो वस्तुतः स्वतन्त्रता एवं सहयोग की समस्या है-का समाधान ढूँढ़ लेगा[2]। वैसे शूद्र शक्ति के उदय के संबंध में उनकी भविष्यवाणी यह थी कि इसकी शुरुआत रूस या चीन से होगी। यह बात उन्होंने उस समय (1896 ई.) में कही थी जब चीन मंचू राजवंश के निरंकुश शासन और रूस ज़ार के सर्वाधिकारी नियन्त्रण के अधीन था लेकिन आगामी पचास वर्षों में दोनों ही देशों में मज़दूर क्रान्ति हो गई। जिस घटना की कल्पना कार्ल मार्क्स नहीं कर सके उसकी कितनी सटीक भविष्यवाणी विवेकानन्द जी ने कर दी[3]।

आदर्श राज्य (Ideal State)-

चारों वर्णों द्वारा नियन्त्रित राजनीतिक व्यवस्थाएँ विश्व के विभिन्न समाजों में क्रमश: स्थापित होती हैं अर्थात् ब्राह्मण, क्षत्रिय, वैश्य व शूद्र वर्ण यथाक्रम राजनीतिक नेतृत्वकर्ता की भूमिका निभाते हैं। प्रत्येक वर्ण के प्रभुत्व काल में कुछ हितकर और कुछ अहितकर बातें अन्तर्निहित होती हैं क्योंकि 'प्राण स्फूर्ति के साथ ही मृत्युबीज भी बोया जाता है। प्रकाश व अन्धकार एक साथ चलते हैं।' किन्तु स्वामी विवेकानन्द एक ऐसे राज्य की कल्पना करते हैं जिसमें शासन के चारों स्वरूपों के अन्धकारमय अर्थात् नकारात्मक पक्षों को छोड़कर उनके प्रकाशवान अर्थात् सकारात्मक पक्षों को संयुक्त कर दिया जाए। 1 नवम्बर, 1896 को मिस मेरी हेल को लिखे गए पत्र में स्वामी जी कहते हैं कि "यदि ऐसा राज्य स्थापित करना संभव हो जिसमें ब्राह्मण युग का ज्ञान, क्षत्रिय युग

की सभ्यता, वैश्य युग की प्रचार-भावना और शूद्र युग की समानता को समायोजित किया जा सके-उनकी कमियों को त्यागकर-तो वही आदर्श राज्य होगा[1]।" परन्तु वे स्वयं ही यह प्रश्न भी खड़ा करते हैं कि "क्या यह संभव है?" दुर्भाग्य से स्वामी जी आदर्श राज्य की स्थापना की संभावना पर व्यापक विचार-विमर्श नहीं करते।

भारत में ब्रिटिश शासन (British Rule in India)-

स्वामी विवेकानन्द भारत पर ब्रिटिश प्रभुत्व को एक अपूर्व घटनाक्रम के रूप में देखते हैं। अंग्रेजों से पूर्व भारत में राजनीतिक संघर्ष परम्परागत ब्राह्मण वर्ण व क्षत्रिय वर्ण के मध्य सीमित था। लेकिन ईस्ट इण्डिया कम्पनी के माध्यम से इंग्लैण्ड की सफलता ने भारत में एक नवीन शक्ति को स्थापित कर दिया। उनके शब्दों में, "भारत पर इंग्लैण्ड की विजय... ईसा मसीह या बाइबिल की विजय नहीं है, और न पठान-मुगल आदि राजाओं के विजय की तरह है[2]।" यह विजय है-वैश्य शक्ति की विजय, जिसे समझना, साधारण भारतीय के लिए, अत्यन्त कठिन है। फिर भी इस नवीन शक्ति के आगमन से भारत में नये परिवर्तनों का आना स्वाभाविक है।"

यद्यपि 19वीं शताब्दी के उत्तरार्द्ध के विचारकों व समाज सुधारकों के संदर्भ में एक बात सामान्य रूप से कही जा सकती है कि उन्होंने 1857 के प्रथम स्वतंत्रता संग्राम (जिसे अंग्रेज सैनिक विप्लव कहते हैं) के उल्लेख से स्वयं को दूर रखा। लेकिन विश्व को निर्भयता (Fearlessness) का उपदेश देने वाले स्वामी विवेकानन्द ने अपनी प्रथम लंदन यात्रा के दौरान (1896 में) एक उपदेश सभा में ऐतिहासिक तथ्यों के आधार पर अंग्रेजों द्वारा भारत व विश्व के विभिन्न क्षेत्रों में किए गए अत्याचारों व दमन की खुलकर आलोचना की[3]। उन्होंने यह भी कहा कि विदेशी शासन भारत का वास्तविक कल्याण करने में अक्षम है। फिर भी कुछ बातों के लिए वे ब्रिटिश शासन की प्रशंसा भी करते हैं। जैसे-

(a) सर्वप्रथम ब्रिटिश शासन ने भारत में एकीकृत व्यवस्था स्थापित की है। उनके शब्दों में, "सबसे बड़ा गुण तो यह है कि सम्पूर्ण भारत पर एक ऐसे शासन यन्त्र का प्रभाव है, जैसा इस देश में पाटलीपुत्र साम्राज्य (मौर्य साम्राज्य) के पतन के बाद कभी नहीं हुआ[1]।"

(b) वैश्य वर्ण में परिश्रमपूर्ण उद्योगों के प्रति स्वाभाविक लगाव होता है जिसके कारण वे अपने उत्पाद को विश्व के प्रत्येक बाज़ार में ले जाने का प्रयत्न करते हैं। भारत में अंग्रेजों के रूप में वैश्य शक्ति का ही प्रभुत्व स्थापित हुआ है जिसके प्रयत्नों

के परिणामस्वरूप न सिर्फ वैदेशिक वस्तुएँ आ रही हैं अपितु साथ-साथ बाहरी दुनिया के विचार व चिन्तन भी भारत की अस्थिमज्जा में बलपूर्वक समाहित हो रहे हैं[2]। इससे हमारे देश का अन्य देशों के साथ लम्बे समय से चला आ रहा अलगाव समाप्त हो रहा है। अलगाव भारत के पतन का प्रमुख कारण रहा है।

(C) विदेशी राष्ट्रों के नवीन व विचित्र महसूस होने वाले आदर्शों और भारत के प्राचीन राष्ट्रीय मानकों के मध्य पारस्परिक क्रिया व प्रतिक्रिया हुई है जिससे लम्बे समय से गहरी निद्रा में डूबा हुआ देश जाग रहा है[3]। स्वामी विवेकानन्द कहते हैं कि संभव है इसमें कुछ ग़लतियाँ भी हो जाएँ और फलतः हमें हानि भी उठानी पड़े, फिर भी चिन्ता की कोई बात नहीं है। आधुनिक भारत में कुछ सीमा तक स्वतन्त्र चिन्तन का आगमन हो रहा है। वैसे भी इंसान अपनी भूलों से ही सीखता है, वृक्षों व पत्थरों से गलती नहीं होती लेकिन वे कुछ सीखते भी नहीं हैं। भारतीयों को श्रेष्ठ विदेशी विचारों को सीखने का प्रयत्न करना चाहिए। यह अवसर ब्रिटिश प्रभुत्व ने उपलब्ध कराया है।

(d) "वर्तमान शासन (ब्रिटिश शासन) में प्रत्येक व्यक्ति को अपनी आजीविका के लिए कुछ भी करने की छूट है। इसके परिणामस्वरूप समाज में प्रतियोगिता बढ़ी है और हज़ारों व्यक्ति समृद्धि के उच्चतम स्तर को प्राप्त कर रहे हैं[4]।"

(e) ब्रिटिश शासन जाति को आधार बनाकर शासन नहीं करता है। निम्न जातियों के विकास के दृष्टिकोण से दण्ड व पुरस्कार देने की यह व्यवस्था अच्छी है।

लेकिन इस शासन के दुष्परिणाम भी हैं। जैसे–

(a) ब्रिटिश शासन ने जिस अंग्रेजी शिक्षा को बढ़ावा दिया है उससे व्यक्तियों–विशेषतः उच्च शिक्षा प्राप्त व्यक्तियों में अपने धर्म व संस्कृति के प्रति उपेक्षा व पाश्चात्य मूल्यों के प्रति अन्धानुकरण की प्रवृत्ति ने जन्म ले लिया है।

(b) भारत की आत्मा धर्म है और आध्यात्मिकता इसका आधार। किन्तु विदेशी शासन भौतिकवाद को प्रोत्साहित करता है।

(c) जो भारत कभी अन्न का भण्डार था, अंग्रेजों के शासन में वही भारत अन्न के लिए करुण पुकार कर रहा है।

(d) सम्पूर्ण देश का नैतिक पतन हो चुका है। "शूद्रों की बात तो अलग है, भारत का ब्राह्मणत्व अभी गोरे अध्यापकों में है, और उसका क्षत्रियत्व चक्रवर्ती अंग्रेजों

में। उनका वैश्यत्व भी अंग्रेजों की नस-नस में है[1]। अब कर्म का अर्थ है-दूसरों की दासता, सभ्यता का अर्थ है-विदेशियों की नकल। सारा देश ही शूद्रत्व से भर चुका है।''

विवेकानन्द जी इस दासता से भारतीयों को मुक्त करना चाहते हैं। वे प्रत्येक व्यक्ति में आत्मगौरव, साहस व निर्भयता की ऐसी ज्वाला उत्पन्न करना चाहते हैं जिसमें सभी प्रकार की पराधीनताएँ जल कर राख हो जाएँ। उनका मानना है कि इतिहास प्रतिशोध लेता है। उनके शब्दों में, ''मनुष्य को ईश्वर के प्रतिशोध में भले ही विश्वास न हो सके, किन्तु वह इतिहास के प्रतिशोध को कदापि अस्वीकार नहीं कर सकता। यही अंग्रेजों के ऊपर भी गुज़रेगा। वे हमारी गर्दन पर सवार हैं, उन्होंने अपने सुख-भोगों के लिए हमारे रक्त की अन्तिम बूँद भी निचोड़ लिया है। हमारी करोड़ों की सम्पत्ति का अपहरण कर ले गए हैं जबकि गाँव और प्रान्त के प्रान्त भूखों मर रहे थे[2]।'' स्वामी विवेकानन्द का मानना है कि यह प्रतिशोध चीन द्वारा लिया जाएगा।

लोकशक्ति एवं भारत-

प्रत्येक प्राणी (मनुष्य और जीव) के सर्वकल्याण की कामना करने वाले स्वामी विवेकानन्द के चिन्तन में लोकतान्त्रिक मूल्यों का होना नितान्त स्वाभाविक है। अमेरिका व ब्रिटेन की लोकतान्त्रिक मान्यताओं ने उन्हें और अधिक जनवादी बनने में सहायता की।

उनका कहना है कि जनता ही शासन शक्ति का वास्तविक स्रोत होती है। उनके शब्दों में, ''समाज का नेतृत्व चाहे शिक्षा पर एकाधिकार रखने वाले व्यक्तियों के हाथों में हो, अथवा सम्पत्ति या शस्त्र-बल से नेतृत्व हासिल किया गया हो, सदैव जनता ही उस शक्ति का आधार होती है[1]।'' चूँकि शासक वर्ग (पुरोहित या क्षत्रिय या वैश्य वर्ण) शासन संचालन की शक्ति का प्रयोग उस सामान्य जनता पर करता है जो समस्त शक्तियों की स्रोत या कुण्ड (Reservoir) है, अतः समाज के नेतृत्वकर्ताओं को चाहिए कि वे जनता के अधिक से अधिक निकट रहें क्योंकि इससे उनकी शक्ति को स्थायित्व मिलता है। इसके विपरीत ''सत्ताधारी वर्ग स्वयं को इस स्रोत (जनता) से जितना अधिक पृथक रखेगा, निश्चित रूप से वह उतना ही अधिक निर्बल होगा[2]।'' लेकिन, स्वामी विवेकानन्द के अनुसार भाग्य की ऐसी विडम्बना है, माया (Maya) का ऐसा अद्‌भुत खेल है कि जिनसे प्रत्यक्ष या अप्रत्यक्ष अथवा उचित या अनुचित तरीके-धोखा, युक्ति, शक्ति या स्वैच्छिक प्रतिदान से (By deceit, Stratagem,

Force or Voluntary gift)–शक्ति प्राप्त की जाती है, शासक वर्ग उनका ही ध्यान रखना बन्द कर देते हैं[3]।" यद्यपि यह भी सत्य है कि जनसाधारण से शासक वर्ग का यह अलगाव ही अन्ततः शासक वर्ग के विनाश का बीज तत्व प्रमाणित होता है।

फिर भी जहाँ तक भारत का प्रश्न है "प्रजा को कर-संग्रह या शासन कार्यों में अपना अभिमत प्रकट करने का अधिकार न तो हिन्दू राजाओं के समय में था और न बौद्ध शासकों के काल में।" मुस्लिम शासकों में यदि अकबर को अपवाद स्वरूप मान लिया जाए तो जनता के हितों व इच्छा को महत्व देने वाले राजाओं की संख्या अत्यन्त सीमित है[4]। स्वामी विवेकानन्द के शब्दों में, "राजकार्य में प्रजा की अनुमति लेने की पद्धति–जो आजकल के पाश्चात्य जगत् का मूलमंत्र है और जिसकी अन्तिम वाणी अमेरिका के घोषणापत्र में तीव्र रूप से इन शब्दों में सुनाई गई थी कि 'इस देश में प्रजा का शासन, प्रजा द्वारा और प्रजा के हित के लिए होगा'–भारत में नहीं थी, ऐसी बात नहीं है।... परन्तु वह बीज जहाँ बोया गया था वहाँ अंकुरित नहीं हुआ। यह भावना ग्राम पंचायत को छोड़कर सामाजिक स्तर तक पहुँच ही नहीं सकी[5]।"

इसका सबसे प्रधान कारण यह है कि अत्याचारी राजाओं ने जनता का दमन किया और लोकहितकारी शासकों ने जनता की प्रत्येक आवश्यकता की पूर्ति का उत्तरदायित्व पूरा करने का प्रयास किया। फलतः प्रत्येक बात के लिए भारतीय प्रजा को राजा की तरफ देखना होता था जिससे वह कमजोर व निकम्मी हो गई। स्वामी विवेकानन्द एक रूपक की सहायता से इसके परिणाम को प्रकट करते हुए कहते हैं कि "जिस प्रकार सदैव बच्चों की भाँति पालन होने से शक्तिशाली युवक भी लम्बे कद वाले बच्चे ही बने रहते हैं, वैसे ही 'देवतुल्य शासक द्वारा यत्नपूर्वक पालना' की गई प्रजा भी कभी 'स्व-शासन' नहीं सीखती[1]।" भारत में यही हुआ है किन्तु आने वाला युग आम आदमी (शूद्रों/मज़दूरों) का होगा।

स्वतन्त्रता व समानता (Liberty and Equality)–

स्वामी विवेकानन्द के सम्पूर्ण चिन्तन में स्वतन्त्रता एवं समानता का विचार केन्द्रीय तत्व की भूमिका निभाता है जिसके चतुर्दिक उनके अन्य विचार परिभ्रमण करते हैं। उन्होंने भारतीय धर्म दर्शन के साथ-साथ काण्ट, स्पेन्सर और जे.एस. मिल के विचारों का भी गहन अध्ययन किया था जिसका प्रभाव उनके स्वतन्त्रता की अवधारणा पर देखा जा सकता है।

स्वामी विवेकानन्द का कहना है कि "स्वतन्त्रता ही विकास की एकमात्र शर्त है[2]।" इसको समाप्त करने का परिणाम होगा–अध:पतन। स्वतन्त्रता व्यक्ति की आत्मानुभूति (Self-realization)के लिए आवश्यक है। अपने 'स्व' का साक्षात्कार करना ही 'पूर्णता' (Perfection) है। चूँकि समाज का निर्माण व्यक्तियों के सम्मिलन से ही होता है अत: जो तत्व व्यक्ति के विकास व पूर्णता में लाभदायक है, वह समाज के विकास व पूर्णता के लिए भी फलप्रद होगा। इसलिए वे प्रत्येक व्यक्ति के लिए आह्वान करते हैं कि–"स्वतन्त्र बनो। एक स्वाधीन शरीर, एक स्वाधीन मस्तिष्क और एक स्वाधीन आत्मा। यही वह वस्तु है जिसका अनुभव मैंने अपने सम्पूर्ण जीवन में किया है। अधीनता में भलाई करने की अपेक्षा मैं स्वाधीनतापूर्वक बुराई करना अधिक श्रेयस्कर समझूँगा[3]।"

स्वामी विवेकानन्द ने स्पष्ट रूप से देखा कि लम्बे समय से विविध सामाजिक व धार्मिक प्रतिबन्धों व अतार्किक मान्यताओं ने भारतीय समाज को वैचारिक दृष्टि से जड़ बना दिया है। अत: वे चाहते हैं कि समाज के निर्धनतम व निम्नतम व्यक्ति तक उन आदर्श विचारों (Noble Ideas) को पहुँचने का मार्ग प्रशस्त किया जाए जिसके बिना भारतीय जनमानस का उद्धार संभव नहीं हो सकता। कोई भी व्यक्ति, जाति या राष्ट्र केवल उस स्थिति में ही उन्नति कर सकता है जब व्यक्तियों को दो प्रकार की स्वतन्त्रताएँ प्रदान की जाएँ–

1. विचार की स्वतन्त्रता (Liberty of Thought)
2. कार्य की स्वतन्त्रता (Liberty of Action)

उनके शब्दों में, "विचार व कार्य की स्वतन्त्रता ही जीवन, विकास व खुशहाली की एकमात्र शर्त है। जहाँ इसका अस्तित्व नहीं है, वहाँ व्यक्ति, प्रजाति और राष्ट्र का आवश्यक रूप से पतन होगा[1]।"

किन्तु इस स्वतन्त्रता का तात्पर्य स्वेच्छाचारिता नहीं है। व्यक्ति की स्वतन्त्रता समाज के विरुद्ध नहीं है। "समाज के जीवन में ही व्यक्ति का जीवन है, समाज के सुख में ही व्यक्ति का सुख है, समाज के बिना व्यक्ति का अस्तित्व ही असम्भव है, यह शाश्वत सत्य इस विश्व का मूलाधार है। अनन्त समाज के साथ सतत सहानुभूति रखते हुए, उसके सुख में सुख व दु:ख में दु:ख मानते हुए धीरे-धीरे आगे बढ़ना ही व्यक्ति का एकमात्र कर्तव्य है। इसका उल्लंघन करने से उसकी मृत्यु होती है और उस महान् सत्य का पालन करने से वह अमर बनता है[2]।" व्यक्ति को अपनी

इच्छा व विवेक के अनुसार कार्य करने की स्वतन्त्रता इस शर्त पर मिली हुई है कि वह अन्य व्यक्तियों की इसी प्रकार की स्वतन्त्रता को हानि नहीं पहुँचाएगा।

इसे स्पष्ट करते हुए स्वामी विवेकानन्द कहते हैं कि ''स्वतन्त्रता का तात्पर्य यह नहीं है कि हमारे और तुम्हारे द्वारा सम्पत्ति इत्यादि के अनुचित ढंग से संग्रह करने के मार्ग में कोई अवरोध न हो...। बल्कि यह (स्वतन्त्रता) हमारा प्राकृतिक अधिकार (Natural Right) है कि–दूसरों को हानि पहुँचाए बिना–हमें अपनी इच्छानुसार अपने शरीर, बुद्धिमत्ता व सम्पत्ति के प्रयोग की अनुमति प्राप्त हो[3]।'' इस बिन्दु पर स्वामी विवेकानन्द के विचार जे.एस. मिल के विचारों के काफी निकट आ जाते हैं। मिल ने कहा है कि स्वतन्त्रता का अर्थ है–व्यक्ति का अपने शरीर, अपने मस्तिष्क व अपनी आत्मा पर सम्प्रभुता। मिल व्यक्तियों को अधिकाधिक स्वतन्त्रता प्रदान करना चाहता था। स्वामी विवेकानन्द भी कहते हैं कि समाज को भी व्यक्तियों के चिन्तन व कार्य की स्वतन्त्रता पर अनावश्यक प्रतिबन्ध नहीं लगाना चाहिए। ''कोई भी व्यक्ति या वर्ग या जाति या राष्ट्र या संस्था जो किसी व्यक्ति के विचार व कार्य की स्वाधीनता की शक्ति का निषेध करते हैं... तो ऐसा करना अत्यन्त दुष्टतापूर्ण है और इसे समाप्त होना चाहिए[1]।'' व्यक्तियों की स्वतन्त्रताओं को तभी सीमित या प्रतिबंधित किया जा सकता है जबकि उससे दूसरों के हितों को हानि पहुँचती हो।

स्वामी विवेकानन्द समान स्वतन्त्रता (Equal Liberty) की अवधारणा में विश्वास करते हैं। वे चाहते हैं कि प्रत्येक व्यक्ति को चाहे वह किसी भी जाति या सम्प्रदाय का हो प्रत्येक क्षेत्र में–सामाजिक, आर्थिक, धार्मिक व राजनीतिक–वे समस्त स्वाधीनताएँ प्राप्त होनी चाहिए जो दूसरों को मिली हुई हैं। इसी में व्यक्ति व समाज का कल्याण अन्तर्निहित है। जब व्यक्ति अपनी वैचारिक स्वतन्त्रता का उपयोग करते हुए भारत व विदेशों में मानव समाज द्वारा विकसित विभिन्न आदर्श विचारों को आत्मसात करेंगे तो वे स्वयं ही उचित–अनुचित का निर्णय लेने में समर्थ हो जाएँगे व अपनी समस्याओं का स्वयं समाधान खोज सकेंगे। इस आत्मनिर्भरता के अभाव में स्वतन्त्रता का कोई अर्थ नहीं है। इसी प्रकार आर्थिक क्षेत्र में प्रत्येक व्यक्ति को अपनी इच्छानुसार व्यवसाय चुनने की छूट मिलनी चाहिए क्योंकि इससे समाज में प्रतियोगिता बढ़ती है और जहाँ तक भारत का प्रश्न है इस आधुनिक प्रतियोगिता का सर्वाधिक महत्वपूर्ण लाभ यह है कि जाति व्यवस्था तेजी से विलुप्त होती जा रही है और प्रत्येक व्यक्ति उन्नति के उच्चतम स्तर तक पहुँचने के लिए प्रयत्न कर रहे हैं[2]। उन्होंने धार्मिक क्षेत्र

में भी प्रत्येक व्यक्ति व राष्ट्र को अपने विश्वास के अनुसार कोई भी धर्म मानने की स्वतन्त्रता का समर्थन किया लेकिन वे बलात धर्म-परिवर्तन के विरुद्ध हैं।

स्वतन्त्रता की संकल्पना के साथ समानता की अवधारणा स्वाभाविक रूप से संबद्ध है। स्वामी जी प्रत्येक व्यक्ति के साथ समान व्यवहार का समर्थन करते हैं लेकिन वे साम्यवादी चिन्तन की 'पूर्ण समानता' की मान्यता को असंभव मानते हैं। उनके शब्दों में "सच्ची समानता न तो कभी रही है और न ही इस पृथ्वी पर कभी स्थापित हो सकती है। हम सभी लोग यहाँ एक समान कैसे हो सकते हैं? इस असंभव समानता का अर्थ है-पूर्ण मृत्यु (This impossible kind of equality implies total death)।" अब प्रश्न है कि मनुष्य-मनुष्य में अन्तर क्यों है? उनका जवाब है-"यह अधिकांशत: मस्तिष्क का अन्तर है। आजकल, एक पागल व्यक्ति ही यह कह सकता है कि हम सभी समान मानसिक शक्ति के साथ जन्म लेते हैं[3]।"

अत: स्पष्ट है कि मानसिक स्तर पर प्राकृतिक असमानता के कारण निरपेक्ष समानता को स्थापित करना न तो संभव है और न ही आवश्यक। ज़रूरत इस बात की है कि प्रत्येक व्यक्ति को समान स्वतंत्रता एवं इस स्वतंत्रता के उपयोग हेतु समान अवसर (Equal Opportunity) प्रदान किया जाए ताकि प्रत्येक व्यक्ति निजी व सामाजिक उन्नति से लाभान्वित हो सके। "सबको समान अवसर दो और फिर इस बात की चिन्ता मत करो कि सामाजिक-राजनीतिक तथा आर्थिक व्यवस्थाएँ क्या स्वरूप ग्रहण करती हैं क्योंकि संस्थाएँ व्यक्ति के लिए हैं, व्यक्ति संस्थाओं के लिए नहीं है[1]।"

लेकिन इसकी व्यावहारिक उपलब्धि के लिए कुछ बातों का होना अनिवार्य है। जैसे-

1. सामाजिक विशेषाधिकारों का अन्त,
2. स्त्री-पुरुष समानता,
3. सबको शिक्षा, और
4. दरिद्रता का उन्मूलन।

प्राचीन वर्ण-व्यवस्था में एक सीमा तक समान स्वतंत्रता विद्यमान थी क्योंकि गुण पर आधारित वर्ण-व्यवस्था में प्रत्येक व्यक्ति अपनी योग्यतानुसार किसी भी वर्ण का सदस्य हो सकता था लेकिन जन्म-आधारित जाति-व्यवस्था में प्रारम्भिक सामाजिक गतिशीलता का अन्त हो गया। आज भारत में जन्म लेने वाला व्यक्ति समाज के दास के रूप में जन्म लेता है। विशेष रूप से शूद्रों की श्रेणी में आने वाली जातियों के

लिए न तो अवसर की समानता है और न ही स्वतंत्रता। फिर भी "इसका समाधान यह नहीं हैं कि उच्च स्तर के व्यक्तियों को निम्न स्तर पर लाया जाए अपितु आवश्यकता इस बात की है कि निम्न स्तर के व्यक्तियों को उच्च स्तर तक उठाया जाए[2]।" विवेकानन्द के अनुसार धर्म, शिक्षा व संस्कृति से अवगत होने के बाद निम्न जातियाँ भी उच्च स्तर तक पहुँच जाएगीं। आवश्यक होने पर निम्न स्तर के व्यक्तियों को विशेष सहायता प्रदान की जा सकती है। यद्यपि मूल सिद्धान्त 'अवसर की समानता' ही है, किन्तु "जिन लोगों को प्रकृति ने तीक्ष्ण विवेकशक्ति प्रदान नहीं किया है उन्हें अधिक सहायता की ज़रूरत होती है। दूसरे शब्दों में, एक ब्राह्मण की तुलना में एक 'चाण्डाल' को शिक्षा की अधिक आवश्यकता है। यदि एक ब्राह्मण-पुत्र को एक शिक्षक चाहिए तो एक चाण्डाल-पुत्र को दस अध्यापक चाहिए[2]।"

किन्तु इन सकारात्मक परिस्थितियों (समान स्वतंत्रता व समान अवसर) के उपयोग का अन्तिम उद्देश्य है-आध्यात्मिक स्वतंत्रता की अनुभूति। यह वह स्थिति है जब व्यक्ति अपने ईश्वरीय स्वरूप को पहचान कर सम्पूर्ण आसक्तियों से मुक्त हो जाता है। इस स्थिति में व्यक्ति प्राणिमात्र को शाश्वत चेतना-ब्रह्म-की अभिव्यक्ति मानते हुए स्वयं को सबके साथ एकाकार कर लेता है और निष्काम कर्म करते हुए सर्वकल्याण के लिए समर्पित हो जाता है।

व्यक्तिवाद, उपयोगितावाद एवं समाजवाद (Individualism, Utilitarianism & Socialism)-

सर्वकल्याण में आस्था रखने के कारण स्वामी विवेकानन्द व्यक्तिवादी नैतिकता के दृष्टिकोण को अस्वीकार करते हैं। वे व्यक्ति की स्वतंत्रता के समर्थक हैं लेकिन वास्तविक स्वतंत्रता, स्वयं के स्वार्थों की पूर्ति में नहीं बल्कि दूसरों के हित के लिए अपने निजी हितों के परित्याग में अन्तर्निहित होती है। नैतिकता का कहना है-'मैं नहीं, बल्कि तुम।' इसका आदर्श वाक्य है-'स्व' नहीं, बल्कि स्व-हीनता[1]। इसलिए नैतिकता के नियमों के अनुसार व्यक्तिवाद के उन निरर्थक विचारों को छोड़ना आवश्यक है जिनसे व्यक्ति उस समय चिपक जाता है जब वह अन्तहीन शक्ति अथवा अनन्त ऐन्द्रिय सुख की प्राप्ति का प्रयत्न करता है।" विवेकानन्द के अनुसार "इन्द्रियाँ कहती हैं-सर्वप्रथम मैं। नैतिकता कहती है-मुझे स्वयं को सबसे अन्त में रखना चाहिए[2]।" अतः सच्ची नैतिकता भौतिक सुखों की प्राप्ति के लिए प्रयत्नशील व्यक्ति की अवधारणा का विरोध करती है।

स्वामी विवेकानन्द उपयोगितावादी दृष्टिकोण का भी खण्डन करते हैं–विशेष रूप से बेंथम के सुखों की भौतिकवादी व्याख्या को स्वीकार करना उनके लिए असंभव है। ऐसा नहीं है कि स्वामी विवेकानन्द भौतिक सुख के अस्तित्व को ही अस्वीकार करते हैं लेकिन निश्चित रूप से व्यक्ति का अन्तिम ध्येय भौतिक या वासनात्मक सुखों तक सीमित नहीं है। व्यक्ति का अन्तिम उद्देश्य है–शाश्वत सत्ता की अनुभूति करना। इसलिए "उपयोगितावादी सिद्धान्त सिर्फ वर्तमान सामाजिक परिस्थितियों में ही कार्य कर सकते हैं, इससे परे इन सिद्धान्तों का कोई मूल्य नहीं है।" धर्म व आध्यात्मिकता से उत्पन्न नैतिकता व्यक्ति को 'अनन्त सत्ता' से सम्बद्ध करती है। इसी में व्यक्ति की सम्पूर्णता है किन्तु उपयोगितावादी चाहते हैं कि व्यक्ति भौतिक सुखों के लिए ही प्रयास करें तथा 'अनन्त शाश्वत सत्ता' की खोज का संघर्ष समाप्त कर दें[3]। उपयोगितावादियों ने यह भी कहा था कि व्यक्ति अपने स्वार्थों की अधिकतम पूर्ति करना चाहता है लेकिन उसे समाज की भलाई के लिए भी कार्य करना चाहिए। स्वामी विवेकानन्द के अनुसार सुखों की भौतिकवादी व्याख्या के बाद उपयोगितावादी नैतिकता का यह दृष्टिकोण अन्तर्विरोधी लगने लगता है क्योंकि यदि निजी हितों की पूर्ति ही प्रसन्नता है तो व्यक्ति दूसरों को सुखी क्यों देखना चाहेंगे? स्पष्ट है कि उपयोगिता के आधार पर किसी नैतिक नियम की खोज करना असंभव है। इस सिद्धान्त के आधार पर व्यक्तियों के आपसी नैतिक संबंधों की व्याख्या करना भी संभव नहीं है[1]। बेंथम का उपयोगितावाद सुखों को न सिर्फ भौतिकता के तराजू में तौलता था अपितु वह सुखों के मध्य गुणात्मक अन्तर को भी अस्वीकार करता था। स्वामी विवेकानन्द भौतिक सुखों तक सीमित जीवन को तुच्छ जीवन मानते हैं। उन्होंने गुणों के विभेद को स्वीकार करते हुए कहा कि "बहुत कम व्यक्ति उस स्वाद (Gusto) के साथ भोजन कर सकते हैं जिसके साथ एक कुत्ता या भेड़िया भोजन करता है। लेकिन कुत्ते या भेड़िये का सम्पूर्ण सुख (Pleasure) उसकी इन्द्रियों में समाप्त हो जाता है। समस्त राष्ट्रों में निम्न स्तरीय मानवता ऐन्द्रिय सुखों में ही सुख खोजती है, जबकि संस्कृतिवान एवं शिक्षित मनुष्य विचार, दर्शन, कला और विज्ञान में सुख प्राप्त करते हैं[2]।"

निश्चित रूप से व्यक्तिवाद व उपयोगितावाद की तुलना में समाजवाद की विचारधारा स्वामी विवेकानन्द को अधिक आकर्षित करती है। यहाँ इस तथ्य को ध्यान में रखना ज़रूरी है कि वे क्रांतिकारी समाजवाद, (साम्यवाद, अराजकतावाद)

के हिंसा व धर्महीनता के समर्थन से बहुत दूर हैं। वे समाजवाद के उस पहलू से आकर्षित हैं जो आम इंसान के दुःख, दरिद्रता, शोषण व पराधीनता को समाप्त करने का आह्वान करता है। उन्होंने भारत की निर्मम ग़रीबी को बहुत नज़दीक से देखा और महसूस किया कि "भारत के दरिद्र, मज़दूर व निम्न लोगों के पास कोई अवसर नहीं है, कोई बचाव नहीं है, ऊपर उठने का कोई रास्ता नहीं है। सहायताहीन, मित्रहीन, सम्पत्तिहीन इन करोड़ों लोगों की स्थिति दिन-प्रतिदिन गिरती जा रही है। वे यह भी भूल गए हैं कि वे मनुष्य हैं।" इन लोगों को धर्म व उपदेश से पहले रोटी की ज़रूरत है[3]। समाजवाद की श्रेष्ठता इस तथ्य में ही अन्तर्निहित है कि वह सबके लिए रोटी की व्यवस्था सुनिश्चित करना चाहता है। इसीलिए स्वामी विवेकानन्द समाजवाद का समर्थन करते हैं। उनके शब्दों में, "मैं समाजवादी हूँ, इसलिए नहीं कि मैं इसे पूर्ण रूप से निर्दोष व्यवस्था समझता हूँ, परन्तु इसलिए कि रोटी न मिलने से आधी रोटी ही अच्छी है। अन्य समस्त मतवाद काम में लाए जा चुके हैं और दोषयुक्त सिद्ध हुए हैं। इसकी (समाजवाद की) भी अब परीक्षा होने दो-यदि और किसी कारण से नहीं तो उसकी नवीनता के लिए ही। सर्वदा एक ही वर्ग के व्यक्तियों को सुख या दुःख मिलने की अपेक्षा सुख व दुःख का बँटवारा करना अच्छा है। शुभ व अशुभ की समष्टि संसार में समान ही रहती है। नये मतवादों से वह भार कंधे से कंधा बदल लेगा, और कुछ नहीं। इस दुःखी संसार में सबको सुख भोगने का अवसर दो, जिससे इस तथाकथित सुख के अनुभव के पश्चात् वे संसार, शासन-विधि और अन्य झंझटों (समस्याओं) को छोड़कर प्रभु के पास आ सकें[1]।"

स्वामी विवेकानन्द मानते हैं कि जिन लोगों के श्रम से भारत ही नहीं अपितु विदेशियों का भी उपकार हुआ है उन्हीं ग़रीब किन्तु निःस्वार्थ व कर्तव्यपरायण समूह के हितों की चिन्ता आज किसी को नहीं है। हिन्दुओं, मुसलमानों व ईसाइयों ने उन्हें समान रूप से कुचला है। वे, जो लोग किसान हैं, जुलाहे हैं जो भारत के नगण्य मनुष्य हैं, विदेशी जातियों द्वारा पराजित, स्वजाति द्वारा निन्दित छोटी-छोटी जातियाँ हैं, वही लगातार चुपचाप कार्य करती जा रही हैं और अपने परिश्रम का फल भी नहीं प्राप्त कर पा रही हैं। "... हे भारत के श्रमजीवियों! तुम्हारे शान्त और सदैव ही निन्दित परिश्रम से ईरान, अलेकजेण्ड्रिया, यूनान, रोम, वेनिस, बगदाद... फ्रांसीसी, डच, और अंग्रेजों का क्रमशः आधिपत्य हुआ और उनको ऐश्वर्य मिला। और तुम? कौन सोचता है इस बात को...। भारत के हमेशा से पैरों तले कुचले हुए श्रमजीवियों!

तुम लोगों को मैं प्रणाम करता हूँ।'' किन्तु कार्ल मार्क्स के समान विवेकानन्द को भी विश्वास है कि समस्त शोषण के बावजूद श्रमजीवी वर्ग का भाग्योदय होगा। परिवर्तन के प्राकृतिक नियम के अनुसार देश, सभ्यता और सत्ता उलटते-पलटते रहे हैं। वर्तमान स्थिति भी बदलेगी और भविष्य में मज़दूर व श्रमजीवी शासन सत्ता का संचालन करेंगे।

राष्ट्रवाद (Nationalism)-

स्वामी विवेकानन्द का धर्म-दर्शन तथा समाज-दर्शन राष्ट्रवादी प्रवृत्तियों से परिपूर्ण है। राष्ट्रवाद का अर्थ है-''मूल्यों के पद सोपान में अपने राष्ट्र को सर्वोच्च स्थान प्रदान करना।'' इस परिभाषा के दृष्टिकोण से स्वामी विवेकानन्द महानतम राष्ट्रवादी सिद्ध होते हैं क्योंकि भारत का पुनर्जीवन (Regeneration of India) ही उनके समस्त कर्म व चिन्तन का केन्द्रीय तत्व है। यद्यपि उन्होंने स्पष्ट रूप से कभी भी ब्रिटिश आधिपत्य के विरुद्ध क्रान्ति का आह्वान नहीं किया तथापि वे भारत की दासता से पीड़ित थे। वे अक्सर 1857 के विद्रोह की भी चर्चा करते थे। उनकी आदर्श वीरांगना भारतीय विद्रोह की वह रानी (लक्ष्मीबाई) थी जिसने अपनी सेना का स्वयं संचालन किया था।... जब कभी वे रानी का उल्लेख करते थे तो रोने लगते थे और उनके मुख पर आँसुओं की धारा प्रवाहित होने लगती थी। वे कहते थे कि ''वह स्त्री एक देवी थी। जब वह पराजित हो गई तो अपने ही तलवार के घाट उतर गई और एक पुरुष की भाँति मरी[1]।'' सितम्बर, 1893 में शिकागो जाने के क्रम में वे अगस्त के अन्तिम सप्ताह में प्रो. जान हेनरी राइट के परिवार के साथ रुके थे और एनिसक्वाम (मेसाचुसेट्स) में कुछ सार्वजनिक व्याख्यान भी दिए थे। इन व्याख्यानों व निजी बातचीत को श्रीमती राइट ने एक निबंध का स्वरूप प्रदान किया था। इसमें एक स्थल पर वे लिखती हैं कि 1857 के भारतीय विद्रोह के संदर्भ में उन्होंने (स्वामी विवेकानन्द) बताया कि बहुत से विद्रोही अपने को छिपाने के लिए साधु बन गए थे, और इसीलिए यह धारणा फैल गई थी कि जो भी साधु हो वह उग्र विचारों वाला होगा। इसलिए अंग्रेजों ने साधुओं को भी प्रताड़ित किया। लेकिन वे इस सन्यासी के साथ ऐसा करने का साहस नहीं कर पाएँगे। क्योंकि यह उनके ताबूत की आखिरी कील होगी।... ''और मेरी मृत्यु इस भूमि पर एक भीषण आग की तरह फैल जाएगी[2]।'' ऐसे विवरण अपवाद स्वरूप ही हैं, लेकिन अपने भारत राष्ट्र के प्रति उनके अप्रतिम प्रेम को प्रमाणित करने के लिए पर्याप्त हैं।

सामान्यतः स्वामी विवेकानन्द के राष्ट्रवादी विचार, धर्म व अध्यात्म के आवरण में प्रस्तुत किए गए हैं। यह उनकी मूल प्रवृत्ति एवं तत्कालीन राजनीतिक परिस्थितियों के सर्वदा अनुकूल था क्योंकि 1857 के बाद अंग्रेज अत्यन्त शंकालु और कठोर हो गए थे। ऐसी स्थिति में अंग्रेजों का खुला विरोध करना उपयुक्त नहीं था। विदेशी सत्ता के प्रत्यक्ष विरोध से पूर्व भारतीय जनता को मानसिक रूप से सशक्त करना तथा उनमें आत्मविश्वास उत्पन्न करना ज़रूरी थी। स्वामी विवेकानन्द ने यही किया। विवेकानन्द का राष्ट्रवाद उनके निम्नलिखित विचारों में भी झलकता है–

एक राष्ट्रवादी अपने राष्ट्र की शक्ति क्षेत्र व प्रभाव का विस्तार करना चाहता है। स्वामी विवेकानन्द भी कहते हैं–"विस्तार, जीवन का लक्षण है, हमें बाहर जाना होगा, विस्तार करना होगा, अपने जीवन को प्रदर्शित करना होगा अथवा नीचे गिरना होगा, सड़ना होगा और मर जाना होगा। भारत को विश्व विजय करना होगा...। यही हमारी शाश्वत विदेश नीति होनी चाहिए...।[1]" लेकिन यह विस्तार आर्थिक या राजनीतिक नहीं बल्कि आध्यात्मिक होगा। "सम्पूर्ण विश्व भारत के विशाल आध्यात्मिक कोष की प्रतीक्षा कर रहा है...। हमें दुनिया के विभिन्न राष्ट्रों को अपने 'शास्त्रों' (Scripture) के सत्य का उपदेश देना है।[2]" भारत पश्चिम को अपनी आध्यात्मिक शक्ति से पराभूत करेगा, धर्म की विजय करेगा।

स्वामी विवेकानन्द चाहते हैं कि भारत अपनी वास्तविक शक्ति को पहचाने। उसे दूसरे देशों के आदर्श को नहीं अपनाना है क्योंकि "... प्रत्येक राष्ट्र का अपना-अपना आदर्श होता है जो उसकी रीढ़ की हड्डी (Backbone) का काम करता है। किसी की रीढ़ की हड्डी, राजनीति होती है, किसी की सामाजिक संस्कृति, किसी की बौद्धिक संस्कृति इत्यादि। किन्तु हमारी भारत माता (Mother India) का आधार, उसकी रीढ़ की हड्डी केवल धर्म है। भारतीय जीवन शैली की यही धुन है, यही उसकी नींव है। उसकी अस्मिता का एकमात्र कारण है–मानव जाति का अध्यात्मवाद। अपने इस जीवन मार्ग से वह कभी विचलित नहीं हुआ है, शासन चाहे तारतारो का रहा, चाहे तुर्कों का, चाहे अंग्रेजों का।" इस प्रकार स्वामी जी मानते हैं कि धर्म ही भारत की आत्मा है। "दस हज़ार वर्षों से धर्म ही भारत के राष्ट्रीय जीवन का मूलाधार रहा है। यदि हम अब किसी नये चरित्र को निर्मित करने का प्रयत्न करते हैं तो निश्चित रूप से भारत का अन्त हो जाएगा[3]।" किन्तु यदि हिन्दू जाति अपने पूर्वजों की इस अमूल्य धरोहर को नहीं भूलती है तो विश्व की कोई

शक्ति ऐसी नहीं है जो इसे नष्ट कर सके। जहाँ तक पश्चिमी जगत् का प्रश्न है उसे भारत के अध्यात्म व दर्शन के चरण में बैठना ही होगा।

इसी आधार पर मानवेन्द्र नाथ राय विवेकानन्द की आलोचना करते हैं क्योंकि एक मार्क्सवादी के रूप में एम.एन. राय किसी भी प्रकार के साम्राज्यवाद के विरोधी हैं। फिर भी उनकी आलोचना से विवेकानन्द के चिन्तन का राष्ट्रवादी तत्व प्रमाणित ही होता है। राय के शब्दों में, "विवेकानन्द का राष्ट्रवाद आध्यात्मिक साम्राज्यवाद था। उन्होंने तरुण भारत को प्रेरित किया कि वह भारत के आध्यात्मिक उद्देश्य में विश्वास रखे। उनके दर्शन के आधार पर आगे चलकर उन तरुण बुद्धिजीवियों के परम्परानिष्ठ राष्ट्रवाद का निर्माण हुआ जो अपने वर्गों से संबंध-विच्छेद कर चुके थे और जिन्होंने अपने को गुप्त समुदायों के रूप में संगठित किया तथा ब्रिटिश शासन को उखाड़ फेंकने के लिए हिंसा व आतंक का समर्थन किया। आध्यात्मिक श्रेष्ठता के द्वारा विश्व को विजय करने के इस रोमांसपूर्ण स्वप्न ने उन तरुण बुद्धिजीवियों में भी नई चेतना जाग्रत कर दी जिनकी दयनीय आर्थिक स्थिति ने उन्हें व्याकुल कर रखा था[1]।"

मैकियावली से लेकर मैज़िनी तक अधिकांश राष्ट्रवादियों ने जनता में आत्मगौरव की भावना उत्पन्न करने के लिए अतीत के गौरवपूर्ण इतिहास का गुणगान किया गया। दयानन्द सरस्वती ने भी 'वेदों की तरफ लौटो' के नारे के माध्यम से यही प्रयत्न किया था। स्वामी विवेकानन्द का राष्ट्रवाद भी पुनरुत्थानवादी है क्योंकि यह भी अतीत के गौरव को अपना आधार बनाता है। ज्ञान-विज्ञान, कला-साहित्य, धर्म-दर्शन तथा खेल के संदर्भ में भारत विश्व में अग्रणी रहा है। उनके शब्दों में, जब मैं अपने इतिहास पर दृष्टिपात करता हूँ, तब मुझे प्रतीत होता है कि विश्व में ऐसा कोई दूसरा देश नहीं है जिसका मानव मन के उत्थान में इतना योगदान रहा हो। उनके लिए भारत ज़मीन का एक टुकड़ा नहीं बल्कि 'पुण्य-भूमि' है। उन्होंने अभिमान के साथ घोषित किया कि "यही वह पुरातन भूमि है जहाँ ज्ञान ने, अन्य देशों में जाने से पूर्व, अपना आवास बनाया था...। यही वह भारत है जिसकी धरती महानतम संतों (Sages) के चरण से पवित्र हो चुकी है। यही वह भूमि है जहाँ, उच्च लहरों के समान, आध्यात्मिकता व दर्शन की लहरें बार-बार उमड़ीं और समस्त जगत् पर छा गईं[2]।" क्या इस पुण्य भूमि का पतन हो जाएगा? विवेकानन्द कहते हैं कि–नहीं, क्योंकि "इसके पतन का तात्पर्य होगा–सम्पूर्ण आध्यात्मिकता का विलोपन, सम्पूर्ण

नैतिक पूर्णता का अन्त, सम्पूर्ण आदर्शों का समापन[3]।'' इसलिए उन्होंने इस बात पर बल दिया कि ''हिन्दू जितना अधिक अपने अतीत का अध्ययन करेंगे उनका भविष्य उतना ही गौरवपूर्ण होगा[4]।'' जिस राष्ट्र का अपना कोई इतिहास नहीं है, वह अत्यन्त ही हीन व नगण्य बना रहता है, जबकि राष्ट्र का गौरवमय अतीत राष्ट्र को नियन्त्रण में रखता है और उसका अध:पतन नहीं होने देता।

स्वामी विवेकानन्द भारत के पुनरुत्थान के प्रति आशावान हैं। उन्होंने कहा कि ''मैं भविष्यद्रष्टा नहीं हूँ... लेकिन एक दृश्य मेरे समक्ष पूरी तरह स्पष्ट है कि हमारी प्राचीनतम मातृभूमि एक बार पुन: जाग रही है। वह नव यौवन प्राप्त करके पहले से कहीं अधिक भव्य दीप्ति के साथ अपने सिंहासन पर विराजमान है[1]।'' किन्तु भारत को पुन: जाग्रत करने तथा उसके महान भविष्य के निर्माण हेतु कुछ बातों को व्यावहारिक रूप प्रदान करना ज़रूरी है–

सर्वप्रथम, हमें इस तथ्य की तरफ ध्यान देना होगा कि हमारे राष्ट्रीय जीवन की सबसे बड़ी दुर्बलता यह है कि हमने गरीब जनता के सुख-दु:ख से स्वयं को अलग कर लिया है। इस स्थिति को बदलना होगा। उन्होंने आगाह किया कि ''व्यावहारिक देशभक्ति (Practical Patriotism) का तात्पर्य मातृभूमि के प्रति भावात्मक या संवेदनात्मक प्रेम मात्र नहीं है, बल्कि अपने साथी देशवासियों की सेवा करने की उत्कट लालसा है।[2]''

द्वितीय, परस्पर प्रेम व एकता को बढ़ावा देना। भारत की समस्या यह है कि यहाँ तीन व्यक्ति पाँच मिनट भी एकमत नहीं रह पाते हैं। भारत का उद्धार तभी होगा जब उस विनाशकारी ईर्ष्या का त्याग किया जाए जो भारतीयों को एक साथ मिलकर कार्य नहीं करने देती। इससे कोई भी राष्ट्र दासता का शिकार हो जाता है[3]।

तृतीय, आवश्यकता है आत्मविश्वास की। ''विश्व का इतिहास उन थोड़े से व्यक्तियों का इतिहास है जिन्हें स्वयं में विश्वास था।'' ''जैसे ही व्यक्ति अपना आत्मविश्वास खो देता है, मृत्यु का आगमन हो जाता है। सबसे पहले अपने आप में विश्वास करो, फिर ईश्वर में। तुम कुछ भी कर सकते हो। एक व्यक्ति में सम्पूर्ण ब्रह्माण्ड निहित होता है[4]। विश्वास ही शक्ति को और शक्ति ही मुक्ति को जन्म देती है।''

चतुर्थ, प्रत्येक व्यक्ति को शक्ति सम्पन्न बनाना होगा। ''आज भारत को जिन वस्तुओं की आवश्यकता है, वे हैं–लोहे की माँसपेशियाँ, इस्पात की तन्त्रिकाएँ प्रकाण्ड

संकल्प, जिसका कोई प्रतिरोध न कर सके।'' ''शक्ति ही जीवन है, कायरता ही मृत्यु है।'' किसी से भयभीत होने की ज़रूरत नहीं है, कोई तुम्हारा दमन नहीं कर सकता। तुम तारों को परमाणुओं में खण्डित कर सकते हो, तुम ब्रह्माण्ड को हिला सकते हो[5]। जो अपनी शक्ति में विश्वास नहीं करता, वही नास्तिक है।

अन्ततः वे भारत के पुनरुत्थान के लिए समस्त भारतीयों व उनकी शक्तियों को एकताबद्ध करना चाहते हैं। उन्होंने सम्पूर्ण भारतीयों को गर्व के साथ घोषित करने को कहा कि ''मैं भारतवासी हूँ, प्रत्येक भारतवासी मेरा भाई है। अज्ञानी भारतवासी, दरिद्र व पीड़ित भारतवासी, ब्राह्मण भारतवासी, चाण्डाल भारतवासी सभी मेरे भाई हैं।... भारत का समाज मेरे बचपन का झूला, मेरे यौवन की फुलवारी और वृद्धावस्था की काशी (वाराणसी) है।''

स्वयं स्वामी विवेकानन्द के हृदय में अपने राष्ट्र के प्रति कितना लगाव था यह उस कथन से प्रमाणित होता है जो उन्होंने दिसम्बर, 1896 को लंदन छोड़ते वक्त कहा था। उनके ही शब्दों में, ''पाश्चात्य-भूमि में आने से पूर्व मैं भारत से सिर्फ़ प्यार करता था, इस समय भारत का धूलिकण तक मेरे लिए पवित्र है, भारत की वायु अब मेरी दृष्टि में पवित्रता की प्रतिमूर्ति है–भारत इस समय मेरे लिए तीर्थ जैसा है[1]।'' उन्होंने भारत-भूमि को 'पुण्य-भूमि' ही नहीं कहा अपितु उसे भारत माता की संज्ञा प्रदान की। वे चाहते हैं कि सब कुछ भूलकर सभी व्यक्ति देश के पुनरुत्थान के प्रति समर्पित हो जाएँ। उनके अनुसार, ''आगामी पचास वर्षों तक हमारी महान् 'भारत माता' ही हमारी प्रधान राग (Keynote) हो। अन्य समस्त व्यर्थ के देवताओं को अपने मस्तिष्क से अदृश्य हो जाने दो हमारा भारत, हमारा राष्ट्र केवल यही एक देवता है जो जाग रहा है... जो सबमें व्याप्त है।... सर्वप्रथम 'विराट' (Virat) की पूजा करो, उस विराट की जो हमारे चारों तरफ है–सभी मनुष्यों एवं जीवों की पूजा[2]...।'' इन शब्दों में अपार राष्ट्र भक्ति, अनन्त देश-भक्ति को स्पष्टतः अनुभव किया जा सकता है।

स्वामी विवेकानन्द के संन्यास ग्रहण से पूर्व ही भारतीय राष्ट्रीय कांग्रेस (1885) का गठन हो चुका था परन्तु उन्हें इस संगठन में बहुत अधिक आस्था अथवा इससे बहुत अधिक आशा नहीं थी। इस संदर्भ में जब अश्वनी कुमार दत्त[3] ने प्रश्न किया तो स्वामी जी ने प्रति प्रश्न करते हुए उत्तर दिया, ''क्या तुम बता सकते हो कि कांग्रेस जनसाधारण के लिए क्या कर रही है?'' संक्षेप में, स्वामी विवेकानन्द मानते

थे कि "कुंछ प्रस्तावों को पारित करने मात्र से स्वाधीनता नहीं मिल सकती।" सबसे पहले जनसाधारण को जाग्रत करना होगा। उन्हें भरपेट भोजन देना होगा फिर वे अपनी मुक्ति का रास्ता तलाश कर लेंगे। फिर भी "सब कुछ नहीं के स्थान पर कुछ होना बेहतर है", कांग्रेस भारतीय राष्ट्र की निद्रा को तोड़ने के लिए उसे जगाने के लिए यदि धक्का दे रही है तो यह प्रशंसनीय है[1]।"

स्वामी विवेकानन्द ने भारतीय राष्ट्रीय कांग्रेस का उत्साहपूर्ण समर्थन भले ही नहीं किया किन्तु 'अभय', 'विश्वास', 'शक्ति' व 'मुक्ति' के संदेश से बंगाल ही नहीं अपितु सम्पूर्ण भारत में प्रारम्भिक राष्ट्रीय चेतना के प्रधान प्रेरक स्रोत बन गए। कालान्तर में विपिन चन्द्र पाल, श्री अरविन्द घोष व लोकमान्य तिलक ने अपने चिन्तन में विवेकानन्द के राष्ट्रवादी विचारों को समाहित किया।

अन्तर्राष्ट्रीयतावाद (Internationalism)–

नि:संदेह स्वामी विवेकानन्द की आत्मा में भारत वैसे ही है जैसे भारत की आत्मा में धर्म। लेकिन उनके राष्ट्रवादी विचारों के बावजूद उन्हें संकीर्ण राष्ट्रवाद की सीमाओं में रखना एक ग़लत निष्कर्ष होगा। प्राणी मात्र में शाश्वत दैवीय चेतना की अनुभूति करने वाले उत्कट मानवतावादी स्वामी विवेकानन्द सच्चे अर्थों में एक अन्तर्राष्ट्रीयतावादी हैं। वे भाषा, संस्कृति, प्रजाति, धर्म और इसी प्रकार राष्ट्र की भावना से भी ऊपर हैं। उन्होंने स्वयं कहा है कि "मैं अपने जीवन का 'मिशन' (लक्ष्य) जानता हूँ, मेरे बारे में उग्र राष्ट्रवाद (Chauvinism) नहीं, मैं जितना भारत से संबंधित हूँ, उतना ही विश्व से। क्या तुम्हारा मतलब यह है कि मैं उन जाति-पीड़ित, असत्यधर्मी, दयाहीन, पाखण्डी (Hypocritical) और नास्तिक कायरों में से, एक की तरह जीने व मरने के लिए जन्म लिया हूँ जिन्हें तुम केवल पढ़े-लिखे हिन्दुओं में पाते हो? नहीं। 'मुझे कायरता से घृणा है[2]।' दूसरे शब्दों में, हिन्दू धर्म की ध्वजा को विश्व स्तर पर फहराने के बाद भी वे स्वयं को हिन्दू, हिन्दुत्व या हिन्दू राष्ट्र तक सीमित नहीं रखना चाहते। वे धार्मिक स्तर पर भी सर्व धर्म समभाव के समर्थक हैं।

उन्होंने भारत के उत्थान के लिए भी जो परिकल्पना प्रस्तुत की हैं वह अलगावपूर्ण राष्ट्रीय संदर्भ में न थी। वे मानते हैं कि "राष्ट्रों के समुदाय से अलग-थलग रहना ही भारत के पतन का प्रधान कारण रहा है[3]।" अन्य राष्ट्रों के सहयोग व सम्पर्क के बिना भारत का पुनरुत्थान कठिन है। वे मानते हैं कि राष्ट्रों के मध्य अलगाव का मूल

कारण लोगों की 'अज्ञानता' है जिसके परिणामस्वरूप वे एक-दूसरे से घृणा करते हैं क्योंकि वे नहीं जानते कि अन्ततः सभी एक हैं, एक ही प्रभु की संतान। जिस दिन यह अज्ञान मिट जाएगा, प्रेम का उदय होगा और अलगाव का अन्त।

उन्होंने अन्तर्राष्ट्रीय सहयोग की भावी दिशा की रूपरेखा प्रस्तुत करते हुए कहा कि "हम देखते हैं कि चेष्टा न करने पर भी हम सबका 'एकत्वभाव' स्वभाव से ही आ जाता है। यहाँ तक कि राजनीति और समाजनीति के क्षेत्रों में भी जो समस्याएं बीस वर्ष पहले केवल राष्ट्रीय थीं, इस वक्त उनका विश्लेषण सिर्फ राष्ट्रीयता के आधार पर करना संभव नहीं है। वे समस्याएँ क्रमशः कठिन हो रही हैं और उनका आकार विस्तृत हो रहा है। केवल अन्तर्राष्ट्रीय आधार पर उदार दृष्टि से विचार करने पर ही उनका समाधान किया जा सकता है। अन्तर्राष्ट्रीय संगठन, अन्तर्राष्ट्रीय संघ और अन्तर्राष्ट्रीय क़ानून, ये ही आज के मूलमन्त्र हैं[1]।" यह सोचकर आश्चर्यमिश्रित प्रसन्नता होती है कि जिन अन्तर्राष्ट्रीय संगठनों का विकास प्रथम विश्व युद्ध (1914-18) के उपरान्त किया गया उनकी आवश्यकता को विवेकानन्द ने 1897 में ही अनुभव कर लिया था।

स्वामी विवेकानन्द का अन्तर्राष्ट्रीयतावाद इस बात से भी स्पष्ट होता है कि वे शान्ति के समर्थक थे। उन्होंने भारत की शान्तिवादी नीति की प्रशंसा करते हुए कहा है कि "संसार के समस्त देशों में केवल एक देश हमारे भारत ने युद्ध करके किसी को पराजित नहीं किया है[2]।"

उनका अन्तर्राष्ट्रीयतावाद उनकी आध्यात्मिक मान्यताओं का एक तार्किक परिणाम भी है। वे कहते हैं कि "निःसंदेह मुझे भारत से प्रेम है लेकिन दिन-प्रतिदिन मेरी दृष्टि स्पष्टतर होती जा रही है। हमारे लिए भारत या इंग्लैण्ड या अमेरिका क्या है? हम उस प्रभु के दास हैं, जिसे अज्ञानी कहते हैं-'मनुष्य'। जो जड़ में पानी डालता है, वह क्या पूरे वृक्ष को नहीं सींचता?" सामाजिक, राजनीतिक व आध्यात्मिक कल्याण की एक ही नींव है और वह यह जानना कि 'मैं और मेरा भाई एक है।' यह सब देशों व समस्त जातियों के लिए सत्य है।"

इस प्रकार स्वामी विवेकानन्द संकीर्ण राष्ट्रवादी नहीं हैं। उनका राष्ट्रवाद अन्य राष्ट्रों के प्रति घृणा नहीं अपितु सार्वभौम मानवता के प्रति अनन्य स्नेह पर आधारित है। वे शान्तिपूर्ण सह अस्तित्व के प्रबल समर्थक हैं।

मूल्यांकन

11 सितम्बर, 1893 में अपने प्रथम संबोधन के उपरान्त स्वामी विवेकानन्द ने भारत व हिन्दुत्व के संदर्भ में विश्व के बुद्धिजीवियों को अपनी धारणा पर पुनर्विचार करने के लिए बाध्य कर दिया। एक अनजान व युवा संन्यासी को सुनने के बाद उन्हें भारत में ईसाई मिशनरी भेजने का औचित्य ही समझ से परे लगने लगा। लेकिन कुछ दिनों के अन्दर ही स्वामी विवेकानन्द एक ऐसे विभूति के रूप में उभर कर सामने आए जो पूरब-पश्चिम के विवाद से ऊपर था। उनकी शक्ति वस्तुतः समन्वयकारी थी। इस संदर्भ में गुरुदेव रवीन्द्रनाथ टैगोर लिखते हैं कि "उन्होंने (विवेकानन्द) प्राच्य व पाश्चात्य को अपने दाहिने व बायें रखकर स्वयं को मध्य में अवस्थित किया। भारत के इतिहास से पश्चिम को अस्वीकार, भारत को चिरकाल के लिए संकीर्ण प्रभावों में बांध करके रखना, उनके जीवन का लक्ष्य कभी नहीं रहा। वास्तव में उनकी प्रतिभा ग्रहण करने, समन्वय करने और सृजन करने में थी। उन्होंने अपने जीवन का उत्सर्ग उस संचार-व्यवस्था को प्रारम्भ करने में कर दिया जिसके माध्यम से भारत की उपलब्धियाँ पश्चिमी जगत् को प्रदान की जा सकें और पश्चिम की उपलब्धियाँ भारत में स्वीकार की जा सकें[1]।

निश्चित रूप से अपने गुरु के समान ही स्वामी विवेकानन्द, जैसा कि रोमां रोलां ने कहा है, विश्वात्मा की अनुपम संगीत रचना थे जिसने 'मनुष्यता' को गरिमा प्रदान की। प्रत्येक मानव में ईश्वरीय चेतना की उपस्थिति की अवधारणा के माध्यम से उन्होंने भेद-भाव के सम्पूर्ण आधारों को एक साथ ध्वस्त कर दिया। पुनः रवीन्द्रनाथ टैगोर के ही शब्दों में, "आधुनिक काल में, भारत में, एकमात्र विवेकानन्द ने ही ऐसे महान् संदेश का प्रचार किया जो किसी विधि-निषेध से बंधा हुआ नहीं है। राष्ट्र के सभी लोगों का आह्वान करते हुए उन्होंने कहा था-तुम सबके अन्तर में ब्रह्म की शक्ति उपस्थित है-दरिद्रों के भीतर स्थित ईश्वर तुम्हारी सेवा माँगते हैं। इस संदेश ने युवकों के चित्त मन को पूर्णतः जाग्रत कर दिया। उनके संदेश ने मानव को श्रद्धा व सम्मान के साथ ही शक्ति तथा उत्साह भी प्रदान किया[2]।"

विश्व की आध्यात्मिक विजय की कामना तथा ईश्वर से एकत्व के आकांक्षी होने के साथ-साथ स्वामी विवेकानन्द आधुनिक युग की वैज्ञानिक व तार्किक जीवन दृष्टि को भी पूरी तरह समझते थे। उन्होंने मोक्ष या मुक्ति की पारलौकिक कल्पना में भारतीय समाज की कटु समस्याओं की उपेक्षा नहीं की। विशेष रूप से आर्थिक क्षेत्र

में विद्यमान अध:पतन के उन्मूलन के लिए उन्होंने पश्चिमी जगत् के तकनीकी ज्ञान का उपयोग करने पर बल दिया। इसी कारण उनके चिन्तन में धर्म व विज्ञान का सामंजस्य देखने को मिलता है। "प्राचीन भारत के मूल में परिपक्व तथा भारतीय परम्परा के प्रति गौरव भाव रखने वाले विवेकानन्द का दृष्टिकोण जीवन की समस्याओं के प्रति अत्यन्त आधुनिक था। वे प्राचीन तथा आधुनिक भारत के मध्य एक सेतु के समान थे[1]।"

उनके विचारों ने पूर्व और पश्चिम दोनों ही क्षेत्रों में नवीन प्रकाश स्तम्भ की भूमिका निभाना प्रारम्भ किया। उन्होंने निष्पक्ष दृष्टि से पश्चिमी सामाजिक जीवन का मूल्यांकन किया। पाश्चात्य जगत् की ज्ञान, विज्ञान व तकनीकी क्षेत्र में प्राप्त उपलब्धियों की प्रशंसा करने के साथ-साथ उनके भौतिकवादी जीवन की सारहीनता के प्रति सचेत भी किया क्योंकि पश्चिम का सामाजिक जीवन एक अट्टहास है, किन्तु वह भीतर से रुदन है, उसका अन्त सिसकी में होता है। सम्पूर्ण आनन्द व चपलता सतही है। वस्तुत: वह दु:खान्त तीव्रता से परिपूर्ण है। उसकी तुलना में भारत का सामाजिक जीवन बाहर से दु:खी और उदास है, परन्तु उसमें अन्दर से निश्चिन्तता तथा आनन्द है।" अत: पूरब व पश्चिमी दोनों का कल्याण इसमें है कि वे एक-दूसरे के साथ सहयोग करें ताकि जीवन में सामंजस्य स्थापित हो सके। इसीलिए रोमां रोलां लिखते हैं कि "विवेकानन्द की रचनात्मक प्रतिभा को संक्षेप में-संतुलन और समन्वय-इन दो शब्दों के माध्यम से व्यक्त किया जा सकता है। उन्होंने सम्पूर्णत: चारों योगों-त्याग व सेवा, कला व विज्ञान, धर्म व कर्मठता तथा अति आध्यात्मिकता व अति व्यावहाररिकता तक, आत्मानुभूति के समस्त पथों को अपने जीवन में उतारा था। उन्होंने जिन पथों का उपदेश दिया उन सबकी अपनी सीमाएँ थीं, परन्तु वे स्वयं उन सबसे होकर गुजरे थे तथा उन्होंने उन सबको अपनाया था[2]।"

उनके निजी अनुभव के आधार पर प्रतिपादित उपदेशों की प्रभावशीलता का ही असर था कि इंग्लैण्ड व अमेरिका के अनेक साधन सम्पन्न व्यक्ति भी वेदान्त के त्यागमय पथ को अपनाने के लिए सहज ही तैयार हो गए।

रोमां रोलां का यह भी मानना है कि 1905 ई. के बंगाल-विभाजन को लेकर जिस आन्दोलन की शुरुआत भारत, विशेषत: बंगाल में हुई उसके ऊपर विवेकानन्द के उपदेशों का व्यापक प्रभाव था। प्रथम विदेश यात्रा के उपरान्त मद्रास में उन्होंने जो व्याख्यान दिए उससे भारतीय असाधारण रूप से उत्प्रेरित हुए। "उसी दिन से निद्रा

में पड़े हुए विशाल भारत का जागरण प्रारम्भ हुआ। विवेकानन्द के निधन के तीन वर्ष बाद तिलक व गांधी के महान आन्दोलन के श्रीगणेश के रूप में जो बंग-विद्रोह आगत पीढ़ी के सामने हुआ और भारत में आज तक जो संगठित जन आन्दोलन हुए हैं वे सब 'मद्रास के सन्देश' में निहित गुरु गंभीर पुकार के कारण हुए, जिसने बहुतों को जगाया[1]।"

आज वर्तमान भारत हिन्दू-मुस्लिम अलगाव की पीड़ा से संतप्त है। स्वामी विवेकानन्द की दूरदृष्टि ने बहुत पहले ही इस आवश्यकता को महसूस कर लिया था कि "भारत के पुनर्जीवन व मातृभूमि के कल्याण हेतु वेदान्तिक मस्तिष्क का इस्लाम के शरीर से संयोग करना होगा।" निश्चित रूप से यदि भारतीय समाज धर्म व जाति से ऊपर उठकर सोचने व कर्म करने के विवेकानन्द जी के उपदेशों को अपनाना प्रारम्भ करे तो स्वार्थ, भौतिकवादिता, संघर्ष व अशान्ति की अनेक समस्याएं स्वतः समाप्त होनी आरम्भ हो जाएँगी।

❑❑❑

5

विवेकानन्द और रामकृष्ण परमहंस

रामकृष्ण परमहंस का बचपन का नाम गंगाधर चट्टोपाध्याय था। उनका जन्म पश्चिमी बंगाल में हुगली जिले के कामरपकर नामक गाँव में एक ब्राह्मण परिवार में 1836 ई. में हुआ था। बचपन में शिक्षा के प्रति रुचि न होने के कारण वे अधिक अध्ययन नहीं कर सके। ऐसा विश्वास किया जाता है कि छः वर्ष की आयु से ही वे साधान करने लगे गये थे। सत्रह वर्ष की आयुमें वे कलकत्ता आये। तीन या चार वर्ष बाद उत्तरी कलकत्ता में गंगा के तट पर दक्षिणेश्वर नामक स्थान में स्थिति काली के मंदिर में पुजारी बन गये। इस समय में रामकृष्ण परमहंस का आध्यातिमक जीवन उच्च कोटि को हो गया। मंदिर के एकांत में या वन में बैठ कर वे साधना में तल्लीन हो जाते थे। अनेक अवसरों पर निराश होकर वे निरन्तर अश्रु बहाते हुए काली से दर्शन देने की प्रार्थना करते थे। ऐसा कहा जाता हे कि एक दिन निराश होकर रामकृष्ण ने काली की मूर्ति के सामने आत्म-हत्या करने के लिये तलवार उठाई ही थी कि उनको काली के दर्शन हो गये। इसके बाद उन्होंने पूजा की साधारण विधियों को त्याग दिया। वे अब बार-बार समाधि लेने लगे। इन समाधियों में अचेतनावस्था की अवधि समय के साथ बढ़ने लगी। इस मंदिर की अधिष्ठता रासमणि नामक महिला ने रामकृष्ण का विवाह पाँच वर्ष की बालिका शारदा मणि से हुआ। शीघ्र ही वे दक्षिणेश्वर लौट आये। तात्पश्चात् लगभग बारह वर्ष तक रामकृष्ण ने विभिन्न प्रकार की साधनायें की। इस अवधि में उन्होंने पहले तांत्रिक और बाद में वैष्णव मत की विधियों से साधना की, तत्पश्चात तोतापुरी नामक संत के शिष्य बन कर वेदान्ती बने। अन्त में सूफी मत और ईसाई धर्म की विधियों के अनुसार साधना की। 1867 ई. में रामकृष्ण ने वैद्यनाथ, वाराणसी, प्रयाग और वृन्दावन की यात्रा की। इस समय तक परमहंस के रुप में उनकी ख्याति फैली चुकी थी। दक्षिणेश्वर लौट कर परमहंस ने उपदेश देना आरम्भ किया। उनके शिष्यों में सबसे अधिक प्रसिद्धि स्वामी विवेकानन्द ने प्राप्त की। अगस्त 1886 ई. में परमहंस का देहांत हो गया।

रामकृष्ण की शिक्षायें-राजा राम मोहन राय और दयानन्द की भांति रामकृष्ण परमहंस विद्वान नहीं थे किन्तु उनमें धर्म के गम्भीर से गम्भीर विषयों को सरलता के साथ समझाने की अनोखी क्षमता थी। उन्होंने ईश्वर के दो रुप निराकार और साकार को माना। उनके मन में वेद, उपनिषद्, पुराण व महाकाव्य सभी पवित्र थे। उन्होंने यह सिद्ध करने का प्रयत्न किया कि धर्म तथा ज्ञान केवल अध्ययन के ही विषय नहीं है अपितु अनुभूति के विषय भी है। उनकी प्रमुख शिक्षायें अग्रलिखित है-

1. रामकृष्ण के अनुसार एक मनुष्य का सर्वाच्च लक्षय ईश्वर से साक्षात्कार करना है। उनके मत में ईश्वर आदि तथा अनन्त है। जिस प्रकार अरुप जल शीत के कारण बर्फ बन कर मूर्त रुप धारण कर लेता है। उसी प्रकार अमूर्त ईश्वर साधक के प्रेम और साधना के कारण रुप और व्यक्तित्व धारण कर लेता है। जब साधक समाधिस्थ होता है तब ईश्वर का रुप और गण लुप्त हो जाता हे और साधक को अद्वैत ईश्वर की प्राप्ति होती है। इस प्रकार से रामकृष्ण ने यह बताया कि एक मनुष्य उच्च आध्यात्मिक जीवन व्यतीत कर ईश्वर के दर्शन कर सकता है। इस के लिये विषय वासना, कामिनी कौर कंचन से दूर रहना आवश्यक है। लेकिन इस का यह अभिप्राय नहीं कि वह संसार को त्याग दे। वह मानते थे कि मनुष्य गृहस्थ में रह कर भी साधना कर सकता है, लेकिन उसे अपने परम लक्ष्य को कभी नहीं भूलना चाहिए।

2. शरीर और आत्मा को रामकृष्ण ने दो भिन्न वस्तुएँ माना। जिस प्रकार कि एक नारियल का पानी सूखने पर उसके भीतर का खोपरा उसकी नरेटी से खुल कर अलग हो जाता है, उसी प्रकार यदि एक मनुष्य कामिनी या कंचन के प्रति आसक्ति को पूर्ण रुप से त्यागने में समर्थ हो जाय तो उसे शरीर और आत्मा की पृथकता के बारे में ज्ञान हो जायगा।

3. यद्यपि रामकृष्ण ने वेदों व अन्य धार्मिक ग्रन्थों को अध्ययन का विरोध नहीं किया किन्तु उन्होंने यह माना कि एक मनुष्य को विवेक व अनासक्ति प्राप्त न होने की स्थिति में इस प्रकार का ज्ञान बेकार रहता है। इसलिये वे नैतिकता, त्याग, सेवा को अपनाने और इन्द्रिय सुखों के त्याग को महत्त्व देते थे।

4. धार्मिक शास्त्रर्थ को रामकृष्ण व्यर्थ मानते थे। उनके मत में संसार में सब पदार्थ ईश्वरमय है। अतएव उनके बारे में वाद-विवाद करना बेकार है।

5. रामकृष्ण ने बताया कि यदि एक मनुष्य अपने को जान लेगा तो वह ईश्वर की जान लेगा। अंहकार की भावना का अन्त करने से ईश्वर मिल जाता है। जैसे प्याज में

छिलके ही छिलके होते हैं, उसी प्रकार अंहकार का अन्त होते ही एक मनुष्य के भीतर ईश्वर ही ईश्वर दिखायी देता है।

6. चरित्र की श्रेष्ठता को रामकृष्ण ने ज्ञान की प्राप्ति से भी अधिक महत्त्व दिया। उनके अनुसार विवेक और अनासक्ति के बिना आध्यात्मिक उन्नति करना असम्भव है।

7. विश्व-बन्धूता के सिद्धान्त का रामकृष्ण ने समर्थन किया। वे मनुष्य मनुष्य में कोई भेद नहीं मानते थे। उन्होंने मनुष्य की तुलना तकिये के गिलाफों से की। जिस प्रकार गिलाफ भिन्न रंग व आकार के होते है उसी प्रकार मनुष्य भी कोई सुन्दर, कोई कुरुप और कोई साधु व दुष्ट होता है, किन्तु जैसे सभी गिलाफों में एक ही पदार्थ-कपास भरा होता है, उसी प्रकार सभी मनष्यों में सच्चिदानन्द भरा होता हैं।

8. वे सभी धर्मों की सत्यता में विश्वास करते थे। उनके अनुसार कभी भी अपने धर्म को दूसरे से अच्छा नहीं बताना चाहिए। कबीर के समान रामकृष्ण नदिया एक घाट बहुतेरे की शिक्षा देते थे। एक ही घाट से हिन्दू जल निकालता है, मुसलमान आब और ईसाई वाटर परन्तु तीनों के पात्रों में पदार्थ एक ही आता है। सच्चे ह्रदय से मनुष्य किसी घाट पर भी जाये उसे आनन्द ही प्राप्त होता है।

9. राजा राम मोहन राय व दयानन्द से सदृश रामकृष्ण ने मूर्ति पूजा का विरोध नहीं किया। उनके अनुसार जैसे एक वकील को देखते ही अदालत की याद आ जाती है, उसी प्रकार मूर्ति पर ध्यान करते ही ईश्वर की याद आती है। रामकृष्ण परमहंस ने बताया कि ईश्वर के अनेक नाम है, जिस नाम या स्वरुप से उसका ध्यान दिया जाएगा उसी नामक या स्वरुप से सके दर्शन हो जायेंगे इसलिये मानव मात्र की सेवा को रामकृष्ण ने परम धर्म माना है। रामकृष्ण ने अचतारवाद और पुनर्जन्म के सिद्धान्त को माना।

10. यद्यपि उन्होंने भोगविलास को त्यागना आवश्यक माना किन्तु स्त्री को इसका मूल कारण न मानकर उससे घृणा करना उचित नहीं समझा। एक बार रामकृष्ण ने कहा कि स्त्री विश्व की माता के समान है। उसका सम्मान करना चाहिए। इसी आदर्श का पालन करते हुए रामकृष्ण ने अपनी पत्नी की पूजा माँ कह कर की।

रामकृष्ण परमहंस की उपलब्धियाँ-

रमेश चन्द्र मजुमदार के मत में राम कृष्ण ने अपने विचारों और जीवन कार्यों से एक ऐसे समय में आध्यात्मिक जीवन की महत्ता को समझाया जबकि विश्व प्राकृतिक विज्ञान के जादू में खो रहा था। यद्यपि हिन्दुओं के प्राचीन धर्म शास्त्रों में आध्यातिम्क की ओर ले जाने वाले मार्गों को बताया गया था किन्तु राम कृष्ण के समय तक या तो हिन्दू उसे भूल चूके थे अथवा उस पर अविश्वास करने लग गये थे। ऐसी स्थिति में उन्होंने प्राचीन ज्ञान

के इस अमूल्य रत्न का वास्तविक अभिप्राय व उपयोगिता बताई। वस्तुत: वे आध्यातिम्कता के जीवन स्वरुप थे।

उनकी दूसरी बड़ी देन वेद और उपनिषदों के ज्ञान को सरलता में समझ कर हिन्दुओं में अपने प्राचीन ज्ञान के प्रति श्रद्धा व विश्वभा उत्पन्न करना था।

इसके साथ ही साथ रामकृष्ण ने धर्म के भेद भावों को व्यर्थ बता कर मानव मात्र की भलाई करने का संदेश मनुष्य को दिया। विवेकानन्द ने परमहंस के इस कार्य को काफी आगे बढ़ाया।

रमेश चन्द्र मजूमदार के मत में उदाहरणों से समर्थित और उनके जीवन की घटनाओं से परीक्षा की कसौटी पर सफल उतरने वाली राम कृष्ण की शिक्षाओं ने हिन्दुओं के पुनर्जागरण को एक नैतिक स्वीकृति, एक दार्शनिक आधार और एक नवीन आध्यातिम्क स्वरुप प्रदान किया।

विवेकानन्द का जीवन वृत

नरेन्द्र नाथ दत्त का जन्म कलकत्ता के एक कासस्थ परिवार में जनवरी 1863 ई. में हुआ। नरेन्द्र नाथ की प्रारम्भिक शिक्षा कलकत्ता में हुई। स्कूल में शिक्षा प्राप्त करते समय नरेन्द्र नाथ सबसे पहले ब्रह्म समाज की ओर आर्कषित हुए। तत्पश्चात् उन्होंने मिल और स्पेंसर के दर्शन का अध्ययन किया किन्तु उनके चित्त को शान्ति नहीं मिली। 1881 ई. के अन्त में जब नरेन्द्र नाथ स्नातमक कक्षा के प्रथम वर्ष का विद्यार्थी थे, वे एक सम्बन्धी के साथ दक्षिणेश्वर गये। उनको देखते ही राम कृष्ण के नेत्रो में अश्रु आ गये और उन्होंने कहा कि तुम बहुत देर से आये हो तुम नारायण के अवतार हो और मानव की भलाई के लिए तुमने पृथ्वी पर जन्म लिया है। तत्पश्चात् नरेन्द्र नाथ ने परमहंस से पूछा कि क्या आपने ईश्वर को देखा है ? उत्तर मिला-हाँ तुम भी चाहो तो मेरी तरह उससे साक्षात्कार कर सकते हो। दूसरी भेंट में नरेन्द्र के शरीर पर राम कृष्ण ने अपना दायाँ पांव रखा। इससे नरेन्द्र नाथ को एक विलक्षण अनुभूति हुई। इसी समय नरेन्द्र नाथ ने राम कृष्ण परमहंस कोअपना गुरु मान लिया। रामकृष्ण ने उन्हें आध्यातिम्कता की शिक्षा दी। अपनी मृत्यु के तीन-चार दिन पहले परमहंस ने नरेन्द्र नाथ को अपने पास बुला कहा था कि मैंने अपना सब कुछ तुम्हें सौंप दिया है। इस शक्ति के द्वारा तुम महान कार्य करोंग। 1886 ई. में परमहंस की मृत्यु केबाद में नरेनद्र नाथ व कुछ अन्य शिष्यों ने एक साठ स्थापित किया। कलकताा के पास 1887 ईसवी में बारानगर में इसकी विधिवत् स्थापना के समय इसके बारह सदस्यों ने विवेकानन्द रखा। कुछ समय पश्चात् विवेकानन्द ने उत्तरी-पश्चिमी और

दक्षिण भारत की यात्रा की इस यात्रा में साधारण जनता की गरीबी को देख कर उन्होंने अनुभव किया कि भार के निवासियों को घोर निराशा व्याप्त है और दूर करने का एक मात्र उपाय धर्म का पुनरुद्धार करना है। 1893 ई. में वे शिकागों में एक सर्व धर्म सम्मेलन में भाग लेने के लिए गये। हिन्दू धर्म के प्रतिनिधि के रुप में सम्मेलन में भाग लेने के लिए मुख्य रुप से तीन उद्देश्य उन्होंने अपने सामने रखें-

1. समुद्र यात्रा पाप है और विदेशियों के हाथ में अन्न व जल ग्रहण करने से धर्म और जाति नष्ट हो जाती हे। वे इस प्रकार के अन्धविश्वासों का खण्डन करना चाहते थे।

2. वे अपने देशवासियों को यह बताना चाहते थे कि पश्चिम के विद्वानों को भी भारतीय संस्कृति और दर्शजन की गहनता से प्रभावित किया जा सकताहै।

3. विश्व के सभी धर्म एक है। अतएव सम्पूर्ण विश्व में एक प्रकार की धार्मिक एकता की भावना होनी चाहिये। वे इस सिद्धान्त का प्रचार करना चाहते थे।

विवेककानन्द ने विश्व धर्म सम्मेलन के प्रतिनिधियों के सामने पाँच बार भाषण दिये। इसके अतिरिक्त उन्होंने सम्मेलन के वैज्ञानिक विभाग के सदस्यों के सामने लगभग छ: या सता बार भाषण दिये। उनके पहले ही भाषण के विश्व के अनेक भागों से आये प्रतिनिधि और अमेरिकन जनता अत्यन्त प्रभावित हुई। उन्होंने अपने भाषणों में हिन्दू धर्म की सहिष्णुता और उदारता की भावना को स्पष्ट किया तथा हिन्दू धर्म का आधार प्रेम बताया। उन्होंने वेदान्त दर्शन पर भी प्रकाश डाला। इस सम्मेलन के पश्चात् विवेकानन्द ने अमेरिका के कुछ भागों का भ्रमण किया। इस यात्रा में एक सप्ताह और औसतन वे चौदह या पन्द्रह स्थानों भाषण देते थे। तत्पचात् स्वामी जी पेरिस होते हुए लन्दन गये। इन दोनों स्थानों पर उन्होंने अपने विचार व्यक्ति किये। प्रसिद्ध जर्मन विद्वान् मैक्समूलर ने उनकी विद्वता से प्रभावित हो कर रामकृष्ण के जीवन और उपदेशों पर एक पुस्तक लिखी। 1896 ईसवी में वे एक बार फिर अमेरिका गये। इस बार उन्होंने न्यूयार्क में वेदांत के अध्ययन के लिए केन्द्र खोले गये। जनवरी 1897 इसवी में भारत लौटने पर वे भारत से गरीबी वे अज्ञान दूर करने के महान कार्य में जुट गये। हिन्दू धर्म की आध्यात्मिक परम्परा को बनाये रखते हुए भी वे उसमें पाश्चात्य जगत की स्वस्वत्रंता, समानता और परिश्रम की भावना को विकसित करना चाहते थे।

रामकृष्ण मिशन की स्थापना-1897 ई. में उन्होंने रामकृष्ण मिशन की स्थापना। तत्पश्चात् उन्होंने फिरभारत के अनेक भागों का भ्रमण किया। लगभग दो वर्ष बाद बैलूर को मिशन का मुख्य कार्यालय बनाया। जून 1899 ई. में वे फिर अमेरिका गये। वहाँ से

लौटते समय विवेकानन्द ने पेरिस के एक धार्मिक सम्मेलन में भाग लिया। पेरिस से वे यूरोप के अनेक नगरों में भी गये। 1900 ई. में वे जब भारत लौटे तो अस्वथ थे। तत्पश्चात् वे कुछ समय तक स्वास्थ्य लाभ के लिये बनारस रहे। कलकत्ता लौटने पर उन्हें उनके स्वास्थ्य खराब हो गया। 14 जुलाई 1902 ई. को 39 वर्ष की आयु में उनका देहान्त हो गया।

विवेकानन्द के विचार

1. उनके अनुसार धर्म मनुष्य के भीतर के निहित देवत्व का विकास है। धर्म न तो पुस्तकों में है, न धार्मिक सिद्धान्तों में, वह केवल अनुभूति में निवास करता है। प्रत्येक व्यक्ति अपने में ईश्वर का अनुभव कर सकता है।

2. अपने गुरु के समान विवेकानन्द ने ईश्वर के साकार और निराकार रुपों को माना।

3. इसी प्रकार उन्होंने प्राचीन हिन्दू धर्म ग्रन्थों की पवित्रता को माना तथा वेदान्त के अध्ययन पर जो दिया। उनके मत में वेदान्त में प्रतिपादित आध्यातिमकता के बल पर भारत सारे विश्व को जीत सकता है।

4. उन्होंने धर्म को मनुष्य की आत्मा का भोजन बताया। जिस प्रकार से विभिन्न देशों में अन्न से भोजन बनाने की विधियाँ अलग-अलग है उसी प्रकार से धर्म के रुप में अनेक है, किन्तु उनमें मूलभूत एकता है। इस प्रकार विविध धर्मों की विभिन्नता को स्वाभाविक और आवश्यक मानते हुए भी विवेकानन्द ने उनमें एकता पर बल दिया।

5. उन्होंने रुढ़िवादिता व अन्धविश्वास का घोर विरोध किया।

6. विवेकानन्द ने मानव की सेवा को सच्ची ईश्वरोपासना बताया। उन्होंने दीन दु:खियों की सेवा पर अधिक बल दिया तथा कहा कि एक सन्यासी को आध्यातिमक कार्यों के साथ-साथ सेवा कार्य भी करना चाहिए।

7. दीन-दुखियों की सेवा के लिए विवेकानन्द ने रामकृष्ण मिशन के केन्द्र भारत व विदेशों में उनके स्थानों पर स्थापित किया। इस प्रकार समाज कल्याण को धर्म का प्रमुख अंग बनाया।

8. विवेकानन्द ने हिन्दू धर्म की महानता को प्रभावशाली ढंग से प्रस्तुतु किया। अपने एक भाषण में उन्होंने कहा की हमारे धर्म का मुख्य आधार प्रेम है। भारत को एक ऐसा देश बताया जहाँ सभी धर्म प्रचारकों को आरम्भ से स्वतंत्रता दी गई थी तथा किसी धर्म के प्रति असहिष्णुता की नीति नहीं अपनाई गई थी।

9. विवेकानन्द के भाषणों व लेखों का संकलन अनेंक ग्रन्थों से प्रकाशित किया गया इनमें से ज्ञानयोग, राजयोग, कर्मयोज और भक्तियोग नामक ग्रन्थ प्रसिद्ध है। इनसे ज्ञात होता है कि प्राचीन हिन्दू धर्म के प्रति उनकी कितनी गहरी आस्था थी। उन्होंने अपने विचारों के प्रचार के लिए अंग्रेजी में प्रबुद्ध भारत और बंगाली में उद्बोधन नामक पाक्षिक पत्र प्रकाशित किया।

10. भारतीय धर्म और संस्कृति की महानता पर बल देते हुए विवेकानन्द ने विश्व को यह बता दिया कि भारत पुनः उन्नति के शिखर पर पहुँच सकता है, लेकिन इस लक्ष्य की प्राप्ति के लिये उसे पृथकता की भावना को त्यागना होगा। उनके अनुसार हमें कुछ देने के साथ साथ लेना भी चाहिये। हमें पश्चिम को अपने आध्यात्मिकवाद व संस्कृति के अच्छे तत्त्व दे सकते हैं और वहाँ से वैज्ञानिक व तकनीकी ज्ञान के अतिरिक्त सामूहिक प्रयत्न तथा व्यवसाय में ईमानदारी की भावना को अंगीकार कर सकते हैं।

11. विवेकानन्द ने अछूत प्रथा का विरोध किया। उसके अनुसार भारत के पतन का एक कारण समाज के अधिकांश वर्गों का दमन है। अतएव जाति प्रथा के बन्धन हटने चाहिए तथा गरीबों के अछूतों को अज्ञान की अवस्था से ऊँख उठाना चाहिए। उनके मत में यह कार्य धीरे-धीरे और बड़ी सावधानी से कसाथ किया जाना चाहिए।

12. विवेकानन्द के विचार में विश्व एक महान संकट से गुजनर रहा था। उनके मत में पश्चिमी देशों में आध्यात्मिक विचारों के अभाव में वैज्ञानिक अन्वेषणों से जो जो भौतिक प्रगति हो रही थी, वह उन देशों में संकट में परिस्थिति शीघ्र उत्पन्न करने वाली थी। अतएव पश्चिमी देशों को चाहिए कि वे भारत की आध्यात्मिकता को अपननायें किन्तु जब तक भारत गरीबी और दासताप के बन्धन में जकड़ा हुआ है, ऐसा होना सम्भव नहीं है। इसलिये वे भारत की स्वतंत्रता और भौतिक उन्नति को विश्व की उन्नति के लिए आवश्यक मानते थे।

13. विवेकानन्द के विचार में शीघ्र ही वह युग आने वाला है जब कि दलित या सर्वहारा वर्ग का शासन होगा। 1896 ई. में दिये गये भाषण में उन्होंने कहा कि इस प्रकार की क्रान्ति रूप अथवा चीन से आरम्भ हो सकती है, शायद रूस विश्व का प्रथम सर्वहारा राज्य होगा।

विवेकानन्द की उपलब्धियाँ:

रानकृष्ण परमहंस की शिक्षाओं को व्यावहारिक रूप देने का श्रेय विवेकानन्द को है। रमेश चन्द्र मजूमदार के अनुसार रामकृष्ण की आध्यात्मिक शिक्षाओं को व्यावहारिक रूप

देने तथा उनके संदेश को विश्व के सभी भागों तक पहुँचा कर उन्हें स्थायी आधार पर स्थापित करना विवेकानन्द की महान उपलब्धि है। उन्होंने समस्त विश्व में हिन्दू धर्म और आध्यात्मवाद की श्रेष्ठता पर बल देकर हिन्दू धर्म के पुनरूत्थान में अपना सराहनीय योगदान दिया। उनके उपदेशों से भारतीयों और विदेशियों को भारत के गौरवमय अतीत के बारे में ज्ञान हुआ। फलस्वरूप भारतीयों में आत्मविश्वास की भावना बढ़ी। उन्होंने भारतीयों को सभी देशों से सम्पर्क बनाये रखने की सलाह दी। मजूमदार के मत में हिन्दू धर्म की महानता को प्रदर्शित करके विवेकानन्द ने हिन्दुओं को ईसाई व इस्लाम धर्म के प्रचार की पक्षपातपूर्ण आलोचनाओं का उत्तर देने में समर्थ बनाया। दरिद्रों की सेवा को ईश्वर प्राप्ति का एक प्रमुख साधन मान कर तथा इसमें स्वयं को पूरी तरह समर्पित कर स्वामी जी ने अपने देशवासियों के सामने आदर्श प्रस्तुत किया। यद्यपि स्वामी विवेकानन्द ने प्रत्यक्ष रूप से राजनीतिक आन्दोलन में स्वयं भाग नहीं लिया किन्तु अपने विचारों व कार्यो से उन्होंने राष्ट्रीयता की भावना को प्रोत्साहित किया। मजूमदार के मत में उन्होंने गरीबों की सेवा और उत्थान के कार्यक्रम को आरम्भ कर वस्तुत: प्रत्येक भारतीय को राष्ट्र की सेवा के लिए प्रेरित किया। उेश की महानता तथा भारतीयों की एकता को प्रद्रशित कर, साधारण जनता की की गरीबी अज्ञान को दूर करने के लिए प्रेरित कर तथा प्रत्येक भारतीय को सबल बनने की सलाह देकर विवेकानन्द ने उनमें राष्ट्रीयता की भावना भरी। विवेकानन्द के अनुसार भारत को शीघ्र स्वतन्त्रता मिलनी चाहिए, क्योंकि मानवता के उद्धार के लिए ऐसा होना आवश्यक है। इस लक्ष्य की प्राप्ति के लिये उन्होंने निर्भय होकर कार्य करने की सलाह दी। वास्तव में विवेकानन्द ने अपने विचारों से भारतीयों राष्ट्रवादिता को आध्यात्मिक आधार प्रदान करने में अभूतपूर्व सहयोग दिया। रविन्द्र नाथ टैगौर के अनुसार यदि कोई मनुष्य भारत को समझना चाहता है तो उसे विवेकानन्द को पढ़ना चाहिए।

थियोयोफिकल सोसायटी-भारत के पुनर्जागरण में थियोसोफिकल सोसायटी ने भी महत्त्वपूर्ण भूमिका अदा की है। इस संस्था की स्थापना 1875 ईसवी में न्यूयार्क में रूसी महिला एच.पी. ब्लैवाटस्की और एक अमेरिकन एच.एम आल्काट ने की थी। 'थियेसोफी' शब्द यूनानी भाषा के 'थियों' (ईश्वर) ओर 'सोफिया' (ज्ञान) शब्दों से बना है। अतएव इसका अभिप्राय ईश्वर का ज्ञान अथवा ब्रह्म विद्या है। आरम्भ में एक यूनानी विद्वान हम्बीकस ने तीसरी शताब्दी में ईश्वरी ज्ञान के लिए इस शब्द प्रयोग किया था। इसके बाद आधुनिक काल में थियोसोभिकल सोसाईटी ने इस शब्द को काम लिया । रमेश चन्द्र मजूमदार के अनुसार इस संस्था के निम्नलिखित तीन मुख्य उद्देश्य थे:

1. विश्व बन्धुत्व के आधार पर मानवता का विकास करना,

2. प्राचीन काल के विभिन्न धर्मों, दर्शन और वैज्ञानिक ज्ञान के अध्ययन में सहयोग देना, ।

3. प्रकृति के नियमों की खोज करना और मनुष्य में निहित देवी शक्तियों का विकास व ्ना।

इसके साथ-साथ इस सोसायटी के सदस्य सभी धर्मो में समन्वय स्थापित करना चाहते थे।

ऐसा प्रतीत होता है कि थियोसोफिकल सोसायटी के संस्थापक प्राचीन हिन्दू व बौद्ध धर्म के दर्शन से अत्यन्त प्रभावित थे। इसलिए उन्होंने पूर्वी देशों के महान धर्मो व उनके दर्शनो के अध्ययन को महत्त्व दिया। वस्तुतः उनके द्वारा समर्पित विश्व बूधूता का सिद्धान्त प्राचीन भारतीय दर्शन के अनुरूप था। विभिन्न धर्मो में मूलभूत एकता को मानना भी भारत की प्राचीन संस्कृति के एक मूल तत्व को मानना था। सत्य की खोज करने और छिपी दैवी शक्तियों का विकास करने का प्रयास हमारे देश के ऋषियों से उनका आध्यात्मिक सम्पर्क अनेक बार स्थापित हुआ था। थियोसोफिकल सोसाइटी के अनुयायी कर्म और निर्वाण के सिद्धांतों मे भी विश्वास करते थे।

1879 ईसवी में दयानन्द के निमंत्रण पर आल्काट व ब्लेवाटस्की भारत आये। उन्होंने हिन्दू धर्म को सब धर्मो से श्रेष्ठ बताया। अपनी संस्था के उद्देश्यों की व्याख्या करते हुए आल्काट ने कहा कि वे भारतीयों को उनके प्राचीन गौरव का स्मरण कराके उन्हें खोई प्रतिष्ठा दिलाना चाहते हैं।

थियोसोफिकल सोसाइटी के सदस्यों न माना कि जाति प्रथा के अन्तर्गत रहकर भी मानव की सेवा कर जा सकती है-एकेश्वरवाद के सिद्धान्त में अपनी आस्था प्रकट करते हुए उन्होंने विभिन्न देवी-देवताओं की पूजा को तर्कसंगत बताया। मूर्ति पूजा को उन्होंने देवी शक्तियों की आराधना के लिये एक सरल उपाय माना। इस प्रकार के विचारों का हिन्दुओं ने स्वागत किया। 1886 ईसवी में थियोसोफिकल सोसाइटी ने भारत में मद्रास के निकट अडयार में केन्द्र स्थापित किया। इस समय से यह केन्द्र सोसाइटी का मुख्य कार्यालय बन गया। मई 1891 ईसवी में ब्लेवाटस्की की मृत्यु तक लंदन व पेरिस में भी इसकी शाखाएँ खुल चुकी थीं। कुछ समय बाद विश्व के विभिन्न देशों में इसके लगभग एक लाख सदस्य थे।

ब्लेवाटस्की की मृत्यु के दो वर्ष बाद श्रीमति ऐनी बेसेंट ने इसका नेतृत्व ग्रहण किया। उनका जन्म आयरलैण्ड में 1847 ईसवी में वे भारत आयी। वे हिन्दू धर्म से

अत्यन्त प्रभावित थी। उनकी मान्यता थी कि वे पूर्व जन्म में हिन्दू थी। भारत में आते ही ऐनी बेसेन्ट ने स्वयं को हिन्दुत्व के रंग में रंग लिया। उन्होंने अनेक हिन्दू तीर्था की यात्रा की और अपना अधिकांश समय वाराणसी में बिताया। उनके मत में हिन्दू धर्म ही भारत का प्राण है। हिन्दूत्व की मिट्टी में भारत का मूल गड़ा हुआ है, यदि इस मिट्टी को हटा लिया गया तो भारत रूपी वृक्ष सूख जायगा। प्रत्येक हिन्दू का कर्त्तव्य है कि वह अपने धर्म की रक्षा करे। वे यह भी मानती थी कि हिन्दुत्व के जागरण से ही विश्व का कल्याण हो सकता है।

ऐनी बेसेन्ट ने प्राचीन हिन्दू दर्शन के सिद्धांतो का समर्थन किया। उन्होंने वेदों व उपनिषदों को पवित्र ग्रन्थ माना। इसके अतिरिक्त महाभारत, रामायण, गीता, स्मृति और पुराणों के महत्त्व को भी स्वीकार किया। उनके अनुसार हिन्दू धर्म के समान पूर्ण वैज्ञानिक, दर्शन युक्त और आध्यत्मिकता से परिपूर्ण अन्य कोई धर्म विश्व में नहीं है। बेसेन्ट ने वैज्ञानिक दृष्टिकोण से मूर्ति पूजा को उपयोगी बताया।

ऐनी बेसेन्ट ने गीता का अनुवाद अंग्रेजी में किया। इसके अतिरिक्त उन्होंने रामयण तथा महाभारत पर संक्षिप्त में टीकायें लिखी। अपने भाषणों व लेखों द्वारा हिन्दू धर्म की मान्यताएँ और भारत के गौरवमय अतीत का स्मरण न केवल भारतीयों को कराया बल्कि विदेशों में भी इसका प्रचार किया।

शिक्षा के क्षेत्र में एनी बेसेन्ट का योगदान उल्लेखनीय है। काशी में ऐनी बेसेन्ट ने एक सेंट्रल हिन्दू कॉलेज की स्थापना की, जो बाद में उनके तथा मदन मोहन मालवीय प्रत्यन्नों से बनारस हिन्दू विश्वविद्यालय रूप में विकसित हुआ। थियोसोफिकल सोसाइटी ने भारत के अनेक नगरों में स्कूल का कॉलेज खोले। 1914 ईसवी में ऐनी बेसेन्ट ने भारतीय राजनीति में सक्रिय भाग लेना आरम्भ किया। उन्होंने होम रूल आंदोलन चलाया। 1917 ई. में मोण्टेग्यू चेम्सफोर्ड सुधारों की घोषणा होने पर एनी बेसेंट ने इसे बंद कर दिया। इसी साल वह इण्डियन नेशनल कांग्रेस की अध्यक्ष भी रही। ऐनी बेसेंट ने भारत के स्वतंत्रता आन्दोलन पर 'हाऊ इंडिया रॉड हर फ्रीडम' नाम एक पुस्तक लिखी।

श्रीप्रकाश ने ऐनी बेसेंट के जीवन और उपलब्धियों पर विवेचना करते हुए एक पुस्तक में लिखा है कि उन्होंने एक उदासीन और सोती हुई जाति को नींद से जगा दिया तथा उसक आत्म-सम्मान और गौरव को पुनर्जीति कर दिया। भारतीयों को विश्व में अपना यथोचित स्थान प्राप्त करने के लिए प्रेरित किया। वस्तुत: ऐनी बेसेंट ने न केवल हिन्दू धर्म की महान सेवा की बल्कि भारत का गौरव को अन्य देशों में बढ़ाया। ऐसे समय में जब कि

कुछ शिक्षित हिन्दूओं का विश्वास अपने धर्म और संस्कृति पर से उठ रहा था, थियोसोफिकल सोसायटी और विशेषकर ऐनी बेसेन्ट के नेतृत्व में सराहनीय कार्य किया। बाल विवाह, कन्या विक्रय और छूआछूत का विरोध किया तथा विधवा विवाह का समर्थन किया। राष्ट्रीय आन्दोलन में ऐनी बेसेन्ट ने सक्रिय भाग लेकर उसमें एक नई जान फूँक दी।

दक्षिण भारत में सुधार आन्दोलन

केशवचन्द्र के प्रयासों से मद्रास में वेद समाज की स्थापना की। 1871 ई. में श्रीधरलू नायडू ने इसको पुनः संगठित किया और इसका 'ब्रह्म समाज ऑफ साऊथ इंडिया' रखा। दक्षिण में यह आन्दोलन विशेष प्रगति नही कर सका। वहाँ पर प्रार्थना समाज का प्रभाव अधिक रहा। 1878 ईसवी में वीरेसलिंगम पंतुलू ने तेलगू प्रदेश में आन्दोलन करने के लिए राजमुन्द्री सोशल रिफार्म ऐसोसियेशन खोली। उन्होंने जाति प्रथा और मूर्ति पूजा का विरोध किया। लेकिन उनका यह आन्दोलन भी उल्लेखनीय प्रगति नहीं कर सका। इसके अनेक कारण थे। चार्ल्स एच. हैम्सेथ के अनुसार दक्षिण में सामाजिक विद्रोह के अभाव का सही कारण प्रायद्वीपिय भारत का वह तत्कालीन ढाँचा प्रतीत होता है की पृष्ठभूमि उच्च वर्ग की थी बंगाल व बम्बई के शहरों में ब्राह्मणों का कुछ उच्च स्तरीय जातियों के साथ समाजिक मिश्रण शुरू हो गया था किन्तु दक्षिण में ऐसा नहीं हुआ। वहाँ जाति प्रथा अत्यनत कठोर थी और कोई भी व्यक्ति जाति से बहिष्कृत होना नहीं चाहता था इसके अतिरिक्त दक्षिण में कुशल नेतृत्व का अभाव था। दक्षिण में बम्बई व कलकत्ता के नगरों की अपेक्षा शिक्षा का कम प्रसार था।

मुस्लिम धर्म व समाज के आरम्भिक सुधार आन्दोलनः

मुख्य रूप से भारत में मुस्लिम समाज दो वर्णो में बँटा हुआ था। उच्च वर्ग के अधिकांश व्यक्ति मुस्लिम शासन कालन में बड़े पदों पर आसीन थे। जन साधारनण में अधिकांश वे मुस्ल्मि थे जिनहोने धर्म परिवर्तन करके मुस्ल्मि धर्म स्वीकार किया था। अंग्रेजों का शासन स्थापित होने के पहले उच्च वर्ग के मुसलमानों की आर्थिक स्थिति अच्छी थी। अठारहवीं शताब्दी के पूर्वार्द्ध में इस वर्ग के हाथ से राजनैतिक प्रभुत्व निकल जाने के फलस्वरूप इसके सदस्यों ने पश्चिमी शिक्षा प्राप्त करने और व्यापार व व्यवसाय में लग कर अपनी आर्थिक स्थिति सुधारने का प्रयास नहीं किया। 1857 ईसवी के विद्रोह के लिए कुछ अंग्रेजी राजनीतिज्ञों और सेनापतियों ने इस वर्ग को उत्तरदायी ठहराया। इससे इनकी अवस्था और भी बिगड़ी। इस समय में मुस्लिमों में जन साधारण की दशा में भी तनिक सुधार नहीं हुआ। फलस्वरूप हिन्दुओं के मुकाबले में मुस्ल्मि अपने को पिछड़ा

हुआ मानने लगे। इस स्थिति को सुधारने के लिए मुसलमानों में भी सामाजिक सुधार आंदोलन आरम्भ हुए। ऐसे आन्दोलो का मुख्य उद्देश्य मुस्लिम समाज को बदली परिस्थितियों से अवगत करा पाश्चात्य शिक्षा प्राप्त करने की आवश्यकता पर बल देना था। इस उद्देश्य की प्राप्ति के लिए 1863 ई. में 'मोहमेडन लिटरेरी सोसाइटी' की स्थापना की गई। यह संस्था तत्कालीन परिस्थितियों से संदर्भ में मुसलमानों को धार्मिक, सामाजिक और राजनीतिक समस्याओं पर विचार करने तथा उनके पाश्चात्य शिक्षा के प्रसार को प्रोत्साहन देती थी। इसके साथ-साथ मुस्लिम समाज में ऐसे आन्दोलन भी आरम्भ हुए जो पाश्चात्य सभ्यता के प्रसार का विरोध करते थे। 1857 ई. के विद्रोह के पहले सैयद अहमद बुरेलवी ने ऐसा ही एक आन्दोलन आरम्भ किया। उसने सामाजिक और धार्मिक कुरीतियों को दूर करने के प्रयास के साथ-साथ पंजाब में सिक्खों का प्रभुत्व समाप्त करने के लिए एक असफल सैनिक अभियान का संचालन किया। उसके अनुयायी वहाबी कहलाये। 1857 ई. के विद्रोह के पश्चात् वहाबियों में इस्लाम के सिद्धांतो के अनुसार मुसलमानों को जीवन व्यीतत करने की सलाह दी। मजूमदार के अनुसार भारत में सफूी मत का प्रभाव होने के कारण कट्टर वाहबी मत अधिक लोकप्रिय नहीं हो सका॥ उन्नीसवी शताब्दी के उत्तरार्द्ध मे सर सैयद अहमद द्वारा आरम्भ किया गया अलीगढ़ आन्दोलन अपने समय का सबसे सफल व लोकप्रिय सुधार आन्दोलन था।

उन्नीसवीं शताब्दी में मिर्जा गुलाम अहमद (1838-1908) ने मुस्लिम धर्म व समाज के सुधार के लिए एक आन्दोलन चलाया जो अहमदिया आन्दोलन के नाम से जाना जाता है। इन्होंने अपने को कृष्ण का अवतार भी बताया। उन्होंने यह आन्दोलन पंजाब के गुरूदासपुर जिले के कादियाँ नामक नगर से शुरू किया। उन्होंने अपने सिद्धान्तों की व्याख्या 'बराहीन-ए-अहमदिया' नामक ग्रन्थ में की। यह आन्दोलन अधिक लोकप्रिय नहीं हुआ।

□□□

6

स्वामी विवेकानन्द का आधुनिक दृष्टिकोण

व्यावहारिक जीवन में वेदान्त

प्रथम व्याख्यान

स्वामी जी ने व्यावहारिक वेदान्त के विषय में कहा मैं तुम लोगों से पहले कह चुका हूँ, 'सिद्धान्त' बिल्कुल ठीक होने पर भी उसे कार्यरूप में परिणत करना एक समस्या हो जाती है। यदि उसे कार्यरूप में परिणत नहीं किया जा सकता, तो बौद्धिक व्यायाम के अतिरिक्त उसका कोई मूल्य नहीं। अतएव वेदान्त यदि धर्म के स्थान पर आरूढ़ होना चाहता है, तो उसे संपूर्ण रूप से व्यावहारिक बनना पड़ेगा। व्यावहारिक जीवन के बीच में एक काल्पनिक भेद है उसे भी मिटाना पड़ेगा।

अद्वेत वेदान्त हिन्दू धमावलम्बियों का सर्वप्रथम दर्शन समझा जाता है, उसका भारतीय दर्शनों में भी महत्त्वपूर्ण स्थान है। विश्व के उन दर्शनों में भी, जिनकी प्रेरणा धर्मग्रन्थों से आयी है, भारतीय अद्वैत का ऊँचा स्थान माना जाता है। यों जो वेदों अथवा श्रुतियों के प्रामाण्य को मानने वाले न्याय, सांख्य आदि भी आस्तिक दर्शन कहलाते हैं, किन्तु वेदान्त के विभिन्न सम्प्रदाय इस अर्थ में परम आस्तिक हैं कि वे अपने सिद्धान्तों को मुख्यत: उपनिषदों से प्राप्त करने का दावा करते हैं। यह मनना ही पड़ेगा कि अद्वैत अथवा शांकर वेदान्त उपनिषदों के बहुत निकट है, विशेषत प्राचीनतम उपनिषदों अर्थात् बृहदारण्यक और छांदोग्य के, शंकराचार्य ने, जो अद्वैत मत के प्रमुख प्रतिष्ठाता माने जाते हैं, अपने प्रस्तानत्रयी (उपनिषद्, ब्रह्मसूत्र, *गीता*) पर रचे गये भाष्यों में अपने अद्वैत का प्रतिपादन और समर्थन किया है। शंकराचार्य का जन्म सातवीं और आठवीं शताब्दी के मध्य केरल के मालाबार तट पर स्थित कलादी नामक स्थान पर हुआ था। इनका जीवन काल 788 ई. से

820 ईस्वी तक माना जाता है। इनके पिता शिवगुरु थे जो ब्रह्म के उपासक थे। अल्पायु में ही इनके पिता का देवाहवसान हो गया था। इन्होंने बाल्यावस्था में ही स्मृति पुराण वेदों का अध्ययन कर लिया था। शंकराचार्य ने वेदान्त सूत्रों पर शारीरिक भाष्य लिखा। गीता और उपनिषदों में भी इन्होंने भाष्य लिखे। भारत की चारों दिशाओं में इन्होंने मठ स्थापित किये। मात्र 40 वर्ष की आयु में केदारनाथ की पवित्र भूमि पर अपने नश्वर शरीर को त्यागकर मोक्ष प्राप्त किया।

उपनिषदों में एक और सृष्टि का वर्णन किया गया है और दूसरी और नाना विषयात्मक को मिथ्या कहा गया है। इन दोनों बातों का सामंजस्य कैसे किया जाए ? यदि सृष्टि को सत्य मानते हैं तो फिर नानात्व को कैसे अस्वीकार किया जा सकता है ? शंकर इस समस्या का समाधान इस प्रकार करते हैं।

उपनिषदों की सामान्य विचारधारा और दृष्टिकोण को देखते हुए सृष्टि की निर्विकार है तो फिर यह सृष्टिकर्ता कैसे हो सकता हैं। यदि ब्रह्म वस्तुतः निर्गुण और निर्विकार है तो फिर वह सृष्टिकर्त्ता कैसे हो सकता है ? यदि उसका कर्त्तव्य सत्य है तो फिर वह निर्गुण या अधिकारी कैसे ? ये दोनों बातें एक साथ नहीं हो सकती। फिर शास्त्रों में यह बात कही गई है कि ब्रह्मज्ञान हो जाने पर नानात्व दूर हो जाता है। यदि सृष्टि को सत्य मान लिया जाए, तो यह भी समझ में नहीं आ सकता। यदि जगत् सतय है तो फिर यह तिरोहित कैसे हो जाता है ? ब्रह्मज्ञान का उदय होने पर केवल मिथ्याज्ञान नष्ट हो सकता है। जो सत् है सो कैसे नष्ट होगा ? यहाँ शंकर को जगत् के रहस्य की एक कुंजी मिल जाती है। यदि संसार की तुलना एक स्वप्न या भ्रम से की जाए, तो उसकी सृष्टि ओर पीछे तत्त्वज्ञान हो जाने पर उसका तिरोभाव-ये दोनों बातें समझ में आ सकती हैं। उपनिषदों में भी इसका संकेत पाया जाता है। ऋग्वेद में भी कहा गया है कि एक ही इन्द्रिय माया के प्रभाव से नाना रूपों में प्रकट होते है। वृहदारण्यक में भी यही बात कही गई है। श्वेताश्वतर में भी स्पष्ट कहा गया कि ब्रह्म की माया ही प्रकृति है।

माया ईश्वर की शक्ति है। जिस तरह अग्नि की दाहकता अग्नि से अभिन्न है उसी तरह भी ईश्वर से अभिन्न है। इसी माया के द्वारा मायावी ईश्वर वैचित्र्यपूर्ण सृष्टि की अद्भुत लीला दिखलाते हैं। इस लीला को अज्ञानी सत्य समझ लेते हैं, परन्तु जो तत्त्वदर्शी हैं वे लीला दिखलाते है। इस लीला को अज्ञानी सत्य समझ लेते हैं, परन्तु जो तत्त्वदर्शी हैं वे उसे लीला को समझ जाते हैं और इस मायामय संसार

में आता है कि वास्तविक आधार या अधिष्ठान का ज्ञान नहीं रहने के कारण भ्रम होता है। जैसे-रस्सी का यथार्थ ज्ञान नहीं होने पर उसमें साँप का भ्रम होता है। यदि हम रस्सी हो रस्सी जानते, हो तो उसमें विषय में भ्रम नहीं होता। परन्तु केवल रस्सी का अज्ञान-मात्र ही भ्रम का कारण नहीं है। क्योंकि वैसी हालत में जिसे रस्सी का कभी ज्ञान प्राप्त नहीं हुआ वह सर्वदा साँप ही साँप देखा करता। जिस अविद्या के कारण भ्रम उत्पन्न होता है वह केवल अधिष्ठान का 'आवरण' ही नहीं करती, उस पर 'विक्षेप' भी कर देती है। आवरण का अर्थ है यथार्थ स्वरूप को ढँक देना। विक्षेप का अर्थ है उस पर दूसरी वस्तु का आरोप कर देना। वे दोनों अविधा या अज्ञान के कार्य है, जिनसे हमारे मन में भ्रम पैदा होता है। जब कोई बाजीगर जादू का खेल दिखाकर हमें भ्रम में डाल देता हैं (जैसे, एक सिक्के को अनेक सा बनाकर दिखा देता है।) तब दर्शक तो भ्रम में पड़ जाते है। परन्तु स्वयं बाजीगर उस भ्रम में नहीं पड़ता। हममें वह भ्रम या अविद्या अज्ञान के कारण पैदा होती है जिसके कारण वस्तु का स्वरूप छिप जाता है और उसके स्थान में दूसरी वस्तु दिखाई पड़ती है। यदि कोई दर्शक उस एक सिक्के का असली रूप ही देखता रहे तो जादू की छड़ी उसे भुलावे में नहीं डाल सकती, यह तो हमारी दृष्टि से हुआ। जादूगर की दृष्टि से वह भ्रम केवल माया करने की शक्ति है, जिससे दर्शक भ्रम में पड़ जाते हैं, स्वयं जादूगर नहीं। इसी तरह सृष्टि की माया भी दो तरह से समझी जा सकती है। ईश्वर के लिए वह केवल लीला की इच्छा है। ईश्वर स्वयं उस माया से मुग्ध नही होता। हम लोग जो अज्ञानी हैं उसे देखकर भ्रम में पड़ जाते हैं और एक ब्रह्म का यथार्थ स्वरूप छिपा देना और उसे संसार के रूप में आभासित करना। इस विशेष-शक्ति के कारण माया को भावरूप अज्ञान कहते हैं। सृष्टि का आरंभ कभी किसी काल में हुआ, ऐसा कहीं कहा ता सकता, अतः माया को अनादि मानते हैं। जो इने-गिने ब्रह्मज्ञानी संसार की भूलभुलैया में नहीं पड़, जगत् को ब्रह्ममय देखते हैं उनके लिए न कोई भ्रम है न माया। उनके लिए ईश्वर भी मायावी नहीं।

मनुष्य का सूक्ष्म शरीर भूतों से बना है और स्थूल शरीर स्थूल भूतों से (जो पाँच सूक्ष्म तत्त्वों के संयोग से बनते हैं)। शंकर-सृष्टि के इसी क्रम को मानते हैं। परन्तु वे इस समस्त प्रक्रिया को विवर्त्त या अध्यास मानते हैं।

शंकर के इस विवर्त्त में कई गुण हैं। एक तो यह कि शास्त्रीय वचनों की संगत व्याख्या इस मत में हो जाती है। दूसरे, दृष्टि का अधिक युक्ति-संगत कारण यह

बतलाता है। यदि ऐसा माना जाए कि ईश्वर सृष्टिकर्त्ता है और अचेतन प्रकृति जैसी किसी अन्य वस्तु को लेकर जगत् की रचना करते हैं, तब ईश्वर के अतिरिक्त उस दूसरी वस्तु की सत्ता भी माननी पड़ती है और इस तरह ईश्वर की एकमात्र सर्वव्यापी सत्ता नहीं रह जाते। उनकी समीमता नष्ट हो जाती है। परन्तु यदि उनकी प्रकृति को सत्य भी मानते और ईश्वर में आश्रित भी और इस संसार को उसका वास्तविक परिणाम मानते हैं तो एक ईश्वर में आश्रित भी ओर इस संसार को उसका वास्तविक परिणाम मानते हैं। तो एक दुविधा उपस्थित होती है। प्रकृति या तो ईश्वर का एक अंग मात्र है अथवा संपूर्ण ईश्वर से भिन्न है। माना जाए तो यह बाधा उपस्थित होती है कि तब प्राकृतिक विकास का अर्थ हो जाता है संपूर्ण ईश्वर का जगत् के रूप में परिणत हो जाना। वैसी अवस्था में यह मानना पड़ेगा कि सृष्टि हाने के उपरांत कोई ईश्वर नहीं रहता। यदि ईश्वर में सचमुच विकार होता है तो वह चाहे आंशिक हो या पूर्ण, ईश्वर को किसी हालत में नित्य निर्विकार नहीं कहा जा सकता। और, तब यह ईश्वर कहलाने के योग्य नहीं रहता। विवर्त्तवाद को मान लेने पर ये कठिनाइयाँ दूर हो जाती हैं। क्योंकि विकार आभास मात्र है, वास्तविक परिवर्तन नहीं है।

इन कठिनाइयों का अनुभव रामानुज ने भी किया है। परन्तु उनका विचार है कि सृष्टि का रहस्य मानव-बौद्ध के परे हैं और शास्त्रों में जो सृष्टि कस वर्णन दिया गया है, वही हमें मान्य होना चाहिए। यही कठिनाइयों की बात। सो एक बार जब हम ईश्वर को सर्वशक्तिमान, सर्वज्ञ और विचित्र-सृष्टिकारी मान लेते हैं तो उनके लिए कुछ भी असंभव नहीं रह जाता है। शंकर भी यह मानते हैं कि बिना श्रुति की सहायता से, केवल तर्क के सहारे, सृष्टि का रहस्य ज्ञात नहीं हो सकता। परन्तु वे कहते हैं कि स्वयं श्रुतियों में ही एक से अनेक आभास्ति होना बतलाया गया है। शास्त्र-ज्ञान के अनुसार हम अपनी तर्क-बुद्धि का सहारा लेकर अने जीवन के साधारण भ्रम के अनुभवों से इस सृष्टि-रूपिणी माया के रहस्य को यथासंभव समझने का प्रयत्न कर सकते है।

विवर्त्तवाद की समर्थक युक्तियाँ

विवर्त्तवाद के पक्ष में शंकर की युक्तियाँ, और उनका माया, अविद्या तथा अध्यास-विषयक सिद्धान्त-ये सब अद्वैतवाद के प्रबल यौत्तिक आधार है। जो श्रुति अथवा ब्रह्म विषयक अपरोक्ष अनुभूति में विश्वास नहीं करते, किन्तु सामान्य अनुभव

और तर्क के द्वारा जगत् का वास्तविक रूप समझना चाहते हैं, वे भी तार्किक या दार्शनिक दृष्टि से इन युक्तियों को बहुत अधिक मूल्यवान समझेगे। शंकर के अनुयायियो ने अद्वैत की पुष्टि में जो स्वतंत्र ग्रंथ लिखे हैं (जैसे, तत्त्वप्रदीपिका या चित्सुखी, अद्वैतसिद्धि, खंडनखंडखाद्य) उनमें ऐसी सूक्ष्म और चमत्कृत युक्तियाँ हैं जिनकी गहराई को पाश्चात्य दर्शन के गंभीर ग्रंथ भी शाहद ही पा सकते हैं। वेदान्त का मूल है श्रुति या अपरोक्ष अनुभूति। तथापि वह इस बात का नहीं भूलता कि जब तक मनुष्य की तर्क-बुद्धि संतुष्ट नहीं होती और सहज अनुभव के आधर पर युक्ति द्वारा उसे कोई बात समझ में नहीं आ जाती तब तक केवल दूसरे की उच्चतम अपनोक्ष अनुभूति को भी वह नहीं मान सकता। वेदान्त के विद्यार्थी को अद्वैतवाद के इस स्वरूप का दिग्दर्शन कराने के लिए नीचे यह दिखाया जाता है कि शंकर सामान्य अनुभव को तर्क की कसौटी पर कसकर किस तरह अपने मत की स्थापना करते हैं-

(1) किसी कार्य और उसके उपादान में क्या सम्बन्ध है, यदि इसकी सूक्ष्म विवेचना की जाए तो ज्ञात होता है कि कार्य कारण से भिन्न वस्तु नहीं है। मिट्टी का बर्तन मिट्टी के अलावे और कुछ भी नहीं। सोने का गहना सोना मात्र है। पुन: कार्य अपने उपादान-कारण से अविच्छेद है। इसके बिना कार्य नहीं रह सकता। हम मिट्टी से बर्तन को पृथक् नहीं कर सकते, न सोने से गहने को अलग कर सकते हैं। अतएव ऐसा समझना गलत है कि कार्य एक नई चीज है जो पहले नहीं थी और अब हुई है। तत्त्वत: वह सर्वदा अपने उपादान कारण में विद्यमान थी। वस्तुत: हम अभाव पदार्थ से उत्पन्न होने की कल्पना भी नहीं कर सकते। द्रव्य का केवल रूपांतर होना हम सोच सकते है। यदि असत् से सत की उत्पत्ति संभव होती तो बालू से भी तेल निकल सकता, न कि केवल तिल आदि वस्तुओं से। निमित्त-कारण (जैसे तेली, या कुम्हार या सोनार) की क्रिया से किसी नए द्रब्य की उत्पत्ति नहीं होती, केवल उस द्रव्य के निहित रूप की अभिव्यक्ति मात्र हो जाती है। अतएव कार्य को कारण से अनन्य और उसमें विद्यमान जानना चाहिए। कार्य कारण की ही अवस्थामात्र है।

इन युक्तियों के आधार पर शंकराचार्य सत्कार्यवाद का अवलंबन करते हैं। सांख्य भी इसी मत का अनुयायी है। परन्तु शंकर का कहना है कि सांख्य सत्कार्यवाद का पूरा तत्त्व नहीं समझ पाता। क्योंकि सांख्य का मत है कि यंद्यपि कार्य अपने

उपादान में विद्यमान रहता है तथापित उपादान में वास्तविक विकार का परिणाम होता है, क्योंकि वह नया रूप धारण करता है। इसका अर्थ यह है कि जो आकार असत् था वह सत् हो जाता है। इस तरह सत्कार्यवाद का सिद्धान्त टूट जाता है। यदि इस सिद्धान्त का आधार पक्का है तो हमें उसको सर्वथा मानने को भी तैयार रहना चाहिए। और ऐसे मत का अवलंबन नहीं करना चाहिए जिसे वह सिद्धान्त भंग हो जाए।

यहाँ यह प्रश्न उठ सकता है कि कार्य में जो एक नया आकार होता है, इस प्रत्यक्ष बात को कैसे अस्वीकार किया जाए। शंकर प्रत्यक्ष को अस्वीकार नहीं करते, केवल उसका यथार्थ तत्त्व क्या है, उसी का अनुसंधान करते हैं। क्या सांख्य का यह समझना ठीक है कि आकार का परिवर्त्तन वास्तविक परिर्वन है ? यह तब ठीक होता जब आकार की अपनी अलग सत्ता होगी। परन्तु सूक्ष्म विवेचना करने से ज्ञात होता है कि आकार द्रव्य या उपादान की एक अवस्था मात्र है जो उस द्रव्य से अविच्छेद है। उसके पृथक अस्तित्व की कल्पना भी नही की जा सकती। आकार की जो कुछ सत्ता है वह द्रव्य या वस्तु ही को लेकर। अतएव आकार या आकृति के परिवर्तन को देखकर उसे वास्तविक परिवर्तन समझना ठीक नहीं। इसके विपरीत, यह देखने में आता है कि आकारिक परिवर्तन होने पर कोई वस्तु वही कही जाती है। जैसे, देवदत्त सोते, उठते या बैठते हुए भी देवदत्त ही कहा जाता है। यदिं आकार-परिवर्तन का अर्थ वास्तविक विकार होता तब यह बात कैसे होती?

इसके अतिरिक्त यदि आकार या और किसी गुण की द्रव्य से पृथक् सत्ता मान ली जाए तो फिर गुण में और द्रव्य में कैसे सम्बन्ध होता है, यह समझ में नही आ सकता। क्योंकि दो पृथक सत्ताओं में बिना किसी वस्तु की सहायता से सम्बन्ध स्थापित नहीं हो सकता। अब यदि हम इस तीसरी वस्तु की कल्पना करते हैं तो उसका पहली और दूसरी वस्तु से सम्बन्ध जोड़ने के लिए चौथी और पांचवी वस्तुओं की कल्पना करनी पड़ेगी। फिर उन चौथी और पांचवी का अपनी-अपनी अपेक्षित वस्तुओं से सम्बन्ध जोड़ने के लिए भी उसी प्रकार अन्य सम्बन्धों की कल्पना करनी पड़ेगी। इस तरह की सम्बन्ध कल्पना करने से हम पार नहीं पा सकते। संक्षेप में यह कहिए कि गुण और उसके द्रव्य में पार्थक्य की कल्पना करना अयुक्तिसंगत है। आकार द्रव्य से भिन्न सत्ता नहीं है। अतएव यदि द्रव्य वही कायम रहे हो केवल आकार परिवर्तन को वास्तविक परिवर्तन नहीं कहा जा सकता।

हम देख चुके है कि कोई कार्य उत्पन्न होता है, तब द्रव्य में विकार नहीं आता। कारण कार्य का सम्बन्ध वास्तविक परिवर्तन सूचित नहीं करता। और जो परिवर्तन होता है वह कारण के ही द्वारा। अतएव वस्तु का विकार नहीं होता। इसका अर्थ यह है कि यद्यपि हम विकारों को देखते हैं तथापित बुद्धि उन्हें सत्य नहीं मान सकती। अतएव उनका जो प्रत्यक्ष होता है उसक प्रत्यक्षाभास ही समझना चाहिए। हमें आकाश नीला दीख पड़ता है, सूर्य में गति दिखलाई पड़ती है, परन्तु हम इन सब बातों को सत्य नहीं मानते, क्योंकि वे युक्ति के द्वारा असत्य प्रमाणित हो जाती हैं। ऐसी प्रत्यक्ष किन्तु असत्य घटना को आभास कहते हैं, जो वास्तविक सत्य नहीं। इसलिए सभी विकारों को आभास-मात्र समझना चाहिए, वास्तविक सत्य नहीं। इस तरह हम केवल युक्ति द्वारा ही विवर्त्तवाद पर पहुँच जा सकते है। इसी को शंकर 'अध्यास' कहते है। इस तरह की मिथ्या कल्पना का कारण अविद्या है जो हमें भ्रम में डाल देतीं है और असत् का आभास कराती है। इसको शंकर अज्ञान, अविद्या या माया कहते हैं। इसी कारण संसार की प्रतीति होती है।

(2) यहाँ यह प्रश्न उठ सकता है कि यदि यह परिवर्त्तनशील संसार आभास-मात्र है। तो वह कौन-सी वस्तु या पदार्थ है जो भिन्न-भिन्न विषयों के रूप में हमें आभासित होती है ?

सामान्यत: हम उसी को द्रव्य कहते हैं जो कुछ गुणों का आश्रय होता है। इस अर्थ में घट या पट द्रव्य है। परन्तु हम देख चुके हैं कि घट से पृथक उसके रूप आदि गुणों को सत्ता नहीं होती और घट की सत्ता उसके उपादान कारण से भिन्न नहीं होती। यहाँ मृत्तिका ही सत्य या वास्तविक द्रव्य है और घट उसका एक रूप या आकार मात्र है। परन्तु मृत्तिका स्वयं विकार को प्राप्त होने वाली वस्तु है। उसका मृत्तिका भाव नष्ट हो जा सकता है। अतएव इसे भी यथार्थ वस्तु या परमार्थ नहीं कह सकते। यह घट की अपेक्षा अधिक स्थायी जरूर है पर यह भी किसी अन्य द्रव्य का एक रूप मात्र है जो द्रव्य उस मृत्तिका के सभी विकारों में विद्यमान रहता है, जो मृत्तिका के आधारभूत कारण में ाी वर्तमान रहता है और मृर्त्तिका का नाश हो जाने पर उसके परिणाम रूप द्रव्यांतर में भी। इस तरह यदि सभी 'द्रव्य' नामधारी पदार्थ विकारी हैं जो वास्तविक द्रव्य वह है जो सभी विषयों में एक सा बना रहता है। हम देखते है कि सत्ता सभी विषयों में सामान्य है। प्रत्येक विषय में -चाहे उसका रूप कुछ भी हो-'सत्ता' सभी विषयों में सामान्य है। प्रत्येक विषय में-चाहे उसका रूप

कुछ भी हो-'सत्ता' देखने में आती है। अतएव उसके सत्ता को विषय-संसार मूल द्रव्य या उपादान कारण समझना चाहिए।

जब हम अपनी परिवर्तनशील मनोवृत्तियों पर ध्यान देते हैं तब वहाँ भी देखते हैं कि प्रत्येक भाव या विचार या विषय चाहे जो कुछ हो, उसमें सत्ता तो अवश्य ही रहती है। भ्रमात्मक विचार का विषय चाहे जो कुछ हो, उसमें सत्ता तो अवश्य ही रहती है। भ्रमात्मक विचार का विषय सत्य नहीं होता, तो भी वह विचार अवगति के रूप में तो अवश्य ही सत् है। सुषुप्तावस्था या मर्च्छावस्था निर्विषयक होने पर भी सत् होती है। इस तरह सत्ता एक अव्यभिचारी वस्तु है जो बाह्य और आभ्यंतरिक सभी अवस्थाओं में अनुगत रहती है। अतएव इसी सत्ता को मूल द्रव्य या उपादान कारण मानना चाहिए। सभी बाह्य विषय या आभ्यंतरिक वृत्तियाँ इसी सत्ता के नाना रूप हैं।

इस तरह हम देखते हैं कि शुद्ध सत्ता जो समस्त संसार का मूल कारण है नाना रूपों में प्रकट होने पर भी स्वयं निराकार है, भिन्न-भिन्न भागों में होने पर भी यर्थाथत: निरवयव है, सान्त विषयों में भासमान होने पर भी वस्तुत: अनंत, निर्विशेष सत्ता को ही संसार वस्तुत: अनंत है। शंकर इस अनंत, निर्विशेष सत्ता का ही संसार का मूल तत्त्व या उपादान कहते हैं। वह इसी सत्ता को 'ब्रह्म' कहते हैं।

(3) इस ब्रह्म को चेतना सत्ता माना जाए या अचेतन ? साधारणत: हम बाह्य विषयों को अचेतन और अपने मन की आभ्यंतरिक वृत्तियों केा हम चैतन्य कहते हैं। क्योंकि उनका अस्ति व स्वयं प्रकाश है। परन्तु जब हम बाह्य संसार को देखते हैं तो उसका अस्तित्व भी स्वयं प्रकाश है। परन्तु जब हम बाह्य संसार को देखते हैं तो उसका अस्तित्व भी स्वयं अपने को प्रकाशित करता है। यह भांति या प्रकाश की शक्ति बाह्य और आभ्यंतरिक दोनों पदार्थों में पाई जाती है। अतएव यह कहा जा सकता है कि दोनों पदार्थों में जो अनुगत सामान्य तत्त्व-सत्ता है वह स्वयं प्रकाशक है अर्थात् उसमें अपने को प्रकट करने का स्वांभाविक गुण है। अतएव ब्रह्म को स्वयं प्रकाश चैतन्य-स्वरूप मानना अधिक समीचीन है। सूक्ष्मतया विचार करने से विदित हो जाएगा कि प्रकाश या भान ही सत् पदार्थों को असत् से पृथक करता है। जो असत् वह क्षण भर के लिए भी अपने को प्रकट नहीं कर सकता।

(4) संसार के परिवर्तनशील विशेष विषयों की सत्ता की परीक्षा करते हुए शंकर उनका दुहरा रूप देखते हैं। वे विषय शुद्ध सत् नहीं कहे जा सकते क्योंकि वे

विशेष विकारशील हैं। किन्तु बंध्यापुत्र के समान सर्वथा असत् अलीक या तुच्छ भी नहीं कहे जा सकते, क्योंकि उनमें भी सत्ता है जो उनके रूप में आभासित हो रही है। इस कारण वे न तो सत् कहे जा सकते हैं न असत् न अनिर्वचनीय है। यह समस्त विषय-संसार और उनकी जननी माया या अविद्या भी सत् असत् से विलक्षण, अनिर्वचनीच है।

(ख) भ्रम-विचार

शंकर जगत् को माया का भ्रम समझते हैं अतएव उन्होंने (और उनके अनुयायियों ने भी) भ्रम का विशद विवेचना की है, विशेषत: इसलिए कि अन्यान्य संप्रदायों के भ्रम विषयक मत अद्वैतवाद के प्रतिकूल पड़ते हैं। मीमांसक-गण तो प्रत्यक्ष में भ्रम की संभावना मानते ही नहीं। कुछ पाश्चात्य वस्तुवादी दार्शनिकों की तरह उनका कहना है कि सभी ज्ञान अभ्रांत हैं, कहीं भ्रम नहीं है। यदि यह विचार ठीक माना जाए तो अद्वैत की सिद्धि नहीं होती है। अतएव अद्वैतवादी इस मत की आलोचना करते है। मीमांसकों का कहना है कि जिसे हम भ्रम कहते हैं (जैसे-रजु में सर्व का भ्रम) वह दो यथार्थ ज्ञानों का मिश्रण है। वह प्रत्यक्ष और स्मृतिज्ञान का सम्मिश्रण और इन दोनों के भेदज्ञान का अभाव भ्रमात्मक विचार सूचित करता है कि यहाँ एक ही ज्ञान है। यह सत्य हो सकता है कि यह पद-वाच्य वस्तु के प्रत्यक्ष से पूर्वानुभूत साँप की स्मृति जग जाती है, परन्तु यदि वह स्मृति प्रत्यक्ष के साथ मिलकर एक ज्ञान नहीं बन जाती (अर्थात् प्रत्यक्ष ज्ञान के साथ-साथ पृथक् इस रूप में रहती) तो दो विचार होते। (1) 'मैं इसे देखता हूँ,'(2) 'मुझे साँप की स्मृति हो रही है' अथवा (1) 'यह है' और (2) 'वह साँप था'। इसके विपरीत, 'यह साँप है। इस वाक्य में 'साँप' 'यह' पदवाच्य का विधेय है। अतएव 'यह' साँप से अभिन्न माना गया है। यहाँ केवल भेदज्ञान का अभाव मात्र नहीं है, परन्तु प्रत्यक्ष और स्मृति पदार्थों की तादात्म्य कल्पना भी है। यदि ऐसा तादात्मयज्ञान नहीं रहता तो हम उस वस्तु से डरकर भागते नहीं। अतएव प्रत्यक्ष भ्रम को अस्वीकार नहीं किया जा सकता।

प्रत्यक्ष ज्ञान में भ्रम हो सकता है इस बात का न्याय-वैशेषिक भी स्वीकार करता है। परन्तु वह उसे एक अलौकिक प्रत्यक्ष की तरह मानता है जिसमें स्मृति का संसार इतना प्रबल हो उठता है कि प्रत्यक्ष सा जान पड़ता है। इस तरह जो वस्तुत: पूर्वकाल में प्रत्यक्ष हुआ था (जैसे अन्यत्र देखा हुआ साँप) वह उस संस्कार के द्वारा

वर्तमान कालिक ज्ञान बन जाता है। जो निम्य असत् है उसकी कभी प्रतीति नहीं हो सकती। जिस सत् पदार्थ का भी पहले प्रत्यक्ष हुआ उसी की प्रतीति भ्रम में हो सकती है। अतएव अद्वैतवादियों का कहना कि यह जगत् भ्रम-मात्र है तभी समझ में आ सकता है जब किसी वास्तविक जगत् का भी पूर्वकाल में प्रत्यक्ष हो चुका हो। बिना इसके भ्रम को सिद्धि ही नहीं होती। यदि जगत् त्रिकाल में असत् है तो इसकी कभी प्रतीति ही नहीं होनी चाहिए।

इसके उत्तर में अद्वैतवादी मुख्यत: ये युक्तियाँ देते हैं। वर्त्तमान देश-काल में किसी अतीत देश-काल के विषय का प्रत्यक्ष होना असंभव है। स्मृति-संस्कार कितना ही प्रबल क्यों न हो उसमें 'तत्' का भाव रहेगा, 'एतत् '(यह) का नहीं। ('वह' में देश काल की दूरता का भाव है,'यह' सामीप्य अर्थात् 'यहाँ' और 'अभी' का सूचक है)। इस तरह भ्रमात्मक विषय में जो वर्त्तमानत्व और साक्षात् प्रतीति का भाव रहता है उसकी उपपत्ति नहीं होती। यदि यह कहा जाए कि स्मृतिज्ञान प्रत्यक्ष के वास्तविक विषय का अपने देश-काल से अलग कर हटा देता है तो यह भी असंगत होगा। किसी भी अवस्था में यह तो मानना ही पड़ेगा कि जो यहाँ ओर अभी वस्तुत सत् नहीं है (जैसे साँप) वह सत के रूप में भासमान हो सकता है और वह इस कारण कि हमें वर्तमान वस्तु (जैसे रज्जु) का अज्ञान है। इन सब बातों को एक साथ मिलाकर अद्वैतवादी इस सिद्धान्त पर पहुँचे हैं कि अज्ञान के कारण वास्तविक विषय के स्वरूप पर आवरण पड़ जाता है और वहाँ विषयांतर को प्रतीति होनी है जिसे हम भ्रम कहते हैं। वर्त्तमान स्वरूप का प्रत्यक्ष नहीं होना, कई कारणों से हो सकता है, जसै दृष्टि-दोष, प्रकाश का अभाव, आदि। सादृश्य ज्ञान ओर तज्जन्य स्मृति-संस्कार के उद्‌बोधन से अज्ञान को भावरूप भ्रम की सृष्टि करने में सहायता पहुँचती है। यह भासमान विषय (सर्प) वर्त्तमान देशकालिक (यहाँ और सभी) प्रतीति के रूप में विद्यमान है, यह तो मानना होगा। इसे अज्ञान की ही तात्कालिक एक सृष्टि कह सकते हैं। इस सृष्टि को सत् नहीं कह सकते क्योंकि यह पश्चात् कालिक एक सृष्टि कह सकते हैं। इस दृष्टि को सत् नहीं कह सकते क्योंकि यह पश्चात्-कालिक अनुभव (रज्जु के प्रत्यक्ष) से बाधित हो जाती है। इसे असत् भी नहीं कह सकते क्योंकि यह कुछ काल के लिए प्रकट होती है।और जो वस्तु असत् है (जैसे बंध्यापुत्र) वह कभी क्षणमात्र के लिए भी प्रकट नहीं हो सकती। अतएव अद्वेतवादी इसे अनिर्वचनीय सृष्टि कहते हैं। भ्रम के विषय में वह

मत अनर्वचनीय ख्यातिवाद कहलाता है। यह रहस्यवाद सा मालूम हो सकता है। परन्तु माया या भ्रम में रहस्य तो है ही। जो वस्तुवादी या स्वभाववादी हैं उनके लिए भी यह एक उलझन है। न्याय-वैशैषिक को भी इसे अलौकिक स्वीकार करना पड़ा है।

यह संसार भी एक प्रकार का भ्रम है। उस का कारण अज्ञान है। अज्ञान के कारण आवरण और विक्षेप होता है अर्थात् ब्रह्म का स्वरूप आच्छादित होकर जगत् को प्रतीति होती है। यही वेदान्त का मत है। फिर भी यह प्रश्न उठ सकता है कि वास्तविक जगत् का पहले कभी प्रत्यक्ष नहीं हुआ तो फिर इस वर्त्तमान जगत् को प्रतीति ही कैसे हो सकती है। परन्तु अद्वैतवादी के लिए इसका उत्तर देना कठिन नहीं है। क्योंकि कतिपय अन्यान्य भारतीय दर्शनों की तरह वे भी मानते है कि सृष्टि का प्रवाह अनादि है और इस संसार के पहले असंख्य संसार हो चुके हैं। उनके संस्कार जीवों में रह जाते हैं।

अतएवं शंकराचार्य 'अध्यास' का अर्थ करते हैं-"पूर्ववर्त्ती अनुभव का परवर्त्ती आधार में अवभासित होना।" उनका अभिप्राय है कि अज्ञान के कारण हम पूर्व जन्मों में अनुभूत नाना विषयों का शुद्ध या ब्रह्म में आरोप करते हैं।

यदि अनादि प्रवाह का सिद्धान्त न भी माना जाए तो भी सत्ता का रूपांतर में प्रकट हो सकता भ्रमात्मक ज्ञान के आधार पर ही सिद्ध हो जाता है। प्रत्येक भ्रम में, एक विषय के स्थान में विषयांतर प्रकट ही रहता है। इससे स्पष्ट सूचित होता है कि जिसको अभी वास्तविक सत्ता नहीं है वह भी सत् के रूप में प्रकट हो सकता है। अयथार्थ वस्तु भी सत् रूप में प्रकट हो सकती है, यह बात प्रत्येक भ्रम में सिद्ध होती है।

अद्वैतवाद का भ्रमविषयक सिद्धान्त बौद्धमत के शून्यवाद या विज्ञानवाद से भिन्न है। शून्यवादी कहता है कि शून्य ही जगत् के रूप में दिखाई पड़ता है। विज्ञानवादी का मत है कि मानसिक विज्ञान या प्रत्यक्ष ही जगत के रूप में दिखाई पड़ता है। शंकर और उसके अनुयायियों का सिद्धान्त है कि प्रत्येक विषय का आधार शुद्ध सत्ता है ओर यह आधार न तो शून्य है, न विज्ञानमात्र ही है।

यद्यपि स्वाभाविक जाग्रत अवस्था का संसार भ्रम की तरह अविद्या का परिणाम माना जाता है तथापि अद्वैतवादी यथार्थ प्रत्यक्ष और भ्रम-प्रत्यक्ष में भेद करते हैं। अतएव उनके कारणवश अज्ञान भी दो प्रकार के माने गए है। जिस मूल अविद्या के

कारण व्यावहारिक जगत् का प्रत्यक्ष अनुभव होता है वह 'मूलाविद्या' कहलाती है। उसी के सदृश जिस अविद्या के कारण सर्पादि का तात्कालिक भ्रम उत्पन्न होता है, वह 'तुलाविद्या' कहलाती है।

अद्वैतवादी व्यावहारिक जगत् और प्रतिभासिक विषय मानते है। इस सम्बन्ध में अद्वैतवादी वस्तुवादियों से भी बड़े-चढ़े है। भेद इतना ही है कि अद्वैतवादियों के अनुसार बाह्य विषय होने से ही यथार्थ भी होगा ऐसा आवश्यक नहीं और असत् होने से वह मन ही है यह भी आवश्यक नही। होल्ट प्रभृति कुछ आधुनिक नववस्तुवादी भी ऐसा ही मानते हैं। पूर्वोक्त युक्तियों के आधार पर शंकर कहते हैं कि प्रत्येक विषय सविशेष और विकारशील होने के कारण विरुद्धात्मक है अतएव यह शुद्ध सत्ता के समान त्रेकालिक निषेघ रहित नहीं है।

वेदान्त दर्शन-शंकराचार्य के अद्वैत दर्शन के प्रमुख बिन्दु निम्न प्रकार है।

ब्रह्म और आत्मा-अद्वैत वेदान्त का केन्द्रगत सम्प्रत्य आत्मा या ब्रह्म है। इस प्रत्यय को ठीक से समझे बिना न हम वेदान्त की ज्ञान पिपास को ही सही रूप में हृदयंगम कर सकते है न उसके मोक्ष सिद्धान्त को। अद्वैत अपनी आत्मा या ब्रह्म की धारणा सीधे उपरिषदों से लेता है। कहने की जरूरत नहीं कि अद्वैत मत में आत्मा और ब्रह्म में अभेद है। इसी अभेद के पक्ष में शंकराचार्य ने अहम् ब्रह्मास्मि की घोषणा की है। यह आत्मा को प्राणियों का विषय नहीं मानते उसे ज्ञान का विषय भी नहीं मानते, प्रमाण शब्द का अर्थ है-जिसके द्वारा ज्ञान के विषय का मापन किया जाता है। इस प्रकार से शंकराचार्य के अद्वैत दर्शन को ब्रह्म को ही परम सत्ता माना गया है। उससे परे कोई वस्तु सत्य नहीं है। ब्रह्म के दो रूप माने गये है निर्गुण और सगुण इसकी व्याख्या श्रुति भी नेति नेति कहकर करती है। मायायुक्त ब्रह्म ही ईश्वर माना जाता है। जब तब व्यक्ति ज्ञान के वशीभूत रहता है तब तक उसके लिए विश्व ईश्वर एवं माया वास्तविक रहती है। जैसे ही वह ज्ञान से मुक्त हो जाता है वैसे ही वह सगुण ब्रह्म को मिथ्या मान लेता है। इस प्रकार से पारमार्थिक दृष्टि से ब्रह्म निर्गुण है और व्यावहारिक दृश्टि से सगुण है।

शंकराचार्य के अनुसार जब ब्रह्म माया से आछादित होता है तो वह ईश्वर कहलाता है। ईश्वर जगत का रक्षक संहारक है। यह जगत में व्याप्त है। ईश्वर पूर्ण है। नैतिक व्यवस्था को कायम रखता है।

शंकराचार्य आत्मा को परम तत्व मानते हैं। उनके अनुसार आत्मा नित्य शुद्ध मुक्त है। यह निराकार है देशकाल से अलग है। शंकराचार्य ने आत्मा और ब्रह्म दोनों को ही एक

बताया है। दोनों ही एक सत्ता के दो नाम है।

शंकराचार्य के अनुसार बुद्धि , अहंकार मन और इन्द्रिय और शरीर की उपाधियों से घिरी हुई आत्मा ही जीव है। आत्मा एक है लेकिन उपाधियों के नाम से अलग-अलग जीवों के रूप में दिखाई देती है।

जी। देहस्त आत्मा है-उसके तीन शरीर होते है- स्थूल शरीर, लिंग शरीर और कारण शरीर। इस प्रकार से शंकराचार्य ने ब्रह्म को सत्य और जगत को मिथ्या कहा है। शंकराचार्य का वेदान्त दर्शन तात्विक दृष्टि से समीचीन है।

वेदान्त दर्शन का शैक्षिक महत्त्व

शंकराचार्य जीवन और शिक्षा को एकरूप मानते हैं। उनके अनुसार जीवन की अवतारण मात्र भौतिक सुख समृद्धि का भोग करने के लिए ही नही हुयी वरन् ज्ञानार्जन के लिए भी हुयी है। अत: शिक्षा और जीवन में पार्थक्य न होकर अभेद है। इस प्रकार शंकराचार्य जीवन और शिक्षा के गहन सम्बन्ध को स्वीकार करते हैं और दोनों को परस्पर अन्योन्याश्रित मानकर श्रेष्ठ जीवन को सुशिक्षा का फल स्वीकार करते हैं। वे शिक्षा के महत्त्व को व्यक्ति और समाज दोनों के सन्दर्भ में स्वीकार करते हैं। उनके अनुसार शिक्षा व्यक्ति से अमरत्व प्राप्त होता है। शिक्षा से व्यक्ति का आचरण, तथा विचार सुसंस्कृत हो जाता है। शिक्षा से व्यक्ति का जीवन उत्तरोत्तर उत्कृष्टतर हो जाता है, जिससे उत्तम समाज के निर्माण को बल मिलता है और उत्तम समाज में ही उन्नत राष्ट्र तथा समृद्ध एवं शान्तिमय विश्व की कल्पना निहित है।

वेदान्त दर्शन ज्ञान और बुद्धि का एक ऐसा समन्वय है जिसके द्वारा मानव का बौद्धिक रूप से कल्याण होता है। इनके अनुसार शिक्षा व्यक्ति के लिये ज्ञान प्राप्ति का साधन है और उसके अज्ञान की निवृत्ति का माध्यम है। स्वयं शंकराचार्य जी कहते है शिक्षा के केवल ज्ञान प्राप्ति का साधन ही नहीं है वरन् व्यक्ति के मानसिक विकारों को दूर करने का पहलू भी है। शिक्षा की प्रक्रिया एक ऐसी पवित्र प्रक्रिया है जिसके माध्यम से धार्मिक, चारित्रिक विचारों का भाव स्वयं ही आ जाता है। शिक्षा मुक्ति पर्यन्त चलने वाली आध्यात्मिक प्रक्रिया है। जिसके द्वारा मानव में ब्रह्म भाव का जागरण हो जाता है। जिससे अपने यथार्थ के स्वरूप का बोध हो जाता है। जीवन जगत के प्रति उसके व्यवहार समानुकूलित हो जाते हैं। ह्दय में परिमार्जन और संशोधन होता है। जिससे समाज ओर राष्ट्र में उन्नति होती है।

वेदान्त दर्शन और शिक्षा के उद्देश्य

शिक्षा का उद्देश्य मानव का कल्याण है। इससे मानव के मानसिक विकास दूर होते हैं। वेदान्त दर्शन के अनुसार शिक्षा का उद्देश्य अज्ञान का दूर होना है। शिक्षा अज्ञान से ज्ञान की ओर ले जाती है जिससे सत्य का आभास होता है। यह धर्म, अर्थ काम, मोक्ष चारों पदार्थों को प्रदान करने वाली है। हृदय में ब्रह्म भाव का जागरण होता है और एकरूपता स्थापित हो जाती है। शंकराचार्य के अनुसार ब्रह्म की धारणा मानव के जीवन को सर्वोत्तम फल प्रदान करता है। इससे मोक्ष भाव की प्राप्ति होती है। उन्होंने शैक्षिक चिन्तन के आधार पर शिक्षा के रूप प्रस्तुत किये है वे मौलिक रूप से चिन्तन परख है जिनका सूक्ष्म विवेचन इस प्रकार है।

1. आत्मिक विवेक-शिक्षा का उद्देश्य व्यक्ति में आत्मा और अनात्मा का विवेक होना है। आत्मा का स्वरूप शास्त्रों में नित्य माना गया है यह अजर और अमर है और जो भी वस्तु संसार में दिखाई दे रही है वह अनित्य है मिथ्या है इसमें अपने आप को लगाना ही मिथ्य रूप है।

2. एकता और धार्मिक भावना का विकास-शिक्षा के द्वारा सम्पूर्ण प्राणियों में समानता का भाव स्थापित होता है इससे एकता का सूत्र अपने आप स्थापित हो जाता है। इसके साथ-साथ शिक्षा का उद्देश्य हृदय और विचारों में धार्मिक भावना का विकास होना भी माना गया है। यहाँ पर धार्मिक भावना से तात्पर्य यज्ञ परायण, दानशील, तपस्वी और नियमों से विद्या का अर्जन माना गया है।

3. वेराग्य और ब्रह्म निष्ठा का जीवन-शिक्षा का उद्दश्य आसक्ति से रहित माना गया है इससे व्यक्ति संयमित तथा सदाचारी होने के साथ-साथ जीवन में एक त्यागी भावना से परिपूरित हो जाता है। शिक्षा का उद्देश्य ब्रह्म निष्ठा को जीवन का सर्वोच्च लक्ष्य मानकर व्यक्ति को इससे संस्कारित होना चाहिए। यहाँ पर ब्रह्म निष्ठा का तात्पर्य ब्रह्म के प्रति एक भाव माना गया है। जब जीव की स्थिति ब्रह्ममय हो जाती है तो वह सत और असत् का निर्णय ले लेता है और जीवन में निश्चित रूप से एकता के भाव को स्थापित कर लेता है।

4. अद्वेत भावना और ब्रह्मनिष्ठा-आत्मा और ब्रह्म का समन्वय ही मानव जीवन कर लक्ष्य है। ब्रह्म और आत्मा का समन्वय ही अद्वेत कहलाता है। ब्रह्म और आत्मा की एकता ही शिक्षा है और यही शिक्षा का परम उद्देश्य है। शिक्षा का उद्देश्य व्यक्ति को आत्मन्ष्ठि बना देता है जिससे आत्मविश्वास का विकास करना माना गया है। शिक्षा के

उद्देश्यों के साथ-साथ शिक्षा के मूल्यों की भी स्थापना आवश्यक है। मानव जीवन के मूल्यों का आधार आध्यात्मिक एवं धार्मिक होने से शिक्षा के मूल्यों का स्वरूप भी सम्मिलित रूप से माना गया है जिसमें सत्य, अहिंसा, ब्रह्मचर्य, तप, निग्रह आदि की भावना को परिपूरित किया गया है।

5. वेदान्त दर्शन और पाठ्यक्रम-वेदान्त दर्शन में विद्या के दो रूप प्रतिपादित किये गये है। 1. पराविद्या और, 2. अपराविद्या। पराविद्या आत्मज्ञान और ब्रह्मज्ञान से सम्बन्धित मानी गयी है और अपराविद्या का समबन्द्ध दृश्यमान जगत को धारण करने वाले इस शरीर से मानी गयी है। आचार्य शंकर के अनुसार मोक्ष प्राप्ति के लिए मोक्ष प्राप्ति के लिए पराविद्या को उपयोगी माना गया है। भौतिक और सांसारिक सुखों के लिए अपराविद्या महत्त्वपूर्ण मानी गयी है। वेदान्त दर्शन में सत्ता के तीन प्रकार बताये गये है-1. प्रतिभासिक सत्ता, 2. व्यावहारिक सत्ता और, 3. पारमार्थिक सत्ता।

प्रतिभासिक सत्ता से तात्पर्य उस सत्ता से है, जो प्रतीति काल में सत्य प्रतीत होती है लेकिन बाद में उसकी वास्तविकता ज्ञात होती है। स्वप्न,कल्पना, विभ्रम आदि द्वारा प्राप्त अनुभव इसके अन्तर्गत आते हैं।

व्यावहारिक सत्ता से तात्पर्य उस सत्ता से है, जो पदार्थ या वस्तु या घटना व्यावहारिक दशा में सत्य प्रतीत होती है। यह व्यवहार रूप में दिखायी देने वाले पदार्थों में निहित रहती है लेकिन ब्रह्मज्ञान की प्राप्ति इन पदार्थों की सत्यता नष्ट हो जाती है। वे असत्य हो जाते हैं।

पारमार्थिक सत्ता से तात्पर्य शुद्ध सत्ता से है, जो सभी प्रतीतियों में प्रकट होती है और जो बाधित होती है और न जिसके बाधित होने की कल्पना की जा सकती है। वह सत्ता वास्तविक सत्ता है, जो त्रिकाल में बाधित नहीं होती। इसके अन्तर्गत ब्रह्मज्ञान का समावेश किया जाता है।

पाठ्यक्रम में उन विषयों को सम्मिलित किया गया है जिसमें उपरोक्त तीनों सत्ताओं का व्यावहारिक रूप और ज्ञान प्राप्त हो सके । इस आधार पर यह कहा जा सकता है कि पाठ्यक्रम में आध्यात्मिक और व्यावहारिक दोनों प्रकार के विषयों को सम्मिलित किया जाये परमार्थी विषयों के साथ-साथ भौतिक जगत् में भी कल्याण हो सके। व्यावहारिक विषयों के अन्तर्गत संसार को समझने और उसमें अपने आपको समाहित करने की आवश्यकता पर बल दिया गया है। पाठ्यक्रम में व्यावहारिक एवं आध्यात्मिक दोनों ही

प्रकार के विषयों का समावेश होना चाहिए। अद्वैत दर्शन के अनुसार सनातन सत्य में एकता स्थापित रखन और परिमार्थी जगत में ब्रह्म के प्रति आत्मिक भाव स्थापित करते हुए मानवीय मूल्यों की भावना को उच्च आदर्श से समाहित करना चाहिए। इसके पश्चात् भौतिक जगत के विषयों के प्रति आदर रखते हुए उसमें चरित्र और विचार के द्वारा सामंजस्य स्थापित करना चाहिए। भौतिक और आध्यात्मिक दोनों का समन्वय करते हुए विषय को समन्वित करना चाहिए यही पाठ्यक्रम का वेदान्त में समानुकूलित आदर्श माना गया है।

वेदान्त दर्शन और शिक्षण विधियाँ

शंकराचार्य ने शिक्षा और दर्शन के विकास में महत्त्वपूर्ण योगदान दिया है। उपनिषद् में जिन शिक्षा पद्धतियों को परिमार्जित करते हुए प्रस्तुत किया गया है उन्हीं विधियों का विकास वेदान्त दर्शन में विस्तृत रूप से विवेचित किया गया है।

1. तर्क विधि–तर्क विधि नाना प्रकार के संशया ७। दूर करती है तथा ज्ञान में विकास का प्रकाश डालती है। तर्क विधि मनन और चिन्तन में विचारों की क्षमता का प्रकाश डालती है। शारीरिक संशय इस विधि से दूर हो जाते हैं। तर्क विधि एक प्रकार की प्रमाण विधि मानी गयी है।

2. प्रश्नोत्तर विधि– प्रश्नोत्तर विधि प्रभावशाली और सशक्त विधि है इससे उपनिषद् की परम्परा का निर्वाह होता है। छात्रों के हृदय में जो शंकायें आती है इससे इस विधि से दूर कर लिया जाता है। प्रश्नोत्तरी में प्रश्नों तथा उनके उत्तरों ने आचार्यों ने श्लोकबद्ध किया किया है। आचार्य की इस श्लोकबद्ध रचना से यह प्रमाणित होता है कि वे प्रश्नोत्तर विधि को प्रभावशाली मानते थे।

3. व्याख्या विधि–यह विधि अध्यापक की शिक्षण विधि की प्रभावशाली विधि है जिससे छात्रों की विषयगत कठिनाइयाँ दूर होती है। इस विधि में स्पष्टता का भाव आता है जिससे छात्रों में उसे ग्रहण करने की योग्यता और सरलता की भावना आती है इस विधि को भाष्य और ठीका के नाम से प्रस्तुत किया गया है। शंकराचार्य भारतीय दर्शन की प्रस्थानत्रयी उपनिषद् ब्रह्मसूत्र गीता के भाष्यकार है यही इसका ज्वलंत उदाहरण है।

4. दृष्टान्त विधि–इस विधि का प्रयोग उदाहरण के द्वारा किया जाता है। यह विधि कठिन विषयों को समझाने के लिये सरलता के रूप में प्रयोग की जाती है। वेदान्त की शिक्षा में ब्रह्म की यथार्थता और जगत की यथार्थता को बोधगम्य बनाने के लिए दृष्टान्त के रूप में प्रयोग किया जाता है। यह विधि अत्यन्त प्रभावशाली विधि है। इसका प्रयोग

करके यह सिद्ध कर दिया है कि यह मानव जगत के लिये समझने की अत्यन्त सरल प्रक्रिया है जिससे एक प्रकार से सभी का कल्याण हो सकता है।

5. श्रवण विधि–श्रवण विधि श्रुति परम्परा की प्राचीन विधि है। गुरु के उपदेशों को सुनकर जीवन में उतारना तथा उनके उपदेशों को दूसरों को सुनाना ही श्रवण विधि मानी गयी है। सर्वप्रथम शिष्य को गुरू के उपदेशों को सुनकर एकान्त में मनन करना ही श्रवण विधि की परम्परा है।

6. मनन विधि–जो गुरु मुख से सुना उनके तथ्यों को हृदय में एकत्रित किया फिर भी कुछ समझ नहीं पाया केवल सुनकर पूर्ण ज्ञान प्राप्त नहीं हो पाया। ज्ञान को समझने के लिये परखने की आवश्यकता है। इसलिए जो गुरु ने उपदेश दिया उसका हृदय से मनन करना ही मनन विधि है। यह तो आवश्यक ही है कि जो पढ़ा गया है उसे मनन करने की आवश्यकता मानी गयी है इसलिए मनन विधि विचारों को हृदय में विस्तारित करते हुए स्वयं के ज्ञान से परिमार्जित कर देती है इसलिए पाठ्यक्रम में इस विधि की उपयोगिता भी महत्त्वपूर्ण है।

7. निदिध्यासन विधि–जो प्रत्यक्ष निर्मित हुये हैं तथा जो अवबोध बन गये हैं, उन पन पुनः–पुनः विचार करना आवश्यक है, जिससे ज्ञान व्यक्तित्व का अंग बन जाये। निदिध्यासन बोध की वह अवस्था है,जहाँ व्यक्ति का निश्चय स्थिर हो जाता है, उसका ध्यान परिपक्व हो जाता है। इसमें प्राप्त ज्ञान का जीवन में उपयोग करना भी निहित रहता है।

8. उपदेश विधि–अद्वैतवादियों के द्वारा अपने शिष्यों को आध्यात्मिक रहस्यों को समझाने के लिए इस विधि का प्रयोग किया गया। शंकराचार्य ने 'विवेक चूड़ामणि' और 'विवेक सहस्त्री' में इसी विधि का प्रयोग किया है। उपदेश में विचार–विमर्श, शंका निवारण, अवबोधन, निर्देशन आदि होता है। इससे ज्ञान का स्पष्टीकरण होता है।

9. स्वाध्याय विधि–अद्वैतवादियों के अनुसार ज्ञान बिना स्वयं प्रयत्न किये प्राप्त नहीं होता। ज्ञान प्राप्ति वैयक्तिक प्रक्रिया है और जब तक व्यक्ति अपने आप अध्ययन नहीं करता तब तक ज्ञान प्राप्त होना कठिन होता है।

10. अध्यारोप–अपवाद विधि–अध्यारोप विधि के द्वारा जगत के अन्दर से ब्रह्म तत्व का आभास कराया जाता है। इसके द्वारा शिष्य को यह बताया जाता है कि आत्मा ही शरीर है, आत्मा ही मन है, आत्मा ही बुद्धि है,आत्मा ही समस्त पदार्थ है। इस विधि से वस्तु तथा अवस्तु में भेद स्पष्ट किया जाता है। यह कार्य आत्मा के ज्ञान से ही सम्भव है। अपवाद विधि के अन्तर्गत युक्ति और तर्क के आधार पर यह सिद्ध किया जाता है कि

आत्मा न शरीर है, न मन है, न बुद्धि है,वह इन सबसे भिन्न है। अध्यारोप विधि से जो गुण जीवात्मा ग्रहण कर लेता है, अपवाद विधि में विविध युक्तियों के द्वारा उन गुणों को धीरे-धीरे दूर किया जाता है और अन्त में जो तत्त्व शेष रहता है, वही शुद्ध चैतन्यस्वरूप परब्रह्म होता है। इस विधि में छात्र को आत्मा या ब्रह्म के यथार्थ स्वरूप सच्चिदानन्द का ठीक-ठीक ज्ञान हो जाता है।

वेदान्त दर्शन और अनुशासन

वेदान्त दर्शन छात्र को हाड़-माँस के द्वारा निर्मित एक शरीर ही नहीं मानता, वरन् उसके अनुसार छात्र में अनन्त और असीम शक्तियां होती हैं। आवश्यकता होती है उन शक्तियों के विकास करने की। वेदान्त दर्शन छात्र को परमार्थिक सत्ता के रूप में ब्रह्म ही मानता है। यह ब्रह्म अपने कर्म फल के संस्कारों के कारण जीवात्मा के रूप में जन्म ग्रहण करता है। वे कर्मजनित फलों की परिणाम हैं। शंकराचार्य के अनुसार चार ऐसी योग्यतायें हैं जिनके होने पर ही छात्र को ब्रह्मबोध की क्षमता प्राप्त होती है। वेदान्त की शिक्षा में गुरु तथा शास्त्र पाठ्यक्रम का समान रूप से महत्त्व है। लेकिन ज्ञान का स्वरूप अनुभूवमूलक होने से सीखने की प्रक्रिया में मुख्य भूमिका शिष्य की रहती है।

1. **नित्यानित्यवस्तुविवेक**-ब्रह्म विद्या के छात्र में नित्य और अनित्य वस्तुओं में भेद कर सकने की क्षमता होनी चाहिए।

2. वैराग्य-संपूर्ण जगत् की वस्तुयें, भोग विलास सम्बन्धी पदार्थ सभी अनित्य हैं, असत्य हैं, नश्वर हैं। अत: दर्शन और श्रवण आदि के द्वारा शरीर से लेकर ब्रह्मलोक-पर्यन्त अनित्य पदार्थों में जो घृणा बुद्धि है, वही वैराग्य है। छात्र को ऐसे उत्कृष्ट वैराग्य से युक्त होना चाहिए।

3.शम-दम आदि साधन-ब्रह्म विद्या के छात्र से छः संयमों-शम, दम, उपरति, तितिक्षा समाधान और श्रद्धा की उपेक्षा की जाती है।

4. मुमुक्षता-ब्रह्म विद्या के छात्र को मोक्ष की इच्छा रखना आवश्यक है। अहंकार से लेकर देहपर्यन्त जितने अज्ञान-अकल्पित बन्धन हैं, उनको अपने स्वरूप के ज्ञान द्वारा त्यागने की इच्छा शंकराचार्य के अनुसार मुमुक्षता है।

उपयुक्त साधन चतुष्टय के अतिरिक्त भी छात्र में निम्नलिखित गुण विद्यमान होने चाहिए-

1. छात्र को शुद्ध चरित्र होना चाहिए।

2. छात्र को श्रद्धा तथा संयम के साथ-साथ ज्ञान प्राप्त करने के लिए तत्परता होनी चाहिए।

3.. छात्र की शिक्षक में पूर्ण निष्ठा होनी चाहिए।

4. छात्र को श्रौत्रिय, ब्रह्मनिष्ठ और परमब्रह्म को जानने का इच्छुक होना चाहिए।

5. छात्र को शिक्षक की सेवा में सदैव तत्पर रहना चाहिए।

6. छात्र को शिक्षक के उपदेश का श्रवण, मनन और निदिध्यासन कर ब्रह्म साक्षात्कार की क्षमता का विकास अपने अन्दर करते रहना चाहिए।

इस प्रकार अद्वैत दर्शन की दृष्टि में शिक्षक और छात्र दोनों का सापेक्षिक महत्त्व है। दोनों अपनी अन्त: क्रियाओं से ब्रह्म-दर्शन का विकास कर जीवन के सर्वोच्च लक्ष्यरूप मुक्ति को प्राप्त करते है।

वेदान्द दर्शन केवल वन में ध्यान ही नहीं जाना गया, किन्तु उसके सर्वोत्कृष्ट भिन्न-भिन्न अंश सांसारिक कर्मों में विशेष व्यस्त मनीषी लोगों द्वारा ही चिन्तित तथा प्रकाशित किये गए।

इस प्रकार अनेक दृष्टिकोणों से देखने पर यह स्पष्ट अनुमान किया जा सकता है कि इस दर्शन के प्रकाश में हमारा जीवन गढ़ा तथा बिताया अवश्य जा सकता है।

वेदान्त आदर्श के ही सम्बन्ध में उपदेश देता है और आर्दा वासविक की अपेक्षा कहीं अधिक उच्च होता है। हम लोगों के जीवन में दो प्रवृत्यिां देखी जाती हैं। एक है-अपने आदर्श का सामंजस्य जीवन से करना और दूसरी-इसी जीवन को आदर्श के अनुरूप उच्च बनाना। इन दोनां को भली-भांति समझ लेना चाहिए, कारण, अपने आदर्श को जीवनोपयोगी बनाते समय हम लोग प्राय: प्रलुब्ध हो जाते हैं।

हम जानते हैं कि हम सब इस व्यवहार्य का प्रयोग केवल उन्हीं कर्मों के लिए करते हैं जिनकी ओर हमारी प्रवृत्ति है और जो हमसे किये जा सकते हैं, यद्यपि वेदान्त पूर्ण रूप से व्यवहार्य है, तथापित साधारण अर्थ में नीं, बल्कि आदर्श के दृष्टिकोण से। वेदान्त का आदर्श कितना ही उच्च क्यों न हो वह किसी 'असंभव आदर्श' को हमारे सामने नहीं रखता, और वास्तव में यही आदर्श ठीक-ठाक आदर्श है। एक शब्द में इसका उपदेश है 'तत्वमसि'-'तुम्ही वह ब्रह्म हो', और इसके संपूर्ण उपदेशों की अन्तिम परिणति यही है।

वेदान्त सबसे पहले अपने ऊपर मनुष्य को विश्वास करने के लिए कता है। वेदान्त कहता है जो व्यक्ति अपने आप पर विश्वास नहीं करता वह नास्तिक है। अपनी आत्मा की महिमा में विश्वास न करने को ही वेदान्त में नास्तिकता कहा गया है। बहुत से लोग इसकी आत्मा भी नहीं कर पाते और हम लोगों में से भी अधिकांश लोग यह सोचते हैं कि वह की जो प्राप्त नहीं किया जा सकता, किन्तु वेदान्त दृढ़ रूप से कहता है कि प्रत्येक व्यक्ति ही इस सत्यक को जीवन में प्रत्यक्ष कर सकता है। इस विषय में कोई भेद नहीं है।

इस प्रकार वेदान्त, 'आदर्श को कार्यान्वित किया जा सकता है,' केवल यही नहीं करता, किन्तु यह भी कहता है कि वह आदर्श हम लोगों को पहले से प्राप्त है और जिसे हम एक आदर्श कहते हैं वही यथार्थ सत्ता है-वहीं हम लोगों का स्वरूप है।

वेदान्त पाप स्वीकार नहीं करता, भ्रम स्वीकार करता है और वेदान्त कहता है कि सबसे बड़ा भ्रम है-अपने को दुर्बल, पापी, हत भाग्य कहना-यह कहना कि मुझमें कुछ भी शक्ति नहीं है, मैं यह नहीं कर सकता आदि। कारण, जब तुम इस प्रकार सोचने लगते हो तभी तुम मानों बन्धन श्रृंखला में एक कड़ी और जोड़ लेते हो, अपनी आत्मा को पहले से और भी अधिक मायाजाल में फंसा लेते हों।

हमेशा यही याद रखना चाहिए कि वेदान्त में हमारे इस वर्तमान मायामय जीवन का-इस मिथ्या जीवन का जिसमें आदर्श के साथ मिल जाने का कोई भी चेहरा नहीं है-परित्याग करने के लिये कहा गया हैं और ऐसा होने पर भी उसके पीछे जो सत्य जीवन सदा वर्तमान है वह प्रकाशित होगा।

वेदान्ती यह भी कहते है कि ऐसा नहीं है कि यह केवल वन अथवा पहाड़ी गुफाओं में उपलब्ध हो सकता है। जिन्होंने इन सत्यसमूह का आविश्का किया थ वे वन अथवा पहाड़ी गुफाओं में नही रहते थे, वे विशेष रूप से कर्मठ जीवन बिताते थे, जिन्हें सैन्य परिचालन करना पड़ता था। फिर भी वे लोग इन सब तत्यों का चिन्तन करने और मानव जाति को शिक्षा दने का समय निकाल लेते थे। अतएव उनकी अपेक्षा हम लोगों को इन तत्वों का अनुभव होना भी सहज है, कयोंकि हमारा जीवन उन लोगों की अपेक्षा कहीं अधिक कर्महीन है।

तुम्हे सदा स्मरण रखना होगा कि वेदान्त का मूल सिद्धान्त यही एकत्व अथवा अखण्ड भाव है। द्विव्य कहीं नहीं रहा, दो प्रकार का जीवन अथवा जगत भी नहीं है। वेद पहले स्वर्गादि विषय में कहते हैं, लेकिन जब वे अपने दर्शन के उच्चतम आदर्शों पर आते

हैं तो वे उन सब बातों को बिलकुल त्याग देते है। एक मात्र जीवन है, एक मात्र जगत है एक मात्र सत् है। सब कुद वहीं एक सत्ता मात्र है। भेद केवल परिमाण का है, प्रकार का नहीं। वेदान्त इस बात को बिल्कुल नहीं मानता कि मनुष्य जगत से पूर्णतया पृथक् है और उनहें ईश्वर ने हमारे भोज्यरूप में बनाया है। और उस सर्वोच्च सत्ता की दृष्टि से देखने पर यह प्रभेद भी नहीं देखा जाता। मनुष्य एक तिनके और पौधे में बहुत प्रभेद देख सकता है, लेकिन तुम बहुत ऊंचे चढ़कर देखोगे तो दोनों एक समान दिखेंगे।

सदा आदर्श अवस्था में पहुँचने का प्रयत्न करो और यदि कोई व्यक्ति आदर्श को तुमरी निम्न भूमि में खींच लाये, यदि तुम्हे कोई ऐसा धर्म सिखाये जो कि जीवन का सर्वोच्च आदर्श सिखलाता है तो उसकी बातें सुनने के लिए में प्रस्तुत हूँ।

हमारे देश में अनेक धर्म है और पैदा भी हो रहे हैं लेकिन एक बात विशेष रूप से देखी गयी है कि जो सम्प्रदाय संसार और धर्म को एक साथ मिलाने की चेष्टा नहीं करते वे ही उन्नति करते रहते हैं और जहाँ ईश्वर को मनुष्य के स्तर पर खींच लाने की चेष्टा रहता है वहीं रोग धुस आता है। मनुष्य जहाँ पड़ा है वहीं पड़े रहने से काम नहीं चलेगा- उसे ईश्वर होना पड़ेगा।

वेदान्त कहता है, केवल दुर्बलता स्मरण करने से अधिक उपकार नहीं होगा उसका उपचार करे। मनुष्य को सर्दव उसकी दुर्बलता की याद कराते रहना उसकी दुर्बलता का प्रतिकार नहीं है, बल्कि उसे अपने बल का स्मरण करा देना ही उसके प्रतिकार है और कहता है, ''तुम पूर्ण और शुद्ध स्वरूप हो और जिसे तुम पाप कहते हो वह तुमसे नहीं है।'' जिसे तुम पाक कहते थे वह तुम्हारा निम्नतम प्रकाश है, अगर कर सकों तो अपने आपको उच्चतर भाव में प्रकाशित करो। अब तक जो कुछ कहा गया है, वह केवल अवश्य आदर्श नीति का मूल सूत्र है। देखना यह है कि किस प्रकार से वेदान्त हमारे दैनिक जीवन में, नागरिक जीवन में, ग्राम्य जीवन में प्रत्येक जाति के घरेलू कामकाजों में परिणत किया जा सकता है। धर्म यदि समग्र मानव जाति का कल्यााण करना चाहता है तो इस प्रकार का होना उचित है कि मनुष्य हर समय उसका सहारा ले सके और सभी समय पर मानवजातिक को समान भाव से वह सहायता कर सके।

मनुष्य-मनुष्य के बीच जो भेद है, वह केवल आत्मविश्वास की उपस्थिति तथा अभाव के कारण ही है, यह थोड़ी खोज कने से ही समझ आ सकता है। इस आत्मविश्वास के द्वारा सब कुछ हो सकता है। प्राचीन धर्म में कहा गया है, जो आत्मविश्वास नहीं रखता वहीं नास्तिक है।

वेदान्त का ईश्वर सब चीजों की अपेक्षा अधिक ज्ञात है, वह कभी कल्पना प्रसूत नहीं है-ईश्वर सभी प्राणियों में विद्यमान है, हमारी इन्द्रियों में भी अधिक सत्य है, मैं जिन्हें सम्मुख देख रहा हूँ, उनसे भी अधिक प्रत्यक्ष ईश्वर और क्या देखना चाहते हो। कारण -तुम ही वह सर्वव्यापी सर्वशक्तिमान ईश्वर हो, और यदि यह कहूँ कि तुम वह नहीं हो तो मैं झूठ बालता हूँ। सारे समय में उसकी अनुभूति करुँ या न करूं, फिर भी वह सत्य ही है। वे भी अखण्ड वस्तुरूप, सब वस्तुओं के सम्मिलन स्वरूप, संपूर्ण प्राणी और संपूर्ण अस्तित्व के सत्य स्वरूप है।

वेदान्त कहता है कि तुम सब महापुरुष हो-तुम सबको महापुरुष होना ही पड़ेगा, कोई शास्त्र तुम्हारे कार्यों का प्रमाण नहीं, किन्तु तुम्ही शास्त्रों के प्रमाण स्वरूप हो। जगत के ईशा और बुद्धगुणों का प्रमाण क्या है? यही कि हम तुम भी वैसा ही अनुभव करते हैं, इसी कारण हम तुम समझतें हैं कि ये सब सत्य है। हम लोगों को ईश्वरीय आत्मा इन लोगों की ईश्वरीय आत्मा का प्रमाण है, यहाँ तक कि तुम्हारा ईश्वरत्व ही ईश्वर का प्रमाण है। यदि तुम वास्तविक महापुरुष नहीं हो तो ईश्वर के सम्बन्ध में भी कोई बात सत्य नहीं। तुम ईश्वर नहीं हो, तापे कों भी ईश्वर नहीं है और कभी होगा भी नहीं। तुम यदि ईश्वर नहीं हो तो , कोई भी ईश्वर नहीं है और कभी होगा भी नहीं। वेदान्त कहता है, इसी आदर्श का अनुसरण करना चाहिए। हम लोगों में से प्रत्येक को महापुरुष बनना पड़ेगा और तुम स्वरूपतः वहीं हो। केवल इतना ही हैं कि यह ज्ञात हो जाए।

द्वितीय व्याख्यान

व्यावहारिक जीवन में धर्म में क्या पाया जा सकता है, इस जगत इस खोज में सदा व्यस्त रहता है और इन कथाओं में यह हम यह भी पाते हैं कि दिन प्रतिदिन किस प्रकार यह सत्य व्यवहारोपयोगी बनता जा रहा है। पृथ्वी यह अन्न, यह सूर्य जिसकी तुम उपासना करते हों, सब ब्रह्म के ही रूप है जो पुरुष सूर्य में दिखलनाई पड़ता है वह मैं ही हू, जो यह जानते हैं कि उस ब्रह्म का ध्यान करते हैं, उनके सब पाप नष्ट हो जाते है। वे दीर्ष जीवन प्राप्त करते हैं, और सुखी होते हैं7 जो समस्त दिशाओं में वास करता है, वहीं में भी हूँ। जो इस प्राण, में आकाश में, स्वर्ग समूह और विद्युत में बसता है, वहीं में भी हूँ। यहाँ भी हमे व्यवहारोपयोगी धर्म का उदाहरण मिलता है। वेदान्त ही इन वस्तुओं में भगवान का दर्शन करना है, उनका जो रूप आपाततः प्रतीत होता है, वह न देखकर उनको उनके यथार्थ स्वरूप में जानता है।

श्वेतकुतु को पांचालराज ने शिक्षा दिया जिसमें कहा गया कि धर्म को व्यवहार में परिणत किया जा रहा है, ब्रह्म को हर वस्तु में देखा जा रहा है। इन सब रूपकों में यही एक तत्व निहित हैं कि आविष्कृत पतीक हितकारी और शुभ हो सकते हैं, किन्तु उनसे भी श्रेष्ठ पहले से ही विद्यमान है। यदि ईश्वरोपासना करने के लिए प्रतिमा आवश्यक है, तो इससे पहले कही श्रेष्ठ प्रतिमा मौजूद ही हैं। यदि ईश्वारोपासना के लिए मन्दिर निर्माण करना चाहते हो, तो करो, किन्तु सोच लो कि उससे उच्वतर, उससे भी महान मानवदेह रूपी मन्दिर पहले से ही विद्यमान है।

धर्म सदैव एक व्यावहारिक विज्ञान रहा है, शास्च पर भी निीरि रहने वाला धर्म न कोई कभी हुआ है, न होगा। वे निर्गुण ब्रह्म की शिक्ष्पा बिना पुरोहित-प्रपेच देते हुए कहते हैं कि तुम भी ईश्वर , मैं भी वही तब कौन किसकी आज्ञा पालन करे? कौन किसी उपासना करें? तुम्हीं ईश्वर के सर्वश्रेष्ठ मन्दिर हो मैं किसी मन्दिर किसी प्रतिमा या किसी बाइबिल की उपासना न कर तुम्हारी ही उपासना करुँगा। मुसलमान कहते हैं अल्लाह के सिवाय कोई ईश्वर नहीं है, किन्तु वेदान्त कहता है ऐसा कुछ है ही नही जो ईश्वर न हो। यह सुनकर तुमसे में बहुतों को भय हो सकता है किन्तु तुम लोग धीरे-धीरे यह समझ जाओगे। जीवित ईश्वर तुम लोगों के भीतर झूठी चीजों में विश्वास करते हों। मनुष्य ही सर्वश्रेष्ठ मन्दिर है।

यही सबसे अधिक व्यावहारिक उपासना है। मज मतान्तर से इसका कोई प्रयोजन नहीं। वेदान्त कहता है, सब अपने-अपने मार्ग पर चले कोई हर्ज नहीं, किन्तु मार्ग ही लक्ष्य नहीं हैं। किसी स्वर्गस्थ ईश्वर की उपासना करना बुरी नहीं, किन्तु ये सब केवल सत्य की दिशा में 'सोपान-मात्र' है, इनमें कुछ अद्भुत भाव है, पर वेदान्त पग-पग पर कहता है 'बन्धु, तुम जिसकी अज्ञात कहकर उपासना करते हों, उसक उपासना मैं तुम्हारे रूप में करता है। जिसकी उपासना तुम अज्ञात कहकर करते हों और जिसकी खोज विश्व भर में कर रहे हो, वह सदैव तुम्हारे पास ही रहा है। तुम उसी में जीवित हो, वह जगत नितससाक्षी है।'

इसी प्रकार हम लोग यदि जान सकें कि हम ईश्वर है और इस अन्वेषरूपी व्यर्थ चेष्टा को छोड़ सके, तो बहुत ही अच्छा हो। इस प्रकार अपने को ईश्वरस्वरूप जान लेने पर ही हम संतुष्ट एवं सुखी हो सकते हैं। हम सब पागलों जैसी चेष्ठा छोड़कर जगत रूपी मंच पर एक अभिनेता के समान कार्य करते चलो।

देवताओं ने मनुष्य को अपने आदर्श के अनुसार नहीं बनाया, किन्तु मनुष्यों ने ही देवताओं की सृष्टि की है। इन्द्र, वरूण और सम्पूर्ण ब्रह्माण्ड के देवता सब यही है तुम्ही लोग अपने एक अंश को बाहर प्रक्षिप्त करते हो, किन्तु वास्तव में तुम्ही असली वस्तु हो तुम्ही प्रकृत उपास्थ देवता हो, यही वेदान्त का मत है और यही यथार्थ में व्यावहारिक है।

हम भ्रमवश अपना स्वरूप भूलने की चेष्टा करते हैं, किन्तु वह एकदम भूला नहीं जा सकता है-सदैव ही वह किसी न किसी रूप में हमारे सामने आता ही है। एक शब्द मे वेदान्त का आदर्श है-मनुष्य को उसके वास्तविक स्वरूप में जानना और उसका संदेश है कि यदि तुम भाई मनुष्य की व्यक्त ईश्वर की , उपासना नहीं कर सकते तो उस ईश्वर की कल्पना कैसे कर सकोगे, जो अव्यक्त है।

क्या तुम लोगों को बाइबिल का यह कथन याद नहीं है 'यदि तुम अपने भाई को जिसे तुम देख रहो हो, पयार नहीं कर सकते, तो ईश्वर को, जिसे तुमने कभी नहीं देखा भला कैसे प्यार कर सकोगे?'

यदि तुम ईश्वर को मनुष्य के मुख में नहीं देख सकते तो उसे मेघ अथवा अन्य किसी मृत जड़ पदार्थ में अथवा अपनी मस्तिष्क की कल्पित कथाओं में कैसे देखोंगे? जिस दिन से तुम नर-नारियों में ईश्वर देखने लगोगे, उसी दिन मैं तुम्हें धार्मिक कहूँगा। जब तुम मनुष्य को ईश्वर स्वयं देखोगे तब सभी वस्तुओं का यहाँ तक कि यदि तुम्हारे पास आता है, वह सब अनन्त आनन्दमय प्रभु के भिन्न-भिन्न रूप ही है। वे ही हमारे माता-पिता, बंधु और संतान है। वे ही हमारी आत्मा ही है, जो हमारे साथ खेल रहीं है।

वेदान्त कहता है-दूसरे प्रकार की उपसनाएँ भी भ्रमात्मक नहीं है। यह कभी न भूलना चाहिए कि जो अनेक प्रकार के कर्मकाण्ड द्वारा भगवत उपासना करते हैं हम इन सब कर्मों को चाहे कितना ही अनुपयोगी क्यों न माने-वे लोग वास्तव में भ्रान्त नही है, क्योंकि लोग सत्य से सत्य की और, निम्नतर सत्य से उच्चतर सत्य की और आगे बढ़ते हैं। अत: हमें दूसरों को प्रेम और सहानुभूमि की सृष्टि से देखना चाहिए। हम लोग जिस रास्तें को प्रेम और सहानुभूमि की दृष्टि से देखना चाहिए। हम लोग जिस रास्तें में चले आंयो हैं, वे भी उसी रास्तें मे चल रहे हैं। यदि तुम वास्तव मे मुक्त हो, तो तुम्हे अवश्य ही यह समझना चाहिए कि वे भी आगे-पीछे मुक्त होगे और जब तुम मुक्त हो ही गये, तो फिर जो अनित्य है, उसे तुम किस प्रकार देख पाओंगे? यदि तुम वास्तव में पवित्र हो, तो तुम्हे अपवित्रता कैसे दिखाई दे सकती है? क्योंकि जो भीतर है, वहीं बाहर दीख पड़ता है।

आशा है कि हम सभी अपने जीवन में व्यवहार में लाने को चेष्टा करेंगे। इसका अभ्यास करने के लिए सारा जीवन पड़ा है, किन्तु इन सब विचारों की आलोचना से हमे यह ज्ञात हुआ कि आशान्ति एंव असंतोष के बदले हम सभी शान्ति एवं संतोष के साथ कार्य करे, क्योंकि हमने यह जान लिया है कि सत्य हमारे अन्दर है-वह हमारा जन्मजात अधिकार है। हमारे लिये आवश्यक है कि, केवल उसके प्रकाशित करना, अप्रत्यक्ष बनाना और अनुभव करना।

तृतीय व्याख्यान

वेदान्त में यह प्राण ही जीवन का मूलतत्व है। आकाश के समान यह भी एक सर्वव्यापी तत्व है, और हमारे शरीर में अथवा अन्यत्र जो भी गति दिखाई पड़ती है, वह सभी प्राण का कार्य है। प्राण आकाश से भी श्रेष्ठ है। प्राण के द्वारा ही सभी वस्तुएँ जीवित रहती हैं, प्राण में , प्राण पिता में प्राण भगिनी में, प्राण आचार्य में है और प्राण ही ज्ञाता है।

धर्म अब एक राष्ट्रीय रूप में परिणत हो गया है। 'व हमारे प्राचीन समाज को एक महान उत्तराधिकारी है, अतः उसे रहनें दो' लेकिन आज के मानव के पुरखे उसके प्रति जिस सच्ची आवश्यकता का अनुभव करते हैं, वह नष्ट हो गयी है। इस प्रकार की सगुण ईश्वर और सृष्टि की धारणा, जिसे हर धर्म में एकेश्वरवाद कहते हैं अब चल नहीं सकती। भारत में यह बौद्ध धर्म के प्रभाव में एकेश्वरवाद कहते हैं अब चल नहीं सकती। भारत में यह बौद्ध धर्म के प्रीाव से अधिक बड़ा भी नहीं और इसी विषय में बौद्धों में प्राचीन काल में अपनी विजयश्री उपलब्ध की थी।

दृश्य के अतिरिक्त अन्य किसी भी पदार्थ को मानने का तुम्हे अधिकार नहीं। इस तर्क का सत्य है कि एक ही वसतु का अस्तित्व है और वह या तो पारमार्थिक है, या व्यावहारिक। जब हम व्यावहारिक सत्य देखते हैं, तब पारमार्थिक सत्ता नहीं रहती और जब उस समय परिवर्तनशील पारमार्थिक सत्ता को देखते हैं, तो निश्चय ही फिर व्यावहारिक सत्ता प्रतीत नहीं होती। प्रतयक्षवादी केवल व्यावहारिक सत्ता देखता है और विज्ञानवादी परमार्थिक सत्ता देखने की चेष्टा करता है।

प्रतिभाशाली व्यक्तियों को अपने में रखने के लिये धर्म का उदार भावापत्र होना अत्यंत आवश्यक है। धर्म जो भी दावा करता है, तर्क की कसौटी पर उन सब की परीक्षा करना आवश्यक है। धर्म वह दावा क्यों करता है कि यह तर्क द्वारा परिणित होना नहीं चाहता, यह कोई नही बतला दे सकता। तर्क के मानदण्ड के बिना किसी भी प्रकार का यथार्थ निर्णय-धर्म के सम्बन्ध में भी नहीं दिया जा सकता।

आप्तवचनों के आधार पर अन्धों की तरह बीस लाख देवताओं में विश्वास करने की अपेक्षा वृद्धि का अनुसार करके नास्तिक होना अच्छा है। हम चाहते हैं उन्नति , विकास और सत्य का साक्षात्कार। किसी मत आलम्बन करके ही मनुष्य आज तक कभी ऊँचा नहीं उठा। करोड़ों शास्त्र भी हम लोगों को पवित्र करने में सहायता नहीं कर सकते। कर सकने की शक्ति एक मात्र सत्य के साक्षात्कार में हैं, जो स्वयं हमारे भीतर हैं, और उसकी प्राप्ति विचार से होती है। मनुष्य विचार करें। मिट्टी का डेला कभी विचार नहीं कर सकता, वह सदा मिट्टी का ढेला ही रह जाता है। मनुष्य की गरिमा उसकी विचारशीलता के कारण है, पशुओं से हम इसी बात से भिन्न हैं। मैं बुद्धि में विश्वास रखता हूँ और बुद्धि का ही अनुसरण करता हूँ। केवल आप्तवचनों मे विश्वास करने से क्या अनिष्ट होता है, यह में विशेष रूप से देख सकता हूँ, क्योंकि मैं जिस देश में पैदा हुआ हूँ, वहाँ आपत वचनो में विश्वास करने की पराकाष्ठा है।

हम जिस भी व्यावहारिक सत्ता को देखते, अनुभव करते अथवा सोचते हैं, वह हमारे ज्ञान के द्वारा सीमित होती है, और सगुण ईश्वर के सम्बन्ध में हमारी जैसी धारणा है, उसके अनुसार वह ईश्वर भी व्यावहारिक सत्ता मात्र है। कार्य कारण भाव केवल व्यावहारिक जगत में भी संभव हैं और ईश्वर को जब में जगत का कारण मानता हूँ, तो अवश्य ही उसे ससीम जैसा माननां पड़ेगा। किन्तु फिर भी वह वही निर्गुण ब्रह्म हैं। हम लोगों ने पहले ही देखा है कि यह जगत की हमारी बुद्धि द्वारा देखा गया वही निर्गुण ब्रह्म मात्र है। यथार्थ में जगत वही निर्गुण पुरुष मात्र है और हम लोगों की बुद्धि द्वारा उसको नाम रूप दिये गए हैं। इस मेज में जितना सत्य है, वह वही सत् है और इस मेंज की आकृति तथा जो कुछ अन्य बातें हैं, वे सब मानवदृष्टि द्वारा ऊपर तक जोड़ी गई है।

व्यष्टिकृत और विभेदीकृत सत्ताओं के रूप में हम अपना स्वरूप भूल जाते हैं। अत: अद्वैतवाद हमें विभेदीकरण को त्याग देने की शिक्षा नहीं देता, वरन् उसके रूप को समझ लेने को कहता है। हम वस्तुत: वही अनन्त पुरुष हैं, हमारे व्यक्ति जल की उन धाराओं से सदृश है, जिनमें वह अनन्त सत्ता अपने को अभिव्यक्त कर रही है, और यह समग्र परिवर्तन समष्टि, जिसे हम क्रम विकास कहते हैं, अपनी अनन्त शक्ति को अधिकाधिक व्यक्त करने में 'सचेष्ट आत्मा के द्वारा सम्पादित होती है। किन्तु हम अनन्त के इस पार कही रूक नहीं सकते, हमारे आनन्द और ज्ञान एवं शक्ति को अनन्त होना ही है। हममें अनन्त सत्ता, अनन्त शक्ति, अनन्त आनंद विद्यमान है। हम लोगों को उपार्जित नहीं करना है। वे सब हममे हैं, हमें तो उन्हें केवल प्रकाशित मात्र करना है।'

चतुर्थ व्याख्यान

अद्वैतवाद का सिद्धान्त यह है कि हम वस्तु को गुण से अलग मान नहीं सकेत, यह, सत्य है। हम परिवर्तन दोनों को एक साथ नहीं सोच सकते। अपरिवर्तनशील वस्तु ही परिवर्तन में प्रतीत होती है। यह अपरिवर्तन सत्ता परिवर्तनशील जगत से पृथक नहीं हैं पारमार्थिक सत्ता व्यावहारिक सत्ता से पूर्णतया पृथक वस्तु नहीं है। किन्तु पारमार्थिक सत्ता की व्यावहारिक सत्ता बन जाती है। अपरिवर्तनशील आत्मा ही है, और हम अनुभूति, भाव आदि कहते हैं, केवल ये ही नहीं, अपितु यह शरीर भी एक अन्य दृष्टिकोण से देखी हुई वही आत्मा है, और जिसे हम अनुभूति, भाव आदि कहते हैं, केवल ये ही नहीं अपितु यह शरीर भी एक अन्य दृष्टिकोण से देखी हुई वही आत्मा है। हम लोगों के शरीर हैं, आत्मा हैं, आदि इस प्रकार सोचने का हमें अभ्यास हो गया हैं किन्तु वास्तव में केवल एक ही सत्ता है।

मनुष्य अपने लिए जिन नियमों की रचना करता है, उनके अतिरिक्त वह और किसी भी नियम से आबद्ध नहीं है। हमारे विचार, शब्द और कर्म मानो हमारे शुभ या अशुभ बन्धनजाल के सूत्र हैं। सबसे अधिक मुश्किल तो यही है कि जो किसी एक मत को ले लेता है, वह दूसरे मत को बिल्कुल अस्वीकार करके उस मतावलम्बी के साथ वाद विवाद करने में प्रवृत्त हो जाता है। तुम्हारे लिए जो उपयुक्त हैं, उसे तुम ग्रहण करो, और दूसरों को जो उपयुक्त लगे, उसे ग्रहण करने दो। यदि तुम अपने इस क्षुद्र व्यक्तित्व को, इस ससीम मानवभाव को रखने के लिए इतने इच्छुक हो, तो उसे अनायास ही रख सकते हो।

तुम्हारी सभी वासनाएँ रह सकती हैं और तुम उनमें संतुष्ट भी रह सकते हों। यदि मनुष्यभाव में रहने का आनन्द तुम्हें इतना सुन्दर और मधुर लगता है, तो तुम जितने दिन इच्छा हो, उसको रख सकते हों, क्योंकि तुम जानते हों कि तुम्ही अपने भाग्य के निर्माता हो। जबरदस्ती तुमसे कोई कुछ भी नहीं करा सकता। तुम्हारी जब तक इच्छा हो, मनुष्य बने रहो, कोई भी तुम्हे रोक नहीं सकता। यदि देवता होने की इच्छा करो, तो देवता हो जाओगे। असल बात यह है किंतु कुछ लोग ऐसे हैं, जो देवता भी नहीं बनना चाहते।

दूसरों को नीचे खींचकर अपनी भूमि पर मत लाओं। लोग मूर्ख के समान एक और मत की पुष्टि किया करते हैं कि यदि हमारा यह क्षुद्र व्यक्तित्व चला जायेगा, तो जगत में किसी प्रकार की नीति परायणता नहीं रहेगी। मनुष्य जाति की आशा उच्छिन्न हो जायेगी। मानो जो ऐसा कहते हैं, वे समग्र मानवजाति के लिए सदा प्राणोत्सर्ग ही करने के लिए तैयार हैं।

मनुष्य जितना ही स्वार्थी होता है, उतना ही अनैतिक भी होता है, यही बात जातियों के सम्बन्ध में भी सत्य है। स्वयं अपने से ही जकड़ी रहने वाली जाति ही समग्र संसार में सबसे अधिक क्रूर और पातकी सिद्ध हुई है।

विशुद्ध ईसाई धर्म और वेदान्त धर्म में बहुत कम अन्तर हैं। उन्होंने अद्वैतवाद का भी प्रचार किया और जनसाधारण को संतुष्ट करने के लिए, उसे उच्चतम आदर्श की धारणा कराने के लिए सोपान रूप से द्वैतवाद के आदर्श की भी शिक्षा दी। बुद्ध के समान इस संसार सागर में गोता लगाकर या तो इस संसार के दुख को दूर करों या इस प्रयत्न में प्राण त्याग दो। अपने को भूल जाओ, आस्तिक हो या नास्तिक, अज्ञेयवादी हो वेदान्ती, ईसाई हो या मुसलमान प्रत्येक के लिए यही प्रथम पाठ है और जो पाठ सब को स्पष्ट है, वह है तुच्छ अहं का उन्मूलन और वास्तविक आत्मा का विकास।

प्रेम से ही प्रतिद्वन्दिता की उत्पत्ति होती हैं, प्रेम ही प्रतियोगिता का मूल है, निःस्वार्थता ही अशुभ की माता है। शुभ ही अशुभ का जनक है, और अशुभ का परिणाम भी शुभ के अतिरिक्त और कुछ नहीं हैं। वह केवल शुभ शक्ति का दुरुपयोग है। एक व्यक्ति जो दूसरे की हत्या करता है, वह भी अपने पुत्रादि के प्रति स्नेह की प्रेरणा से ही, एवं उसके लालन-पालन के लिए। उनका प्रेम संसार के अन्य लाखों व्यक्तियों से हटकर केवल अपने शिशु में सीमित हो जाता है, किन्तु असीम हो या असीम, मूलतः हे प्रेम, ही।

स्वामीजी अब जिस बात की चर्चा करेंगे वह द्वैतवाद से सम्बन्ध नहीं रखती मैं द्वैतवाद की इस आलोचना में और अधिक समय नहीं दूगां। मेंरा उद्देश्य यहाँ यह दिखलाना है कि नैतिकता और निःस्वार्थता के उच्चतम आदर्श, उच्चम धारणा के साथ असंगत नहीं है, नैतिकता और नीतिशास्त्र के उपलब्धि के लिए तुमको अपनी दार्शनिक धारणा को नीचे नहीं करना पड़ता, वरन् नैतिकता और नीतिशास्त्र को ठोस आधार देने के लिए तुमहो उच्चतम दार्शनिक और वैज्ञानिक धारणाएँ स्वीकार करनी होगी। मनुष्य का ज्ञान मनुष्य के मंगल विरोधी नहीं है, वरन जीवन के प्रत्येक विभाग में ज्ञान हमारी रक्षा करता है, ज्ञान ही उपसना है। वेदान्ती कहते हैं उस समस्त प्रतीयमान अशुभ का कारण है-असीम का सीमाबद्ध हो जाना। जो प्रेम सीमाबद्ध होकर क्षुद्र भावनापन्न हो जाता है तथा अशुभ प्रतीत होता है, वही फिर अपनी चरमावस्ता में स्वय को ईश्वर रूप में प्रकाशित करता है। वेदान्त वहीं फिर अपनी चरमावस्ता में स्वयं को ईश्वर रूप में प्रकाशित का कारण हमारे भीतर ही है।

हजारों साल कमरें में अंधेरा रहे तो तुम कमरें में आकर 'हाय'। बड़ा अंधेरा है। बड़ा अंधेरा है? कह-कहरकर रोते रहें, तो क्या अंधेरा चला जायेगा? कभी नहीं। एक दिया सलाई जलाते ही कमरा प्रकाशित हो उठेगा। अतएव जीवन भर 'मैंने बहुत दोष किये हैं, मैने बहुत अन्याय किया है, यह सोचने से क्या तुम्हारा कुछ भी भला हो सकेगा? हममें बहुत से दोष है, यह किसी को बतलाना नहीं पड़ता। ज्ञानाग्नि प्रज्वलित करे, एक क्षण में सब अशु॰ चला जायेगा।'

सत्य, यथार्थ स्वरूप का स्मरण, उस अन्तःस्थ ईश्वर का स्मरण, उसके अनन्त सर्वशक्तिमान, सदाशिव, निष्काम स्वरूप का सदा चिन्तन, यही एक मात्र प्रार्थना है। फिर मैं स्त्री हूँ या पुरुष हूँ, अमुक-अमुक हूँ, यह सब भाव नहीं रह जाता।

सत्य, व्यक्ति विशेष की सम्पत्ति नहीं है, कोई भी जाति, कोई भी व्यक्ति उसे अपनी सम्पत्ति कहने का दावा नहीं कर सकता। सत्य ही सब आत्माओं का यथार्थ स्वरूप है। किसी भी व्यक्ति विशेष का उस पर विशेष अधिकार नहीं है। किन्तु हमें उसे व्यावारिक एवं सरल बनाना होगा, जिससे वह समाज के हर रन्ध्र में व्याप्त हो जाये, उच्चतम मस्तिष्क से लेकर अत्यंत साधारण मन द्वारा ही समझा जा सके, तथा माल-वृद्ध स्त्री पुरुष सभी उसे जान सके। ये न्याय से कूट विचार, दार्शनिक मीमांसाए, ये सब मतवाद और क्रियाकाण्ड-इन क्षण से धर्म को सहज बनाने की चेष्टा करें और उस सत्ययुग के पुनरागमन में सहायता करें, जब प्रत्येक व्यक्ति उपासक होगा और उसका अन्तःस्थ सत्य ही उसकी उपासना का विषय होगा।

मोक्ष के साधन में भक्ति का महत्त्वः

सच्चे और निष्कपट भाव से ईश्वर की खोज को भक्तियोग कहते हैं। भक्ति कर्म से श्रेष्ठ है और योग से भी उच्च है। भक्ति स्वयं ही अपना फलस्वरूप तथा साध्य और साधन स्वरूप है।

वास्तव में ज्ञान एवं भक्ति में उतना अन्तर नहीं हैं, जितना लोगों का अनुमान हैं। जैसा हम आगे देखेंगे, ये दोनों एक ही बिन्दु पर मिलते हैं, यही हाल राजयोग का भी है।

भक्तियोग का एक बड़ा लाभ यह है कि वह हमारे महान दिव्य लक्ष्य की प्राप्ति का सबसे सरल एवं स्वाभाविक मार्ग है। पर साथ ही उससे एक विशेष आशंका यह है कि वह अपनी निम्न अवस्था में मनुष्य को बहुधा भयानक मतान्त और कट्टर बना देती है। हिन्दू, ईसाई तथा इस्लाम धर्म जहाँ कहीं इस प्रकार के धर्मान्ध व्यक्तियों का दल है, वह

सदैव ऐसे ही निम्न श्रेणी के भक्तों के द्वारा गठित हुआ हैं। भक्ति के किसी पात्र के प्रति अनन्य निष्ठा, जिसके बिना यथार्थ प्रेम का विकास संभव नहीं, अक्सर अन्य सब की भर्त्सना का कारण बन जाती हैं। जो व्यक्ति अपने मत वालों के प्रति दयालु है, भला और सच्चा है, सहानुभूति सम्पन्न है, वहीं अपने सम्प्रदाय से बाहर के लोगों के प्रति बुरा से बुरा काम करने में भी न हिचकिचायेगा।

पर यह खतरा भक्ति की केवल निम्नतर अवस्था में रहती है, जिसे 'गौणी' कहते हैं। परन्तु जब भक्ति परिपक्व होकर उस अवस्था को प्राप्त हो जाती है, जिसे 'परा कहते हैं, तब इस प्रकार की भयानक मतान्धता और कट्टरता की अभिव्यक्तियों की आंशका नहीं कर पाती, जिसे 'परा' भक्ति कहतें हैं। 'परा' भक्ति से अभिभूत व्यक्ति प्रेम स्वरूप भगवान के इतने निकट पहुँच जाता है कि वह फिर दूसरों के प्रति घृणा के विकिरण का यन्त्रवत नहीं हो सकता है।

फिर भी हम जानते हैं कि जिस चरित्र में ज्ञान, भक्ति और योग इन तीनों का सुन्दर मिश्रण है, वही सर्वोत्तम कोटि का है। एक पक्षी के उड़ने के लिए तीनों अंगों की आवश्यकता होती है-दो पंख और पतवार स्वरूप एक पूछं, ज्ञान और भक्ति दोनों पंख हैं और योग पूछं, जो सामंजस्य बनाये रखता है।

यद्यपि ज्ञान एवं भक्ति, दोनों ही मार्गों के आचार्यों का भक्ति के प्रभाव में विश्वास है, फिर भी उनमें कुछ मतभेद हैं। ज्ञानी की दृष्टि में भक्ति मुक्ति का एक साधन मात्र है, पर भक्त के लिए वह साधन ही है और साध्य भी। मेरी दृष्टि में तो एक भेद नाममात्र का हैं। वास्तव में, जब भक्ति को हम एक साधन के रूप में लेते हैं, तो उसका अर्थ केवल म्निस्तर की उपासना होगी 'और यह निम्न स्तर की उपासना ही आगे चलकर 'परा' भक्ति में परिणत हो जाती है। ज्ञानी और भक्त, दोनों ही अपनी साधना प्रणाली पर विशेष जोर देते हैं, वे भूल जाते हैं कि पूर्ण भक्ति के उदित होने से पूर्ण ज्ञान बिना माँगे ही मिल जाता है और इसी प्रकार पूर्ण ज्ञान के साथ पूर्ण भक्ति भी अभिन्न है।

आवृत्तिसरकृदुपदेशात्-सूत्र की व्याख्या करते हुए भगवान शंकर कहते हैं, 'लोग ऐसार कहते है, 'वह गुरु का भक्त है, वह राजा का भक्त है, और वे यह बात उस व्यक्ति को सम्बोधित कर कहते हैं, जो गुरु या राजा का अनुसरण करता है और इस प्रकार का यह अनुसरण ही जिसके जीवन का ध्येय हैं। इसी प्रकार, जब वे कहते हैं, 'एक प्रेमिका स्त्री अपने ही प्रेमी का ध्यान करती है, 'तो याँ भी एक प्रकार से उत्कण्ठायुक्त निरन्तर स्मृति को ी लक्ष्य किया गया है। ' शंकराचार्य के अनुसार यही भक्ति है।''

इस प्रकार हम भक्ति के उच्चतम कोटि 'परा' भक्ति पर आते हैं, जहाँ प्रतीक तथा रूपकार विलीन हो जाते हैं। जो इस परा भक्ति पर पहुँच जाता है, वह किसी सम्प्रदाय विशेष का होकर नहीं रह सकता, क्योंकि सब सम्प्रदाय उसमें ही विद्यमान हैं। जिस असीम प्रेम से वह एक रूप में हो गया है, उसकी सीमा कहाँ हो सकती है।

जब प्रेमी की समस्त वासनाएँ समाप्त हो जाती हैं तो उसका मतवालापन ऐसा ही होता हैं। वह तो कहता है 'कौन मुक्ति की परवाह करता है? किसे छुटकारा पाने की चिंता है? कौन पूर्ण बनना चाहता है, 'न मैं धन चाहता हूँ, न स्वास्थ्य। न मैं सौन्दर्य चाहता हूँ, न बुद्धि। दुनिया में जो दुःख विद्यमान हैं, उनमें मुझे बारंबार जन्म लेने दे, मैं कभी शिकायत न करूंगा। बस मुझे तू अपने से प्यार करने दे, प्यार के लिए प्यार करने दे।'' यही मैं प्रेम का उन्माद, जो इन गीतों में प्रकट हो रहा है। सर्वाधिक अभिव्यंजक तथा गहरा एवं आकर्षक मानवीय प्रेम स्त्री और पुरुष के मध्य होता है। इसीलिए प्रगाढ़ भक्ति कं प्रकट करने में ऐसी भाष का उपयोग किया गया है। ईश्वर के सच्चे भक्त प्यार से पागल बन जाना चाहते हैं, 'ईशोन्मत' बन जाना चाहते हैं जो प्रत्येक धर्म के साधु सन्तों द्वारा तैयार किया गया है, जिसे उन महात्माओं ने अपने हृदय के रक्त से भरा है। यही एक मात्र ऐसा है, जो संपूर्ण दुखों का अन्त कर देता है। यही एकमात्र प्याला है, जिसके पीने से सब रोग नष्ट कर देता हैं। मनुष्य में दैवी उन्माद आ जाता है और वह भी यह भूल जाता है कि मैं मनुष्य हूँ।

इस प्रकार हम देखते हैं कि यह सब विविध सम्प्रदाय अंत में पूर्ण ऐक्य साधारण केन्द्र में जा मिलते हैं। हम आरंभ सदा द्वैत से करते हैं। ईश्वर एक पृथक सत्ता है और मैं एक पृथक सत्ता हूँ। फिर दोनों के बीच प्रेम उत्पन्न होता है। मनुष्य ईश्वर की ओर जाने लगता है और ईश्वर मानो मनुष्य की ओर जाने लगता है। मनुष्य ईश्वर के प्रति पितृभाव, मातृभाव, सख्यभाव, मधुरभाव इत्यादि जीवन के विभिनन भावों को ग्रहण करता है और अंतिक लक्ष्य की प्राप्ति तब होती है जब वह अपने उपास्थ से एकरूप हो जाता है। 'तू हीं मैं, मैं ही तू, तुझे पूजकर में अपनी पूजा करता हूँ और अपने को पूजकर तेरी। यह उसी की पराकाष्ठा है, जिसे लेकर उसने अपनी साधना आरंभ की थी। आरी में, मनुष्य का प्रेम वस्तुतः आत्मा से ही था, लेकिन क्षुद्र अहंकार के प्रभाव से वह प्रेम स्वार्थी बन गया। स्वयं मनुष्य का ही रूपान्तर न हो गया, तब उस प्रेम की पूर्ण दीप्ति प्रकट हो गयी।'

वह ईश्वर के निकट आता जा रहा था, अपने में भरी हुई निस्सार वासनाओ को हटाजा जा रहा था। वासनाओ का लोप होते ही उसकी सारी स्वार्थ-बुद्धि लुप्त हो गयी और चरम लक्ष्य पर पहुँचकर उसने देखा कि प्रेम, प्रेमी तथा प्रेमास्पद सब एक ही है।

अनेकता में एकता

'स्वयम्भू ने इन्द्रियों को बर्हिमुख होने का विधान बनाया है, इसलिए मनुष्य सामने की ओर देखता है, अन्तरात्मा को नहीं दखता। अमृतत्व प्राप्ति की इच्छा रखने वाले किसी किसी ज्ञानी ने विषयों से सृष्ट फैरकर अन्तरस्था आत्मा का दर्शन किया है।' वेदों में हमे जो पहला अनुसंधान मिलता है, वह बाह्य विषयों को लेकर है। उसके बाद इस नवीन विचार का उदय हुआ कि वस्तु का वास्तविक स्वरूप बहिर्जगत के अनुसंधान द्वारा नहीं वरन बाहर की ओर से सृष्टि फेरकर अर्थात भीतर की ओर दृष्टि डालकर जाना जा सकता है। प्रत्येक अर्थात जो भीतर की ओर गया है-हमारी अन्तरतम् वस्तु हृदय केन्द्र, वह परम वस्तु, जिससे मानो सब कुछ बाहर आया है, मध्यवर्ती सूर्य, जिसकी बाह्य किरणें हैं मन, शरीर, इन्द्रियों और हमारा सब कुछ और अनन्त वस्तु की खोज व्यर्थ है-अनन्त की खोज अनन्त में ही करनी होगी, और हमारी अन्तवर्ती आत्मा ही एकमात्र नन्त वस्तु है। शरीर, मन इत्यादि हो जग-प्रपच हम देखते हैं अथवा जो हमारी चिन्ताएँ विचार हैं उनमें से कोई भी अनन्त नहीं हो सकता। जो द्रष्टा, साक्षी पुरुष इन सब को देख रहा है, अर्थात वही वहाँ भी है, जो वाँ है, वही यहाँ भी है। जो यहाँ नाना रूप में देखते हैं, वे बारम्बार मृत्यु को प्राप्त हो जाते हैं।

प्राचीन ऋग्वेद में देवताओं के सम्बन्ध में हम 'अमरत्व, शब्द का व्यवहार देखते हैं तो, बाद में इसका परित्याग कर दिया गया है। देश आकार के निर्माण का एक विशिष्ट उपादान है इस आकार का निरन्तर परिवर्तन हो रहा है देश और काल माया के भीतर है। इस नियम के द्वारा सभी जड़ पदार्थ विभिन्न रूपों में परिवर्तित हो रहे है, और टूटकर, चूर-चूर फिर उन्हीं जड़ कणों में परिणत हो रहे हैं। जिस किसी वस्तु की उत्पत्ति होती है, उसका विनाश होता ही है। अतएव यदि स्वर्ग है, तो वह भी इसी नियम के अधीन होगा।

हम देखते हैं कि संसार में सब प्रकार के सुख के पीछे, उनकी छाया के रूप में दुख रहता है ये पृथक नहीं है, वे एक ही वस्तु के दो विभिन्न रूप हैं। यह द्वैतवादी धारणा कि शुभ और अशुभ वे दोनों दो पृथव वस्तुएँ हैं और वे चिरन्तन हैं में कभी सुख, तो कभी दुःख उत्पन्न करती है। ऐसा कोई विषय नहीं है, जो सबको समान रूप से सुख देता हो। इसी प्रकार से चलता रहेगा। यह द्वैतवाद वास्तव में मिथ्या है।

विवेकानन्द के अनुसार शुभ और अशुभ का परिणाम हमेशा जगत में उपस्थित रहेगा, मनुष्य का जिस प्रकार का स्तर होगा शुभ और अशुभ की मात्रा का परिणाम उतना ही तीव्र या कम होगा।

वेदान्त यह नहीं कहता कि संसार केवल दुःखमय है। ऐसा कहना ही भूल है, और जगत सुख से परिपूर्ण है यह कहना भी ठीक नहीं। बालकों को यह शिक्षा देना भूल है कि यह जगत केवल मधुमय है-यहाँ केवल सुख है, केवल फूल है, केवल सौन्दर्य है। हम जीवनभर इन्हीं का स्वप्न देखते रहे हैं। फिर, किसी व्यक्ति ने दूसरे की अपेक्षा अधिक दुःख भोगा है, इसलिए सबका मन दुखःमय है, यह कहना भी भूल है। संसार बस इस द्वैतभावनापूर्ण अच्छे बुरे का खेल है। वेदान्त इसके साथ ही कहता है कि 'यह न सोचों कि अच्छा या बुरा हो सम्पूर्ण वस्तुएँ हैं। वास्तव में वे एक ही वस्तु है। वह एक वस्तु ही भिन्न-भिन्न रूप से, भिन्न-भिन्न आकार में आविभूत हो, एक ही व्यक्ति में मन में भिन्न-भिन्न भाव उत्पन्न कर रही है।' अतएव वेदान्त का पहला कार्य है-ऊपर से भिन्न प्रतीत होने वोले इस बाह्यजगत में एकत्तव का पता लगाना।

अतः हम देखते हैं कि यह जगत व आशावादी, न निराशावादी, वह दोनों का मिश्रण है और अंत में हम देखतें है कि यह सभी दोष प्रकृति के कन्धों से हटाकर हमारे अपने ऊपर रख दिया जाता है। साथ ही वेदान्त हममे बाहर निकलने का मार्ग भी दिखाता है किन्तु अमंगल को अस्वीकार करके नहीं, क्योंकि वह तथ्य जैसा हैं, उसका उसी रूप में विश्लेषण करता है-कुद भी छिपाकर रखना नहीं चाहता। वह मनुष्य को एकदम निराशा के सागर में नहीं डुबो देता, वह अज्ञेयवादी नहीं है।

यह जगत सदा से ही भले और बुरे का मिश्रण है। जहाँ भलाई देखो, समझ लो कि उसके पीछे बुराई भी छिपी है। किन्तु इन सब व्यक्त भावों के पीछे इन सब विरोधी भावों के पीछे वेदान्त उस एकत्व को ही देखता है। वेदान्त कहता है, बुराई छोड़ों और भलाई भी छोड़ो। अच्छे बुरे के पीछे एक ऐसी वस्तु है जो वास्तव में तुम्हारी अपनी है, जो वास्तव मे तुम्ही हो, जो सब प्रकार के शुभ और सब प्रकार के अशुभ के अतीत है-और वह वस्तु ही शुभ और अशुभ के रूप में प्रकाशित हो रही है। पहले इसको जान लो, तभी पूर्ण आशावादी हो सकते हों, इसके पूर्व नहीं। ऐसा होने पर ही तुम समब पर विजय प्राप्त कर सकोगे और तु खड़े होकर कह सकोगे, 'मंगल कितना सुन्दर है और अमंगल कितना अद्‌भुत है।'

वेदान्त यह नहीं कहता की स्वर्ग पत्र में घाव के डांके रखो और घाव जितना ही पकता जाय, उसे और भी स्वर्ण पत्रों से मढ़ दो।

'जल उच्च, दुर्गम भूमि के बसकर जिस प्रकार पर्वतों में बहता है, उसी प्रकार जो व्यक्ति गुणों को पृथक करके देखता है, वहीं उन्हीं का अनुवर्तन करता है। वास्तविक

शक्ति एक है, केवल माया में पड़कर अनेक हो गयी हैं। अनेक के पीछे मत दौड़ों बस, उसी एक की ओर अग्रसर होओ।' जो अनित्य वस्तुओं में नित्य है, जो चेतनावालों से चेतन है, उसका जो ज्ञानी लोग अपने अन्दर दर्शन करते हैं, उन्हीं को नित्य शांति मिलती है, औरों को नहीं। बाह्य जगत में वह कहाँ मिल सकता है? सूर्य, चन्द्र अथवा तारे उसकी उसको कैसे पा सकते हैं? वहाँ सूर्य का प्रकाश नहीं है, चन्द्र तारे आदि नहीं चमकते, ये बिजलियाँ भी नहीं चमकती, फिर अग्नि की क्या बात है? सभी वस्तुएँ उस प्रकाशमान से ही प्रकाशित होती हैं, उसी की दीप्ति से दीप्त होते हैं।

सुख इस या उस स्वर्ग में नहीं है, वरन इस आत्मा में है, स्थानों का कोई अर्थ नहीं है। जिस प्रकार दर्पण में लोग अपना प्रतिबिम्ब स्पष्ट रूप से देखते हैं, उसी प्रकार आत्मा में , ब्रह्म का दर्शन होा है। जिस प्रकार स्वप्न में हम अपने को अस्पष्ट रूप से अनुभव करते हैं, उसी प्रकार पितृलोक में ब्रह्मदर्शन होता है। जिस प्रकार जल में लोग अपना रूप देखते हैं, उसी प्रकार गन्धर्वलोक में ब्रह्मदर्शन होता है। जिस प्रकार प्रकाश तथा छाया परस्पर पृथक हैं उसी प्रकार ब्रह्मलोक में ब्रह्मा और जगत स्पष्ट रूप से पृथक मालूम पड़ते हैं। मानवात्मा ही पूजा के लिए सर्वश्रेष्ठ मन्दिर हैं, वह सभी स्वर्गों से श्रेष्ठ है। कारण, इस आत्मा में, उस सत्य का जैसा स्पष्ट अनुभव होता है, वैसा ही और कहीं भी नहीं होता।

जब तक तुम पवित्र नहीं हो जाते, तब तक गुफा, जगल, काशी तथा स्वर्ग जाने से कोई विशेष लाभ नहीं। और यदि तुम अपने चित्तरूपी दर्पण को निर्मल कर सको, तब तुम चाहे कहीं भी रहो, तुम प्रकृत सत्य का अनुभव करोंगे। अत: इधर-उधर भटकना शक्ति का व्यर्थ ही क्षय करना मात्र है। उसी शक्ति को यदि चित्त-दर्पण को निर्मल बनाने में लगाया जाय, तो ज़ितना अच्छा हो।

मेरा दर्शन कहता हैं कि जगत् और जीवन का रहस्य जान लेना होगा, स्वर्ग नरक आदि का सारा अंधविश्वास छोड़ देना होगा, यद्यपि उनका अस्तित्व उसी अर्थ में है, जिस अर्थ में उस पृथ्वी का अस्तित्व है। पर जब कोई कहता है, कि यह विज्ञान, चर्चा ही सर्बस्व है, इसके अतिरिक्त जीवन का कोई उद्देश्य नहीं है, तब समझ लेना चाहिए कि, वह मुर्चोचित बात कर रहा है। उसके जीवन के मूल रहस्य को जानने की कभी चेष्टा नहीं की, प्रकृत वस्तु क्या है,इस सम्बध में उससे की आलोचना नहीं की। आप प्राण की विभिन्न अभिव्यक्तियों को लेकर चर्चा कर रहें हैं, पर जब में आपसे पूछता हूँ कि प्राण क्या है। तो आप कहते हैं, मैं नहीं जानता, ठीक है, आपको जो अच्छा लगें करें,मुझे अपने ही भाव में रहने दे।

मान लो, एक पतीली में जल गरम होकर उबलने जा रहा हैं-उस समय क्या होता है, इस बात की ओर यदि तुम ध्यान दो, तो देखोगे कि एक कोने में एक बुदबुदा उठ रहा है, दूसरे कोने में एक और उठ रहा है। यह बुदबुदे क्रमशः बड़ते जाते हैं और अंत में सब मिलकर एक प्रबल हलचल उत्पन्न कर देते हैं। यह संसार भी ऐसा ही है। प्रतयेक व्यक्ति मानो एक बुदबुदा है, और विभिन्न राष्ट्र मानो कुछ बुदबुदों की समष्टि है। क्रमशः राष्ट्रों में परस्पर मेल होता जा रहा हैं, और मेरी यह दृढ़ धारणा है कि एक दिन ऐसा आयेगा, जब राष्ट्र का भेद दूर हो जायेगा। हम चाहे अच्छा करे या न करे, हम जिस एकत्व की ओर अग्रसर हो रहे, वह एक दिन प्रकाशित होगा ही। ऐसा समय अवश्य आयेगा, जब ये भेदभाव लुप्त हो जायेगे-प्रत्येक व्यक्ति वैज्ञानिक विषय के समान ही समान आध्यात्मिक विषय, में तीव्र रूप से व्यवहार कुशल हो जायेगा, और तब, वह एकत्व, एक समन्वय समस्त जगत में व्याप्त हो जायेगा। तब सारी मानवता मुक्त हो जायेगी। अपनी ईर्ष्या घृणा, मेल और विरोध में से होते हुए हम एक लक्ष्य की ओर संघर्ष कर हे हैं। हम हमको समेटे हुए एक वेतवती नदी समुद्र की ओर बही जा रही है। छोटे-छोटे टुकड़े, तिनके आदि की भाँति हम इसमें बहे जा रहे हैं। हम भले ही इधर-उधर जाने की चेष्टा करें, पर अंत में हम भी जीवन और आनन्द के उस अनन्त समुद्र में अवश्य पहुँच जायेंगे।

वर्तमान भारत की समस्याओं पर स्वामीजी के विचार

तत्कालीन परिस्थितियों में भारत की समस्याओं के विषय में स्वामीजी की अपनी विचारधारा तथा उसकी क्रियात्मक विधियाँ अपनी नवीनता द्वारा चकित कर देने वाली थी। भारत की समस्याओं का भारत के व्यक्तित्व के निकटतम सम्बन्ध है? मानो इसी प्रश्नो के उत्तर में स्वामीजी ने समग्र तथा काव्यात्मक रूप में निम्न शब्दों में भारत का वर्णन किया है-

"यह एक विशाक्त प्रसाद के समान है, जो आज भग्न एवं धराशाही हो गया है, प्रथम बार दृष्टि डालने पर आपको निराश होना पड़ेगा। वास्तविकता यह है कि जब तक वह आभ्यतर सिद्धान्त एवं आदर्श, जिसकी अभिव्यक्ति का स्वरूप यह बाह्य मानव है, क्षत अथवा नष्ट न हो जाए, तब तक वास्तविक मानव जीवित रहता है और उसके पुनरूज्जीवन की आशा की जा सकती है। यदि आपका अंगरखा यदि बीस बार चोरी हो गया, तो इसका अर्थ यह नहीं है कि आपको नष्ट कर दिया गया। आप नया अंगरखा प्राप्त कर सकते हैं।"

भारत ने कभी ऐहिक वैभव या शक्ति को अपना आदर्श नहीं माना, उसने केवल धर्म को ही आदर्श माना है, इसका वर्णन करते हुए वे आगे कहते हैं 'हिन्दू धार्मिक बुद्धि से सोता है, धार्मिक बुद्धि से जीता है, धार्मिक बुद्धि से चलता है, धार्मिक बुद्धि से विवाह करता है, एवं धार्मिक बुद्धि से लूटता है। इससे ज्ञात होता है कि इस जाति क जीवनशक्ति, इसका मूलमंत्र धर्म है।'

स्वामी विवेकानन्द के मत में भारत में पराभव का कारण न तो अतिशापित जाति-व्यवस्था थी, न बाल विवाह था, न ही अन्य किसी ऐसी सामाजिक रूढ़ि के दोष थे, वरन हमारे दृष्टिकोण एवं कार्यक्षेत्र का संकुचित हो जाना ही हमारे राष्ट्रीय पतन का एक मुख्य एवं प्रबल कारण था। उन्होंने कहा कि यद्यपि विश्लेषणात्मक विज्ञान-शास्त्रों का उदय भारतवर्ष में हुआ, तथापि इस राष्ट्रीय गुण को कालान्तर में इतना बढ़ा-चढ़ाकर बताया गया है कि उसके प्राण तथा ओज नष्ट हो गये और वह क्षुद्रता और मूढ़ता के स्तर पर उतर आया। स्वामी जी ने कला, संगीत एवं धर्म के शाचनीय ह्रास के सम्बन्ध में उदाहरण दिए हैं, उनसे उपर्युक्त कथन स्पष्ट हो जाता है। इस अवनति का निकृष्टतम रूप यह है कि मौलिकता का अभाव एवं दिखाऊपन की अभिरुचि धर्म के क्षेत्र में भी समा गई? वे कहते हैं, 'हमारा सर्वोच्च लक्ष्य हैं उदा बनना, कूपमण्डूकता को त्यागकर बाहर आना, आत्मसात करना और खुद को सार्वभौमिक बना देना। किन्तु हम अपने को नित्य लघुतर बनाते जा रहे हैं और शास्त्रों के विपरीत अपने को सबसे अलग करते जा रहे हैं।'

स्वामीजी में संकीर्णता व अुदारता का भाव जरा भी न था। वे मानवमात्र से बंधुत्व भाव रखते थे और समस्त भूमण्डल को उन्होंने अपना घर बना लिया था तथापित भारत के लिए अन्तिम समय तक उनके हृदय में विशेष कोमल स्थान था। तत्कालीन अवांछनीय परिस्थिति से उनका हृदय सदा दुखी रहता था और वे सतत अपने देश एवं देशवासियों के उत्थान के उपायों तथा साधनों की खोज में चिन्तित रहते थे। उन्होंने कहा, 'भारत की समस्याएँ किसी भी अन्य देश की समस्याओं से अधिक जटिल एवं महत्त्वपूर्ण है। जाति, धर्म, भाषा, शासन, मुगल, यूरोपीय सभी राष्ट्रों का रक्त सम्मिलित है। भाषाओं का यहाँ अत्यंत जमावड़ा है। सामाजिक रूढ़ियों और रीतियों के सम्बन्ध में कहीं-कहीं भारत के दो वर्गों में ही इतना अधिक भेद दिखायी देगा कि उसकी तुलना में भारतीय एवं यरोपीय वगँ की रीतियों का भेद न्यून जान पड़ेगा।'

इस प्रकार उनके मतानुसार धार्मिक एकता का होना अति महत्त्वपूर्ण था और भावी भारत के निर्माण में इसकी सर्वप्रथम आवश्यकता थी। स्वामीजी कहते थे, 'आध्यात्मिकता

हमारे जीवन का रक्त प्रवाह है, जब तक इस स्रोत का प्रवाह स्वच्छ, बलिष्ठ, पवित्र एंव प्रबल है, तब तक सब कुद ठीक रहेगा। इस प्रवाह के शुद्ध रहने से सामाजिक, राजनीतिक अथवा कोई भी भौतिक त्रुटि, यहाँ तक की देश की सेवा भी दूर हो जायेगी।'

स्वामीजी ने भारत की आत्मा के वास्तविक स्वरूप का हमें दर्शन कराया और मातृभूमि के प्रति यह उनकी अत्यंत महत्त्वूर्ण सेवा थी।

धार्मिक एकता से स्वामी विवेकान्द का तात्पय शुद्धि से कदापित नहीं था, अर्थात् शुद्धि का जो अर्थ सामान्यत: समझा जाता है-धर्म परिवर्तन। यह अर्थ उनकी नैतिक विचारधारा के अनुसार घृणित था और रामकृष्ण के उपदेशानुसार भी त्याज्य था। स्वामीजी का कहना था कि विभिनन धर्मों को सामाजिक भी होना चाहिए और वे एक-दूसरे को इसलिए तिरस्कार की दृष्टि से न देखें कि उनके ईश्वर सम्बन्धी आदर्श भिन्न-भिन्न हैं। प्रत्येक को एक-दूसरे से मूल तत्व को आत्मसात करते हुए अपने धार्मिक व्यक्तित्व का संरक्षण करना है।

इससे स्पष्ट है कि स्वामीजी के मतानुसार भारतीय समस्या मुख्यत: आध्यात्मिक थी। सुविधा के लिये इसके आन्तरिक और बाह्य-दो भाग किए जा सकते हैं।

स्वामीजी ने उसकी जो चर्चा की और उसका जो निराकरण प्रस्तुत किया, वह उनके अन्य क्षेत्रों के अनुदान की अपेक्षा अधिक मौलिक एवं महत्त्वपूर्ण था। भारत के पास उस समय अपनी प्राचीन सभ्यता और संस्कृति के भण्डार के अलावा और कुछ था भी नहीं।

इससे वह स्वयं को कुछ लल्जित सा महसूस कर रहा था। स्वामीजी ने अपने चरित्र तथा उपदेशों के द्वारा इस भाव में विवर्यय उत्पन्न किया उन्होंने कहा 'भारत की देन धर्म, ज्ञान, दर्शन और अध्यात्मवाद की देन है।' भारतवासी विचारधारा द्वारा विश्व की विजय राष्ट्रीय जीवन का, जाग्रत और ऊर्जस्वी राष्ट्र-जागरण का एकमात्र उपाय है।

स्वामीजी के मतानुसार भारतवर्ष को आध्यात्मिक बनाने की मोटे तौर पर चार मार्ग है- शिक्षा द्वारा जनसाधारण की परिस्थितियों के सुधार द्वारा, संगठन द्वारा एवं भारतीयों में उस क्रियाशीलता की वृत्ति के जागरण द्वारा, जो अब तक केवल पाश्चात्य देशों का ही वैशिष्ट्य रही है।

वे कहते हैं कि हमे जीवन की रचना करमे वाले, मनुष्य बनाने वाले, चरित्र निर्माण करने वाले विचारों को आत्मसात करना होगा। वे अद्वैत वेदान्त की विचारधारा का भारत में सर्वाधिक प्रचार करना चाहते थे। भारत बहुत काल तक दुर्बल रह चुका है। इसका कारण यह है कि अद्वैत का ज्ञान जनसाधारण को नहीं दिया गया और परिस्थिति की आंधी के

थपेड़े खाते हुए बिना लंगर के जहाज की नाई, भारतीय जनसाधारण आत्मविश्वास और ईश्वर पर विश्वास खो बैठा।

स्वामीजी के मतानुसार देश के कल्याण के लिए जन साधारण का स्तर ऊँचा उठाना परम आवश्यक था। राष्ट्र का निवास गरीबों की झोपड़ियों में है। यदि हमारे कोटि-कोटि बन्धुगण दरिद्रता एवं अज्ञान में डबे रहें तो हमारी उन्नति कैसे हो सकती है? पर हाँ यह भी सावधानी बरतना आवश्यक है कि जनसाधारण के व्यक्ति का सृजन करते समय कहीं उनकी आध्यात्मिक प्रकृति नष्ट न हो जाए।

स्वामीजी का मत था कि समाज सेवकों के हृदय में प्रेम और सहिष्णुता का होना जरूरी है यदि कोई भारतीय अपने इन देशवासियों के पूरे दिल से प्रेम कर सके, तो भारत पुन: विलासिता के आकर्षण को पूर्ण रूप से तिलांजलि देकर अपने करोड़ों देशवासियों क भलाई के लिए आतुर होकर उनकी सेवा में उत्कट रूप से जुट जायेंगे।

संगठन की शक्ति पर भी स्वामीजी का अटूट विश्वास था। वे कहते थे 'भविष्य में महान भारत की रचना का रहस्य संगठन, शक्ति संग्रह एवं मनोबल का सहकारिता में निहित है।'

भारतवर्ष के लिए स्वामी की अन्तिम किन्तु महत्त्व अभिलाषा तीव्र रजोगुण की तीव्र क्रियाशीलता की थी। अत: अपने उत्तरदायित्व के पीदे न हटे और स्वामीजी-जैसे महापुरुष के वचनों पर श्रद्धा रखते हुए उनके भारत विषयक स्वप्न को साकार बनाने मे प्रयत्नशील हों। उनकी भविष्यवाणी है कि आध्यात्मिकता की लहर उठ रही है और क्रमश: यह सारे संसार को आप्लावित कर देगी।

एक महान भविष्य हमें पुकार रहा है, मानों वह कह रहा है, 'उतिष्ठत युद्धस्व' विग्रह, अशान्ति एंव लोभ रूपी शत्रुओं का नाश करो, गौंरव एवं कीर्ति का सम्पादन करो और आत्मा के उस महान राज्य का उपभोग करो, जिस पर हमारी प्राणप्रिय भारतमाता की पवित्र पर उत्पन्न प्रत्येक नर-नारी और बालक का जन्मसिद्ध अधिकार है।

भारत का भविष्य

यही वह भारत है, जिसकी भूमि पर संसार के सर्वश्रेष्ठ ऋषियों की चरणरज पड़ चुकी है वह वही प्राचीन भूमि है, जहाँ दूसरे देशों को जाने से पहले तत्वज्ञान ने आकर अपनी वास भूमि बनायी थी। यहीं सबसे पहले मनुष्य ने प्रकृति तथा अन्तर्जगत के रहस्योद्घाटन की जिज्ञासाओं के अंकुर फूटे थे। आत्मा का अमरत्व, अन्तर्यामी ईश्वर एवं

जगतप्रपंच तथा मनुष्य के भीतर सर्वव्यापी परमात्मा-विषयक मतवादों का पहले-पहल यही उद्‌भव हुआ था, और यही धर्म एवं दर्शन के आदर्शों ने अपनी चरम उन्नति प्राप्त की थी। आत्मा जैसे अनादि, अनन्त और अमृतस्वरूप है, वैसे ही हमारी भारत भूमि का जीवन है, और हम इसी देश की संतान है।

अतीत से ही भविष्य का निर्माण होता है। अत: जहाँ तक हो सके, अतीत की ओर देखो, और जो निरन्तर निर्झर बह रहा है, आकंठ उसका जल पिओं और उसके बाद सामने देखो और भारत को उज्ज्वलतर, महत्तर और पहले से और भी ऊँचा उठाओं। 'हमारे पूर्वज महान थे' पहले यह बात हमें याद करनी होगी। हमें समझना होगा कि हम किन उपादानों से बने हैं, कौन सा खून हमारी नसों में बह रहा है उस खून पर हमें विश्वास करना होगा और अतीत के उसके कृतित्व पर भी। इस विश्वास और अतीत-गौरव के ज्ञान से हम अवश्य एक ऐसे भारत की नींव डालेंगे, जो पहले से श्रेष्ठ होगा।

भारत के भविष्य संगठन की पहली शर्त के तौर पर उसी धार्मिक एकता की ही आवश्यकता है। देश भर में एक ही धर्म सबको स्वीकार करना होगा। हम जानते हैं हमारी विभिन्न सम्प्रदायों के सिद्धान्त तथा दावे, चाहे कितने ही विभिन्न क्यों न हों हमारे धर्म में कुछ सिद्धान्त ऐसे हैं, जो सम्प्रदायों द्वारा मान्य है। इस तरह हमारे सम्प्रदायों के ऐसे कुछ सामान्य आकार अवश्य हैं, उनको स्वीकार करने में हमारे धर्म में अद्‌भुत विविधता के लिए गुंजाइश हो जाती है और साथ ही विचार और अपनी रूचि के अनुसार जीवन निर्वाह के लिए हमे संपूर्ण स्वाधीनता प्राप्त हो जाती है।

धर्म ही भारतीय जीवन का मूलमंत्र है, और हम केवल सबसे कम बाधाओं वाले मार्ग का अनुसरण करने ही कार्य में अग्रसर हो सकते हैं। यह केवल सत्य ही नहीं धार्मिक आदर्श यहाँ सबसे बड़ा आदर्श हैं, किन्तु भारत के लिए यहाँ कार्य करने का सबसे सम्भाव्य उपाय यही है। इसलिए भविष्य के भारत निर्माण का पहला कार्य, करने का सबसे संभाव्य उपाय यही है। इसीलिए भविष्य के भारत निर्माण का पहला कार्य, वह पहला सोपान, जिसे के उस महा चल पर खोदकर बनाना होगा, भारत को यह धार्मिक एकता ही हैं, और अब वह समय आ गया है कि अपने हित के लिए अपनी जाति के हित के लिए हम अपने इन तुच्छ भेदों और विवादों को त्याग दें।

राष्ट्रीय जीवन के बारे में यही बात है। जब राष्ट्रीय जीवन कमजोर हो जाता है, तब हर तरह से रोग के कीटाणु उसके शरीर में इकट्ठे जमकर उसकी राजनीति, समाज, शिक्षा और बुद्धि को रुग्ण बना देते हैं।

हमने देखा कि हमारा धर्म ही हमारे तेज, हमारे बल यहीं नहीं हमारे जीवन की भी मूल भित्ति है। इस समय् में यह तर्क-वितर्क नहीं करने जा रहा हूँ कि धर्म उचित है या नहीं। किन्तु अच्छा हो या बुरा, धर्म ही हमारे राष्ट्रीय जीवन का प्राण है, तुम उससे निकल नहीं सकते। तुम इसी धर्म में बंधे हुए हो, और अगर तुम इसे छोड़ दो तो चूर-चूर हो जाओगे। वही हमारी जाति का जीवन है और उसे अवश्य ही सशक्त बनाना होगा।

भारतीय मन पहले धार्मिक है, फिर कुछ और अत: धर्म को ही सशक्त बनाना होगा यह किया किस तरह जायें यह मैं तुम्हारे सामने अपने विचार रखता हूँ।

स्वामीजी का विचार है कि पहले शास्त्र ग्रंथों में भरे पड़े आध्याम्मिकता के रत्नों को, जो कुछ ही मनुष्यों के अधिकार में मठों एवं अरण्यों में छिपे हुए हैं, बाहर लाना है। तात्पर्य यह है कि मैं उन्हें सबसे लिए सुलभ कर देना चाहता हूँ, मैं इन तत्वों को निकालकर सबकी, भारत के प्रत्येक मनुष्य की बोलचाल की भाषा में ही शिक्षा देनी चाहिए। साथ ही संस्कृत की शिक्षा अवश्य होती रहनी चाहिए, क्योंकि संस्कृत शब्दों की ध्वनि मात्र से ही जाति को एक प्रकार का गौरव शक्ति और बल प्रबल हो जाता है।

स्वामी जी कहते है कि ऐ पिछड़ी जाती के लोगों, में तुम्हें बतलाता हूँ कि तुम्हारे बचाव का, तुम्हारी अपनी दशा को उन्नत करने का एक मात्र उपाय संस्कृत पढ़ना हैं, और यह लड़ना-झगड़ना और उच्च वर्णों में विरोध में लेख लिखना व्यर्थ है। इससे कोई उपकार न होगा। जातियों में समता लाने के लिए एक मात्र उपपय उस संस्कार और शिक्षा का अर्जन करना है, जो उच्च वर्णों का बल एवं गौरव है। यदि तुम कर सको, तो जो तुम चाहते हो, वह तुम्हे मिल जायेगा।

इसलिए भारतीय जाति समस्या का समाधान इसी प्रकार होता है कि उच्च वर्णों का गिराना नहीं होगा, ब्राह्मणों का अस्तित्व लोप करना नहीं होगा। भारत में ब्राह्मणत्व मनुष्यत्व का चरम आदर्श है। इसे शंकराचार्य ने गीता के भाष्यारंभ में बड़े ही सुन्दर ढंग से पेश किया है, जहाँ कि उन्होंने ब्राह्मणत्व की रक्षा के लिए प्रचारक के रूप में 'कृष्ण के आने का कारण बतलाया है। यही उनके अवतरण का महान उद्देश्य था। इस ब्राह्मण का इस ब्रह्मज्ञ पुरुष का यह आदर्श और सिद्ध पुरुष का रहना परमावश्यक है। इसका लोप कदापि नहीं होना चाहिए।

अत: मित्रों जातियों का आपस में झगड़ना बेकार है। इससे क्या लाभ होगा? हससे हम और भी बंट जायेंगे, कमजोर हो जायेंगे और गिर भी जायेंगे।

किन्तु प्रत्यक्ष घटनाओं का विचार करने से हम देखते हैं, तभी जातियाँ धीरे-धीरे उठेंगी। आज जो हजारों जातियाँ हैं, उनमें से कुछ तो ब्राह्मणों में शामिल भी हो रही हैं। हर एक जाति दूसरी जाति से संपूर्ण पृथक है। कोई जाति किसी दूसरी जाति के कामों में, यहाँ तक कि एक ही जाति की भिन्न-भिन्न शाखाएँ भी एक दूसरे के कार्यों में हस्तक्षेप नहीं करती और शंकराचार्य आदि शक्तिशाली युगप्रवर्तक ही बड़े-बड़े वर्ग निर्माण थे। उन लोगों ने जिन अद्‌भुत बातों का आविष्कार किया था, वे सब मैं तुमसे नहीं कह सकता हूँ और संभव है कि तुममें से कोई-कोई उससे अपना रोष प्रकट करें। किन्तु अपने भ्रमण और अनुभव से मैंने उनके सिद्धान्त ढूंढ निकाले और और इससे मुझे अद्‌भुत परिणाम प्राप्त हुए कभी कभी उन्होंने दल के कदल बलूचियों को लेकर क्षण भर में उन्हें क्षत्रिय बना डाला, दल के दल घीवरों को लेकर ब्राह्मण बना डाला। वे सब ऋषि मुनि थे और हमें उनकी स्मृति के सामने सिर झुकाना होगा। ऋषि का अर्थ है पवित्र आत्मा। पहले पवित्र बनों, तभी तुम शक्ति पाओंगे। जब तुम यथार्थ ऋषित्व लाभ करोंगे, तो दखोगे, दूसरे आप ही आप तुम्हारी आज्ञा मानते हैं। तुम्हारे भीतर के कुछ रहस्यमय वस्तु निकलती है जो दूसरों को तुम्हारी आज्ञा मानने को बाध्य करती है।

मैंने तुमसे जो कुछ कहा है, वह एक सुझाव मात्र है। जिसका उद्‌देश्य यह दिखाना है कि ये लड़ाई झगड़े बन्द हो जाना चाहिए। मुझे दु:ख इस बात पर है कि वर्तमान समय में भी जातियों के बीच में इतना मतभेद चलता रहता है। इसका अन्त हो जाना चाहिए, हर एक अभिजात वर्ग का कर्तव्य है कि अपने कुलीन तंत्र की कब्र पर आप ही खोदे, और कितना ही शिध्र कर सके उतना ही अच्छा है। जितना ही वह देर करेगा उतनी ही वह सड़ेगी और उसकी मृत्यु भी उतनी ही भयंकर होगी। अत: ब्राह्मण जाति का कर्तव्य है कि भारत की दूसरी सब जातियों के उद्धार की चेष्टा करें। यथार्थ ब्राह्मणवाद क्या है, इसका स्मरण करना भारतीय ब्राह्मणों का स्पष्ट कर्तव्य है। मनु कहते हैं, 'ब्राह्मणों को जो इतना सम्मान और विशेष अधिकार दिये जाते हैं, इसका कारण यह है कि उनके पास धर्म का भण्डार हैं।'

परन्तु दूसरों की अपेक्षा अधिक अग्रसर होना तथा सुविधाएँ प्राप्त करना एक बात है और दुरुपयोग के लिए उन्हें बनाए रखना दूसरी बात शक्ति जब कभी बुरे उद्‌देश्य के लिए लगायी जाती है तो वह आसुरी हो जाती है, उसका उपयोग सोद्‌देश्य के लिए ही होना चाहिए। अत: युगों की यह संचित शिक्षा तथा संस्कार, जिनके ब्राह्मण संरक्षक होते आये हैं, सब साधारण जनता का देना पड़ेगा और चूंकि उन्होंने साधारण जनता को वह सम्पत्ति

नहीं दी, इसीलिए विदेशियों का आक्रमण हो सका। ब्राह्मणों ने शुरु से ही साधारण जनता के लिए यह दरवाजा नहीं खोला इसी कारण हम अनवत हो गये और हमारा पहला कार्य यही है, उन्हें तोड़कर बाहर निकाले और उन्हें सब को दें। यह कर्य सबसे पहले ब्राह्मणों को ही करना होगा। ब्राह्मणेत्र जातियों से कहता हूँ कि ठहरों, जल्दी न करो-ब्राह्मणों के सामान ही संसकार प्राप्त करने के लिए अपनी सारी शक्ति लगा दो। तुम क्यों संस्कृत के पण्डित नहीं होते? मेरा प्रश्न तो यही है। जिस समय तुम यह कार्य करोगे, उसी क्षण तुम ब्राह्मणों के समान हो जाओगे। भारत में शक्तिलाभ का रहस्य यही है।

संस्कृत में पांडित्य होने से ही भारत में सम्मान प्राप्त होता है। संस्कृत भाषा का ज्ञान होने से ही कोई भी तुम्हारे विरुद्ध कुछ कहने का साहस नहीं करेगा। यही एकमात्र रहस्य है। अतः इसे जान लो और संस्कृत पढ़ो। इच्छा शक्ति ही जगत में अमोध शक्ति है। प्रबल इच्छाशक्ति का अधिकारी मनुष्य एक ऐसी ज्योतिर्मयी प्रभा अपने चारों ओर फैला देता है कि दूसरे लोग स्वतः प्रभा से प्रभावित होकर उसके भाव से भावित हो जाते हैं। अतः यदि भारत को महान बनाना है, उसका भविष्य उज्जवल बनाना है, तो इसके लिए आवश्यकता है संगठन की, शक्ति संग्रह की और बिखरी हुई इच्छा शक्ति को एकत्र कर उसमें समन्वय लाने की।

देवता मनुष्य इसीलिए पूजे गये कि वे एकचित थे, एक मन हो जाना ही समाज गठन का रहस्य है और यदि तुम 'आर्य' एवं 'द्रविड़' , 'ब्राह्मण' और 'अब्राह्मण' जैसे तुच्छ विषयों को लेकर 'तू-तू-मैं-मैं' करोगो झगड़े एवं पारस्परिक विरोध भाव को बढ़ाओगे तो समझ लो तुम शक्ति संग्रह से दूर हटते जाओगे, जिसके द्वारा भारत का भविष्य बनने जा रहा है। एक बात को याद रखो कि भारत का भविष्य सम्पूर्णतः उसी पर निर्भर करता है। बस, इच्छा शक्ति का संचय और उनका समन्वय कर उसे एकमुखी करना ही वह सारा रहस्य है।

आगामी पचास वर्ष के लिए यह जननी जन्मभूमि भारत माता ही मानो आराध्य देवी बन जाये। तब तक के लिए हमारे मस्तिष्क के व्यर्थ से व्यर्थ के देवी देवताओं के हट जाने में कुद भी हानि नहीं है। अपना सारा ध्यान इसी एक ईश्वर पर लगाओं, हमारा देश ही हमारा जाग्रत देवता है। सर्वत्र उसके हाथ हैं, सर्वत्र उसके पैर हैं, और सर्वत्र उनके कान हैं। जब हम इस प्रत्यक्ष भारत माता की पूजा कर लेंगे, तभी हम दूसरे देव-देवियों की पूजा करने योग्य होंगे, अन्यथा नहीं।

इसके लिए सबसे पहला कार्य है, चित्तशुद्धि और उसकी प्राप्ति कैसी होती है? इसका उत्तर यह है कि सबसे उस विराट् की पूजा करो, जिसे तुम अपने चारो ओर देख रहे हो-उसकी पूजा करो। 'वर्शिप' ही संस्कृत शब्द का ठीक समानार्थक है, अंग्रेजी के किसी अन्य शब्द से काम नहीं चलेगा। ये मनुष्य और पशु, जिन्हें आस-पास और आगे पीदे देख रहे हैं। ये ही हमारे ईश्वर हैं। इनमें सबसे पहले पूज्य हैं हमारे अपने देशवासी। परस्पर ईर्ष्या, द्वेष करने और झगड़ने के बजाय हमें उनकी पूजा करी चाहिए।

सबसे पहले हमें अपनी जाति की आध्यात्मिक और लौकिक शिक्षा का भार ग्रहण करना होगा। जो अभी तुम पा रहे हो-उसमें कुछ अच्छा अंश दबा देती है। सबसे पहली बात तो यह है कि यह शिक्षा मनुष्य बनाने वाली नहीं कही जा सकती। यह शिक्षा केवल तथा सम्पूर्णत: निषेधात्मक है। निषेधात्मक शिक्षा या निषेध की बुनियाद पर आधारित शिक्षा मृत्यु से भी भयानक है। शिक्षा का मतलब यह नहीं है कि तुम्हारे दिमाग में ऐसी बहुत सी बातें इस तरह ठूंस दी जाए कि अर्न्तद्वन्द्व होने लगे और तुम्हारा दिमाग उन्हें जीवन भर न पचा सके। जिस शिक्षा से हम जीवन निर्माण कर सके, मनुष्य बन सके, चरित्र गठन कर सके और विचारों का सामंजस्य कर सके, वहीं वास्तव में शिक्षा कहलाने योग्य है। इसलिए हमारा आदर्श यह होना चाहिए कि अपने देश के समग्र आध्यात्मिक और लौकिक शिक्षा के प्रचार का भार अपने हाथों में ले और जहाँ तक संभव हो, राष्ट्रीय रीति से राष्ट्रीय सिद्धान्तों के आधार पर शिक्षा का विस्तार करें।

यह काम हमें तुरंत कर देना चाहिए। इसके लिए सबसे पहले हमें एक मन्दिर की आवश्यकता है, पर मैं किसी मत विशेष के आधार पर मन्दिर बनाने को नहीं कहता। वह इन साम्प्रदायिक भेद-भावों से परे होगा। उसका एकमात्र प्रतीक 'ओऽ्म' होगा जो कि हमारे किसी भी धर्म सम्प्रदाय के लिए महानतम प्रतीक है। यदि हिन्दुओं में ऐसा कोई सम्प्रदाय हो, जो इस ओंकार को न माने, तो समझ लो के वह हिन्दू कहलाने योग्य नहीं। वहाँ पर सब लोग अपने-अपने सम्प्रदाय के अनुसार ही हिन्दू की व्याख्या कर सकेंगे, पर मन्दिर हम सबके लिए एक ही होना चाहिए।

इस मन्दिर के सम्बन्ध में एक दूसरी बात यह है कि सके साथ ही एक और संस्था हो, जिससे धार्मिक शिक्षक एवं प्रचारक तैयार किए जाएँ और वे सभी घूम फिरकर धर्म प्रचार करने को भेजे जाएं। परन्तु केवल वे धर्म प्रचार ही न करे, वरन उसके साथ-साथ लौकिक शिक्षा का भी प्रचार करें। शिक्षकों तथा धर्म प्रचारकों द्वारा हमारे कार्य का विस्तार होता जायेगा और क्रमश: अन्य स्थानों में ऐसे ही मन्दिर प्रतिष्ठित होंगे और इस प्रकार

समस्त भारत में यह कार्य फैल जायेगा। यही मेरी योजना है, तुमको यह बड़ी भारी मालूम होगी पर इस समय इसकी बहुत आवश्यकता है। तुम पूछ सकते हों इस काम के लिए धन कहाँ से आयेगा? धन की जरूरत नहीं। धन कुछ नहीं है। उनका कहना है कि धन या किसी वस्तु की जब हमें जरूरत होगी, तभी वह प्राप्त हो जायेगी, क्योंकि वे सब मेरे गुलाम हैं, न कि मैं उनका गुलाम हूँ। जो मेरा गुलाम हैं, उसे मेरी इच्छा होते ही मेरे पास आना होगा। अत: उसकी चिंता मत करो।

उन्होंने आज के युवकों से कहा कि तुम मेरे ऊपर विश्वास करो तुम्हारा भविष्य उज्ज्वल हैं। अपने आप पर अगाध अटूट विश्वास रखो। यह विश्वास रखों कि प्रत्येक के आत्मा के अनन्त शक्ति विद्यमान है। तभी तुम सारे भारत को पुनरूजीवित कर सकोगे। हमें भारत में बसने वाली और भारत से बाहर बसने वाली सारी जातियों के अन्दर प्रवेश करना होगा। इसके लिए हमें कर्म करना होगा। और इस काम के लिए मुझे युवक चाहिए। इसलिए आओ, हम अपने आगे एक महान आदर्श खड़ा करें और उसके लिए अपना जीवन उत्सर्ग कर दें। यही हमारा निश्चय हो और वह भगवान जो हमारे शास्त्रों के अनुसार शत्रुओं के परित्राण के लिए संसार में बार-बार आविभूत होता है, वहीं महान कृष्ण हमको आर्शीवाद दे एवं हमारे उद्देश्य की सिद्धि में सहायक हो।

स्वामी विवेकानन्द के मत में

वेदान्त के व्यावहारिक पक्ष का महत्त्व

स्वामी विवेकानन्द के नब्य वेदान्त के व्यावहारिक पक्ष का महत्त्व एवं प्रासंगिकता:

स्वामी विवेकानन्द के पहले सामान्य लोगों का यह मत था कि वेदान्त का सीधा सम्बन्ध आरण्यों और गिरि गुफाओं में रहने वाले साधु सन्यासियों से है। स्वामी विवेकानन्द ने वेदान्त की सुमन सुरभि को साधु सन्यासियों के जीवन शैली के साथ जन-जंन तक पहुंचाया। वे वेदान्त को आसमान से जमीन पर उतार देने वाले आधुनिक युग के प्रथम अग्रदूत थे। आदर्श और व्यवहार के सिद्धान्त और आचरण के बीच की दीवार को तोड़ देने वाले वे प्रथम कर्मयोगी थे। जिन्होंने कहा है-'जो दर्शन के मानव के दैनिक जीन की समस्याओं का समाधान नहीं करता और जो धर्म मनुष्य की सामान्य उलझनों को भी नहीं सुलझा सकता ऐसा दर्शन एवं नव दर्शन के जड़ों को भारत में तलाशते रहे। ऐसा जड़ जो कि आध्यात्मिक शक्ति की अभिव्यक्ति का परिचायक है। इनके वेदान्त के व्यावहारिक

पक्ष का महत्त्व सार्वभौम धर्म, मानवता, अनेकता में एकता आदि प्रसंगों में झलकता है। इन्होंने सार्वभौम धर्म में एक ऐसे धर्म की बात की है जो संपूर्ण विश्व के लिए हो। जिसमें हिन्दू, मुस्लिम, सिख, ईसाई, पारसी, यहूदी का भेद न हो। जिसके अन्तर्गत सारे धर्मों के लोग एक हो। किसी प्रकार का भेदभाव न हो। जिसमें सबके कल्याण की बा हो। उन्होंने का भी है- जैसे भिन्न-भिन्न नदियाँ, भिन्न-भिन्न मार्गों से होकर समुद्र में गिरती हैं, उसी तरह विश्व के सभी धर्मों का एक मात्र लक्ष्य परमसत् तक पहुँचाना है। भले की उसके पहुँचने के रास्ते अलग-अलग हो।

उनका मानना है कि धार्मिक भावना एक सर्वमान्य तथ्य है। धार्मिक भावना यहूदी, ईसाई, हिन्दू अन्य सभी धर्मावलम्बियों में समान रूप से पायी जाती है। बुद्ध एवं महावीर जो नास्तिक हैं ईश्वर को नकार देते है उनमें भी धार्मिक भावना पायी जाती है। धार्मिक भावना में ज्ञानात्मक, क्रियात्मक एवं भावनात्मक तीनो पक्षों का समन्वय होता है। जिस धर्म में ज्ञानात्मक पक्ष अधिक होता है वह बौद्धिक हो जाता है। जिसमें क्रियात्मक पक्ष अधिक होता है, वह कर्मकाण्डी हो जाता है, किन्तु भावनात्मक पक्ष में ज्ञानात्मक एवं क्रियात्मक दोनो पहलू समाहित होते हैं। जिससे धार्मिक भावना सार्वभौम है।

विवेकानन्द के अनुसार धर्म मानव के अन्दर नैतिकता को जगाता है, क्योंकि बिना धर्म के नैतिकता का कोई मूल्य नहीं। विश्व का चाहे कोई भी धर्म हो वह मानव को कभी भी गलत आचरण करने के लिए प्रेरित नहीं करता है। उसका लक्ष्य जन कल्याण ही होता है।

विवेकानन्द मानव को आध्यात्मिक मानते हैं, सार्वभौम धर्म का लक्ष्य इसी आध्यात्मिकता को प्राप्त करना है। साधक को अपने धर्म के प्रति आस्था होनी चाहिए लेकिन दूसरे धर्म के प्रति घृणा या अनास्था नहीं होनी चाहिए। इसे और स्पष्ट करते हुए कहते हैं-भिन्न-भिन्न कोणों से लेने पर भिन्न-भिन्न प्रतीत होता है किन्तु विषय तो एक ही रहता है। उसी प्रकार सभी धर्मों का आदर्श एक ही है।

विवेकानन्द वेदान्त को अन्य साम्प्रदायकि धर्मों से भिन्न बतलाते हैं। वेदान्त धर्म में कुछ सर्वमान्य मूल्य हैं। इसी परिप्रेक्ष्य में वे मानवतावाद की संकल्पना व्यक्त करते हैं। वे कहते हैं-जीवों में मनुष्य ही सवोच्च जीव है और यह लोक ही सर्वोच्च लोक है। ईश्वर को मनुष्य की अपेक्षा बड़ा समझ कर हम अपनी कल्पना नहीं कर पाते इसलिए हमारा ईश्वर ही मानव है और मानव ही ईश्वर है।

उनका मानवतावाद इस तथ्य से और भी स्पष्ट हो जाता है कि उन्होंने दरिद्रनारायण की पूजा को सबसे बड़ी पूजा माना है। उन्होंने कहा है–ईश्वर न मन्दिरों में है, न मस्जिदों में और न गिरिजाघरों में, वह है तो गरीब जन में जिन्हें हमें पहचानना होगा। हम पत्थर में भगवान को तो मान लेते है तो गरीब जन में, जिन्हें हमें पहचानना होगा। हम पत्थर में भगवान को तो मान लेते हैं किन्तु मानव सेवा करने से कतराते हैं, आज आवश्यकता उस नर में नारायण की सेवा का है क्योंकि प्रत्येक व्यक्ति में आत्मा निवास करती है यह आत्मा उस परमात्मा का अंश है जो जगत का सृष्टिकर्ता, पालनकर्ता एवं संहारकर्ता है। यदि हम दूसरों की आत्मा को सुख देते हैं तो वह परमात्मा भी उतना ही प्रसन्न होता है जितनी की उस व्यक्ति की आत्मा। यही नर में नारायण की सेवा है। इस प्रकार अपने जीवन का संदेश के माध्यम से विश्व को जो कुछ भी दिया उसे विकसित होने में शताब्दियाँ लग जायेगी। भारत को यदि जीवित रहना है और प्रगति करना है तो उसे अपनी समस्याओं का हल विवेकानन्द में ढूंढना होगा।

स्वामी विवेकानन्द और अन्य भारतीय विचारक:

विगत सहस्त्राब्दि में महान वेदान्तिक आचार्यों, जैसे शंकर, रामानुज, माध्वाचार्य और वल्लभाचार्य के रहते हुए भी संरचनात्मक कार्यों में कोई विशेष प्रगति नहीं हो पायी। यह काल सही अर्थ में दर्शन की आत्मा का पतन का काल था। यह काल 18वीं सदी की शुरूआत से 18वीं शताब्दी के अंत तक चला और तब त चला जब तक हिन्दू धर्म का पुनरूत्थान नहीं हुआ। नव्य वेदान्तिक आंदोलन जो कि एक हिन्दू धर्म का धार्मिक पुनरुथान था। मुख्यत इसमें चार तत्वों ने योगदान दिया, राजा राम मोहनराय, दयानंद सरस्वती, एनी बेसेन्ट और रामकृष्ण परमहंस, इन्हीं के शिष्य विवेकानन्द जो नव्य वेदानिक आंदोलन के प्रमुख स्तंभ थे उनका विचार भारतीय दर्शन पर एक अमिट छाप छोड़ गया। इनका योगदान दुनियाँ के प्रमुख संस्कृतियों एवं विचारधाराओं पर भी पड़ा।

राजाराम मोहन राय–

18वी शताब्दी के खत्म हाने तक जो शक्तियाँ सक्रिय थी वह इस सकारात्मक काल की मूल धारा बन गयी। उन्हीं में एक थे राजाराममोहन राय (1730 –1833)। उनमें हम उन्मुक्त एवं साहसी विचार जिसमें अपने संस्कृति के लिए प्यार था और रूढ़िवादी विचारो के प्रति घृणा थी। उन्होंने 1928 में ब्रह्म समाज की स्थापना की। इस संस्था के माध्यम से उनहोंने, उदारतावाद, तर्कनावाद एवं आधुनिकता का वह वातावरण तैयार कर दिया, जिसने भारतीय चिंतन के क्षेत्र में क्रान्ति उत्पन्न कर दी। यह एक सुधारवादी ईश्वरवादी

धार्मिक मंच बना जिसका लक्ष्य धार्मिक शुद्धता एवं हिन्दुओं को अपनी पुरानी संस्कृति एंव सिद्धान्तों पर वापस ले जाना था, खासकर उपनिषद पर। क्योंकि राम मोहनराय वेदान्त से-शंकराचार्य के अद्वैत वेदान्त से उतना नहीं प्राप्त किया जितना उपनिषदों के प्रचीन वेदान्त से-असीम शक्ति और असीम शिवत्व से युक्त एक ईश्वर की धारणा और आत्मा की अमरता का विचार प्राप्त किया। कई कालों से सुप्त अवस्था के बाद हिन्दू धर्म में नई चेतना आयी। उन्होंने रूढ़िवादी विचारधारा जो कि हिन्दू धर्म को व्यापक जड़ बना दिया था उसका पुरजोर विरोध किया।

उसकी महत्ता इस आधार पर है कि अपने नये प्रयासों से आध्यात्मिक धर्म जिसकी नींव हिन्दुत्व में थी उसका विमोचन किया। उन्होंने उपनिषद और वादरायण के ब्रह्म सूत्र का हिन्दी एवं बंगाली में अनुवाद किया। उन्होंने उपनिषद का अनुवाद अंग्रेजी में किया। उन्होंने नव्य वेदान्तिक शिक्षा के बीज को उपनिषद रूपी जाल से सींचा। जिन तथ्यो ं का बीज उन्होंने बोया उसका फल आने वाले समाज को प्राप्त हुआ। धार्मिक सेवाओं हेतु ऐसे प्रचलन अपनाये गये जैसे प्रार्थना,श्लोक, दोहा इत्यादि जोकि हिन्दू धर्म के मूल विचार जैसे दान, नैतिकता, दया, भावना एवं गुणवत्ता पर आधारित थे। जीवन के लिए आदर, 'कम एवं ज्यादा' और उसकी संवेदना जो कि किसी भी धर्म के खिलाफ न थी, ही उपनिषद है। राम मोहन राय के बाद ब्रह्म समाज और उनके सिद्धान्तों को देवेन्द्रनाथ टैगोर एवं केशवचन्द्र सेन ने आगे बढ़ाया।

देवेन्द्रनाथ टैगोर

सामाजिक दार्शनिक की अपेक्षा रहस्यवादी अधिक थे। देवेन्द्रनाथ ने मीमांसा के इस सिद्धान्त को स्वीकार करने से इन्काररर किया कि वेद अपौरूषेय है और इसकी निरपेक्षता प्रमाणित हैं। उनकी श्रद्धालु तथा रहस्यवादी आत्मा को वैदिक कर्मकाण्ड तथा देवविद्या से संतोष नहीं मिला। इसके विपरीत उपनिषदों की गूढ़ शिक्षाओं से उनका मन आह्लाद से ओत-प्रोत हो जाता है। उन पर माण्डुक्य उपनिषद के आत्म प्रत्यय की संकल्पना का गहरा प्रभाव पड़ा। यह आलोचना उनके 'ब्रह्मधर्मग्रंथ' में मूलभूत सिद्धान्तों के वक्तव्य में ही निहित है और जहाँ वे माया की अवधारणा की निन्दा करते हुए शंकराचार्य ने अपनी असहमति प्रकट करते हैं। विवेकानन्द ने माया की अवधारणा को माना है, लेकिन शंकर से अलग। देवेन्द्रनाथ ने ब्रह्म समाज की मुख्य शिक्षाओं की व्याख्या निम्न प्रकार से की है-'आदि में कुछ नहीं था, केवल परब्रह्म की ही सत्ता थी। उसी ने सारे विश्व की सृष्टि की।'

बाद के दिनों में देवेन्द्रनाथ रहस्यवाद की तरफ अधिकाधिक खिंचते गये। देवेन्द्रनाथ का रहस्यवाद उनके ईश्वरवाद का चरम रूप था। रहस्यमता की स्थिति में उनकी ईश्वर सम्बन्धी अवधारणा इतनी व्यापक हो गई कि विचारों के भेदाभेद अन्यापवर्जी नहीं रहे।

केशवचन्द्र सेन

केशवचन्द्र धार्मिक ऐक्य में विश्वास करने वाले तथा सभी धर्मों के अच्छे तत्वों को स्वीकार करने वाले थे। केशव पर ईसाइयत का राममोहन से भी अधिक प्रभाव पड़ा। राममोहन राय को केवल ईसाइयत के एकेश्वरवाद तथा आचार शास्त्र ने प्रभावित किया, किन्तु केशव ने नवविधान की घोषण के बाद अपने धर्म संघ में ईसाइयों की बपतिस्मा तथा प्रभु की व्यालू आदि अनुष्ठानों को भी समाविष्ट कर लिया।

रामकृष्ण से मिलने के बाद केशव ने अपने कुछ ईसाइयत की ओर झुकने वाले पूर्वाग्रहों को त्याग दिया और हिन्दू योग की आत्मगत वेदान्ती विधियों की ओर अधिक झुक गये।

इस प्रकार राममोहन, देवेन्द्रनाथ और केशव इन तीनों नेताओं द्वारा प्रवर्तित चिन्तन धाराओं ने आधुनिक युग में भारतीय चिन्तन की प्रगति को बहुत अधिक हद तक प्रभावित किया।

श्री रामकृष्णपरमहंस

आधुनिक भारत के हिन्दू धर्म के पुनर्जन्म के सबसे बड़े स्तंभ थे, स्वामी रामकृष्ण परमहंस। उनकी दिनचर्या वेदान्तिक सिद्धान्तों पर आधारित थी। उन्होंने किसी नये मार्ग का प्रवर्तन या किसी नये सम्प्रदाय की स्थापना किये बिना ही, अथवा मानवज्ञान के कोष में कोई सर्वथा मौलिक योग दिये बिना ही बहुत सी ऐसी बातें प्रकट की जो शाश्वत मूल्य की हैं।

परमहंस ने कहा कि 'वेदों में जिसे ब्रह्म कहा है, उन्हीं को मैं माँ कहकर पुकारता हूँ।' जो निर्गुण है, वहीं सगुण है, जो ब्रह्म है, वही शक्ति है, जब यह बोध होता है कि वह निष्क्रिय है तब में उसे ब्रह्म कहता हूँ और जब यह सोचना हूँ कि वह सृष्टि, स्थिति और प्रलयकर्ता है तब में इसे आधशक्ति काली कहता हूँ। जिसे ज्ञानी ब्रह्म कहते हैं, उन्हीं को योगी आत्मा कहते हैं। रामकृष्ण कबीर के समान निर्गुण को पिता और माता कहकर, उभयविध धारणाओं में समन्वय का प्रयास कर रहे हैं। रामकृष्ण ने पिछले सभी चिन्तकों और वेदान्त को व्यवहारिक जीवन में उपयोगी बनाया। उनका मूलभाव एक था कि धर्म

एक है। ऐसा कहा जाता है कि 'यदि राममोहन राय मस्तिष्क थे तो दायानन्द भुजाएँ एवं रामकृष्ण नव भारत की आत्मा। उनका जीवन धार्मिक पुनर्जन्म का समुच्चय था और उनकी सर्वोच्च अभिव्यक्ति उनके शिष्य विवेकानन्द के जो कि भारतीय दर्शन के नव्य वेदान्तिक आंन्दोलन के प्रमुख स्तंभ थे। रामकृष्ण के सृष्टि से हम धार्मिक मान्यताओं यहाँ तक कि भगवान को भी नकार सकते हैं पर वेद हमारे जीवन का अस्तित्व है, जिसे नकारना संभव नहीं है। यह हमारी मानसिकता का मुख्य बिन्दु है। रामकृष्ण के लिए वेदान्त ही सब कुछ है।

वेदान्तवादियों की विचारधारा है कि जीवनं दो आधारो पर बंटा है, आध्यात्मिक एवं भौतिक या वेदान्त ही आध्यात्मिक जीवन का ध्येय है। यही कारण है कि यह भारत की मूल संस्कृति का हिस्सा है, और बाहर के देशों में इसका विकास उपेक्षित नहीं है। आने वाले शताब्दियों में वेदान्त दर्शन सोया रहा। संस्कृति एवं सांस्कृतिक दर्शन समुद्र की लहरों की तरह ज्वार भाटा की स्थिति में रहीं। उपनिषद दर्शन का गौरवमयी काल तब रहा जब एकता, मूल्य और वास्तविकता का प्रचार एवं प्रसार हुआ। आने वाला साहित्य यह देखता है कि हमारे प्रयास कितने असफल रहे। उपरोक्त मूल्यों का मतलब समझने और इस्तेमाल कने में यह सिद्धान्त असफल रहा। आने वले दर्शन शास्त्रियों के लिए इन सिद्धान्तों की पुर्नव्याख्या कठिन कार्य के रूप में सामने आयी जो इस प्रकार है-

1. क्या वेदान्त एक मात्र सम्प्रदाय रहे, या मानव दर्शन शास्त्र का मुख्य ध्येय आदमी की इच्छाओं की पूर्ति मात्र रहे।

2. कौन सा कार्य मनुष्य के लिए बना है (मनुष्य और ब्रह्मण्ड जिसमें वह रहता है), वास्तविक के प्ररिप्रेक्ष्य में-

3. वेद के प्रति हमारा दृष्टिकोण क्या होगा? क्या यह एक पुस्तक मात्र रहेगा या वास्तविक जीवन में बदलाव लाने के सक्षम होगा?

स्वामी विवेकानन्द

समकालीन भारतीय दर्शन में विवेकानन्द नव्य वेदान्तिक आन्दोलन के प्रणेता के रूप में सामने आये। उन्होंने वेदान्त का दिशा परिवर्तन किया और उनमें नवजीवन फूंका। यह इसए क्योंकि प्रकृति कभी एक समान स्थिर नहीं रहती। विवेकानन्द वेदान्तिक परम्परा के परिचालक थे। उपनिषद वेदान्त की आत्मा है और प्राचीन गुरु। उनके अनुसार परंपरा ही हीवन है और वर्तमान में सकी पुनर्व्याख्या जरूरी है। विवेकानन्द के अनुसार हिन्दू परम्परा

सकारात्मक है और इसका इतिहास हमेशा से सकारात्मक ही रहा हैं। विवेकानन्द ने इसे सत्य रूप में स्वीकार किया है और उन्हें छोड़कर प्रगतिवादी दृष्टिकोण अपनाने को प्रेरित किया है। विवेकानन्द का यह विश्वास है कि दर्शन ओर आध्यात्म भारत के मुख्य धारा के रूप प्रवाहित है।

विवेकानन्द राष्ट्रीय दार्शनिक बन गये। उन्होंने भारत के आध्यात्मिक पुनजीवन के संकल्प को ठाना। जीवन पर्यन्त नवभारत एवं नवदर्शन की जड़ों को भारत में तलाशते रहे। ऐसी जड़ तो कि आध्यात्मिक शक्ति की अभिव्यक्ति का परिचायक है। विवेकानन्द के अनुसार राष्ट्रीय दर्शन राष्ट्र के ऊपर थोपा नहीं जा सकता न ही बाहर से लगाया जा सकता है। यह राष्ट्रीय जीवन में सम्मिलित होता है और राष्ट्रीय दार्शनिक सिर्फ इन सुप्त विचारधाराओं को उत्तेजित करता है। विवेकानन्द के अनुसार प्रत्येक नस्ल एक अद्‌भुत प्रवृत्ति का है। जिसका एक अलग ध्येय और एक अलग दुनिया है। देश की राष्ट्रीयता धर्म और आध्यात्मिकता में है। विवेकानन्द के लिए वेद राष्ट्रीय पुस्तक है और वेदान्त राष्ट्रीय धर्म और दर्शन। उनके अनुसार वेदान्त सभी की सामान्य सम्पत्ति है चाहे वे अमीर हो या गरीब, ब्राह्मण हो या शूद्र, भारत हो या विश्व के देश। उसका दरवाजा सबके लिए खुला होना चाहिए और जाति विशेष के लिए बन्द नहीं करना चाहिए। यह वाद्रायण के वेदान्त के पूरी तरह विरोधाभास के रूप में सामने आया।

विवेकानन्द की सूझ-बूझ ने प्राचीन वेदान्त को एक नया चरित्र बनाया। राष्ट्रीय चरित्र के परिचय बनने के बाद वेदान्त सिर्फ आध्यात्मिक अनुभूति ही नहीं रही। बल्कि भौतिकवादी दुनिया में और रोजमर्रा के जीवन में भी इसका इस्तेमाल होने लगा। राष्ट्रीयता आधुनिक दुनिया और आध्यात्मिक रंग ले चुका है, और वेदान्त राष्ट्रीय रंग़ और चरित्र बन गया है। विवेकानन्द का कहना है कि इतिहास हमें दिखाता है कि धर्म जो कि राष्ट्रीय चरित्र का है उसकी जगह कोई भी नहीं ले सकता चाहे वह दर्शन हो, चाहे वह राजनीति हो, चाहे कुछ और 'राष्ट्रीय जीवन एवं राष्ट्रीय दर्शन दोनों का एक साथ विकास होना चाहिए और यदि धार्मिक विचारधारा राष्ट्रीय एकता का कारण हो ता यह भारत में भी धार्मिक एकता का कारण होगा। विवेकानन्द का वेदान्त इस ऐकिकता को बनाये रखने में मील का पत्थर है जो कि भारत को एक राष्ट्रीय दर्शन प्रदान करता है।

विवेकानन्द के अनुसार वेद और उपनिषद के भूत के पन्नों से ही आध्यात्मिक विचारधारा की ऐकिकता जुड़ी है। हमने पहले ही ब्रह्मसूत्र बादरायण द्वारा लिखी पुस्तक का जिक्र कर यह दिखाया कि मैसे इसका ऐकिक चित्रण उपनिषद से मेल खाता है।

विवेकानन्द वेदान्त स्कूल के थे यह बात किसी से छुपी नहीं थी। उनका नियोजन पुराने गुरुओं के आदर्शों पर चला था। विवेकानन्द का उपनिषद एवं वेद की व्याख्या बादरायण की व्याख्या से कई गुना श्रेष्ठ है। वेदान्त की सच्चाई को समझने के लिए सजीव आध्यात्मिक प्रकाश का होना और अनुभव जरूरी है। उनके गुरु रामकृष्ण परमहंस उनके लिए कई पुस्तक और कई शिक्षा के शास्त्रों के ज्यादा थे। इस बिन्दु को ध्यान में रख कर देखा जाए तो ऐसा लगता है कि वेद को परस्पर विरोधी या अपरस्पर विरोधी मानना एक मूर्खता है। उनके जीवन का पवित्र उद्देश्य यह है कि वेदान्तिक शिक्षा परस्पर विरोधी नहीं रहे और एक दूसरे के लिए जरूरी हो। विवेकानन्द को वेद को समझने की ऊर्जा और विवेक रामकृष्ण परमहंस से प्राप्त हुई।

स्वामी विवेकानन्द और गोबिन्दचन्द्र देव

20वीं. शताब्दी के बहुत से दक्षिण एशियाई विचारक स्वामी विवेकानन्द द्वारा प्रारंभ किये गये अद्वैत वेदान्त के नये व्याख्या को आगे बढ़ाये। इसी में एक अग्रणी दार्शनिक गोविन्द चन्द्र देव ने स्वामी विवेकानन्द के दार्शनिक एवं सामाजिक विचारों को आगे बढ़ाया पूर्वी पाकिस्तान में मृत्यु तक रामकृष्ण मिशन सचिव के रूप में कार्य करते हुए भी विवेकानन्द के मानवतावाद एवं भूमण्डलीकरण के तरफ आकर्षित होते हुए साधारण मनुष्य के प्रति उनका स्नेह कम नहीं हुआ। उनके अनुसार अद्वैत वेदान्त का दर्शन वैज्ञानिक रूप से प्रमाणित एकता के परिप्रेक्ष्य में संपूर्ण ब्रह्माण्ड था।

देव ने सर्वप्रथम दर्शन को एक अति आवश्यक बल के रूप में समझा। जिसका उद्देश्य मानवता क़ी समस्याओं का समाधान करना है। इसी वजह से उनकी दार्शनिक संरचना के दो पहलू हैं-

पहला साधारणत: मनुष्य के स्तर का उत्थान और दूसरा नाभिकीय युद्ध में मानवता के नष्ट होने के खतरे को कम करना। उनके मतानुसार दोनों कार्य एक दूसरे के अविभाज्य रूप से सम्बन्धित है। जिसका समाधन तीाी हो सकता है जब सभी लोग उसकी मूलभूत एकता से सम्बन्धित हो। उनका कृत्रिम आदर्शवाद का दर्शन जो विवेकानन्द के व्यावहारिक वेदान्त में सीधी तौर पर प्रतिपादित है, इसके समाधान में सहायक है। इसलिए उनका दर्शन सामान्य जनमानस के लिए न कि कुछ उच्च वर्ग के लोगों के बौद्धिक आनन्द के लिए है।

बार-बार देव ब्रह्माण्ड के स्थाई सत्ता और मानव समाज की विविधता की इंगति करते हैं। देव ने तर्क दिया की विश्व की मूलभूत एकता अद्वैत ज्ञान तर्क के मूल सिद्धांत से प्रमाणित किया गया है। जैसे एक ही समय में 'ए' है भी और नहीं भी। 20वीं शताब्दी के उत्तरार्द्ध में मानवता द्वारा जो परेशानियां सहन की गयी, उनके समाधान के लिए इसे वह अति महत्त्वपूर्ण मानते हैं। सभी मनुष्यों की एकता और मानवता अपने आपको आधारभूत पहचान में स्थापित करती है। देव ने कहा इतिहास आज तक कुछ विरोधी वर्गों द्वारा ही प्रतिपादित रही है, जिन्होंने मानवीय एकता को नष्ट किया है7 वर्तमान समय में व्याप्त समाजिक विरोधाभासों से निजात पाने के लिए शीघ्र उपाय करने की आवश्यकता है क्योंकि नाभिकीय शस्त्रों के उपस्थित रहते हुए मानवता अक्षुण्य नहीं रह सकती। इसलिए वह जोर देकर कहते हैं कि वर्गहीन समाज न केवल इस समय की आवाज है बल्कि यह एक अनिवार्य आवश्यकता है।

इसी समय में एक वर्गहीन समाज की आवश्यकता है, अनिवार्यता है जिसके द्वारा साधारण मनुष्य की जीवनशैली में सुधार हो और नयायोचित समाज का गठन हो। देव के कड़े शब्दों मे ऋग्वेद के 'पुरुष सुक्त ' को नकार दिया क्योंकि इसमें भारतीय समाज के चार वर्णों को भगवान के द्वारा बनाया हुआ माना गया है और यह अपरिवर्तनशील हैं जो सिद्धान्त रूप से छान्दोग्य के 'तत्वमसि' से विरोधाभास प्रकट करता है, जिसका आधार वेदान्त के सिद्धान्त का निरपेक्ष सत् है जो ब्रह्माण्ड का कारक है जो देव और विवेकानन्द दोनों के अनुसार सभी मनुष्यों की समानता का भी समाहित करता है।

जब वे 20 वीं शताब्दी के वैश्विक परेशानियों से अवगत होते हैं तो, उनके अनुसार विभिन्न राष्ट्रों के बीच व्याप्त असमानताओं का निराकरण अन्तर्राष्ट्रीय सम्बन्धों के ऊपर उठकर एक न्यायोचित् समाज के गठन से हो सकती है। पहले के औपनिवेशिक देशों का विकास विश्व के अन्य विकसित देशों के साथ होना चाहिए। भूख और कष्ट इस प्रकार के वैश्विक न्यायोचित समाज के गठन में बाधक है। देव को मानवता पर सबसे अधिक खतरा विनाशकारी शस्त्रों के रहते हुए दिखाता है जो कि संपूर्ण मानवता सभ्यता को नष्ट कने में सक्षम हैं। देव के अनुसार नाभिकीय एकता का निर्माण नये युग के वैज्ञानिक तकनीकी विकास के माध्यम से हो सकती हैं और जनमानस की आवश्यकता की पूर्ति कर सकती है। विज्ञान के विनाशकारी उपयोग के फलस्वरूप आज विश्व के कोने-कोने में मानव एकता की आवश्यकता महसूस की जा रही है।

इस प्रकार समकालीन दर्शन में जितने भी दार्शनिक हुए है वे सभी उपनिषद या वेदान्त से प्रभावित थे और उन सभी ने उसको समाज के लिए प्रासंगिक बनाया लेकिन इस बनाये गये जमीन पर विवेकानन्द ने वेदान्त और उपनिषद को घर-घर पहुँचाकर आम आदमी के आचरण में ढालने लायक बना दिया। इनके बाद जितने भी चिन्तक हुए वे सभी विवेकानन्द को ही आधार बनाकर वेदान्त और उपनिषद की व्याख्या की।

आज के वर्तमान समय में विवेकानन्द की विचारधारा इतनी प्रासंगिक हो गयी है कि यदि हम अपना आदर्श नहीं मानते हैं तो हमारा नैति पत होना अनिवार्य है।

स्वामी विवेकानन्द और महात्मा गांधी

समकालीन भारतीय विचारकों में गांधी के अतिरिक्त जितने भी दार्शनिक हुए वे अधिकतर शैक्षणिक प्रतीत होते हैं। किन्तु विवेकानन्द एवं गांधी का चिन्तन शैक्षणिक होने की अपेक्षा मनुष्य के दु:खों से अधिक सम्बन्धित प्रतीत होता है। यही कारण है कि हमें इन दोनों के विचारों साम्य एवं वैषम्य देखने को मिलता है।

विवेकानन्द इसी भारतीय परम्परा में उत्पन्न हुए और वे ब्रह्म को ही विश्व का चरम तत्व मानते हैं। उनके मतानुसार ब्रह्म ही एक मात्र सत्य है। संपूर्ण जगत ब्रह्म का ही अभिव्यक्ति है। वेदान्त का मूल सिद्धान्त एकत्व तथा अखण्ड भाव है। द्वित्वकही नहीं, दो प्रकार का जीवन अथवा जगत भी नहीं, एक मात्र जीवन-एक मात्र जगत है, एक मात्र सत् है। सब कुछ वहीं एक मात्र सत्ता है, भेद, केवल परिमाण का है, प्रकार का नहीं।

गांधीजी भी इसी भारतीय परंपरा में उत्पन्न हुए और वे भी ब्रह्म को ही विश्व का चरम तत्व मानते हैं। वे शंकर के 'ब्रह्म सत्यं जगत्मिथ्या' में विश्वास करते हैं। परन्तु उनके अनुसार ब्रह्म, सत्य एवं ईश्वर में कोई भेद नहीं है।

ब्रह्म विचार में विवेकानन्द एवं गांधी में काफी समानता है। अर्थात दोनों ब्रह्म को चरम सत्ता के रूप में स्वीकार करते है। जिस प्रकार विवेकानन्द कहते हैं ब्रह्म की सत्य है, उसी प्रकार गांधीजी भी ब्रह्म को एक दूसरे से अलग नहीं कर पाते। परन्तु विवेकानन्द के ब्रह्म विवेचन एवं गांधीजी के ब्रह्म विश्लेषण अधिक व्यवस्थित एवं पूर्ण है। किन्तु गांधी में ऐसा उपलब्ध नहीं होता।

विवेकानन्द के विचार में ईश्वर वह है, जिससे विश्व का जन्म, स्थिति और प्रलय होता है, वह अनन्त, शुद्ध, नित्य मुक्त सर्वशक्तिमान, सर्वज्ञ, परमकारूणिक, सर्वोपरि और अनर्विचनीय प्रेम स्वरूप है। उनके अनुसार भक्त का उपास्थ सगुण ईश्वर ब्रह्म से

भिन्न अथवा पृथक नहीं है। सब कुछ वही 'एकमेवाद्वितीय' है।

विवेकानन्द ने कहा है 'ईश्वर के सम्बन्ध में हमारी धारणा अपनी प्रच्छिाया है। ईश्वर जगन्नियता है-वहीं सृष्टि की उत्पत्ति, धारणा व विनाश करता है।'

ईश्वर प्रत्यय गांधी दर्शन का वह केन्द्र बिन्दु है, जिसके चतुर्दिक उनकी अहिंसा, उनका सत्याग्रह आदि सब घूमता है। यही उनके विचारों का मूल है तथा विश्व का चरम तत्व है।

गांधी विचार में ईश्वर पर दो दृष्टियों से विचार हुआ है-एक धार्मिक दृष्टि से और दूसरा दार्शनिक दृष्टि से।

गांधी की ईश्वर की अवधारणा वास्तव में उनकी सत्य की अवधारणा से पृथक नहीं की जा सकती।

विवेकानन्द और गांधीजी के विचारों के तुलनात्मक अध्ययन से स्पष्ट होता है कि निर्गुण सगुण का समन्वय विवेकानन्द एवं गांधी दोनों का विषय रहा है। विवेकानन्द के विचार में भक्त का सगुण ईश्वर, ब्रह्म से पृथक नहीं हैं, सब कुछ एक मेवाद्वितीय ब्रह्म है। एक सच्चिदानन्द स्वरूप तथा दूसरा भक्त का प्रेममय भगवान दोनों ही एक ही है। यहाँ पर गांधी विवेकानन्द के समान विचार रखते हुए प्रतीत होते हैं, उनका ईश्वर स्वयंभू, शाश्वत एंव अव्यक्तित्ववान होने के कारण निर्गुण है, परन्तु साधना की दृष्टि से सगुण निर्गुण दोनों है गांधी जी इस बात को स्पष्ट नहीं कर पाते हैं कि ईश्वर सगुण एवं निर्गुण दोनों कैसे हैं? विवेकानन्द के अनुसार एक ही तत्व सगुण, निर्गुण एवं निराकार के रूप में विद्यमान है। विवेकानन्द सगुण एवं निर्गुण का समन्वय गांधी की तुलना में अधिक व्याख्यात्मक एवं यौक्तिक ढंग से करते हैं।

विवेकानन्द एवं गांधी दोनों वेदों के अनेकश्वरवाद एवं शंकर के अद्वैतवाद का आपस में समन्वय करने का प्रयास करते हैं। दोनों के अनुसार ईश्वर के अनेक नामों के द्वारा एक ही तत्व का बोध होता है परन्तु गांधीजी ईश्वर की अवधारणा उनकी सत्य की अवधारणा से पृथक अनिर्वचनीय माना है।

इस प्रकार यह सिद्ध होता है कि गांधी विचार में ईश्वर तत्व, विवेकानन्द विचार में ईश्वर तत्व से काफी समानता लिए हुए हैं। विवेकानन्द और गांधी जी के आत्मा सम्बन्धी विचारों के तुलनात्मक अध्ययन से यह स्पष्ट होता है कि विवेकानन्द के आत्म विचार, शंकर दर्शन पर आधारित हैं और उन्होंने आत्मा, परमात्मा, आत्म-ब्रह्म, आत्मा के स्वरूप

निरूपण, इनका भिन्न-भिन्न तत्वों साथ क्या सम्बन्ध है, इत्यादि प्रश्नों पर गंभीरता से विचार किया है। जबकि आत्मा के सम्बन्ध में गांधी जी के विचार सामान्य मनुष्य के विचार हैं? उन्होंने आत्मा के स्वरूप निरूपण, इनका भिन्न-भिन्न तत्वों के साथ क्या सम्बन्ध था इत्यादि प्रश्नों पर विचार नहीं किया है।

इस प्रकार आत्म विचार में विवेकानन्द एवं गांधी भारतीय परम्परा पर आधारित होते हुए भी एक दूसरे से भिन्न विचार प्रस्तुत करते हैं।

विवेकानन्द के अनुसार जगत की सत्यकोटि में गणना नहीं की जा सकती। जगत का वास्तविक रूप अज्ञात है। 'जगत यथार्थ और आभास का, निश्चय और भ्रम का, अपरिभाषेय मिश्रण है।'

गांधी का जगत सम्बन्धी सिद्धान्त उनके सत्य सम्बन्धी सिद्धान्त पर आधारित है। उनके अनुसार यह जगत सत्य या ईश्वर के अतिरिक्त और कुछ नहीं है। गांधी शंकर की भांति न तो जगत को मिथ्या मानते है और न रामानुज के अनुसार ईश्वर का वास्तविक परिणाम मानते हैं। इनका विचार समन्वय का है। एक ओर तो वे जगत का सर्वोच्च सत्ता का वास्तविक अभिव्यक्ति मानते हुए प्रतीत होते हैं, तो दूसरी ओर कभी-कभी इस संसार को परिवर्तनशील एवं अवास्तविक भी कह डालते हैं। गांधीजी जब जगत को अवास्तविक कहते हैं, तो उनका अभिप्राय इसकी अपरिवर्तनशीलता से हैं, परिवर्तनशीलता और अवास्तविकता उनकी योजना में एक समान है।

तात्विक दृष्टि से गांधी के अनुसार यह जगत वास्तविक है, ऊपर-ऊपर से शायद हमें मालूम पड़े कि यह अवास्तविक है।

विवेकानन्द एवं गांधी के जगत सम्बन्धी विचारों को देखने से यह पता चलता है कि विवेकान्द जगत को परमार्थ सत्य के रूप में नहीं स्वीकार करते किन्तु वे जगत को पूर्णतया असत् भी नहीं कहते। जगत की भ्रान्ति एवं परम के बोध के सम्बन्ध में विवेकानन्द ने प्रसिद्ध रज्जु एवं सर्प का दृष्टान्त भी दिया है। इस प्रकार स्वामीजी जगत को अध्यारोप भी मानते हैं। इस तरह 'जगत विचार' शंकर अद्वेतवाद एवं विवेकानन्द द्वारा प्रतिपादित प्राय: समान ही हैं जबकि जगत के सम्बन्ध में गांधी के विचार बहुत सुनिश्चित एवं सुनियोजित नहीं है। जबकि जगत के सम्बन्ध में गांधी के विचार बहुत सुनिश्चित एवं सुनियोजित नहीं है। कभी वे जगत को मायाजाल या लीला कहते हैं और इसकी परिवर्तनशीलता को देखकर क्षणिक अवास्तविक मानते हैं, तो कभी ईश्वरतत्व आधार में रहने के कारण उसे

वास्तविक मानते हैं इस प्रकार उनका जगत विचार वास्तविकता एवं अवास्तविकता के बीच झूलता नजर आता है।

विवेकानन्द ने मानव जीवन का चरम लक्ष्य मोक्ष या मुक्ति माना है। इनकी मोक्ष की धारणा में अद्वैत वेदान्त से अनुकूलता है। वे मोक्ष को न तो संस्कार्य मानते हैं और न ही प्राप्य। वे जीवनमुक्ति को स्वीकार करते हैं। विवेकानन्द ने भी रामकृष्ण के समान आत्म साक्षात्कार को मानव जीवन का उद्देश्य माना है। वे आत्मा और ब्रह्म की एकता में विश्वास करते थे और अपनी आत्मा की प्राप्ति के द्वारा ही ब्रह्म की प्राप्ति की बात करते थे। वे व्यक्तिगत मोक्ष और मनुष्य के रूप में ईश्वर की सेवा को आदर्श मानते थे।

गांधी अपनी आत्मकथा के प्रारंभ में ही अपने परम प्राप्तव्य के बारे में लिखते हैं, 'मैरा प्राप्तव्य आत्म-साक्षात्कार है, ईश्वर का आमने-सामने के दर्शन मोक्ष है। इस प्रकार गांधी ने भी अन्य विचारकों के समान मानव-जीवन का लक्ष्य सत्य-स्वरूप ईश्वर की प्राप्ति एवं इस सत्य की इसी जीवन में अभिव्यक्ति को माना है।' इस मानवतावादी दृष्टिकोण के द्वारा जहाँ उन्होंने वेदान्त को अद्वैत भावना की व्यवहारिक व्याख्या की वहीं ईश्वर तत्व में अविश्वास करने वाले बौद्धिक जन के लिए भी दर्शन का नया मार्ग प्रस्तुत किया। इस मानवतावादी दृष्टिकोण के कारण ही वे युग-पुरुष के रूप में विख्यात हुए। गांधी ने न केवल विश्व मानवो में ईश्वरीय ज्योति का दर्शन प्राप्त करने का संदेश दिया प्रत्युत उन्होंने यह भी बतलाया कि ईश्वर का निवास और उसकी अभिव्यक्ति दरिद्र दु:खी जन और जनों में अधिक हुई है। इस प्रकार विवेकानन्द के समान गांधी ने भी मानव जीवन का परम लक्ष्य ईश्वर साक्षात्कार या मुक्ति का परम लक्ष्य ईश्वर साक्षात्कार या युक्ति माना। दोनों ने मुक्ति प्राप्त करने के लिए मानव सेवा का अनिवार्य माना। विवेकानन्द की तरह गांधी ने भी साधन निरुपण में ज्ञान और भक्ति का समन्वय करने का प्रयास किया। अन्तर केवल इतना है कि विवेकानन्द जीवन मुक्ति का परम लक्ष्य ईश्वर साक्षात्का या मुक्ति माना। दोनों ने मुक्ति प्राप्त करने के लिए मान सेवा को अनिवार्य माना। विवेकानन्द की तरह गांधी ने भी साधन निरुपण में ज्ञान और भक्ति का समन्वय करने का प्रयास किया। अन्तर केवल इतना है कि विवेकानन्द जीवनमुक्ति को भी स्वीकार करते हैं। इस तरह गांधी विवेकानन्द के समान ही विचार रखने वाले प्रतीत होते हैं।

विवेकानन्द धर्म का व्यापकतम अर्थ लेते हुए सार्वभौम धर्म का प्रतिपादन किया उन्होंने कहा कि विभिन्न दर्शन पद्धतियों में कोई विरोध नहीं है आपैर वेदान्त अन्तिम एकता को खोजने में प्रयास के अतिरिक्त कुछ नहीं है तथा वह एक सफल प्रयास है।

उनके अनुसार धर्म विध्वंसात्मक नहीं निर्माणात्मक है। सार्वभौमिक धर्म को प्राप्त करने का मार्ग यह नहीं है कि किसी धर्म को अपनाकर दूसरे धर्म की निन्दा की जाए।

गांधीजी सत्य और अहिंसा में विश्वास करते थे। धर्म उनके लिए संसार का नैतिक अनुशासन की व्यवस्था थी। उन्होंने धर्म को जीवन और समाज का आधारभूत तत्व स्वीकार किया। उन्होंने कहा कि धर्म से उनका अभिप्राय किसी औपचारिक और रूढ़िगत धर्म से नहीं है वरन् विश्व के व्यवस्थित नैतिक शासन से है। उनके धर्म का अर्थ सम्प्रदायवाद नहीं है। उनका मानव समज का शाश्वत तत्व है, जो हिन्दुत्व इस्लाम तथा ईसाइयत से परे है। वे यह आवश्यक मानते थे कि प्रत्येक व्यक्ति को अपने धर्म का पालन करना चाहिए और दूसरे धर्म का सम्मान करना चाहिए।

इस प्रकार विवेकानन्द और गांधी के विचारों के अनुसार धर्म, सह-अस्तित्व का धर्म है, सहिष्णुता का धर्म है जो सभी धर्मों में विश्वास करता है। यद्यपि सिद्धांत रूप में ईश्वर एक है और सभी लोगों का धर्म एक होना चाहिए, लेकिन मनुष्यों और उनकी प्रकृति की विभिन्नता के कारण उनके अलग-अलग धर्म हैं और रहेंगे, लेकिन विभिन्न धर्मों का अस्तित्व होते हुए भी आवश्यकता इस बात की है कि उनमें परस्पर संघर्ष न हो, एक दूसरे के प्रति घृणा का भाव न हो, जीवन संघर्ष को व्यवहार में न लाया जाये, बल्कि एक दूसरे के प्रति सहिष्णुता, सद्भावना और समादर की वृत्ति का विकास हो।

विवेकानन्द के समान गांधीजी ने भी सर्वधर्म समन्वय की बात कही एवं मानव सेवा अथवा दरिद्रनारायण की सेवा को ही सच्चा धर्म माना। विवेकानन्द के समान गांधी ने भी नीति और धर्म का समन्वय स्थापित करने का प्रयास किया एवं धर्म परिवर्तन का विरोध किया। अन्तर केवल इतना है कि विवेकानन्द के विचारों में धर्म और राजनीति का सम्बन्ध दिखलाई नहीं पड़ता है जबकि गांधी विचार में धर्म और राजनीति का घनिष्ठ सम्बन्ध है।

विवेकानन्द एवं गांधी का आदर्श ऐसे समाज की स्थापना करना था जो पारस्परिक सक्रिय प्रेम एवं सामंजस्य पर आधारित हो। दोनों ने वर्णाश्रम पर आधारिक समाज व्यवस्था को स्वीकार किया। किन्तु वर्णों के बीच भेदभाव तथा ऊँच-नीच के भेद को मानने के लिए तैयार नहीं थे। उन्होंने वर्णाश्रम का समर्थन उस पुरातनवादी दृष्टि से नहीं किया जो स्वभावतः परम्परागत सामाजिक व्यवस्था का पोषक हुआ करती थी। उन्होंने इतिहास के सम्बन्ध में विकासवादी दृष्टिकोण अपनाया। विवेकानन्द एंव गांधी पक्के समाज सुधारक थे, किन्तु वे केवल नवीनता तथा परीक्षण का आनन्द लेने के लिए सामाजिक ढाँचे में तोड़-मरोड़ करना अच्छा नहीं समझते थे।

गांधीजी की योजना में व्यक्ति का अधिक और समाज का कम स्थान है। वे यह मानते हैं कि व्यक्ति में सुधार होने से समाज में स्वयं सुधार हो जाएगा। फिर भी गांधी का सत्याग्रह का सिद्धान्त एक नवीन व्याख्या है। जिससे विवेकानन्द अछूते ही रहे हैं।

विवेकानन्द एंव गांधी के शिक्षा दर्शन का उद्देश्य एक नये समाज की स्थापना था। विवेकानन्द एंव गांधी दोनों शिक्षा के माध्यम से समाज में सर्वांग मानववाद स्थापित करना चाहते थे। दोनों देश के प्रत्येक नर-नारी को शारीरिक, भौतिक, नैतिक और आध्यात्मिक दृष्टि से सच्चे अर्थों में मनुष्य बनाना चाहते थे। दोनों ने वर्तमान शिक्षा प्रणाली एंव अंग्रेजी शिक्षा की कटु आलोचना की तथा शिक्षा के माध्यम से चरित्र निर्माण और बुनियादी शिक्षा पर जोर दिया। विवेकानन्द एवं गांधी ने शिक्षा के माध्यम से सामाजिक पुनर्निमाण एवं राष्ट्रीय पुनर्निर्माण की बात सोची और स्वतंत्रता समानता और भातृत्व के जनतंत्रीय आदर्शों का अधिक से अधिक प्रसार किया।

विवेकानन्द मूल रूप से राजनैतिक नेता या राजशास्त्री नहीं थे इसलिए उन्होने कोई व्यवस्थित राजदर्शन उपस्थित नहीं किया है। किन्तु फिर भी उनके वक्तव्यों और लेखों में राजदर्शन सम्बन्धी विचार देखने को मिलता है। इनमें सबसे अधिक महत्त्वपूर्ण विचार व्यक्ति एवं राज्य के सम्बन्ध को लेकर है। राज्य व्यक्तियों से मिलकर बनता है व्यक्ति जितने ही सुसंस्कृत होंगे राज्य भी उतना ही श्रेष्ठ होगा। विवेकानन्द के शब्दों में- 'सामाजिक अथवा राजनैतिक सभी व्यवस्थाओं का आधार मनुष्यों की भलाई है। कोई भी राष्ट्र इस कारण महान या शुभ नहीं हो सकता क्योकि उसके मनुष्य महान और शुभ है।'

गांधी एक कुशल राजनीतिज्ञ थे और उन्होंने राज्य और राजनीति की नवीन व्याख्या की है। विवेकानन्द की भांति गांधी भी राजनीति का आध्यात्मीकरण करना चाहते थे। दोनों ने कहा कि राजनीति में नैतिक मूल्यों को समाविष्ट किया जाए। अहिंसा के प्रति गांधीजी का अनुराग विवेकानन्द से कही अधिक गहरा और व्यापक था। गांधी जी के अनुसार आदर्श या अहिंसाक समाज जिस राज्य मुक्त समाज कह सकते हैं प्राप्त करनान मानव सभ्यता और संस्कृति का आदर्श है।

गांधी जी की राय में हिंसा और प्रजातंत्र दोनों एक साथ नहीं रह सकते। असत्य और अहिंसा के द्वारा न तो स्वराज्य की स्थापना की जा सकती है और न सच्चे प्रजातंत्र की क्योंकि हिंसा के द्वारा विरोधियों का गांधी के अनुसार सच्चे प्रजातंत्र या अहिंसक राज्य में पूर्वाग्रह, अज्ञान और अंधविश्वासों के लिए कोई स्थान नहीं है। यह पूर्णतः ज्ञान और अनुशासन पर आधारित है। गांधी के अनुसार अहिंसक राज्य का संगठन विकेन्द्रीकरण का

सिद्धान्त राजनैतिक शक्ति के आधार पर होगा। विकेन्द्रीकरण का सिद्धान्त राजनैतिक शक्ति और आर्थिक उत्पादन दोनों क्षेत्रों में लागू होगा।

गांधी को विवेकानन्द से प्रभावित इसलिए माना जाता है कि विवेकानन्द समकालीन भारतीय चिन्तन के अग्रदूत है या समकालीन चिन्तन का उदय विवेकानन्द के चिन्तन से होता है।

❑❑❑

7

मानवीय वास्तविकता के विविध पक्ष

परमसत् का निरूपण

सत् शब्द का व्यवहार में अर्थ 'अच्छा चरित्र' और 'अच्छा व्यवहार' होता है, किन्तु पारमार्थिक रूप से इसका अर्थ 'अपरिवर्तनीय' या 'निर्विकार' होता है। ब्रेडले के अनुसार 'अबाधित तत्व ही सत् है।' शंकर के अनुसार-'सत् वह है, जिसका तीनों कालों (वर्तमान, भूतकाल, भविष्यकाल) में वाध न हो। अर्थात् जो तीनो काल में एक समान रहे, वहीं सत् है। स्वामी जी के अनुसार-'जो देश-काल और कार्य-कारण से अनवछिन्न हो वही सत्य है।'

विवेकानन्द के दर्शन का सार ब्रह्म का अथवा सच्चिदानन्द की धारणा है। ब्रह्म का अर्थ है परमसत् और सच्चिदानन्द से अभिप्राय है परम शुद्ध सत्, ज्ञान तथा आनन्द। सत् चित और आनन्द ब्रह्म के गुण नहीं है, वे स्वयं ब्रह्म है। वे तीन पृथक वस्तुएँ अथवा सत्ताएं नहीं है वास्तव में तीन होते हुए भी एक है। ब्रह्म परमसत् और परमसत्य है। अर्थात उन्होंने निरपेक्ष, निराकार ब्रह्म को ही परमसत् माना।

ब्रह्म शब्द अन्ततः परम या निरपेक्ष सत् का ही वाचक है जो संपूर्ण संसार की उत्पत्ति और विकास का आधार है। वह एक है, स्वयंभू है, उसका कोई कारण नहीं है। न उसमें दिक् है, न काल और न कार्यकारण। एकमात्र, केवल उसी का अस्तित्व है अन्य हर पदार्थ का अस्तित्व उसी मात्रा में हैं, जिस मात्रा में वह इस सत्सत्ता को परिभासित करता है। वही एक मात्र ज्ञाता है-वह स्वयं प्रकाश चेतना की ज्योति है। अन्य प्रत्येक पदार्थ उसी से प्राप्त उधार ली गई है। अन्य हर पदार्थ उतना ही ज्ञान प्राप्त कर पाता है, जितना उसके ज्ञान को प्रतिबिम्बित करता है। वहीं एकमात्र आनन्द है-क्योंकि उनमें कोई अभाव नहीं है। वह सर्वज्ञ है, सर्वव्यापी है-सबका सार तत्व है, वह सच्चिदानन्द है। वह अविकल है, गुणातीत है, सुखः दुख विनिर्मुक्त है, न वह जड़ है, न चेतन। वह सर्वोपरि है, अनन्त

है, निर्गुण आत्मा हर वस्तु में व्याप्त है, विश्व की अनन्त आत्मा है। मुझमें, आपमें और प्रत्येक पदार्थ में जो कुछ सत्य है, वहीं, अत: 'तुम वहीं हो' 'तत्वमसि'।

विवेकानन्द ब्रह्म को अज्ञेय मानते हैं, क्योंकि जो सबका ज्ञाता है, जो सब ज्ञानों का आधार है, उसे किस प्रकार जाना जा सकता है। जब ब्रह्म अज्ञेय, अनिर्वचनीय व अवर्णनीय है तो यह निश्चित है कि, उसके विषय में किसी प्रकार के विशेषणों का प्रयोग नहीं किया जा सकता। फिर भी ब्रह्म को सत्, चित्त और आनन्द शब्दों से अभिहित किया जाता है। अद्वैतवादी होने के नाते विवेकानन्द ब्रह्म को एक रस मानते हैं। वे निरपेक्ष में किसी प्रकार का भेद नहीं मानते हैं, उनके अनुसार ब्रह्म को एक शुष्क एवं नीरस अस्तित्व नहीं है। वह अनेकता में एकता है। वह विश्व में होकर भी विश्व से परे हैं। वह समस्त विश्व का आधार है, इसका सार है।

विवेकानन्द इसे विश्व के सृष्टा, पालनकर्ता, शासक और संहारक के रूप में उसके उपादान और निमित्तकारण के रूप में, परमशासक के रूप में जीवनमय प्रेममय, परम सौन्दर्यमय के रूप में, सवोच्च्व और सर्वशक्तिमान जीवन या ऊर्जा के रूप में हुई है। वह परात्पर या ब्रह्म, वह सच्चिदानन्द निर्गुण और यथार्थ अनन्त है। उच्चतम से लेकर निम्नतम प्रत्येक सत्ता अपनी-अपनी कोटि के अनुरूप ऊर्जा, आकर्षण और साम्यावस्था के लिए संघर्ष की अभिव्यक्ति करता है। पर परमऊर्जा प्रेम सौन्दर्य एक शरीर है, व्यक्ति है। इस विश्व की अनन्त जननी है-देवाधिदेव-परमप्रभु, सर्वव्यापी, फिर भी विश्व से पृथक परमात्मा, फिर भी प्रत्येक आत्मा से पृथक, इस विश्व की जननी, क्योंकि उसी ने से उत्पन्न किया है। वह विश्व नियंत्रिका है, क्योंकि वही इसकी परम प्रेममय निर्देशिका और अनन्त: अर वस्तु को स्वयं में पुन: ले जाने वाली है। उसी के आदेश से सूर्य चन्द्र प्रकाशमान है, मेघ बरसते हैं और मृत्यु धरती पर अदृश्य विचरण करती है।

इस प्रकार विवेकानन्द ने जिस वेदान्त के ब्रह्म को स्वीकार किया, वह न तो हेगल का स्थूल परमतत्व है, न माध्यमिकों का शून्य और न योगाचारियों का आलय विज्ञान। उन्होंने अद्वैत वेदान्त के अनुयायी होने के कारण ब्रह्म की निरपेक्ष, निर्विशेष, एवं निर्गुण सत्ता को स्वीकार किया है और यही उनके दर्शन का सार है।

ईश्वर सम्बन्धी विचार

विवेकानन्द निर्गुण ब्रह्म को ही ईश्वर कहते हैं। यह एक ही साथ सगुण ईश्वर भी है और निर्गुण ईश्वर भी। वे पुन: कहते हैं-ईश्वर एक वृत्त है जिसकी परिधि कहीं नहीं हैं, और केन्द्र सर्वत्र है। उस वृत्त में प्रत्येक बिन्दु सजीव, सचेतन, सक्रिय और समान रूप से क्रियाशील है। हम सीमित आत्माओं में केवल एक बिन्दु सचेतन है, और वह केन्द्र

आगे पीछे गतिशील रहता है। जिस प्रकार विश्व की तुलना में शरीर की सत्ता अत्यल्प है, उसी प्रकार ईश्वर की तुलना में समस्त विश्व कुछ नहीं है। जब हम कहते हैं, ईश्वर बोलता है, तो इसका अर्थ है कि वह अपनी सृष्टि के माध्यम से बोलता है। जब हम उसका वर्णन उसे देश काल से पारे कहकर करते हैं, तब हम कहते हैं कि, वह निर्गुण सत्ता है। किन्तु वह रहता हैं वही सत्।

अनन्त सत्ता को हम भिन्न-भिन्न दृष्टि बिन्दुओं से मन के भिन्न-भिन्न स्तरों से देखते हैं। निम्नतम मनुष्य उसे एक पिता के रूप में देखता है। जेसे-जैसे उसकी दृष्टि अधिक व्यापक होती है, वह उसे एक ग्रह के शासक के रूप में और अधिक व्यापक होने पर, विश्व के नियंता के रूप में तथा उच्चतम मनुष्य उसे अपने ही समान देखता है। ईश्वर वही था और भिन्न-भिन्न अनुभव केवल सृष्टि के परिणाम और भेद थे। समष्टि रूप होने के लिए किसी तर्क की आवश्यकता नहीं। वे पुनः कहते हैं जब तक हमारा शरीर है, तब तक हम स्थूल जगत की ओर दृष्टि किए हुए है, जब तक हमें सगुण ईश्वर को स्वीकार करना ही होगा, ऐसी अवस्था में ईश्वर को स्वीकार न करना निरा पागलपन है।

आत्मा सम्बन्धी विचार

'आत्मा' शब्द अन् श्वास लेना, धातु से बना है। यह जीवन का श्वास है। किन्तु, बाद में इसके अर्थ का विस्तार होता गया और इससे जीवन, आत्मा, आत्म या व्यक्ति की मूलसत्ता का बोध होने लगा। आत्मा मनुष्य के जीवन का तत्व है, यह वह आत्मा है जो उसकी सत्ता में, प्राण में, प्रज्ञा में व्याप्त है और उनसे परे हैं। जब प्रत्येक चीज, जो आत्म नहीं है, नष्ट हो जाती है, आत्मा तब ही रहती है।

विवेकानन्द कहते है कि-ब्रह्म ही हमारी वास्तविक आत्मा है। एक रेंगते हुए कीड़ें से लेकर मनुष्य की आत्मा तक सभी में वह अपने को अभिव्यक्त करता है। आत्मा शुद्ध सव्भाव एवं पूर्ण है। पूर्णानंद और ऐश्वर्य ही उसका स्वभाव है, दुःख या अनैश्वर्य नहीं। सत् चित् एवं आनन्द आत्मा का स्वरूप है, उसका जन्मसिद्ध अधिकार है। संसार के विभिन्न प्राणी आत्मा की भिन्न-भिन्न अभिव्यक्तियाँ हैं। जन्म-मृत्यु, क्षय-बुद्धि, उन्नति-अवनति सब कुछ एक अखंड सत्ता की ही विभिन्न अभिव्यक्तियाँ है।

मानव-शरीर में आत्मा का ही एकमात्र अस्तित्व है और यह आत्मा चेतन है। चूंकि यह चेतन है, इसलिए यह यौगिक नहीं हो सकती और चूंकि यह यौगिक नहीं है, इसलिए इस पर कार्य-कारण का नियम लागू नहीं हो सकता, अतः यह अमर है। एक अन्य प्रसंग में स्वामी जी ने कहा है-

आत्मा न कभी मरती है, न जाती है, यह न तो कभी जन्म लेती है और न कभी मरती है। प्रकृति ही आत्मा के सम्मुख गतिशील है और इस गति की छाया आत्मा पर पड़ती है। भ्रमवश आत्मा सोचती है, कि प्रकृति नहीं, बल्कि वह गतिशील है। जब तक आत्मा ऐसा सोचती है, तब तक वह बन्धन में रहती है, किन्तु जब उसे पता चल जाता है, कि वह सर्वव्यापक है तो वह मुक्ति का अनुभव करती है इस प्रकार आत्मा एक निराकार चेतन वस्तु है। यह सर्वव्यापी है, शाश्वत है, अनादि एवं अनन्त है।

विवेकानन्द मानते है कि आत्मा का एक ही लक्ष्य है और वह है मुक्ति। वे कहते हैं, कि मुक्ति को प्राप्त करने में वह जिन समस्त क्रमागत सोपानों में व्यक्त होती तथा जिन समस्त अनुभवों के मध्य गुजरती है, वे सब उसके जन्म माने जाते हैं। आत्मा एक निम्नतर देह धारण करके, उसके माध्यम से अपने को व्यक्त करने का प्रयास जैसा करती है। वह उसको अपर्याप्त पाती है, उसे त्यागकर एक उच्चतर देह, धारण करती है। उसके द्वारा वह अपने को व्यक्त करने का प्रयत्न करती है। वह भी अपर्याप्त पायी जाती है और एक उच्चतर देह आ जाती है। इसी प्रकार यह क्रम एक ऐसा शरीर प्राप्त हो जाने तक निरन्तर चलता रहता है, जिसके द्वारा आत्मा अपनी सर्वोच्च महत्वाकांक्षाओं को व्यक्त करने में समर्थ हो पाती है, तब आत्मा मुक्त हो जाती है।

इस प्रकार विवेकानन्द के चिन्तन में आत्मा अपरिवर्तनशील वस्तु, अमर, शुद्ध सदा मंगलमय है। सभी प्राणियों में उसी शुद्ध और पूर्ण आत्मा का अस्तित्व है। आत्मा का निर्माण भौतिक-तत्वों से नहीं हुआ है। यह एक अविभाज्य इकाई है। इसलिए इसलिए वह अनिवार्यत अविनाशी है इसी कारण इसका अनादि और अनन्त होना भी अनिवार्य हैं। अत: आत्मा अनादि एवं अनन्त है। विवेकानन्द के मतानुसार अनन्त एक है, अनेक नहीं, और वही एक नन्त आत्मका पृथक आत्माओं के रूप में प्रतीत होने वाले असंख्या दर्पणों में प्रतबिम्बित हो रही है। यह वहीं अनन्त आत्मा है, जो विश्व का आधार है, जिसे हम ईश्वर कहते हैं। वही अनन्त आत्मा मनुष्य के मन का आधार भी है, जिसे हम जीवात्मा कहते हैं।

जगत सम्बन्धी विचार

स्वामी जी ने सृष्टि की उत्पत्ति के जिस क्रम को स्वीकार किया है, वह सांख्य मत के अधिक निकट प्रतीत होता है। सभी जड़ पदार्थों का मूल उपादान कारण आकाश तत्व है और समस्त शक्तिय़ों का मूल स्रोत प्राण है। परन्तु आकाश और प्राण की उत्पत्ति 'महत्' तत्व से हुई है। मन जड़तत्व है। अत: अन्तिम तत्व चैतन्य ही है। प्राण के बार-बार आघात के द्वारा आकाश से वायु अथवा स्पन्दन उत्पन्न होता है। यह वायु स्पन्दित होती है

और जब से स्पन्दन अधिकाधिक तीव्र हो जाती है, तो पहले घर्षण एव बाद में ताप या तेज की उत्पत्ति होती है। जब यह ताप तरल भाव धारण करता है, उसे अप कहते हैं। अन्त में यह तरल पदार्थ आकार प्राप्त करता है। पहले हमें आकाश और गति प्राप्त हुई, इसके पश्चात् ताप उत्पन्न होता है, फिर वह तरल हो जाता है, तब धनीभूत होकर जड़ पदार्थ का आकार धारण करता है। इसके बाद ठीक विलोम क्रम मे यह प्रत्यावर्तन करता है। पदार्थ तरलीभूत होता है, और बाद में उत्तापराशि के रूप में परिणत होता है, वह फिर धीरे-धीरे गति को पुनः प्राप्त करता है, उस गति का भी विराम हो जायेगा और यह कल्प भी विशष्ट होगा। फिर वह प्रत्यावर्तन करेगा और फिर आकाश के रूप में विघटित हो जायेगा। इस प्रकार सृष्टि क्रम चलता रहता है। ठोसता आदि जो सब जड़ के गुण है वे विभिन्न रूपों के स्पन्दन के फल है।

स्पंदन ने सत्यकार्यवाद को माना है। वे कहते हैं कि कारण और कार्य अभिन्न है- कार्य केवल कारण का रूपान्तरण मात्र है। अतएव यह संपूर्ण ब्रह्माण्ड शून्य से उत्पन्न नहीं हो सकता बिना किसी कारण के वह नहीं आ सकता, इतना ही नहीं कारण ही कार्य के सूक्ष्म रूप में से वर्तमान है। इस तरह सत्कार्यवाद में भी परिणामवाद मानते हैं। शून्य से किसी वस्तु की उत्पत्ति नहीं हो सकती। सभी वस्तुएँ अनन्त काल से है और अनन्त काल तक रहेगी। केवल तरंगों की भाँति वे एक बार उठती हैं, फिर गिरती हैं। एक बार सूक्ष्म अव्यक्त रूप में जाना, फिर स्थूल व्यक्त रूप में आना, सारी प्रकृति में यह क्रम संकोच की क्रिया चल रही है। इस जगत का अन्तिम परिणाम चैतन्य है। वह जगत का उपादान क्षुद्रतम परमाणु हो जाता है, फिर वही धीरे-धीरे अपना स्वरूप प्रकाशित करता हुआ अन्त में पुनः अपने साथ युक्त हो जाता है, यही सब जगत का रहस्य है।

माया सम्बन्धी विचार

विवेकानन्द के अनुसार माया न तो विज्ञानवाद है, न ही वस्तुवाद। व कोई मतवाद भी नही है। वह घटनाओं को सहज वर्णन मात्र है। जो सर्वशक्तिमान मुनष्य की शक्तियों को कुण्ठित कर देती है, जो उसे स्वरूप से च्युत कराबर बाह्य विषयों में -मृगमरीचिकाओं में भटकने को विवश कर देती है, जो एक युवक के, एक वैज्ञानिक के समस्त उल्लास, उमंग, उत्साह और आशाओं पर तुषार पात कर देती है, वही शक्ति माया है। जिस शक्ति से भिन्न-भिन्न व्यक्तियों का सृजन होकर पार्थक्य बोध हो रहा है, जिससे विभिन्नताएँ एवं विविधताएँ प्रतीत होती हैं, जिससे लाखें में और तुम उत्पन्न होकर दिन-प्रतिदिन बंधते चले जा रहे हैं, वही माया है।

अद्वैत वेदान्त के समान स्वामीजी माया को, सद्सद् निर्वचनीय कहते हैं। अर्थात् माया के विषय में न तो यह कहा जा सकता है कि उसका अस्तित्व नहीं है, क्योंकि उसी ने समस्त भेद उत्पन्न किए हैं, न हीं इसके विषय में यह कहा जा सकता है, कि उसका अस्तित्व है, क्योंकि वह सदैव दूसरे पर ही आश्रित रहती है। यद्यपि परमार्थत: उसका अस्तित्व नहीं है, फिर भी व्यवहार में उसे अनिर्वचनीय कह सकते हैं।

माया को भ्रम मानना एक गलती है। माया एक सिद्धान्त नहीं है, विश्व हिस रूप में अस्तित्ववान है, माया उसके विषयों में तथ्यों का कथन है। माया मनुष्य के जीवन से सम्बन्धित एक तथ्य है। हम प्रजा के द्वारा विश्व के रहस्य को समझने का प्रयत्न करते हैं हम ज्ञान प्राप्त करने का प्रयत्न करते है और यह स्वीकार नहीं करते, कि हम रहस्य को नहीं समझ सकते। कुछ आगे बढ़ने पर यह स्पष्ट होता है, कि दिक् और काल की यह दीवार कार्यकारण के साथ जुड़ी है। हम उनके पार नहीं जा सकते, फिर भी हम संघर्ष करते रहते हैं, यही माया है।

मनुष्य को जो कुछ ज्ञान है, वह बस, इस माया का ही साधारणीकरण है। इस माया के दिखने वाले स्वरूप को ही जानने की चेष्टा करनी है। यह माया नाम-रूप का कार्य है। जिस किसी वस्तु का रूप, जो भी कुछ तुम्हारे मन में, किसी प्रकार के भाव जाग्रति कर देते हैं, वह सब माया के ही अन्तर्गत है। जो कुछ देशकाल नियम के अधीन है, वही माया के अन्तर्गत है।

पुन: विवेकानन्द कहते हैं कि माया की प्राय: जैसी व्याख्या की जाती है, वह भ्रमजाल नहीं है, माया सत्य है किन्तु फिर भी सत्य नहीं होती। वह सत्य इसिलिए है, कि सत्य वस्तु उसके पीछे है और वह उसके सत्यता का आभास प्रदान करती है। माया में जो सत्यता है, वह माया के मध्य या माया में रहने वाली स्तय वस्तु है तथापि सत्य वस्तु कभी दिखाई नहीं पड़ती और इसलिए जो दिखाई पड़ता है, वह असत्य है, उसका अपना कोई सत्य और स्वतंत्र अस्तितत्व नहीं होता, अपितु अपने अस्तित्व के निमित्त वह सत्य वस्तु पर निर्भर है। विवेकानन्द के अनुसार जो सत्य वस्तु को जान लेता है, वह माया में भ्रम नहीं, वरन सत्यता देखता है। जो सत्य वस्तु नहीं जानता, वह माया में भ्रम देखता है और उसे सत्य समझता है। अत: माया कोई सिद्धांत न होकर जगत की स्थिति मात्र की बोधक है।

जीव सम्बन्धी विचार

विवेकानन्द जीव को स्वतंत्र कर्ता स्वीकार करते हैं। यदि जीव सुखी और दुखी है तो, वह केवल स्वयं के कर्मों के कारण ही है। जीव ही कार्य और जीव ही कारण है। अत: जीव स्वतंत्र है। मनुष्य की इच्छाशक्ति किसी घटना के अधीन नहीं है। मनुष्य की प्रबल, विराट इच्छा शक्ति के सामने, सभी शक्तियाँ, यहाँ तक कि प्राकृतिक शक्तियाँ भी सिर झुका सकती है।

एक सच्चे वेदान्ती की भाँति, विवेकानन्द ने ब्रह्म और जीव की एकता को भी स्वीकार किया है। एक ही परमतत्व जब सृष्टिकर्ता के रूप में प्रतीत होता है, तब ईश्वर कहलाता है और वही परमतत्व जब शुद्र शरीर के संचालक के रूप में प्रतीत होता है, तो जीव उसी प्रकार जिस प्रकार कि मानव शरीर एक इकाई होते हुए भी, जीवाणु रूपों अनेक व्यष्टियों की समष्टि है।

समष्टि ही ईश्वर है और व्यष्टि ही जीव है। अत: जिस प्रकार शरीर का अस्तित्व जीवाणुओं पर आश्रित है, उसी प्रकार ईश्वर का अस्तित्व जीवों के अस्तित्व पार आश्रित है। इस प्रकार जीवन और ईश्वर सहवर्ती सत्ताएँ हैं। यदि एक का अस्तित्व है तो दूसरे को अस्तित्व अवश्य होगा। जीव की जितनी अधिक उन्नत अवस्था होगी, उसके ईश्वर की भी उतनी ही उन्नत अवस्था होगी। अत: जीव औार शरीर दोनों सापेक्षित सत्ताएँ है।

मानवीय वास्तविकता के विविध पक्ष

स्वामी विवेकानन्द और समाजवाद

स्वामी जी समाजवाद के प्रति पक्षधरता का सर्वप्रथम उल्लेख उन्हीं के शब्दों अनुज डॉ. भूपेन्द्रनाथ दत्त ने किया था, जिनके विश्वास का मूलाधर स्वामीजी का यह कथन है कि–मैं समाजवादी हूँ। डॉ दत्त के अनुसार स्वामीजी ने धर्म तथा अध्यात्म की जो बातें की, वे केवल छद्म थी, वे तो वास्तव में मध्ययुगीन धार्मिक विचारधाराओं में डूबे लोगों के बीच उन बातों के बहाने अपने समाजवादी विचारों को लोकप्रिय बनाना चाहते थे। जब स्वामी ही के धार्मिक अनुयाया उनके फन्दे में पड़ जाते हैं या आत्म संतुष्टि का अनुभव करते हैं, जब तो रूककर सोचना पड़ता हैं। स्वामीजी धर्म और समाजवाद दोंों की ही बातें की।

उचित है कि हम शान्तिपूर्ण और बारीकी के साथ इस पर विचार करें के स्वामी जी ने किस अर्थ में 'मैं समाजवादी हूँ' यह कथन कहा था, तथा उन्होंने किस प्रकार के समाजवाद की बात कही थी तथा वे किसी प्रकार अपने समाजवादी समाज को अस्तित्व में लाना चाहते थे।

यह अच्छी तरह से जाना हुआ तथ्य हैं कि स्वामी उस समय की सामाजिक व्यवस्था से संतुष्ट नहीं थे और बहुत संभव है कि उस असह्य दशा की ओर जिसका तत्काल निराकरण आवश्यक था, अपने देशवासियों का ध्यान आकर्षित करते के लिए वे निराशा का अनुभव करते हुए चिल्ला उठे हों, 'मैं समाजवादी हूँ।' इसके साथ ही वे सबसे बड़े समाज सुधारक भी थे, वे कहते हैं कि यदि अछूत भगवान का भक्त हैं तो उसके हाथ का भी खाया जा सकता है।

'मैं समाजवादी हूँ' सलिए नहीं कि मैं इसे पूर्ण रूप से निर्दोष व्यवस्था समझता हूँ, परन्तु इसलिए कि रोटी न मिलने से आधी रोटी ही अच्छी है। अन्य सब मतवाद काम में लाये जा चुके हैं और दोषयुक्त सिद्ध हुए हैं। इसकी भी अब परीक्षा होने दो-यदि और किसी कारण से नहीं तो उसकी नवीनता के लिए ही। सर्वदा एक ही वर्ग के व्यक्तियों को सुख और दुख मिलने की अपेक्षा सुख और दुख का बंटवारा करना अच्छा है।

स्वामी विवेकानन्द ने सोचार कि उनके अपने युग में विद्यमान सामाजिक अवस्था के फलस्वरूप समाजवाद का आगमन अनिवार्य रूप से होगा। यही नहीं, उस समय के वातावरण में उन्होंने उसके प्रति अपना रुझान भी प्रदर्शित किया। भारत में समाजिक गतिशीलता का विश्लेषण करते हुए उन्होंने घोषणा की-'तो भी एक ऐसा समय आयोगा, जब शुद्रत्व सहित शुद्रों का प्राधान्य होगा। अर्थात् आजकल जिस प्रकार शुद्र जाति वैश्यत्व अथवा क्षत्रियत्व लाभ लाभ कर अपना बल दिखा रही हैं, उस प्रकार नहीं, वरन अपने शुद्रोचित धर्म-कर्म सहित वह समाज में आधिपत्य प्राप्त करेगी।'

उन्होंने भविष्यवाणी की-'सब बातों से यही प्रकट हो रहा है कि समाजवाद जनता द्वारा शासन का कोई स्वरूप, उसे चाहे जिस नाम से पुकारे, उभरता आ रहा है।" '

वे गरीबों के लिये रोये, 'गरीबों के लिए, पद्दलितों के लिए मरते दम तक सहानुभुति-यह हमारा मंत्र है-' उन्होंने घोषणा की और आगे कहा-'दुखियों के दर्द का अनुभव करो और सहायता की याचना करो- वह आयेगी ही।' और उसे आना ही हैं, क्योंकि स्वामीजी का विश्वास था कि ईश्वर भी गरीबों के लिए पीड़ा का अनुभव करता है, फिर भी समाज में उनकी कितनी अपेक्षा की है। वे कह उठे थे, 'हम भारत में गरीबों और गिरे हुए लोगों के बारे में कितना कम ध्यान देते हैं, ये सोच मेरा हृदय ऐंठने लगता है' वे गरज उठे, 'स्मरण रहे, राष्ट्र झोपड़ियों में बसता है। शुद्र ही धन के सच्चे उत्पादक है, फिर भी उनकी सदैव से उपेक्षा की जाती है और कल्पनातीत काल से चले आऐ इस अत्याचार और शोषण के फलस्वरूप ये शुद्र पशुवत हो गए है, तथा उपर उठने की प्रेरणा

भी खो देते हैं। उनके परिश्रम के फल का बेहद शोषण और दुरुपयोग हुआ है। ये शुद्र प्रतिदिन अधिकाधिक नीचे डूबते जा रहे हैं, निर्दय समाज द्वारा अपने उत्तर कहाँ से आ रहे हैं। वे भी दूसरों के समान मनुष्य हैं, इस बात को वे भूल गये हैं।'

उच्च वर्णवालों ने भी जनसाधारण को नीचे दबाये रखकर अपने को नीचे गिरा दिया है, क्योंकि यदि कोई व्यक्ति अपने भाई को नीचे गिराता है, तो वह भी नैतिक और आध्यात्मिक दृष्टि से गिरे बिना नहीं उठ सकता। भारत को अपनी आजादी खोनी पड़ी, क्योंकि उसने अपने ही लोगों की आजादी से उन्हें वंचित कर दिया।

'समाज का नेतृत्व चाहे उनके साथ में ही हो जो विद्या पर एकाधिकार रखते हैं, या फिर उनके हाथ में जो धन या सैन्य शक्ति पर आधारित हैं उसकी शक्ति का उत्स तो सदैव अधीनस्थ जनता ही ही रही है।' धन की वर्तमान वितरण प्रणाली गरीब को गरीब और धनवान को धनवान बनाती है। भारत के निचले तबके के लोग चिरकाल के चुपचाप काम करते जा रहे हैं देश का धनधान्य उत्पन्न कर रहे हैं, पर वे अपने मुँह से शिकायत नहीं करते। जब वे अपनी निद्रा से जागेंगे, तो अपने प्रति किए गए सारे अत्याचारों का निवारण करेंगे, वह दिन दूर नहीं है।

उच्च वर्णवालों ने जनसाधारण का जिस प्रकार से उपेक्षा की थी तथा घटनाक्रम की ओर से अपनी आँखे मूँद ली थी, तुम क्या जीवित हो? जिन्हें 'सचल श्मशान' कहकर तुम्हारे पूर्वजों से घृणाा की थी, भारत में जो कुछ वर्तमान जीवन है, वह उन्हीं में है और सचल श्मशान हो तुम लोग।

स्वामी जी सथार्थतः किससे जुड़े थे-आधात्मय से या समाजवाद हो? हम इस पर स्वामीजी की अपनी बात सुने-'मैरा आदर्श अवश्य ही थोड़े से शब्दों में कहा जा सकता है, और वह है मनुष्य जाति को उसके दिव्य स्वरूप का उपदेश देना तथा जीवन के प्रतयेक क्षेत्र में उसे अभिव्यक्त करने का उपाय बताना।'

कहीं किसी के मन में स्वामीजी के अन्तर्मन के सम्बन्ध में किसी भी प्रकार की गलत फहमी की शेष न रह जाए, इसलिए हम उनका एक दूसरा प्रभावी उदाहरण देते हैं- 'भारत को समाजवादी अथवा राजनीतिक विचारों से प्लावित करने के पहले आवश्यक उपनिषदों, पुराणों और अन्य सब शास्त्रों में, जो अपूर्व सत्य छिपे हुए हैं, उनहें इन सब ग्रन्थों के पन्नों से बाहर निकालकर मठों की चहारदीवारियाँ भेदकर सर्वत्र बिखेर देना होगा।'

अपने गुरु रामकृष्ण देव से दरिद्रनारायण की उपासना को जो दर्शन विरासत के रूप में प्राप्त किया, पर यह धर्म की कीमत पर नहीं होगा। फिर, उन्हें सामाजिक उन्नति और आध्यात्मिक प्रगति में कों विरोध नहीं दिखायी दिया। वे चाहते हैं कि आम जनता अपनी आध्यात्मिक विरासत को अक्षत बनाये रखकर उपर उठे। स्वामीजी का प्रश्न था, 'क्या उनका खोया हुआ व्यक्तित्व, बिना उनकी स्वाभाविक आध्यात्मिक वृत्ति नष्ट किये, उन्हें वापस दिला सकते हो।' उनका मंत्र था 'धर्म को बिना हानि पहुँचाए जनता की उन्नति।'

उनका यह विश्वास था कि आम जनता को उपर उठाने को उपर उठाने में 'धर्म एक सक्रिय भूमिका निभा सकता है। सामाजिक परिवर्तनों के सम्बन्ध में उनका सिद्धांत था। उनका विश्वास था कि यद्यपि सामाजिक विकास का श्रेय प्रगति है, पर यह प्रगति सरल रेखा में नहीं साबित होती, 'मनुष्य के देवत्व की अभिव्यक्ति की सभ्यता है अध्यात्म को प्राकृटय की सभ्यता।'

स्वामीजी ने कहा, 'जड़वाद और अध्यात्मक बारी-बारी से समाज में प्रभुत्व लाभ करते हैं। इसी प्रकार क्रमविकास और क्रम संकोच भी एक के बाद एक सामाजिक परिवर्तन लाने में अपनी भूमिका का निर्वाह करते हैं। मानव समाज में उन्नति, प्रेम, सहानुभूति और सहयोग के माध्य से साधित होती है।'

अंत में सबकी समानता दूर की बात है, बल्कि हमें प्रकृति के नियम के रूप में बहुलता में एकता के सिद्धान्त को ग्रहण करना चाहिए। स्वामीजी कहते हैं, हम कितनी भी कोशिश करे, यह कभी संभव नहीं कि यह मनुष्य समान होंगे। अपनी दशा सुधारने के लिए प्रत्येक को समान अवसर मिलना चाहिए-'समाज के हर व्यक्ति को धन, शिक्षा और विद्या प्राप्त करने के समान अवसर मिलने चाहिए। उनका कहना है कि जो सामाजिक कानून-नियम इस स्वाधीनता के प्रकट होने के रास्ते में बाधक है, वे हानिकारक है तथा उन्हें शीघ्र ही नष्ट करने का उपाय करना चाहिए।', क्योंकि, 'स्वाधीनता की उन्नति की पहली शर्त है।'

'जो समाज के अधिपतय के लिए व्यक्तिगत स्वतंत्रता का त्याग चाहता है, वह सिद्धांत समाजवाद और जो व्यक्ति के पक्ष का समर्थन करता है, वह व्यक्तिवाद कहलाता है।' उनके आकलन के अनुसार, हिन्दू समाज वहीं तक समाजवादी हैं, जहाँ तक कि वह व्यक्ति के जीवन को हर मोड़ पर समाज में उसका स्थान, आजीविका के उसके उपाय पत्नी को चुनाव तथा ऐसे ही कई विषयों को निश्चित करते हुए नियंत्रित करता हैं। उनका अपना रुझान एक ऐसे भावी समाज के लिए था, जिसमें इस्लामी शरीर और वेदान्ती मस्तिष्क का सामाजिक तथा बौद्धिक और आध्यात्मिक स्वाधीनता का मेल हो।

स्वामीजी ने भविष्य के आदर्श मानव के रूप में बुद्ध के हृदय और शंकर की बुद्धि के मेल की बात भी सोची। जाति के प्रश्न पर विचार करते हुए उनके मन में एक नयी योजना उभरी 'यदि इस प्रकार का एक राष्ट्र बन सके, जहाँ पुरोहित का ज्ञान, योद्धा की संस्कृति व्यापारी की वितरणशीलता और अन्तिम वर्ग की समता का आदर्श ज्यों का त्यों बने रहे, पर इनके दोष अलग हटा दिए जाएँ तो वह आदर्श राष्ट्र होगा।'

अत: सामाजिक कल्याण के लिए उन्होंने संगठित कार्यप्रणाली का विचार किया, पर धर्म के क्षेत्र में व्यक्ति होने के नाते वे अन्ततोगत्वा समाज को बनाने वाले हर घटक के आध्यात्मिक उन्नयन के कार्य की ओर खिंच गए। उन्होंने प्राणिमात्र की मूलभूत दिव्यता की धोषणा करने वाले अद्वैत वेदान्त में समस्त सामाजिक बुराइयों की रामबाण दवा देखी।

अतएव हमारा निष्कर्ष यह है कि जिस अर्थ में समाजवाद आज समझा जाता है स्वामीजी कभी भी उसके सक्रिय पक्षधर नहीं रहे, तथापि जनसाधारण के लिए उनका प्यार और उनकी उन्नति के लिए उनकी आतुरता इतनी तीव्र थी कि अपने लक्ष्य की प्राप्ति हेतु यदि उन्हें कोई बेहतर उपाय न मिलता, तो वे समाजवाद को अपने अर्थों में स्वीकार कर लेते और देखते हैं कि उस समाजवाद के लिए कोई आध्यात्मिक आधार प्रस्तुत किया जा सकता है या नहीं। स्वामीजी के एक राजनैतिक सिद्धांत के रूप में समाजवाद को समाज की बुराइयों के लिए रामबाण दवा नहीं बतायी। उनका संदेश तो आध्यात्मिकमा का था और समाजवाद मात्र एक समझौता था, यदि उसने बेहतर और कुछ न मिल सकता था।

स्वामी विवेकानन्द की शिक्षा

अच्छी शिक्षा राष्ट्र निर्माण के सर्वश्रेष्ठ साधनों में से एक है। भारत का भविष्य भी काफी कुछ इसी बात पर निर्भर करता है कि वर्तमान पीढ़ी इस समस्या का हल किस प्रकार प्रस्तुत करती है। है कहने की आवश्यकता नहीं कि पाश्चात्य भावापन्न और पूर्णत: राष्ट्रविरोधी हमारी यह वर्तमान शिक्षा-प्रणाली आधुनिक भारत की पृष्ठभूमि से एकदम विसंगत हैं। आज हमें भीरु और प्राणहीन लिपिकों के स्थान पर ऐसे स्त्री-पुरुषों की आवश्यकता है, जो साहसी हों, कुशल और दक्ष हों, ऊची भावनाओं से अनुप्रमाणित हो, स्वार्थ के संकीर्ण दायरे से उठे हुए हो, रचनात्मक अन्तदृष्टि से सम्पन्न हो।

स्वामी विवेकानन्द यद्यपि मानवमात्र के प्रेमी थे और संसार को धर्म की शिक्षा देने वाले आचार्य थे, तथापि उन्होंने उन बातों पर गहराई से विचार किया था, जो भारत के पतन के कारण स्वरूप रही थी और इन पक्षों में शिक्षा महत्त्वपूर्ण स्थान रखती है।

स्वामी जी कहते हैं आज जब हमारा मन शिक्षा की समस्या से उद्वेलित है, यह उचित ही है कि हम स्वामी जी के शिक्षा-विषयक विचारों से परिचित हों, क्योंकि हमारी पीढ़ी की इस ज्वलंत समस्या पर स्वामीजी ने जो विचार प्रस्तुत किए हैं उनका अध्यन हमारे बालकों की शिक्षा प्रणाली के नियोजन की दृष्टि से अत्यंत लाभप्रद होगा।

स्वामी जी ने कहा कि-'शिक्षा मनुष्य के भीतर निहित पूर्णता का विकास है।' मानव में अन्तर्निहित पूर्णता का विचार एक विशुद्ध वेदान्तिक धारणा है। इसकी उपलब्धि मानव-जीवन के स्तर और गौरव को अत्यधिक परिवर्धित कर देती है, इसकी स्वीकृति निष्ठा और आत्म-विश्वास की पहली सीढ़ी है और यह आत्म विश्वास पौरुष एवं चरित्र का सार है। स्वामी जी पुन: कहते हैं, 'शिक्षा क्या है? क्या वह किताबी ज्ञान हैं? नहीं। तो क्या यह बहुमुखी ज्ञान है?-वह भी नहीं। शिक्षा वास्तव में ऐसा प्रशिक्षण है, जिसके संकल्प शक्ति की अभिव्यक्ति को और अधिक प्रवेग को संतुलित एवं लाभप्रद बनाया जा ता है।'

विवेकानन्द पाश्चात्य विज्ञान को वेदान्त के साथ समायोजित करना चाहते थे, क्योंकि उनका यह विश्वास था कि इस प्रकार दोनों के समाहार से ही विश्व में समृद्धि और शान्ति के युग का अवतरण होगा। विज्ञान के आधुनिक आविष्कारों ने जीवन के कठिन और अरूचिकर कार्यों को सुकर बना दिया, पर यान्त्रिक उपकरणों की सहायता से मनुष्य ने जिस विशद अवकाश की उपलब्धि की है उसका उपयोग सही तरीके से नहीं हुआ है। मनुष्य को जीने के लिए विवेक और कष्टो को सहने के लिए धैर्य प्रदान करने के साथ, वेदान्त उसकी मनोगत आकांक्षाओं की तृप्ति भी करता हैं और विश्व की नैतिक क्षयग्रस्तता का निवारण भी कर सकता है।

प्रादेशिक भाषाओं और संस्कृत के विषय में स्वामीजी ने कई अमूल्य और विधेयात्मक सुझाव प्रस्तुत किए हैं। यद्यपि वे प्रादेशिक भाषाओं की संवर्धना के पक्ष को महत्त्वपूर्ण समझते थे, फिर भी वे दृढ़तापूर्वक संस्कृत की महत्ता को न्य सभी तथ्यों की अपेक्षा अधिक मानते हैं। 'स्वामी जी कहते थे-संस्कृत पुरातन विद्या का कोष है। वह मानवजाति के सबसे उदात्त विचारों की विग्रह है। वे इसकी सशक्तता और गंभीरता का तनिक भी परिचय नहीं पर सकते।'

पूर्णत धर्मनिरपेक्ष शिक्षा प्रणाली का स्वामी जी ने अनुमोदन नहीं किया। उनका कथन था, 'हमारी शिक्षा, बुद्धि तथा हमारे विचार पूर्णत: आध्यात्मिक हैं, और वे सभी अपनी पूर्णता धर्म में पाते हैं। पश्चिम में उनकी अभिव्यक्ति बाहर है-भौतिक और

सामाजिक स्तरों पर है।' एक अवसर पर उन्होंने भविष्यवाणी की थी कि यदि भारत राजनीति के लिए धर्म का परित्याग करेंगा, तो उसकी मृत्यु हो जायेगी। वे अध्ययन को तपसया मानते थे और हिन्दुओं की ध्यानोन्मुखता को वैज्ञानिक अन्तर्दृष्टि की उपलब्धि में सहायक समझते थे। इस प्रकार शिक्षा स्वयं में एक साधना और धर्म का एक अंग हैं, और स्वामीजी के विचार से धर्म-निरपेक्ष और धर्मोपेत शिक्षा का अलग-अलग संभव नहीं है।

स्वामीजी का कथन कि छात्र को बाल्यावस्था से ही ऐसे व्यक्ति के संसर्ग मे रहना चाहिए, जिसका चरित्र ज्वलंत अग्नि के समान पवित्र हो। यदि देश के बच्चों की शिक्षा की शिक्षा का भार फिर त्यागी और निःसपृह व्यक्तियों के कंधों पर नहीं आता, तो भारत को दूसरों की पादुकाओं को सदा-सदा के लिए अपने सिर पर ढोते रहना होगा। वे चाहते थे कि प्राचीन काल के समान हीं सभी विद्यार्थी कठोर ब्रह्मचर्य का पालन करें, जिससे उनके हृदय में श्रद्धा उत्पन्न हो सके। मनसा-वाचा-कर्मणा ब्रह्मचर्य का पालन करने से संकल्प शक्ति बढ़ती है। इस प्रकार ब्रह्मचर्य ही आध्यात्मिक शक्ति को जन्म देता है और सूक्ष्म दार्शनिक तत्वों को समझने की मेंध प्रदान करता है।

शिक्षा का भारतीय आदर्श मन का नियंत्रण हैं जिसमूँ हम उसे जहाँ चाहे ठीक वहीं लगा सकें। स्वामीजी कहते हैं, 'तथ्यों के संग्रह को नही अपितु एकाग्रता का ही में शिक्षा का मूल समझता हूँ। यदि यदि मुझे पुनः शिक्षा प्रास करनी होती, तो में एकाग्रता और अनासक्ति , दोनों को विकसित करता और तब उस मन रूपी निर्दोष यंत्र की सहायता से ही तथ्यों का संग्रह कर लेता है।

अन्त में, यह कहना अप्रासंगिक न होगा कि, आधुनिक शैक्षणिक मनोविज्ञान की प्रणाली में शिशु के व्यक्तित्व के प्रति जो सम्मान का तथ्य पाया जाता है, वह अभी-अभी प्रारंभ हुआ है, जबकि भारतीय वेदान्त का कल्पनातीत काल से इस तथ्य से परिचित था। शिक्षक का कर्तव्य केवल इतना ही है कि वह उस प्रछन्न ज्ञान की अभिव्यक्ति की आधाओं को दूर कर दे, और अपने विद्यार्थियों को यह सिखा दे कि अपने हाथ, पैर, नेत्र और कानों का समुचित उपयोग करने के लिए वे किस प्रकार अपनी बुद्धि से काम लें।

स्वामी विवेकानन्द और अस्पृष्यता

हम सनातनी हिन्दू हैं, पर हम आने आपको 'मत छुओवाद' में बिल्मुल सम्मिलित करना नहीं चाहते। वह हिन्दू धर्म नहीं है-यह हमारे किसी ग्रंथ से नहीं है, यह एक सनातनी अंध-विश्वास है. जिससे हमारी राष्ट्रीय कुशलता को सदा हानि पहुंचायी है....

धर्म तो भात की हाँड़ी में समा चुका हैं। वर्तमान हिन्दू धर्म न तो विचार-प्रधान है ही इसका एक मात्र अवलम्ब, बस इतना ही।

अस्पृश्यता एक तरह की मानसिक बीमारी है, उससे सावधान रहना। सब प्रकार का विस्तार ही जीवन है और सब प्रकार की संकीर्णता मृत्यु है। जहाँ प्रेम है, वही विस्तार है और जहाँ स्वार्थ है वही संकीर्णता। अत: प्रेम ही जीवन का एक मात्र विधान है। .... इस जीवन वामाचार-रूप अस्पृश्यता में फँसकर तुम अपने जीवन से हाथ मत धो बैठना।

यदि कोई भंगी हमारे पास भंगी के रूप में आता है, तो छुतही की बीमारी की तरह हम उसके स्पर्श से दूर भागते हैं। परन्तु जब उसके सिर पर एक कटोरा पानी डालकर कोई पादरी प्रार्थना के रूप में कुछ बुदबुदा देता है और उसे पहनने के लिए एक फटा-पुराना कोट मिल जाता है तो किसी कट्टर से कट्टर हिन्दू के कमरे में जा सकता है, उसके लिए कोई रोक-टोक नहीं, ऐसा कोई नहीं, जो उससे सप्रेम हाथ मिलाकर बैठने के लिए कुर्सी न दे। इससे बढ़कर विडम्बना की बात क्या हो सकती है।

यह देखों न हिन्दुओं की सहानुभूति न पाकर दक्षिण पैरिया ईसाई बनते जा रहे हैं, पर ऐसा न समझना कि वे केवल पेट के लिए ईसाई बनते हैं। असल में हमारी सहानुभूति न पाने के कारण ही वे ईसाई बनते हैं। हम दिन-रात उनसे केवल यही कहते रहते हैं, 'मत छुओ' 'मत छुओ'। देश में क्या अब दया धर्म भी है? केवल छुआछूत-पन्थियों का दल रह गया है। 'जहाँ कहीं भी पवित्र, गरीब, दीन-दुखी हों, आ जाओं-कहकर, उन सभी को रामकृष्ण के नाम पर बुला लाऊँ।

सभी हिन्दू एक-दूसरे के भाई है। 'इसे नहीं छूते', 'उसे नहीं छूते'-कहकर ही तो हमने इनको ऐसा बदा दिया है। इसी कारण तो हमार देश हीनता, भीरूता, मुर्खता, तथा कापुरुषता की चरम अवस्था को प्राप्त हुआ है। उन्हें उठानों होगा, उन्हें अभय-वाणी सुनानी होगी, यह बताना होगा, कि तुम भी हमारे जैसे मनुष्य हो, तुम्हारा भी हमारे ही समान अधिकार है।

ऊँची जातियों को नीचा करने, यथेच्छा आहार-विहार करने और क्षणिक सुख-भोग के लिए अपने-अपने वर्णाश्रम-धर्म की मर्यादा तोड़ने से यह जाति भेद की समस्या हल नहीं होगी। इनकी मीमांसा तभी होगी, जब हममें से प्रत्येक मनुष्य वेदान्त धर्म का पालन करने लगेगा।

स्वामी विवेकानन्द और नारी

भारतीय नारी को जैसा होना चाहिए, सीता उनमें एक आदर्श है। महा-महिमायी सीता स्वयं पवित्रता से भी पवित्र, धैर्य तथा सहिष्णुता का सर्वोच्च आदर्श सीता सदा इसी भाव से पूजी जायेगी। जिन्होंने अविचल भाव से ऐसे महादुख का जीवन व्यतीत किया, वही नित्य साध्वी, सदा-शुद्ध स्वभाव सीता, आदर्श पत्नी सीता, मनुष्यलोक की आदर्श, देवलोक की भी आदर्श नारी पुण्यचरित्र सीता सदा हमारी राष्ट्रीय देवी बनी रहेंगी।

भारतीय समाज और राष्ट्र के लिए सीता सहिष्णुता की उच्चतम आदर्श की प्रतिरूप है। सीता भारतीय आदर्श भाव की प्रतिनिधि है, मूर्तिमती भारतमाता है। सीता वास्तव में जन्मी थी या नहीं, रामायण की कथा किसी ऐतिहासिक तथ्य पर आधारित हैं या कपोल कल्पित-यह हम नहीं जानते, परन्तु इतना जरूर सत्य हैं, कि सहस्रो वर्षों से सीता का चरित्र भारतीय राष्ट्र का आदर्श रहा है।

नारी में जो नारी-जनोचित गुण पाये गये है 'सीता' शब्द उन सबका परिचय है जहाँ सीता और सावित्री का जन्म हुआ। पुण्यक्षेत्र भारत में अभी तक स्त्रियों में जैसा चरित्र, सेवाभाव, स्नेह, दया, तुष्टि और भक्ति पायी जाती हैं, पृथ्वी पर ऐसा अन्यत्र कही नहीं है। भारतीय नारियों के चरण-चिह्नों का अनुसरण कराकर उनकी उन्नति की चेष्टा करनी होगी, यही एक मात्र पथ हैं।

सीताजी भारतीय नारीत्व की उज्ज्वल प्रतीक है। पूर्ण विकसित नारीत्व के सभी भारतीय आदर्शों का मूल प्रस्रवण वही एक मात्र चरित्र है। आज हम सहस्रों वर्ष के उपरांत भी भगवती सीता कश्मीर से कन्याकुमारी तक और कच्छ से कामरूप तक, क्या पुरुष, क्या स्त्री और क्या बालक-बालिका, सीी की आराध्यदेवी बनी हुई है। पवित्रता से भी अधिक पवित्र, धैर्य और सहनशीलता की साक्षात् प्रतिमा रामदयिता सीता सदा-सर्वदा इस महान पद पर आसीन रहेंगी।

विवेकानन्द जी कहते हैं कि स्त्री-पुरुषों में बाह्य भेद रहने पर भी स्वरूप में कोई भेद नहीं है। अत: पतन उसी दिन से ब्रह्मज्ञ बन सके, तो स्त्रियाँ क्यों नहीं ब्रह्मज्ञ बन सकेंगी? भारत का अध:पतन उसी दिन से शुरू हुआ, जब ब्रह्मण पंडितों ने ब्राह्मणेत्तर जातियों को वेदपाठ का अनाधिकारी घोषित किया और साथ ही स्त्रियों के भी सारे अधिकार छीन लिए।

स्मृति आदि लिखकर, नियम-नीति में आबद्ध करके उस देश के पुरुषों ने स्त्रियों को एकदम सच्चा जनने की की मशीन बना डाला है। उन्होंने केवल असहाय अवस्था में दूसरों पर आश्रित होकर जीवन-यापन करना और थोड़े से भी अनिष्ट या संकट की आशंका होने पर आँसू बहाना ही सीखा है।

स्त्रियों की पूजा करके ही सभी जातियाँ बड़ी बनी हैं। जिस देश या जाति में स्त्रियों की पूजा नहीं होती, वह देश या जाति न कभी बड़ी बनी है और न कभी बन सकेगी।

यत्र नार्यस्तु पूज्यन्ते रमन्ते तत्र देवताः।

यत्रेतास्तु न पूज्यन्ते सर्वास्तत्राफलाः क्रियाः।।

'जहाँ स्त्रियों का आदर होता है, वहाँ देवता प्रसन्न होते हैं, और जहाँ उनका सम्मान नहीं होगा, वहा समस्त कार्य और प्रयत्न असफल हो जाते हैं।' जहाँ पर स्त्रियों का सम्मान नहीं होता, वे दुखी रहती हैं, उस परिवार की, उस देश की उन्नति की आशा नहीं की जा सकती।

सर्वप्रथम दशा में स्त्रियों का उद्वारा करना होगा, सर्व-साधारण को जगाना होगा, तभी तो भारत का कल्याण होगा .... स्त्रियाँ जब शिक्षित होंगी तभी उनकी संतानों द्वारा देश का गौरव बढ़ेगा और देश में विद्या, ज्ञान, शक्ति, भक्ति जाग उठेगी। स्वामी जी स्त्रियों के समस्याओं को हल करने के विषय में प्रश्न पर कहते हैं, कि यह एक निरर्थक प्रश्न है। स्त्रियों के समस्याओं के विषय में स्त्रियाँ ही सूक्ष्म उत्तर दे सकती हैं क्योंकि प्रत्येक स्त्री की मनोदशा अपनी होती है। हम और आप स्त्री के न तो भाग्य विधाता है न भगवान। स्त्रिया अपने समस्याओं का समाधान स्वयं कर लेगी।

हमें नारियों को ऐसी स्थिति में पहुँचा देना चाहिए, जहाँ वे अपनी समस्या को अपने ढंग से स्वयं सुलझा सके। उनके लिए यह काम न अन्य कोई कर सकता है और न किसी को करना ही चाहिए और भारतीय नारियाँ विश्व की अन्य किन्हीं भी नारियों की भाँति ही इसे करने की क्षमता रखती हैं।

उन्हें इतिहास तथा पुराण, शिल्प, विज्ञान, गृहकार्य, भोजन बनाना, सिलाइ शरीर पालन आदि सभी विषयों की मोटी-मोटी बातें सिखलाना उचित है। सब विषयों में उनकी आँखे खोल देनी होंगी। सर्वदा आदर्श नारी-इचित चरित्र को छात्राओं के समक्ष रखकर उनमें त्याग व्रत के प्रति अनुराग पैदा करना होगा। सीता, सावित्री, दमयंती, लीलावती, मीराबाई आदि के जीवन चरित्र कुमारियों को समझकर उनको अपना जीवन

वैसा बनाना चाहिए। झाँसी की रानी कैसी महान् थी? इस प्रकार की शिक्षा प्राप्त होने पर स्त्रियाँ अपनी समस्याएँ स्वयं हल कर लेंगी।

कुमारियों को धमपरायण और नीतिपरायण बनाना होगा, वही करना होगा जिससे वे भविष्य में अच्छी गृहणियाँ हो। जिनकी माताएँ शिक्षित तथा नीतिपरायण हैं, उन्हीं के घर में लोग जन्म लेते हैं।

मुझे तो यह आवश्यक प्रतीत होता है कि कुछ महिलाएँ सन्यस्त जीवन के आदर्शों का पालन करने के लिए शिक्षित की जाएँ ताकि वे आजन्म कौमार्य व्रत धारण करें। महिलाओं को विज्ञान तथा अन्य विषय सिखाएँ जाएँ, जिनसे कि न केवल उनका, बल्कि अन्य लोगों का भी भला हो। भारतीय नारी प्रसन्नता के तथा सरलतापूर्वक कोई भी विषय सीख लेगी। हमारी मातृभूमि के उत्थान के लिए आज उसे ऐसी ही पुण्यसंकल्प, पवित्रता, ब्रह्मचारिणियों की आवश्यकता है।

उनके आचरण तथा सर्वसाधारण की आवश्यकता के लिए महान निर्भिक नारियाँ तैयार करेंगे, नारियाँ जो संघमित्रा, लीला, अहिल्याबाई और मीराबाई की परम्पराओं को जारी रख सकें- नारियाँ जो वीरों की माताएँ होने के योग्य हो, इसलिए कि वे पवित्र तथा आत्मत्यागी हैं और उस शक्ति से शक्तिशाली हैं, जो भगवान के चरण छूने से आती है।

स्वामी विवेकानन्द का राजनीतिक विचार

स्वामी विवेकानन्द के दर्शन पर प्राचीन भारत की अद्वैत वादी दार्शनिक परम्परा एवं रामकृष्ण के समन्वयवादी विचार का स्पष्ट प्रभाव के साथ ही, तत्कालीन राजनैतिक परिस्थितियों का ही उनके विचारों के निर्माण में योगदान है। 19वीं शताब्दी में देश अंग्रेजों का गुलाम था। दासता की जंजीरों में जकड़ा हुआ। भारतीय जनमानस को स्वामी जी ने भली-भाँति समझा तथा आत्मविश्वास के मार्ग पर लाने का प्रयास किया।

विवेकानन्द में देश भक्ति का प्रवलतम भाव था। उन्होंने युवकों को अपने देश की सेवा के लिए, स्वयं को समर्पित करने के लिए, प्रोत्साहित किया तथा भारत को विदेशी प्रभुत्व से मुक्ति दिलाने के लिए, सर्वमान्य धार्मिक विरासत के आधार पर एकजुट होने को आह्वान किया। विवेकानन्द का उदीयमान भारतीय राष्ट्रवाद के विकास में महत्त्वपूर्ण योगदान था। उनकी राष्ट्रवादी विचारधारा के चार स्तंभ थे जनमानस की जागृति, भौतिक एवं नैतिक शक्ति का विकास, समान आध्यात्मिक विचारों पर अवलम्बित एकता, तथा भारत की प्राचीन गरिमा एवं गौरव के प्रति जागरूकता तथा स्वाभिमान।

यद्यपि विवेकानन्द ने कभी भी सीधे तौर पर ब्रिटिश नीतियों के विरोध मे अथवा राष्ट्रवाद के संदर्भ में प्रचार नहीं किया, लेकिन सुधार, एकता जागरण और स्वतंत्रता के प्रति उनके सभी प्रवचनों के परिणामस्वरूप ही, राष्ट्रवाद की सशक्त भवना प्रवाहित हुई, इसलिए अधिकांश मामलों में विवेकानन्द ठीक उसी प्रकार भरतीय स्वतंत्रता आंदोलन के आध्यात्मिक अग्रदूत थे, जिस प्रकार रूसो और जैमिनी क्रमश: फ्रांसीसी क्रांति और इतालवी एकीकरण के बौद्धिक गुरु रहे।

स्वामी विवेकानन्द का आर्थिक विचार

स्वामी विवेकानन्द का नवभारत के जन्म तथा विकास में विचारों का सर्वाधिक योगदान रहा है। दीन दुखियों के प्रति करूणा ने स्वामीजी को आर्थक प्रश्नों तथा समस्याओं पर सतत चिन्तन को बाध्य कर दिया था।

स्वामीजी के अनुसार 'आज हमारे राष्ट्र को जरूरत है कार्य में दक्षता की ऐसी प्रतिभा की जो वैज्ञानिक आविष्कार कर सके। इसलिए मेरी इच्छा है कि 'क' इलेक्ट्रिशियन बने। भले ही व उसमे सफल न हो सके, पर मुझे इस बा पर प्रसन्नता होगी कि उसने बड़ा बनने का और अपने देश के लिए उपयोगी सिद्ध होने का प्रयत्न किया।'

'मैं तो ऐसार सोचता हूँ कि आधुनिक विज्ञान से अपरिचित एक नीम-हकीम के हाथों चंगा होने का आशा रखने के बदले किसी वैज्ञानिक प्रशिक्षण प्राप्त चिकित्सक के हाथों मर जाना अधिक अच्छा है।'

आधुनिक जीवन में वाणिज्य के महत्व के प्रति विवेकानन्द पूरी तरह सजग थे। 1895 में वे न्ययार्क के एक पत्र में लिखते है, 'दे बाबू से कहना कि इंग्लैण्ड और अमेरिका में मूँग तथा अरहर दाल का अच्छा खासा व्यापार चल सकता है। यदि कोई एक व्यापारिक संघ बना ले और भारत से इस देश में विक्रयार्थ वस्तुएँ ले आए, तो उसका व्यापार उत्तम रीति से चल सकता है।'

उदाहरणार्थ उद्धरणों से यह पूर्णत: स्पष्ट है कि यद्यपि स्वामीजी एक सन्यासी थे, आध्यात्मवादी थे और जीवन के कतिपय पहलुओं के प्रति यथार्थ अर्थों में संरक्षणशील प्रवृत्ति के थे, तथापित विज्ञान, इंजिनियरिंग, मशीन, वाणिज्य आदि के प्रति उनका दृष्टिकोण नितान्त आधुनिक था।

प्राचीन काल से मानवीय सभ्यता को उसके आधुनिकतम स्वरूप पर लाने में जो बातें कारण स्वरूप रही हैं, उनमें भारत के वाणिज्य का स्था कदाचित् सबसे महत्वपूर्ण है।

स्मरणातीत काल से भारत उपज और उद्योग वाणिज्य के क्षेत्र में विश्व के अन्य सभी क्षेत्रों की अपेक्षा सबसे आगे रहता आया है।

भारत के आर्थिक जीव का जो पहलू स्वामीजी के ध्यान को सबसे अधिक आकर्षित करता है, वह है गरीबी की समस्या। वे कहते हैं, 'भारत मे सारी विपत्तियों की जड़ है- यहाँ के जनसाधारण की गरीबी।'

'पूर्व की ज्वलंत आवश्यकता धर्म नहीं है, धर्म उनके पास यथेष्ट हैं। वह तो रोटी हैं, और हम देते हैं उन्हें पत्थर। अनाहार से पीड़ित लोगों के समक्ष धर्म परोसना उनका अपमान करना है।'

'पश्चिम के लोगों में रजोगुण का आधिक्य हैं और इसीलिए आज वे सुखोंपभोग की सीमा तक पहुँच गए हैं। क्या तुम समझते हो कि उनके बदले तुम योग में सिद्धि प्राप्त करोंगे-तुम। जो पेट भरने के लिए इधर-उधर भटकते फिरते हो।'

स्वामीजी महान् आध्यात्मिक दिग्गज थे। उनमें यह घोषणा करने का साहस था, अन्तर्दृष्टि और गहराई थी कि भौतिक प्रगति और आध्यात्मिक उन्नति में कोई मौलिक विरोध नहीं है। वे कहते हैं, 'जब आत्मा की उन्नत शक्ति जड़ पर अपना कार्य करती है तो भौतिक प्रगति होती है, वह जब विचारों पर कार्य करती हैं, तो उसे बौद्धिक विकास होता है, और जब वह विचारों पर कार्य करती हैं, तो उसे बौद्धिक विकास होता है, और वह शक्ति स्वयं आत्मा पर ही कार्य करती है तब मनुष्य देवता बन जाता है।'

स्वामीजी के मतानुसार भौतिकवाद और अध्यात्मवाद में कोई अन्दरूनी या मौलिक विरोध नहीं हैं। उसी प्रकार उनके मत से पूर्व और पश्चिम की सभ्यताओं में भी विरोध नहीं है। प्रच्युत वे दोनों एक दूसरे की पूरक है और भविष्य की आदर्श सभ्यता उन लोगों के समन्वित प्रयास से जन्म लेगी।

'भारत को यूरोप से बाह्य प्रकृति पर विजय प्राप्त करना सीखना है और यूरोप को भारत के अन्दर प्रकृति को जीनतने की कला सीखनी है। तब न हिन्दू रहेंगे, न यूरोपियन, तब रहेगी वह आदर्श मानवता जो बाह्य और आन्तर दोनों प्रकृतियों पर विजय प्राप्त कर चुकी होगी।'

स्वामीजी ने गरीबी के पास को दूर करने के लिए कौन से उपाय उठाये हैं? ये उपाय क्रमबद्ध रूप से विवेचित हुए हैं, क्योंकि स्वामीजी ने एक अर्थशास्त्री की भांति उन पर वैज्ञानिक ढंग से विवेचन करने का दावा नहीं किया है।

उनके मतानुसार जो प्रथम दो उपाय हम देखते हैं, वे है-1. परा विद्या अर्थात् अध्यात्म विद्या का प्रसार। जिससे वेदान्त को व्यावहारिक धरातल पर लाकर लोगों के दिन-प्रतिदिन के जीवन में उतारा जा सके, 2. अपरा विद्या अर्थात् लौकिक विद्या का प्रसार।

अद्वैत का यह दोष यह रहा है कि अब तक आध्यात्मिक स्तर पर ही उसका कार्य होता रहा है, जीवन के अन्य किसी स्तर को उसने स्पर्श नहीं किया। पर अब उसको व्यावहारिक बनाने का समय आ गया है। अब व और रहस्य बना हुआ न रहेगा। उसे अब लोगों के प्रतिदिन के जीवन में उतरना होगा। राजा के महल में और तपस्वी की कुटिया में समान रूप से उसका कार्य होगा, गरीब की झोपड़ी में और सड़क के भिखारी में सर्वत्र सबमें अब उसकी क्रिया होगी।

'हमें पश्चिम से उसकी कलाओं और .... भौतिक-विज्ञानों की शिक्षा लेनी होगी। .... पश्चिम के विज्ञानों की सहायता से भूमि खोदी और अनाज उत्पन्न करो। ... पर दूसरों की दासता करते हुए नहीं, बल्कि पाश्चात्य विज्ञान के सहयोग से अपनी भुजाओं के बल पर उत्पादन के नये तरीकों का आविष्कार करके।'

हम पश्चिम से चाहे जो सीखें पर इतनी सावधानी अवश्य रखें कि प्रत्येक बात भारतीय आध्यात्मिकता की ठोस नींव पर ही हो। हर बात को उस राष्ट्रीय आदर्श के अधीन कर देना होगा। राष्ट्रीय जीवन के मूल स्वर को सुरक्षित रखना होगा।

गरीबी की समस्या हल करने को स्वामीजी ने पाँचवा उपाय बताया-नये व्यवसाय खोलना। यह भी आवश्यक है कि हम जरूरत से अधिक तथा दूसरी वस्तुओं का भी उपयोग करें, जिससे गरीबों के लिये नये व्यवसाय खुल सके।

अन्ततः स्वामीजी के अनुसार कोई अपने ग्रंथों के भारत को, अपने अध्ययन और सपनों के भारत को पुनः देखने की इच्छा भले ही कर सकता है। पर मेरी आशा फिर से उस भारत को देखने की है, जिसके अतीत की विशेषताएँ इस युग की विशेषताओं के द्वारा विशेष रूप से संवर्धित हुई है। अद्भुत गौरवशाली भावी भारत आने वाला हैं-मुझे निश्चय है कि वह आ रहा है-वह महत्तर भारत, जैसा वह पले कभी नहीं था।

स्वामी विवेकानन्द का आध्यात्मिक विचार

उन्नीसवीं शताब्दी के उत्तरार्द्ध में भारतवासी रूढ़िवादिता एवं धार्मिक कुरीतियों से ग्रस्त था। धर्म के विश्वस्त व्याख्याता के रूप में माना जाने वाला उच्च वर्ग, इस समय

स्वार्थपरता के वशीभूत होकर धर्म एवं ईश्वरादेश के नाम पर नृशंस और कुरीतिपूर्ण सामाजिक प्रथाओं को प्रोत्साहन दे रहा था। प्रयाग, गंगासागर एवं जगन्नाथपुरी में स्वर्ग प्राप्ति के लिए आत्मबलि देना सामान्य बात हो गयी थी। यदि किसी व्यक्ति का रोग असाध्य हो जाता था, तो उसे गंगा में आत्मविसर्जन करने के लिए विवश कर दिया जाता था।

भेदभाव की भावना उग्र रूप से फैलती जा रही थी, हिन्दू लोग पहले तो मुसलमानों द्वारा स्पर्श की गई वस्तु ग्रहण ही नहीं करते थे और यदि किसी ने ग्रण भी कर ली तो, उसे धर्म परितर्वन के लिए विवश कर दिया जाता था। इस प्रकार छुआछूत की भावना भी प्रचंड रूप में फैली हुई थी।

मूर्तिपूजा जो कभी एक बहिरंग साधन के रूप में स्वीकृत की गयी थी, इस समय साध्य का रूप ले चुकी थी। मूर्तियों के खान पान, विवाह एवं सर्दी-गर्मी से रक्षा आदि सभी बातों का प्रबंध किया जाता था। धर्म के इस बाह्य एवं अनावश्यक स्वरूप से मनुष्य बुरी तरह चिपटा हुआ था। ईसाई धर्म प्रचारक अपने धर्म को स्थापित करने के लिए हिन्दू धर्म की तरह-तरह के उदाहरण देकर, निन्दा कर रहे थे, तथा गरीब वर्गों को आर्थिक मदद देकर धर्म परिवर्तन के लिए विवश कर रहे थे।

कुछ भारतीय विचारकों ने अपने धर्म को पुष्ट एवं मजबूत बनाने के लिए धार्मिक आन्दोलनों का सूत्रपात किया। ब्रह्म समाज में मूर्तिपूजा, अनेकश्वरवाद एवं जातियों की कट्रता के विरूद्ध आवाज उठाई। राजाराम मोहनराय के अनुसार-सभी लोग बिना भेदभाव के शाश्वत सत्ता की उपासना के लिए इस समाज-भवन का प्रयोग कर सकते हैं। इसमें किसी प्रकार की मूर्तिपूजा की स्थापना न होगी, न इसमें कोई बलिदान, न किसी के धर्म की निन्दा की जायेगी।

आर्यसमाज ने हिन्दुओं को अपने प्राचीनकाल की याद दिला कर, स्वावलंबी बनाने का प्रयास किया। आर्य समाज ने हिन्दू धर्म की कुरीतियों का जनाजा निकाला। दयानन्द ने हिन्दू धर्म दर्शन को संकीर्ण दायरों से मुक्त कर उसे उदार मानवीय दृष्टि प्रदान की। इन्हीं परिस्थितियों में इन आन्दोलनों से अपने विचारों का निर्माण करते हुए, विवेकानन्द का आगमन हुआ और यह कहना अतिश्योक्ति नहीं होगा कि, विवेकानन्द ने इस आन्दोलन को पूर्णता की ओर पहुँचाया। स्वामीजी ने इन आन्दोलनों के सारे सार एवं महत्व को समझते हुए इनमें प्रेरणा ग्रहण की। इस प्रेरणा के फलस्वरूप ही उन्होंने भारवासियों को धार्मिक कुरीतियों से मुक्ति दिलाने का प्रयास किया।

□□□

8

वैदिक संस्कृति

दर्शन अंग्रेजी भाषा के 'फिलोस्फी' (Philosophy) शब्द का रूपान्तर है। इस शब्द की उत्पत्ति ग्रीक के दो शब्दों **'फिलोस'** (Philos) तथा **सोफिया** (Sophia) से हुई है। 'फिलोस' का अर्थ है **प्रेम** अथवा **अनुराग** (Love) और 'सोफिया' का अर्थ है-ज्ञान (Wisdom)। इस प्रकार 'फिलोस्फी' अर्थात् दर्शन का शाब्दिक अर्थ ज्ञान अनुराग अथवा ज्ञान का प्रेम (Love of Wisdom) है। इस दृष्टि से ज्ञान तथा सत्य की खोज करना तथा उसके वास्तविक स्वरूप को समझने की कला को दर्शन कहते हैं तथा किसी कार्य करने से पूर्व इस कला को प्रयोग करने वाले व्यक्ति को दार्शनिक की संज्ञा दी जाती है। **प्लेटों** ने अपनी पुस्तक **रिपब्लिक** (Republic) में लिखा है-'जो व्यक्ति ज्ञान को प्राप्त करने तथा नई-नई बातों को जानने के लिए रुचि प्रकट करता है तथा जो कभी संतुष्ट नहीं होता, उसे दार्शनिक कहते हैं।' विशिष्ट तथा अधिक प्रत्यक्ष रूप में दर्शन का अर्थ अमूर्त चिन्तन करने के उस प्रयास से है जिसके द्वारा आत्मा, ईश्वर, प्रकृति तथा सम्पूर्ण जीवन का रहस्य उद्‌घाटन किया जाता है। इस दृष्टि से मनुष्य क्या है? जीवन क्या है? वास्तविक जीवन का उद्‌देश्य क्या है? इस संसार की प्रकृति क्या है? सूर्य चन्द्रमा तथा नक्षत्र आदि का उद्‌गम स्थान कौन-सा है? व्यक्ति इस संसार में क्यों आया है? ईश्वर का स्वरूप क्या है? मृत्यु क्या है? क्या मानव जीवन तथ प्रकृति से परे कोई और लोक है? तथा क्या मृत्यु के पश्चात कोई और जन्म होगा? इस प्रकार की बातों की खोज करके उस चिरन्तन सत्य का उद्‌घाटन करना दर्शन का मुख्य विषय है। दूसरे शब्दों में, उक्त प्रश्नों के अध्ययन को ही दर्शन कहते हैं। चूंकि ये सभी बातें अत्यंत गूढ़ हैं, इसलिए इनके विषय में चिन्तन तथा मनन करना एवं सत्य के वास्तविक स्वरूप को समझना साधारण अथवा सामान्य बुद्धि वाले व्यक्तियों की सामर्थ्य से परे की बात है। यह कार्य महान् व्यक्तियों का है।

हैंडरसन तथा उसके साथियों ने दर्शन का विशिष्ट रूप से अर्थ स्पष्ट करते हुए लिखा है-"दर्शन ऐसी सबसे जटिल समस्याओं का कठिन, अनुशासित तथा सावधानी के साथ किया हुआ विश्लेषण है जिनका मानव ने कभी अनुभव किया हो।"

व्यापक रूप में दार्शनिकों का कोई भिन्न वर्ग नहीं होता है। वे सभी व्यक्ति दार्शनिक हैं जो सत्य की किसी-न-किसी रूप में खोज करते रहते हैं। यदि ध्यान से दखा जाये तो पता चलेगा कि प्रत्येक व्यक्ति को अपने जीवन की लम्बी यात्रा में जन्म से लेकर मृत्यु तक दिन-प्रतिदिन अनक नये-नये अनुभव होते रहते हैं। इन अनुभवों के आधार पर उसे नवीनतम ज्ञान की प्राप्ति होती है। यही नहीं, उसे हर समय यह जानने की इच्छा बनी रहती है कि अच्छे अथवा बुरे, उचित अथवा अनुचित, सच्चे अथवा झूठे, सुन्दर अथवा भौंडे तथा न्याय अथवा अन्याय में भेद है? जैसे-जैसे किसी व्यक्ति को नये-नये अनुभव होते जाते हैं वैसे-वैसे उसके मस्तिष्क में क्यों? तथा कैसे ? आदि प्रश्न उठते रहते हैं। परिणामस्वरूप वह सत्य की खोज करने के लिए अपनी समस्त मानसिक शक्तियों को जुटा देता है। इस प्रकार हम देखते हैं कि प्रत्येक व्यक्ति किसी न किसी रूप में सदैव सत्य की खोज करता रहता है। चूँकि सत्य की खोज करना ही दर्शन है, इसलिए व्यापक दृष्टिकोण से **शापन हावर** के शब्दों में-"**संसार का प्रत्येक व्यक्ति जन्मजात दार्शनिक है।**"

उपर्युक्त विवरण से स्पष्ट हो जाता है कि संसार का प्रत्येक व्यक्ति दार्शनिक रूप से सत्य की खोज करने को उत्सुक होता है। इसीलिए वह प्रत्येक वस्तु के वास्तविक स्वरूप को ठीक-ठीक समझने में सफल भी हो जाता है। सत्य की खोज करके तथा उसके वास्तविक स्वरूप को समझकर प्रत्येक व्यक्ति चाहे वह विद्वान हो अथवा मूढ़, अपनी-अपनी विचारधाराएँ तथा सिद्धान्त बना लेता है एवं जीवन के कुछ आदर्शों और मूल्य में विश्वास करने लगता है।

दर्शन की परिभाषा

आर०डब्ल्यू० सेलर्स-"दर्शन उस निरन्तर प्रयास को कहते हैं, जिसके द्वारा हम अपनी और संसार की प्रकृति के सम्बन्ध में क्रमबद्ध ज्ञान द्वारा एक सूक्ष्म दृष्टि प्राप्त करने की चेष्टा करते हैं।"

बट्रेण्ड रसल-"अन्य क्रियाओं के समान दर्शन का मुख्य उद्देश्य ज्ञान की प्राप्ति है।"

दर्शन की विशेषताएँ

दर्शन का जन्म अनुभव तथा परिस्थिति के अनुसार होता है। यही नहीं, इसका विज्ञान के साथ भी घनिष्ठ सम्बन्ध है।

(1) अनुभवों तथा परिस्थितयों के अनुसार दर्शन–दर्शन की पहली विशेषता यह है कि इसका जन्म अनुभव तथा परिस्थिति के अनुसार होता है। यही कारण है कि संसार के भिन्न–भिन्न व्यक्यिों के समय–समय पर अपने–अपने अनुभवों तथा परिस्थितियों के अनुसार भिन्न–भिन्न प्रकार के जीवन दर्शन को अपनाया। उन्होंने अपने–अपने दर्शन में केवल सैद्धान्तिक रूप से ही विश्वास नहीं किया अपितु उसको कार्य रूप में परिणत भी किया तथा उसको लिखित अथवा भाषित रूप में दूसरे लोगों तक पहुँचाने के लिये अथक प्रयास किये। उदाहरण के लिए महात्मा बुद्ध ने मानवीय कष्टों को समाप्त करने के लिए कुछ साधनों की खोज की। अत: उन्होंने मोक्ष अथवा मुक्ति के दर्शन का प्रचार किया। मौहम्मद तथा ईसा ने धार्मिक जीवन व्यतीत किया। अत: उन्होंने इस बात का प्रचार किया कि उनके अनुयायी उन पर विश्वास करें। हिटलर साहस तथा बहादुरी का पुजारी था। अत: उसने युद्धकारी दर्शन का प्रचार किया। उमरखैयाम का विश्वास था कि यह संसार नाशवान है। इस दृष्टि से यहाँ पर रहते हुये जितना भी आनन्द उड़ा लिया जाये उतना ही थोड़ा है। इस विश्वास के आधार पर उसने मदिरा तथा स्त्रियों को महत्त्वपूर्ण स्थान देते हुए भौतिकवादी दर्शन का प्रचार किया। इसके अहिंसा के दर्शन का प्रचार किया। इस प्रकार हम देखते हैं कि दर्शन का जन्म मानव के अनुभवों तथा परिस्थितियों के अनुसार होता है।

(2) दर्शन का विज्ञान–दर्शन की दूसरी विशेषता यह है कि इसका विज्ञान से घनिष्ठ सम्बन्ध होता है। विज्ञान हमें वास्तविकताये, जिनका सम्बन्ध बालक की प्रकृति तथा वातावरण से है, दर्शन की अपरिपक्व सामग्री है। यदि जीवन की वास्तविकताओं का ज्ञान नहीं होगा तो दर्शन के लिए सत्य की खोज करना कठिन हो जायेगा। इस दृष्टि से प्रत्येक शिक्षक को विज्ञान तथा दर्शन दोनों का अध्ययन करना आवश्यक है। इस सम्बन्ध में यह बात भी ध्यान देने योग्य है कि विज्ञान द्वारा प्रस्तुत की हुई वास्तविकतायें तथा स्वीकृत बातें जिनसे अन्य बातों का अनुमान किया जा सकता है, केवल आधार हैं तथा दर्शन के द्वारा निर्धारित किये हुये मूल्य एवं आदर्श शिक्षा के लक्ष्य है।

दर्शन की उपर्युक्त विशेषताओं की दृष्टि में रखते हुए हम इस निष्कर्ष पर आते हैं कि सत्य तथा वातावरण में घनिष्ठ सम्बन्ध होता है। हम जिस प्रकार के सामाजिक, आर्थिक तथा राजनीतिक वातावरण में रहेंगे उसी के अनुसार हम सत्य को स्वीकार करते

रहेंगे तथा अन्य व्यक्तियों के अपने विचारों और विश्वासों से प्रभावित करने के लिए भिन्न-भिन्न रीतियों का सहारा लेते रहेंगे।

शिक्षा क्या है ?

शिक्षा जड़ नहीं अपितु एक चेतन तथा स्वेच्छित द्विमुखी प्रक्रिया है। इस दृष्टि से शिक्षा के लिए दो व्यक्तियों का होना परम आवश्यक है-एक शिक्षक और दूसरा बालक। शिक्षक के लिए कुछ आदर्श, मूल्य तथा विश्वास होते हैं और बालक इन सबसे प्रभावित होता है। दूसरे शब्दों में, शिक्षक एक दार्शनिक है जो अपने दर्शन के अनुसार बालक के जीवन के विभिन्न पक्षों को विकसित करके वांछित लक्ष्य को प्राप्त करने का प्रयास करता है। इस प्रकार शिक्षा एक प्रत्यक्ष साधन है जिसके द्वारा दर्शन के निर्धारित किये गये लक्ष्यों को प्राप्त किया जाता है। **एडम्स** ने कहा है, ''शिक्षा, दर्शन का क्रियाशील पक्ष है। यही दार्शनिक चिन्तन का सक्रिय पक्ष है और जीवन के आदर्शों को प्राप्त करने का प्रयोगात्मक साधन है।''

दर्शन तथा शिक्षा का सम्बन्ध

दर्शन तथा शिक्षा अलग-अलग व्याख्या करने से यह स्पष्ट हो जाता है कि दोनों का लक्ष्य व्यक्ति को सत्य का ज्ञान कराना तथा उसके जीवन को विकसित करना है। ऐसी दशा में यह कहना उचित ही होगा कि दर्शन तथा शिक्षा का घनिष्ठ सम्बन्ध ही नही अपितु दोनों एक दूसरे पर आश्रित भी है।

निम्न कारणों से शिक्षा दर्शन पर आश्रित है-

(1) दर्शन जीवन के उस वास्तविक लक्ष्य को निर्धारित करता है जिसे शिक्षा को प्राप्त करना है-शिक्षा एक चेतन तथा स्वेच्छित ऐसी प्रक्रिया है जिसको उचित रूप से संचालित करने के लिए उचित मार्गदर्शन की परम आवश्यकता है। बिना मार्गदर्शन के शिक्षा अपने लक्ष्य को कदापि प्राप्त नहीं कर सकती। दर्शन जीवन के वास्तविक लक्ष्य को निर्धारित करता है तथा उस लक्ष्य की प्राप्ति के लिए शिक्षा का उचित मार्गदर्शन भी करता है। बिना दर्शन की सहायता के शिक्षा की कोई योजना सत्य तथा उपयोगी नहीं हो सकती।

(2) दर्शन शिक्षा के विभिन्न अंगों को प्रभावित करता है-कुछ विद्वानों का मत है कि दर्शन क सम्बन्ध केवल सूक्ष्म बातों से ही है तथा शिक्षा का स्थूल तथा व्यावहारिक से। अत: दर्शन और शिक्षा दोनों अलग-अलग हैं। इनका आपस में कोई सम्बन्ध नहीं है।

दर्शन और शिक्षा को अलग-अलग बताना तथा यह कहना कि इन दोनों में से कोई सम्बन्ध है कि दोनों को किसी भी हालत में अलग नहीं किया जा सकता। यदि ध्यान से देखा जाये तो पता चलेगा कि यह उन विचित्र दार्शनिक विचारधाराओं का ही तो प्रभाव हैं जिन्होंने समय-समय पर शिक्षा के विभिन्न अंगों को प्रवाहित किया है, कर रही हैं तथा आगे भी करती रहेंगी। जे०एस० रॉस ने ठी ही लिखा है-दर्शन तथा शिक्षा एक ही सिक्के के दो पहलू है जो एक ही वस्तु के विभिन्न दृष्टिकोणों को प्रस्तुत करते हैं और वे एक-दूसरे पर अन्तर्निहित है।

(3) महान दार्शनिक महान शिक्षा-शास्त्री भी हुए है-इतिहास इस बात का साक्षी है कि प्रत्येक समय के महान् दार्शनिक ही महान् शिक्षाशास्त्री भी हुए है। प्लेटो, सुकरात, लॉक, कमेनियस, रूसो, फ्रोबिल, डीवी, गांधी, टैगोर तथा अरविन्द घोष आदि महान् दार्शनिकों के उदाहरण शिक्षाशास्त्री भी हुए हैं। इन महान दार्शनिकों के उदाहरण इस बात की पुष्टि के लिए प्रस्तु किए जा सकते हैं। ये सब महान दार्शनिक महान शिक्षाशास्त्री भी हुए हैं। इन महान दार्शनिकों द्वारा लिखे हुए ग्रन्थ केवल दर्शनशास्त्र की ही महान कृतियाँ नहीं रहीं अपितु इनका शिक्षा के क्षेत्र में भी विशेष महत्त्व है। उक्त सभी दार्शनिकों ने अपने अपने दर्शन को क्रियात्मक अथवा व्यावहारिक रूप देने के लिए अन्त में शिक्षा का ही सहारा लिया।

निम्नलिखित कारणों से शिक्षा दर्शन पर आश्रित है-

(1) शिक्षा दर्शन का गत्यात्मक साधन है-किसी कार्य को पूरा करने के लिए दो बातों की आवश्यकता होती है-1. विचार अथवा योजना, तथा 2. प्रयोग अथवा व्यवहार। दर्शन, योजना अथवा विचार पक्ष है तथा शिक्षा, व्यवहार अथवा प्रयोगात्मक पक्ष है। दूसरे शब्दों में, दर्शन जीवन के लक्ष्य को निर्धारित करता है तथा विचार अथवा विश्लेषण करके सिद्धान्तों का निर्माण करता है। शिक्षा इन सिद्धान्तों को व्यवहार अथवा प्रयोग में लाती है। कहने का तात्पर्य यह है कि शिक्षा सैद्धान्तिकता को व्यावहारिकता में बदलती है। चूंकि शिक्षा का कार्य व्यक्ति के जीवन में परिवर्तन लाना है। इसलिये एडम्स ने कहा है-शिक्षा दर्शन का गत्यात्मक साधन है।

(2) शिक्षा लक्ष्य को प्राप्त करने का एक साधन है-यदि दर्शन जीवन के लक्ष्य को निर्धारित करता है, तो शिक्षा उस लक्ष्य को प्राप्त करने का एक साधन है। **हरबर्ट** का भी यही मत है-"जब तक समस्त दार्शनिक समस्याओं को व्यावहारिक रूप नहीं दिया जायेगा तब तक शिक्षा को चैन नहीं आ सकता।"

दर्शन तथा शिक्षा के उद्देश्य

(अ) शिक्षा के उद्देश्यों का वर्णन द्वारा निर्माण-शिक्षा का कोई न कोई उद्देश्य अवश्य होता है। इसीलिये शिक्षा को एक सोद्देश्य प्रक्रिया कहा गया है। ध्यान में देने की बात है कि शिक्षा इसलिए शिक्षा को एक सोद्देश्य प्रक्रिया कहा गया है। ध्यान देने की बात है कि शिक्षा का प्रत्येक उद्देश्य जीवन के उद्देश्य पर आधारित होता है और जीवन का उद्देश्य अपने समय के दर्शन से प्रभावित होता है। अत: शिक्षा के उद्देश्य का निर्माण जीवन के उद्देश्य अथवा जीवन के दर्शन के अनुसार किया जाता है। चूंकि जीवन के उद्देश्य अपने समय के जीवन दर्शन के अनुसार बदलते रहते हैं, इसीलिये जो कुछ भी जीवन का उद्देश्य होता है वही शिक्षा का भी उद्देश्य बन जाता है। जीवन के उद्देश्य को निर्धारित करना दार्शनिक का काम है। अतः भिन्न-भिन्न दार्शनिक अपनी-अपनी विचारधाराओं अथवा देश की आवश्यकताओं को ध्यान में रखते हुए समय-समय पर जीवन के उद्देश्यों अथवा लक्ष्यों को निर्धारित करते रहते हैं। जैसे-जैसे जीवन के उद्देश्यों में परिवर्तन होता जाता है वैसे-वैसे शिक्षा के उद्देश्य भी बदलते जाते हैं। इस दृष्टि से यह कहना कि किसी अमुक समय में शिक्षा के क्या उद्देश्य होंगे यह बात उस समय के जीवन के उद्देश्यों पर निर्भर करती है।

(ब) यूरोप तथा भारत में शिक्षा के उद्देश्यों का निर्माण-यूरोप तथा भारत में प्राचीन काल से लेकर आधुनिक युग तक की शिक्षा के उद्देश्यों के उदाहरणों पर विचार करने से यह बात स्पष्ट हो जाती है कि दर्शन का शिक्षा के उद्देश्यों पर गहरा प्रभाव पड़ता है। निम्न पंक्तियों में हम इसी सम्बन्ध में प्रकाश डाल रहे हैं-

(1) प्राचीन-सबसे पहले प्राचीन **स्पार्टा** का उदाहरण लेते हैं। स्पार्टा पर शत्रुओं का आक्रमण होता रहता था। इन आक्रमकारियों से टक्कर लेने के लिए राजय को शक्तिशाली योद्धाओं की आवश्यकता बनी रहती थी। अतः प्राचीन स्पार्टा के जीवन का उद्देश्य अथवा जीवन दर्शन यही बन गया कि जीवन एक संघर्ष है। जीवन के इस उद्देश्य से प्रभावित होकर वहाँ की शिक्षा का उद्देश्य बालकों में देश-प्रेम, उत्साह तथा आज्ञा पालन की भावना विकसित करना उनमें शारीरिक शक्ति को उत्पन्न करके ऐसे बलवान योद्धाओं का निर्माण करना था जो युद्ध कला में निपुण हों। इस उद्देश्य को प्राप्त करने के लिए बालकों को दौड़ना, कूदना, कुश्ती लड़ना, गोला फेंकना तथा मुक्केबाजी आदि बातों पर बल दिया जाता था जिससे उनके शरीर मजबूत बन जायें। स्पार्टा के पश्चात रोम, **एथेन्स** तथा **भारत** के उदाहण लीजिए। रोम के निवासी अपने जीवन के अधिकारों

और कर्तव्यों पर अधिक बल देते थे। अतः रोम की शिक्षा का उद्देश्य इसी लक्ष्य को दृष्टि में रखते हुए निर्धारित किया गया था। एथेन्स में लोगों के जीवन का उद्देश्य व्यक्ति के शारीरिक सौन्दर्य, चारित्रिक गुण तथा सौन्दर्यानुभूति की वृद्धि करना था। अतः वहाँ की शिक्षा का उद्देश्य चरित्रवान तथा गुणवान नागरिकों का निर्माण करना था जिससे वे सुन्दरता का दर्शन करक जीवन को आनन्दपूर्वक व्यतीत कर सकें। इसीलिए वहाँ की शिक्षा प्रणाली में बालकों के व्यक्तित्व को अधिक महत्त्व देते हुए उन्हें पूर्ण स्वतंत्रता प्रदान की जाती थी जिससे उनमें स्वास्थ्य तथा शारीरिक सौन्दर्य के साथ-साथ चरित्र तथा सौन्यदर्य भावना विकसित हो जाये। इस प्रकार हम देखते हैं कि जीवन के उद्देश्यों अथवा लक्ष्यों के बदल जाने से एथेन्स की शिक्षा के उद्देश्य रोम तथा स्पार्टा की शिक्षा के उद्देश्यों से भिन्न थे। **प्राचीन भारत** में चारों और धर्म का बोलबाला था। उस समय जीवन का उद्देश्य आत्मशक्ति का विकास करना, आध्यात्मिक विकास करना तथा ईश्वर को पहचानना था जिससे आवागमन के चक्कर से बचकर व्यक्ति मोक्ष प्राप्त कर सके। अतः उस युग में शिक्षा की व्यवस्था इसी उद्देश्य के अनुसार की गई थी।

(2) मध्य युग-मध्य युग के जीवन दर्शन में अनेक उतार-चढ़ाव आये। इससे जीवन के लक्ष्य बदल गये जिसके परिणामस्वरूप शिक्षा के उद्देश्य बदल गये। उस समय चारों ओर ईसाई धर्म का प्रचार हो रहा था। इससे शिक्षा में भी धर्म का समावेश हो गया। दूसरे शब्दों में, जीवन के उद्देश्यों के बदलने के साथ-साथ शिक्षा के उद्देश्यों पर भी धर्म की छाप लग गई। परिणामस्वरूप बालकों में आत्मसंयम की भावना विकसित करना, उनके शरीर को यातनाये देना तथा बाइबिल के उपदेशों को बिना सोचे-विारे स्वीकार करना शिक्ष के उद्देश्य बन गये। शनैः-शनैः **मार्टिन लूथर** ने अपने प्रभावशाली भाषणें के द्वारा जनता के सामने यह सिद्ध कर दिखाया कि प्रचलित कैथोलिक धर्म में विश्वास करना ठीक नहीं है। इस अन्दोल के परिणामस्वरूप लोगों के जीषन का उद्देश्य फिर बदल गया जिसस शिक्षा में भी अन्धविश्वास का अन्त हो गया। इधर मध्य युग के भारत में लोगों के जीवन दर्शन में धर्म को जीवन के अधिक निकट लाने के लिए शिक्षा के मुख्य उद्देश्य थे-1. शिक्षा द्वारा अधिक से अधिक ज्ञान की प्राप्ति करना, 2. शिक्षा द्वारा भारत में इस्लाम धर्म का प्रचार करना 3. भारतीय मुसलमानों को इस्लाम धर्म के प्रति अपार श्रद्धा पैदा करना, तथा 4. दरबारों में उच्च पदों को प्राप्त करना और जीवन का आनन्द लेना आदि-आदि।

(3) आधुनिक काल-आधुनिक युग में लोगों का जीवन दर्शन बदल गया। परिणामस्वरूप शिक्षा के क्षेत्र में क्रांतिकारी परिवर्तन होने लगे। जान तथा लॉक रूसो जैसे दार्शनिकों ने पुरानी विचारधाराओं का घोर विरोध किया और इस बात पर बल दिया कि

बालक के व्यक्तित्व की उपेक्षा न करके उसकी मूल-प्रवृत्तियों को स्वतंत्रतापूर्वक विकसित होने के अधिक से अधिक अवसर प्रदान किये जायें। इससे शिक्षा में मनोवैज्ञानिक प्रवृत्ति का जन्म हुआ। जैसे-जैसे शिक्षा में इस प्रवृत्ति का विकास होता गया वैसे-वैसे शिक्षा बालक प्रधान होती चली गई। अतः प्रसिद्ध शिक्षाशास्त्री पेस्टॉलाजी ने बताया कि शिक्षा का उद्देश्य बालके के व्यक्तित्व को विकसित करना है। ऐसे ही हरबर्ट ने बताया कि शिक्षा का उद्देश्य बालक के चरित्र का निर्माण करना है। समय परिवर्तन के साथ-साथ जीवन के उद्देश्यों में फिर से परिवर्तन आया। ज्योंही औद्योगिक क्रान्ति आरंभ हुई, शिक्षा भी इसके प्रभाव से अछूती न रह सकी। व्यावसायिक क्रान्ति के होते ही लोगों का जीवन दर्शन बदल गया। परिणामस्वरूप शिक्षा का उद्देश्य हो गया कि व्यक्ति को किसी व्यवसाय के लिए तैयार करना चाहिए। कहने का तात्पर्य याह है कि आधुनिक युग में लगभग सभी राष्ट्र अपनी-अपनी विचारधाराओं तथा आवश्यकताओं के अनुसार अपने-अपने जीवन के लक्ष्यों को दृष्टि में रखते हुए अपने-अपने यहां की शिक्षा के उद्देश्यों का निर्माण कर रहे हैं। जिन देशों में जनतंत्र की भावना प्रबल है वहाँ की शिक्षा के उद्देश्यों का निर्माण साम्यवादी विचारधाराओं के अनुसार किया जाता है। इंग्लैण्ड तथा अमरीका में जनतंत्र फैला हुआ है। अतः इंग्लैण्ड में जन्तंत्रीय भावना के अनुसार व्यक्ति के विकास पर बल दिया जाता है। दूसरे शब्दों में, वहाँ की शिक्षा का उद्देश्य बालक के व्यक्तित्व का विकास करना है।

अमरीका में प्रयोजनवादी विचारधारा से प्रभावित होते हुए शिक्षा में व्यावहारिकता तथा उपयोगिता पर बल दिया जाता है जिससे बालक समाज का एक उपयोगी अंग बन जाये। इसके विपरीत रूस तथा चीन जैसे साम्यवादी देशों में भारत को ऐसे लोगों की आवश्यकता थी जो शासन में कार्य में सहयोग प्रदान कर सकें। अतः शिक्षा का उद्देश्य केवल दफ्तरों में कार्य करने वाले बाबुओं का निर्माण करना था। 15 अगस्त 1947 को भारत अंग्रेजी हुकुमत के नियंत्रण से मुक्त हुआ। अब हमारा लक्ष्य समाजवादी ढंग से जनहितकारी राज्य की स्थापना करना है। अतः बदलते हुए जीवन दर्शन तथा देश की बदलती हुई आवश्यकताओं को ध्यान में रखते हुए अब हमारी शिक्षा का उद्देश्य उत्तम नागरिकों का निर्माण करना है। इस प्रकार हम देखते हैं कि भिन्न-भिन्न देशों तथा भिन्न-भिन्न कालों में शिक्षा का उद्देश्य भिन्न-भिन्न विचारधाराओं के अनुसार सदैव बदलते रहे और आगे भी बदलते रहेंगे।

दर्शन और शिक्षा का सम्बन्ध

(Relation Between Philosophy and Education)

पेस्तालाजी के अनुसार, मानव की समस्त स्वाभाविक शक्तियों का पूर्ण प्रगतिशील विकास ही शिक्षा है। स्वामी विवेकानन्द का कथन है कि शिक्षा ही व्यक्तियों की अंतर्निहित पूर्णता की अभिव्यक्ति का साधन है। शिक्षा सीखना नहीं है वरन् मस्तिष्क की शक्तियों का अभ्यास तथा विकास है। शिक्षा समाज की आधारशिला मानी जाती हैं। इस प्रकार शिक्षा का राष्ट्रीय जीवन में बहुत महत्त्वपूर्ण स्थान है।

शिक्षा और दर्शन में अन्योन्याश्रित एवं अविच्छिन्न सम्बन्ध है। प्रसिद्ध शिक्षा शास्त्री **रॉस** ने कहा है कि **''दर्शन और शिक्षा एक ही सिक्के के दो पहलू है, जो एक ही वस्तु के विभिन्न दृष्टिकोणों को प्रस्तुत करते हैं और एक-दूसरे में अन्तर्निहित हैं। दर्शन जीवन का विचारात्मक पक्ष है और शिक्षा क्रियात्मक पक्ष।''**

शिक्षा और दर्शन एक-दूसरे के पूरक हैं। शिक्षा के उद्देश्य, व्यवस्था तथा संगठन और शिक्षण विधियों का विकास करन के लिये दार्शनिक विचारधाराओं का ज्ञान प्राप्त करना आवश्यक है, तभी तो **फिक्टे** ने कहा है, ''शिक्षा, दर्शन की सहायता के बिना पूर्णता और स्पष्टता को प्राप्त नहीं कर सकती।'' इसी प्रकार का मत **जेन्टाइल** का है, ''शिक्षा दर्शन की सहायता के बिना उचित मार्ग पर अग्रसर नहीं हो सकती। '' इस सम्बन्ध में **पारटाईज** का कहना है, ''गहन अर्थ में यह कहना सर्वथा उचित होगा कि जिस प्रकार शिक्षा, दर्शन पर आधारित है, उसी प्रकार दर्शन, शिक्षा पर आधारित है।''

शिक्षा मानव जीवन के विकास का साधन है। परिस्थितियों के निर्माण में शिक्षा का विशेष हाथ है। दर्शन लक्ष्य का निर्माण करता है और शिक्षा इस लक्ष्य की पूर्ति के साधन के रूप में कार्य करती है। इसलिए दर्शन और शिक्षा में घनिष्ट सम्बन्ध है। **एडम्स** ने कहा है, ''शिक्षा, दर्शन का क्रियाशील पक्ष है। यही दार्शनिक चिन्तन का सक्रिय पक्ष है और जीवन के आदर्शों को प्राप्त करने का प्रयोगात्मक साधन है।''

शिक्षा और दर्शन के सम्बन्ध में **रस्क** ने लिखा है, ''शिक्षा समस्या के प्रत्येक कोण से इस प्रकार विषय के एक दार्शनिक आधार की माँग आती है। जीवन तथा शिक्षा के दर्शन से कोई छुटकारा नहीं है। जो दर्शन की उपेक्षा करने पर गर्व दिखलाते हैं, उनका भी एक दर्शन है, यद्यपि एक विल्कुल अपर्याप्त दर्शन। प्रत्येक व्यक्ति जैसा कि **शापनहॉवर** कहते हैं, जन्म से दार्शनिक होता है।'' शिक्षा और दर्शन के पारस्परिक सम्बन्ध को **बटलर** ने इन शब्दों में व्यक्त किया है, ''दर्शन शैक्षिक प्रकिया के लिए एक पथ-प्रदर्शक का

कार्य करता है, जबकि शिक्षा एक अनुसंधान का क्षेत्र होने के कारण कुछ इस प्रकार की प्रदत्त सामग्री को प्रस्तुत करती है, जो दार्शनिक निर्णयों का आधार होती है।''

दर्शन और शिक्षा के इतिहास को देखने पर ज्ञात होता है कि संसार के सभी युगों के महान् दार्शनिक महान् शिक्षाशास्त्री भी हुए हैं। वे सभी शैक्षिक विचारधारायें, जिनको एक महान् दार्शनिकों ने प्रतिपादित किया, वास्तव में उनके दार्शनिक सिद्धान्तों और मान्यताओं पर ही आधारित हैं। महान् दार्शनिक सुकरात जिन्होंने परम्परागत मान्यताओं के विरुद्ध विद्रो किया, संसार के महानतम शिक्षकों में से एक थे। लोगों के अव्यवस्थित ज्ञान को व्यवस्थित करने के लिए उन्होंने प्रश्नोत्तर विधि का निरूपण किया था, इसलिए इस विधि को हम 'सुकराती विधि (Socratic Method of Teaching)' के नाम से पुकारते हैं। संसार का महान् दार्शनिक प्लेटो महान् शिक्षाविद् शिक्षाशास्त्री था। आदर्शवाद के प्रवर्तकों में उसका स्थान अत्यंत महत्त्वपूर्ण है। वही प्रथम पाश्चात्य शिक्षाशास्त्री था, जिसने एक आदर्श राज्य तथा शिक्षा व्यवस्था की रूपरेखा प्रस्तुत की। कमेनियस ने शिक्षा जगत में महान् परिवर्तन किया और उसकी छाप आधुनिक शिक्षा सिद्धान्त पर पूर्णरूपेण से दिखाई पड़ती है। स्पेन्सर ने, जो कि प्रकृतिवाद का महान् समर्थक था, प्राकृतिक परिणामों के आधार पर अनुशासन के सिद्धान्त की बात कही।

रूसों एक महान् शिक्षाशास्त्री माना जाता है, जिसने शिक्षा प्रणाली में क्रान्तिकारी परिवर्तन किया। ड्यूवी प्रयोजनवाद का प्रमुख प्रवर्तक माना जाता है, जिसने शिक्षा प्रणाली में क्रान्ति उपस्थित की। इनके अतिरिक्त पेस्टालॉजी, फ्रोबेल, रवीन्द्रनाथ टैगो, महात्मा गाँधी, स्वामी दयानन्द, महर्षि अरविन्द आदि महान् दार्शनिक थे, जिन्होंने अपनी विचारधाराओं से शिक्षा को अनेक प्रकार से प्रभावित किया। स्पेन्सर का कहना है कि, ''वास्तविक शिक्षा का संचालन दार्शनिक ही कर सकता है।'' प्रसिद्ध दार्शनिक रूसों ने कहा है कि, ''हमारे वास्तविक अध्ययन का विषय मनुष्य का भाग्य होना चाहिए और यह वास्तव में एक दार्शनिक समस्या है।''

इस प्रकार यह स्पष्ट हो जाता है कि शिक्षा और दर्शन में घनिष्ठ सम्बन्ध है। प्रसिद्ध शिक्षाशास्त्री ड्यूवी ने इस सम्बन्ध में अपने विचार व्यक्त करते हुए कहा है कि, ''दर्शन को शिक्षा का सामान्य सिद्धान्त कहा जा सकता है।'' जेन्टाइल का कहना है, ''जो लोग इस बात में विश्वास रखते हैं कि दर्शन से सम्बन्ध बनाये बिना शिक्षा प्रक्रिया उत्तम रीति से चल सकती है, वे शिक्षा के विशुद्ध स्वरूप को समझने में असमर्थता प्रकट करते हैं।''

दर्शन का शिक्षा के विभिन्न अंगों के सम्बन्ध

दर्शन तथा शिक्षा पारस्परिक सम्बन्धों से परिचित होने के बाद अब हम अग्रलिखित शीर्षकों में इस बात पर विचार करेंगे कि शिक्षा के विभिन्न अंगों को दर्शन ने किस प्रकार प्रभावित किया है-

(1) दर्शन और शिक्षा के उद्देश्य (Philosophy and Education Aims),
(2) दर्शन और पाठ्यक्रम (Philosophy and Curriculum),
(3) दर्शन और शिक्षण विधियाँ (Philosophy and Methods of Teaching),
(4) दर्शन और पाठ्य-पुस्तकें (Philosophy and Text-Books),
(5) दर्शन और अनुशासन (Philosophy and Discipline),
(6) दर्शन और मापन (Philosophy and Measurment),
(7) दर्शन और शिक्षक (Philosophy and Teacher)

दर्शन और शिक्षा के उद्देश्य
(Philosophy and Education Aims)

प्रत्येक कार्य की तरह शिक्षा का भी निश्चित उद्देश्य होता है, क्योंकि निरुद्देश्य शिक्षा अन्धकार में छलांग मारने के समान है। वस्तुतः शिक्षा एक सोद्देश्य प्रकिया है। इसी तथ्य को स्पष्ट करते हुए एडम्स ने कहा है कि ''शिक्षा एक सचेतन एवं विचारपूर्ण प्रक्रिया है, जिसमें एक व्यक्ति दूसरे पर इसलिए प्रभाव डालता है कि दूसरे का विकास और परिवर्द्धन हो सके।''

शिक्षा के उद्देश्य जीवन के उद्देश्यों पर आश्रित होते हैं। परन्तु जीवन के उद्देश्यों में एकरूपता नहीं होती, उनमें व्यक्तिगत भिन्नता होती है, जिसके परिणामस्वरूप शिक्षा के उद्देश्यों में भी अन्तर होता है। देश, काल, समय और परिस्थिति और विचारधाराओं के अनुसार जो कुछ भी जीवन का उद्देश्य होता है, वही शिक्षा का उद्देश्य बन जाता है। जीवन के उद्देश्यों के अनुरूप शिक्षा के उद्देश्य सदैव निर्मित होते रहते हैं, परन्तु जीवन के उद्देश्यों का निर्धारण दर्शन के द्वारा किया जाता है।

दार्शनिक अपने युग और परिस्थिति की आवश्यकता के अनुरूप जीवन के उद्देश्य निर्धारित करते रहे हैं और जैसे-जैसे जीवन के उद्देश्यों में परिवर्तन होता रहा है, वैसे-वैसे शिक्षा के उद्देश्यों में भी परिवर्तन हुआ है। इस प्रकार दार्शनिक जीवन के उद्देश्यों का निर्धारण दर्शन के द्वारा किया जाता है।

दार्शनिक अपने युग और परिस्थिति की आवश्यकता के अनुरूप जीवन के उद्देश्य निर्धारित करते रहे हैं और जैसे-जैसे जीवन के उद्देश्यों में परिवर्तन होता रहा है, वैसे-वैस शिक्षा के उद्देश्यों में भी परिवर्तन हुआ है। इस प्रकार दार्शनिक जीवन के उद्देश्यों का निर्धारण करते हैं और शिक्षक उन उद्देश्यों की प्राप्ति होने के साथ-साथ शिक्षा के उद्देश्यों में भी परिवर्तन होते रहते हैं, तभी तो रॉस ने कहा है-''शिक्षा के उद्देश्य एवं साधन दार्शनिक सिद्धान्तों से सह-सम्बन्धी है।''

प्राचीन काल से लेकर आज तक शिक्षा के उद्देश्यों को दर्शन ने प्रभावित किया है। प्राचीन काल में 'स्पार्टा' नामक राज्य में राज्य को एक उच्च सत्ता के रूप में देखा जाता था। वहाँ की दार्शनिक विचारधारा के अनुसार व्यक्ति को गौण तथा समाज अथवा राज्य को प्रधान स्थान प्राप्त था और व्यक्ति के जीवन का उद्देश्य राज्य की रक्षा के लिए सर्वस्व बलिदान कर देना था। इसलिए स्पार्टा की शिक्षा प्रणाली का उद्देश्य हृष्ट-पुष्ट, आज्ञाकारी और अनुशासित सिपाही और देशभक्त नागरिक उत्पन्न करना था। एथेन्स नामक राज्य की दार्शनिक विचारधारा स्पार्टा से भिन्न थी। इन राज्यों के निवासियों के जीवन आदर्शों में अन्तर था। एथेन्स निवासी व्यक्तित्व के पूर्ण विकास को महत्त्व देते थे। शारीरिक सौन्दर्य की प्राप्ति के साथ-साथ वे मानसिक विकास की ओर भी पूर्ण ध्यान देते थे। इसीलिए वहाँ की शिक्षा का उद्देश्य शारीरिक सौन्दर्य, चारित्रिक गुण और कलात्मक वैभव की प्राप्ति था।

रोम के निवासी अधिकार और कर्तव्य को अपने जीवन में प्रथम स्थान देते थे, इसीलिये वहाँ की शिक्षा का उद्देश्य भी इसी प्रकार का था। प्राचीन भारत में धर्म को सर्वाधिक महत्त्वपूर्ण स्थान था और जीवन का उद्देश्य मोक्ष प्राप्त करना था, इसी कारण हमारे यहाँ प्राचीन शिक्षा का उद्देश्य धार्मिक था। शिक्षा ब्रह्म तथा धर्म सम्बन्ध रखती थी, इसलिए वेदों का अध्ययन कराया जाता था।

मध्यकाल में ईसाई धर्म के प्रचार के साथ यूरोपीय जीवन में नवीन जागृति पैदा हुई। जीवन का एक नया आदर्श उपस्थित किया गया। जीवन में नैतिकता को प्रधान स्थान मिला। फलस्वरूप शिक्षा का उद्देश्य बौद्धिक विकास के स्थान पर नैतिक विकास हो गया। शिक्षा धर्म से सम्बन्धित हो गई। भारत में मध्यकाल में मुस्लिक शासकों की धार्मिक कट्टरता और उग्रता ने भी शिक्षा के उद्देश्य को संकुचित कर दिया। इस काल में धार्मिक और सांसारिक शिक्षा में समन्वय प्राप्त करना शिक्षा का उद्देश्य निर्धारित किया गया।

आधुनिक काल में दार्शनिक विचारधाराओं में महान् परिवर्तन आया और इस परिवर्तन का प्रभाव स्पष्ट रूप से शिक्षा के उद्देश्यों पर पड़ा। आज के संसार में मुख्य रूप

से दो विचारधाराएँ विद्यमान हैं–एक प्रजातन्त्रीय विचारधारा और दूसरी साम्यवादी विचारधारा। अमेरिका, इंग्लैण्ड आदि देशों में प्रजातंत्र की भावना प्रबल है और वहाँ प्रातन्त्रीय विचारधारा पायी जाती है अत: इन देशों में शिक्षा का उद्देश्य योग्य और आदर्श नागरिकों का निर्माण करना है, जो व्यक्तिगत स्वतंत्रता के साथ-साथ सामाजिक विकास का भी ध्यान रखें इसके विपरीत चीन आदि साम्यवादी देशों में शिक्षा का उद्देश्य ऐसे नागरिकों का निर्माण करना है, जो साम्यवादी आदर्श के अनुरूप कार्य कर सकें। स्वाधीनता प्राप्ति के बाद भारत में नवीन विचारधाराओं का प्रादुर्भाव हुआ, जिसके परिणामस्वरूप शिक्षा का उद्देश्य भी परिवतर्तित हुआ है, उन्हें जीवन यापन की कला में दीक्षित करना, उनमें व्यावसायिक कुशलता पैदा करना, उनमें जनतंत्रीय नागरिकता का विकास करना तथा जीवन के विभिन्न क्षेत्रों में नेतृत्व का प्रशिक्षण प्रदान करना।

इस प्रकार हम देखते हैं कि शिक्षा के उद्देश्यों पर देश और समय की विचारधाराओं का प्रभाव सदैव से पड़ा है। प्रसिद्ध शिक्षाशास्त्री टी०पी० नन के शब्दों में, ''शिक्षा प्रत्येक योजना अन्तोगत्वा व्यावहारिक दर्शन है और जीवन के प्रत्येक बिन्दु को अवश्य स्पर्श करती है। इसलिये शिक्षा के कोई भी उद्देश्य जो निश्चित संदर्शन प्रदान करें, वे इतने ही ठोस है कि जीवन के आदर्शों के साथ सह-सम्बन्ध रखते हैं और चूँकि जीवन के आदर्श सदैव भिन्न हुआ करते हैं, अत: उनकी भिन्नता शिक्षा सम्बन्धी सिद्धान्तों में प्रतिबिम्ब होती है।''

दर्शन और पाठ्यक्रम

(Philosophy and Curriculum)

टी०एच० ब्रिग्स ने कहा है, ''शिक्षा में मूल समस्या पाठ्यक्रम की है। निस्सन्देह शिक्षा व्यवस्था में पाठ्यक्रम का स्थान महत्त्वपूर्ण है। यदि पाठ्यक्रम का नियोजन व्यवस्थिति रूप से होता है तो शिक्षा अपने उद्देश्य प्राप्त करने में सफल होती है।'' पाठ्यक्रम के निर्धारण में दर्शन का बहुत ही महत्त्वपूर्ण स्थान है। वस्तुत: पाठ्यक्रम की समस्या एक दार्शनिक समस्या है क्योंकि पाठ्यक्रम का नियोजन शिक्षा के उद्देश्यों को प्राप्त करने के लिए होता है और शिक्षा के उद्देश्यों का निर्धारण दर्शन के द्वारा ही होता है, इसलिए पाठ्यक्रम पर दर्शन का प्रभाव स्वाभाविक ही है!

किसी देश और समाज में जैसी विचारधारायें, आवश्यकतायें, मान्यतायें और आदर्श होते हैं, उन्हीं के अनुरूप वहाँ पाठ्यक्रम का निर्माण होता है अर्थात् पाठ्यक्रम में उन्हीं विषयों को रखा जाता है, जो उन पर विचार-धाराओं और आदर्शों का गहन प्रभाव पड़ता

है। पाठ्यक्रम में उन्हीं विषयों को रखा जाता है, जो उन विचारधाराओं और आदर्शों के अनुरूप होते हैं। ऐतिहासिक तथ्य इस बात को प्रमाणित करते हैं। उदाहरण के लिये जब स्पार्टा को शक्तिशाली बनाने के लिए हृष्ट-पुष्ट और देशभक्त सैनिकों की आवश्यकता थी, तो वहाँ के पाठ्यक्रम में व्यायाम और युद्ध शिक्षा को विशेष महत्त्व प्राप्त था। इसी प्रकार एथेन्स में व्यक्ति को महत्त्वपूर्ण स्थान प्राप्त होने के कारण वहाँ के पाठ्यक्रम में व्यक्ति के विकास में सहायता प्रदान करने वाले विषयों को प्रमुखता प्राप्त थी। प्राचीन भारत में जीवन का लक्ष्य मोक्ष की प्राप्ति होने के कारण प्राचीन शिक्षा के पाठ्यक्रम में धार्मिक विषयों का प्राधान्य था। आधुनिक युग में जिन देशों में साम्यवादी विचारधारा का पल्लवन हुआ है, उन देशों में शिक्षा का पाठ्यक्रम इस प्रकार निर्मित किया गया है कि छात्रों में साम्यवाद के प्रति आस्था, विश्वास और निष्ठा पैदा हो सके। इसी प्रकार जिन देशों में शिक्षा का उद्देश्य प्रजातन्त्रीय भावना का विकास करना है, उन देशों की शिक्षा के पाठ्यक्रम में ऐसे विषयों और क्रियाओं का समावेश किया गया है, जिनसे छात्रों में स्वतंत्रता, समानता, विश्वबंधुत्व आदि प्रजातन्त्रीय भावनायें विकसित हो सकें।

अपनी मान्यताओं के अनुसार विभिन्न दार्शनिक विचारधाराओं के पाठ्यक्रम सम्बन्धी विभिन्न विचार है। आदर्शवादी विचारधारा के अनुसार शाश्वत मूल्यों को अर्जित करना शिक्षा का उद्देश्य था। इस उद्देश्य की प्राप्ति के लिये आदर्शवादी दार्शनिकों ने इन मूल्यों से सम्बन्धित, विषयों, धर्म, नीतिशास्त्र, आधायात्मशास्त्र, दर्शन आदि पाठ्यक्रम में समावेश किया था। प्रकृतिवादी विचारधारा बालक के व्यक्तित्व को महत्त्व देती है। प्रकृतिवादी दार्शनिकों के अनुसार पाठ्यक्रम ऐसा होना चाहिए जिससे बालकों की स्वाभावितक क्रियाओं का विकास हो सके। इसलिये उनके पाठ्यक्रम में प्रकृति निरीक्षण, खेलकूद, स्वास्थ्यरक्षा, व्यायाम आदि को प्रमुख स्थान दिया जाना चाहिए जो स्वरक्षा के साधन है। प्रयोजनवादी विचारधारा उपयोगिता को विशेष महत्त्व देती है। वे उन्हीं विषयों और क्रियाओं की शिक्षा को उचित समझती है, जो बालक के जीवन के लिए उपयोगी हो, इसलिए प्रयोजनवादी दार्शनिक पाठ्यक्रम में कला-कौशल, शारीरिक प्रशिक्षण, स्वास्थ्यविज्ञान, भाषा, व्यायाम आदि का प्रमुख स्थान देते हैं। इस प्रकार हम देखते हैं कि पाठ्यक्रम के निर्धारण में दर्शन महत्त्वपूर्ण स्थान है। **स्पेन्सर** का कथन है-"केवल सच्चा दार्शनिक ही सच्ची शिक्षा को व्यावहारिक बना सकता है।"

जब किसी समाज या देश में अनेक दार्शनिक विचारधाराओं के उत्पन्न होने के कारण एक से अधिक पाठ्यक्रम मस्तिष्क में आ जाते हैं, तब दर्शन इन विभिन्न दार्शनिक विचारधाराओं का अध्ययन करके एक संतुलित विचारधरा की खोज करता है और संतुलित विचारधारा के अनुसार एक समन्वयमूलक संतुलित पाठ्यक्रम का निर्माण होता है।

इस सम्बन्ध में ब्रिग्स का कहना है कि "शिक्षा को ऐसे मार्ग दर्शकों की विशेष आवश्यकता है, जो एक ठोस और स्पष्ट दर्शन का प्रतिपादन करते हों और जो दूसरों को विश्वास दिला सकें, ताकि वे इसके अनवरत प्रयोग से एक उचित पाठ्यक्रम का निर्माण कर सकें।"

दर्शन और शिक्षण विधियाँ

(Philosophy and Methods of Teaching)

दर्शन का शिक्षण विधियों से घनिष्ठ सम्बन्ध है। जीवन के आदर्श की प्राप्ति के लिये किस शिक्षण विधि का प्रयोग किया जाये, यह दर्शन का विषय है। दर्शन शिक्षण विधि का लक्षण बतलाता है। प्रसिद्ध शिक्षाशास्त्री रॉस ने कहा है-"शैक्षिक उद्देश्य और विधियाँ दार्शनिक सिद्धान्तों की सम्बन्धिनी है।" दर्शन प्राचीन तथा प्रचलित शिक्षण विधियों के गुण-दोषों की खोज करता है और इनके दोषों से बचने के लिए निर्देश देता है, जिसे इनका अधिक से अधिक सदुपयोग किया जा सके। साथ ही दर्शन केवल प्राचीन तथा प्रचलित शिक्षण विधियों के गुण-दोषों का स्पष्टीकरण ही नहीं करता, अपितु उनका निर्माण भी करता है।

प्रकृतिवादी दर्शन के अनुसार बालक ही शिक्षा का केन्द्र बिन्दु है। इसलिए समस्त शिक्षण कार्य उसकी मूल प्रवृत्यों, रुचियों और आवश्यकताओं के अनुसार होना चाहिए। इस दार्शनिक विचारधारा के अनुसार, प्रकृतिवादी ने एक नयी शिक्षण विधि का प्रणयन किया, जिसमें स्वानुभव द्वारा सीखने और करके सीखने पर बल दिया गया। उनके द्वारा प्रतिपादित प्रोजेक्ट विधियों में ह्यूरिस्टिक पद्धति, प्रोजेक्ट पद्धति, डाल्टन पद्धति तथा मोन्टेसरी पद्धति प्रमुख है। प्रयोजनवादी दार्शनिकों के अनुसार जीवन की वास्तविक परिस्थितियों के अनुसार शिक्षा के सिद्धान्तों तथा शिक्षण की विधियों का निर्माण होना चाहिए। शिक्षण विधि प्रायोगिक, उपयोगी और क्रियाशील होनी चाहिए। इस विचारधारा के आधार पर किलपैट्रिक ने योजना पद्धति का आविष्कार किया। हमारी बेसिक शिक्षा पद्धति पर भी विभिन्न दार्शनिक विचारधाराओं का प्रभाव पड़ा है। इस प्रकार स्पष्ट है कि शिक्षण विधियों का आधार दार्शनिक होता है।

दर्शन और पाठ्य-पुस्तकें

(Philosophy and Text-Books)

दार्शनिक विचारधाराओं का प्रभाव पाठ्य-पुस्तकों पर भी पड़ता है। देश और समाज की दार्शनिक विचारधाराओं के अनुरूप ही पाठ्य-पुस्तकों का निर्माण किया जाता है। साम्यवादी देशों में ऐसी पाठ्य-पुस्तकों का निर्माण किया जाता है, जो साम्यवादी

विचारधारा का प्रसार और प्रचार करने में सहायक हो सकें, जिनके माध्यम से पाठकों में साम्यवाद के प्रति आस्था और श्रद्धा पैदा हो सके। समय की प्रचलित विचारधाराओं के विपरीत समाज में जो पुस्तकें होती है, उनका बहिष्कार होता है। आज हमारे देश के आदर्श है-जनतंत्र, धर्मनिरपेक्षता और साम्यवाद। अत: हमारे देश में ऐसी ही पुस्तकें निर्मित की जा रही है, जिनमें हमारे देश और समाज के ये आदर्श प्रतिबिम्बित होते हैं। यदि देश के किसी भाग में कोई ऐसी पुस्तक दिखाई देती है, जिससे हमारे उन आदर्शों और विचारधाराओं के विपरीत कोई बात होती है तो उसकी निन्दा की जाती है और भारतीय समाज द्वारा उसका बहिष्कार होता है। चूंकि पुस्तकों के माध्यम से ही बालकों में वांछित आदर्शों के प्रति श्रद्धा की भावना उत्पन्न की जा सकती है। इसलिए पुस्तकों का चयन करते समय यह देखना आवश्यक है कि यह समकालीन विचारों और आदर्शों के अनुकूल है अथवा नहीं। इस प्रकार इम देखते हैं कि पाठ्य-पुस्तकों का निर्माण दार्शनिक सिद्धान्तों और आदर्शों पर ही आधारित है।

दर्शन और अनुशासन

(Philosophy and Discipline)

किसी भी देश या समाज के अनुशासन का बड़ा महत्त्व होता है। अनुशासन की भावना पैदा करने में विद्यालय का स्थान प्रमुख है। परन्तु विद्यालय का अनुशसन देश और काल की दार्शनिक विचारधाराओं पर अवलम्बित होता है। दार्शनिक विचारधाराओं से परे अनुशाासन पर अपना कोई स्वतंत्र अस्तित्व नही रखता। विद्यालयों में वही अनुशासन चलता है, जो तत्कालीन, राजनीतिक, धार्मिक और दार्शनिक विचारधारा के अनुकूल अपेक्षित होता है। उदाहरण के लिए स्पार्टा में जहाँ राष्ट्र की सुरक्षा के लिए जीवन का सबसे बड़ा लक्ष्य माना जाता था, कठोर सैनिक अनुशासन प्रचलित था। प्राचीन भारत में जीवन का अन्तिम उद्देश्य धर्म पर आश्रित था, इसलिए गुरु को महान् स्थान प्राप्त था और उसकी आज्ञाओं का पालन करना प्रत्येक विद्यार्थी का परम कर्तव्य था, उसकी अवज्ञा करने की बात कोई सोच भी नहीं सकता था। इससे स्पष्ट है कि अनुशासन दर्शन से पूर्ण प्रभावित होता है।

प्रसिद्ध शिक्षाशास्त्री एडम्स ने अनुशासन के निम्नलिखित तीन रूप बतलाये हैं, जो विभिन्न दार्शनिक विचारधाराओं पर आधारित है-

(1) दमनात्मक अनुशासन

(2) प्रभावात्मक अनुशासन

(3) मुक्त्यात्मक अनुशासन

दमनात्मक अनुशासन के अन्तर्गत दण्ड के भय से बालकों में अनुशासन पैदा किया जाता है। इस विचारधरा के अनुसार बालक को दबाकर बलपूर्वक नियंत्रण में रखा जाना चाहिये। उसे किसी प्रकार की स्वतंत्रता नहीं होनी चाहिए। इस विचारधारा का मूल सिद्धान्त-'डण्डे से छुटकारा मिला और बालक बिगड़ा'

प्रभावात्मक अनुशासन के अन्तर्गत शिक्षक द्वारा अपने व्यक्तित्व के चारित्रिक शिक्षाओं तथा आदर्शों के प्रभाव से बालक में जब अनुशासन होता है। इस विचारधारा के अनुसार बालकों में श्रद्धा और विनय की भावना पैदा करके अनुशासन स्थापित किया जाता है।

मुक्त्यात्मक अनुशासन के अन्तर्गत बालक को पूर्ण स्वतंत्रता प्रदान की जाती है। इस विचारधारा के अनुसार यह स्वीकार किया गया है कि यदि बालक के ऊपर कोई नियंत्रण न हो और उनकों स्वाभाविक विकास के अवसर दिये जायें जो स्वयं अपने अन्दर आत्मानुशासन की भावना पैदा कर लेंगे। आजकल इसी विचारधारा को मान्यता प्राप्त है।

दर्शन और मापन

(Philosophy and Measurment)

जिस प्रकार दर्शन ने शिक्षा के उद्देश्य, पाठ्यक्रम, शिक्षण विधि, पाठ्यपुस्तक, अनुशासन आदि को प्रभावित किया है, उसी प्रकार के अन्य महत्त्वपूर्ण अंग मापन को भी प्रभावित किया है। **लिंडक्विस्ट** ने मापन पर दर्शन के गहन प्रभाव को इन शब्दों में व्यक्त किया है-''यदि शैक्षिक मापन को अधिक प्रभावशाली कार्य करना है, तो मापकों को केवल तकनीकी नहीं होना चाहिए। जब तक मापन में प्रयत्न के पीछे दर्शन नहीं होता, जब तक उनका कार्य प्रभावपूर्ण और मूल्यवान नहीं होगा।''

दर्शन और शिक्षक

(Philosophy and Teacher)

शिक्षा राष्ट्र की रीढ़ है और शिक्षक शिक्षा प्रणाली का प्रमुख अंग है। शिक्षण की सफलता शिक्षक की योग्यता पर निर्भर करती है। बालक के ऊपर शिक्षक का सबसे अधिक प्रभाव पड़ता है। प्रत्येक शिक्षक के अपने निश्चित विचार, सिद्धान्त, मान्यतायें और आदर्श होते हैं चाहे वह आशावादी हों या निराशावादी, सकारात्मक हों या नकारात्मक और भौतिकवादी हो या आदर्शवादी। शिक्षक के इन आदर्शों का शिक्षा की विविध

समस्याओं, शिक्षार्थी, शिक्षा के उद्देश्यों के निर्धारण, अनुशासन, शिक्षा प्रणाली, विद्यालय की सामाजिक व्यवस्था आदि पर गहरा प्रभाव पड़ता है। शिक्षक की वह विचारधारा और आदर्श दर्शन से ही निकलते हैं। इसलिए दर्शन की सहायता के अभाव में शिक्षक का कार्य नहीं चल सकता।

दर्शन के अध्ययन से जहाँ एक ओर शिक्षक का ज्ञान बढ़ता है, वहाँ दूसरी ओर उसमें नैतिकता, व्यवहार कुशलता, कर्त्तव्यपरायणता, आत्मविश्वास और चारित्रिक दृढ़ता आदि गुणों का विकास होता है। दर्शन के अध्ययन से शिक्षक को शिक्षण प्रक्रिया को संचालित करने में बहुत सहायता मिलती है, क्योंकि इसके द्वारा उसे शिक्षा के उद्देश्यों, शिक्षण विधियों, अनुशासन आदि का ज्ञान भली प्रकार से हो जाता है। इसके अतिरिक्त दर्शन के माध्यम से शिक्षक अपनी तार्किक और आलोचनात्मक शक्ति के द्वारा नवीन आदर्शों तथा विचारधाराओं का निर्माण करने में सक्षम हो जाता है।

दर्शन और विद्यालय

(Philosophy and School)

विद्यालय के बाह्य रूप के विषय में भी दर्शन ही विचार करता है। आदर्शवादी विद्यालय के बाह्य पक्ष की ओर आन्तरिक स्वरूप को सौन्दर्यपूर्ण और सांस्कृतिक दृष्टि से उत्तम बनाने पर बल देता है। प्रकृतिवादी ईंट और गारे से बने हुये सुसज्जित विद्यालय भवनों को महत्त्व न देकर प्रकृति के सुरम्य वातावरण में शिक्षा प्राप्त करने पर बल देता है। प्रयोजनवादी सम्पूर्ण सुविधाओं से युक्त विद्यालय भवनों का निर्माण करना चाहता है।

दर्शन और प्रशासन

(Philosophy and Administration)

विद्यालय प्रशासन से सम्बन्धित प्रश्नों पर भी दर्शन विचार करता है और उनका हल खोजने का प्रयत्न करता है। विद्यालय का प्रशासन किस प्रकार का हो? शिक्षा पर राज्य का नियंत्रण किस प्रकार का हो? आदि प्रश्नों पर विभिन्न दार्शनिक विचारधाराओं ने अपने-अपने दृष्टिकोण से विचार किया है। समाजवादी विचारधारा शिक्षा पर राज्य के पूर्ण नियंत्रण पर बल देती है। प्रजातांत्रिक विचारधारा विद्यालय के प्रशासन की व्यवस्था प्रजातांत्रिक आधारों पर स्थापित करने पर बल देती है, जबकि अधिनायकवादी विचारधरा शिक्षा की व्यवस्था अधिनायकवादी दृष्टिकोण से करना चाहती है।

उपरोक्त विवेचन के आधार पर निष्कर्ष रूप में दर्शन और शिक्षा के परस्पर सम्बन्ध को निम्नलिखित दो रूपों में स्पष्ट किया जा सकता है–

(1) दर्शन का शिक्षा पर प्रभाव

(2) शिक्षा का दर्शन पर प्रभाव

दर्शन का शिक्षा पर प्रभाव–निम्नलिखित कारणों से दर्शन शिक्षा को प्रभावित करता है–

(1) शिक्षा दर्शन का व्यावहारिक पक्ष है।

(2) महान शिक्षाशास्त्री महान दार्शनिक रहे हैं।

(3) शिक्षा दर्शन पर आधारित है।

(4) शिक्षा के विभिन्न अंगों पर दर्शन का गहरा प्रभाव है।

शिक्षा का दर्शन पर प्रभाव–निम्नलिखित कारणों से शिक्षा दर्शन को प्रभावित करता है–

(1) शिक्षा दर्शन को जन्म देती है।

(2) शिक्षा दर्शन को जीवित रखती है।

(3) शिक्षा दर्शन को गतिशील बनाये रखती है।

(4) शिक्षा दर्शन को गतिशील बनाये रखती है।

(5) शिक्षा दर्शन द्वारा निर्धारित लक्ष्य को प्राप्त करने का साधन बनाती है।

उपरोक्त विवेचन से यह स्पष्ट हो जाता है कि दर्शन और शिक्षा एक दूसरे पर आश्रित है। दोनों में अन्योन्याश्रित और अविच्छिन्न सम्बन्ध है। रॉस का यह कथन पूर्णतया सत्य है कि दर्शन और शिक्षा एक ही सिक्के के दो पहलू है। दर्शन का प्रभाव शिक्षा पर और शिक्षा का प्रभाव दर्शन पर अनिवार्य रूप से पड़ता है। दर्शन की सहायता के बिना शिक्षा को पूर्णता प्राप्त नहीं हो सकती। ठोस दार्शनिक आधार के बिना शिक्षा व्यवस्था या शिक्षा का ढाँचा निर्मित नहीं किया जा सकता। एक को दूसरे से पृथक नहीं किया जा सकता।

स्वामी विवेकानन्द (Swami Vivekanand)—"मनुष्य की अन्तर्निहित पूर्णता को अभिव्यक्त करना ही शिक्षा है।"

"Education is manifestation of perfection already presentinman."

शिक्षा विज्ञान अथवा कला

शिक्षा की प्रकृति के विषय में यह प्रश्न उभरकर आता है कि शिक्षा विज्ञान है अथवा कला। इसको जानने के लिए हमें विज्ञान एवं कला की प्रकृति को समझकर शिक्षा को इनकी कसौटी पर परखना होगा। कला के माध्यम से मानवीय प्रक्रियाओं का रूपान्तरण किया जाता है जबकि विज्ञान वर्गीकृत सिद्धान्त निरूपित और निरीक्षण तथा परीक्षण करने योग्य ज्ञान का समाहार है जो तार्किक क्रम में व्यवस्थित किया जाता है।

शिक्षा प्रदान करने का मुख्य दायित्व शिक्षक का है। शिक्षक अपने बालकों के व्यवहार में परिवर्तन शिक्षा के माध्यम से करना चाहता है। शिक्षा के कुछ नियम ऐसे हैं जो सर्वमान्य तथा सुनिश्चित हैं, उनका उल्लंघन करने से हमें हानि हो सकती है परन्तु शिक्षा के यह नियम सर्वथा सत्य तथा दृढ़ नहीं होते। चूँकि शिक्षा का सम्बन्ध व्यक्ति व समाज से होता है और यह दोनों ही परिवर्तनशील इकाइयाँ हैं जो प्रत्येक व्यक्ति के लिए परिस्थिति में मान्य हैं। इसी कारण शिक्षा को न तो विशुद्ध रूप से विज्ञान की श्रेणी में रखा जा सकता है और न ही यह पूर्णतया कला है वरन् यह दोनों का सम्मिश्रण है।

शिक्षा का कला पक्ष शिक्षण की वह प्रक्रिया है जिसमें अध्यापक बालक को प्रभावित करने का प्रयास करता है। बालक के मस्तिष्क रूपी स्वच्छ पट पर शिक्षक अपनी कला अंकित करता है। वह अपने स्वयं के ढंग से शिक्षण के लिए स्वतन्त्र होता है। इस कारण शिक्षक को कलाकार की श्रेणी में रखा गया है। शिक्षक बालक के व्यक्तित्व का सृजन करता है परन्तु वह बालक को जैसा चाहे वैसा नहीं बना सकता। बालक की स्वयं की भी कुछ नैसर्गिक प्रवृत्तियाँ, रुचियाँ एवं सीमाएँ होती हैं। उसके मस्तिष्क की तुलना पूर्णतया स्वच्छ पट से नहीं की जा सकती जिस पर शिक्षक जो चाहे अंकित कर दे। अत: यह कला तो है परन्तु पूर्णतया कला की श्रेणी में इसे नहीं रखा जा सकता।

शिक्षा के विज्ञान व कला पक्ष के आधार पर उसके सैद्धान्तिक तथा व्यावहारिक दो पक्ष हो जाते हैं। सैद्धान्तिक स्तर पर हम शिक्षा के सिद्धान्तों, नियमों एवं उद्देश्यों आदि का विवेचन तथा निर्धारण करते हैं। इन सिद्धान्तों के आधार पर उसका व्यावहारिक पक्ष विकसित होता है जिसके अन्तर्गत शिक्षण प्रक्रिया आती है। शिक्षा के सैद्धान्तिक व व्यावहारिक पक्ष अन्योन्याश्रित हैं। सिद्धान्तों का पालन व्यवहार में होता है और व्यावहारिक अनुभवों के सिद्धान्तों का निर्माण किया जा सकता है।

शिक्षा के कार्य

शिक्षा का कार्य ''भावनाओं को अनुशासित, संवेगों को नियन्त्रित, प्रेरणाओं को उत्तेजित, धार्मिक भावना को विकसित और नैतिकता को अभिवर्द्धित करना है।''

—डेनियल वेबस्टर

शिक्षा मानव विकास का मूल साधन है। इसके द्वारा व्यष्टि, समाज तथा राष्ट्र सभी का विकास होता है। यह मनुष्य को वह सब प्राप्त करने में सहायता करती है जिसके कि वह योग्य है और जिसकी वह आकांक्षा करता है। शिक्षा दर्शन, समाज, राजनीति, अर्थशास्त्र, मनोविज्ञान एवं विज्ञान सभी क्षेत्रों में महत्वपूर्ण कार्य करती है। शिक्षा के इन कार्यों को निम्नलिखित रूप में क्रमबद्ध कर सकते हैं—

(1) मनुष्य की जन्मजात शक्तियों का विकास, मार्गान्तीकरण और उदात्तीकरण—शिक्षा का प्रथम कार्य मानव की जन्मजात शक्तियों का विकास करना है। शिक्षा द्वारा यह विकास व्यक्ति और समाज दोनों के हितों को ध्यान में रखकर किया जाता है। इस क्रिया को मूल प्रवृत्तियों का उदात्तीकरण कहा जाता है। इन मूल प्रवृत्तियों को *सामाजिक व्यवहार में परिवर्तित किया जाता है।*

(2) मनुष्य का शारीरिक और मानसिक विकास—मनुष्य का शारीरिक, मानसिक, सामाजिक, सांस्कृतिक, नैतिक, चारित्रिक एवं मानसिक विकास करना शिक्षा के सार्वकालिक कार्य हैं। मनुष्य के समस्त विकास का आधार शरीर एवं मन है। अरस्तू का विचार है कि स्वस्थ शरीर में ही स्वस्थ मस्तिष्क निवास करता है।

(3) मनुष्य का सामाजिक विकास—मनुष्य एक सामाजिक प्राणी है अत: वह जिस वातावरण में रहता है उसी समाज के अनुकूल उसकी भाषा, रहन-सहन, खान-पान भी परिवर्तित होने चाहिए। इस दृष्टि से शिक्षा के दो कार्य हैं—एक तो व्यक्ति को पर्यावरण के साथ अनुकूलन करने योग्य बनाना तथा दूसरा उसमें पर्यावरण को परिवर्तित करने की क्षमता विकसित करना।

(4) सभ्यता एवं संस्कृति का संरक्षण एवं विकास—प्रत्येक समाज के अपने रीति-रिवाज, परम्पराएँ, नैतिकता, धर्म, विश्वास आदि होते हैं जिनको वह पीढ़ी दर पीढ़ी प्राप्त करता चला आता है। सभ्यता एवं संस्कृति का संरक्षण एदं विकास करना शिक्षा का कार्य है।

(5) चरित्र निर्माण एवं नैतिक विकास—इस सम्बन्ध में डॉ. राधाकृष्णन् ने कहा है कि ''चरित्र भाग्य है। चरित्र वह वस्तु है, जिस पर राष्ट्र के भाग्य का निर्माण होता

है। तुच्छ चरित्र वाले मनुष्य श्रेष्ठ राष्ट्र का निर्माण नहीं कर सकते हैं।'' चरित्र का अर्थ है—नियम व सिद्धान्त के अनुसार आचरण करने की शक्ति व नैतिकता का अर्थ है—समाज द्वारा निश्चित नियम व सिद्धान्तों का पालन। चरित्र निर्माण एवं नैतिक विकास करना शिक्षा का प्रमुख कार्य है।

(6) व्यावसायिक कुशलता का विकास—शिक्षा मनुष्य को कृषि, औद्योगिक तकनीकी एवं व्यापार की विधियों से परिचित कराती है और उनमें जीविकोपार्जन करने की क्षमता विकसित करती है।

(7) आध्यात्मिक विकास—शिक्षा हमें आत्मज्ञान कराती है व परमात्मा तक पहुँचने के लिए मार्ग प्रशस्त करती है। विद्यालयों की प्रार्थना सभा में तथा घरों में अनौपचारिक रूप से यह शिक्षा प्रदान की जाती है ताकि व्यक्ति वास्तविक सुख की अनुभूति कर सके।

शिक्षा के अभिकरण

शिक्षा के अभिकरणों का अर्थ एवं परिभाषा—शिक्षा एक सामाजिक प्रक्रिया है। शिक्षा की प्रक्रिया को अग्रसर करने वाले इन सामाजिक समूहों अथवा संगठनों को शिक्षा के अभिकरण कहा जाता है। अभिकरण शब्द का अंग्रेजी पर्याय ऐजेन्सी है। ऐजेन्सी शब्द अंग्रेजी के एजेन्ट शब्द से बना है। एजेन्ट का अर्थ है—कार्यकर्ता, प्रतिनिधि, दलाल या साधन। इस दृष्टि से शिक्षा के अभिकरण से तात्पर्य ऐसे सामाजिक समूहों एवं संगठनों से होता है जो बच्चों अथवा प्रौढ़ों की शिक्षा में, प्रत्यक्ष अथवा परोक्ष रूप में सहयोग करते हैं।

बी. डी. भाटिया (B. D. Bhatia)—''समाज ने शिक्षा के कार्यों को सम्पादित करने के लिए अनेक विशिष्ट संस्थाओं को स्थापित किया है। इन्हीं संस्थाओं को शिक्षा के अभिकरण कहा जाता है।''

"Society has developed a number of specialized institutions to carry out the functions of education. These institutions are known as the agencies of education."

शिक्षा के अभिकरणों का वर्गीकरण

शिक्षा के अभिकरणों में मुख्यत: औपचारिक, अनौपचारिक एवं निरौपचारिक अभिकरणों को शामिल किया जाता है। इनके अतिरिक्त कुछ विद्वानों द्वारा सक्रिय एवं निष्क्रिय अभिकरण भी बताए गए हैं, इनका वर्णन इस प्रकार है—

शिक्षा के औपचारिक अभिकरण

शिक्षा के औपचारिक अभिकरण वे सामाजिक समूह अथवा संगठन है जिनका निर्माण कोई समाज सोच-समझकर शिक्षा के लिए करता है। इनके निश्चित नियम होते हैं तथा उनकी देखभाल प्रशिक्षित व्यक्तियों द्वारा की जाती है। इनके अन्तर्गत सरकार का शिक्षा विभाग, शिक्षण संस्थाएँ (विद्यालय, महाविद्यालय और विश्वविद्यालय) आते हैं। औपचारिक अभिकरण के उद्देश्य, पाठ्यचर्या, शिक्षण विधियाँ आदि सभी निश्चित होते हैं। यहाँ शिक्षार्थी शिक्षकों के निर्देशन में शिक्षा प्राप्त करता है।

लाभ

इसके निम्नांकित गुण हैं—

(1) समाज एवं राज्य अपने उद्देश्यों की प्राप्ति औपचारिक अभिकरणों के द्वारा करते हैं।

(2) विज्ञान एवं तकनीकी शिक्षा के लिए इन अभिकरणों का होना आवश्यक है।

(3) इन अभिकरणों के अभाव में समाज की उपलब्धियों को पीढ़ी दर पीढ़ी हस्तान्तरित नहीं किया जा सकता।

(4) अनौपचारिक ज्ञान को व्यवस्थित करने एवं उचित दिशा प्रदान करने के लिए इन अभिकरणों का होना आवश्यक है।

सीमाएँ

(1) 1 से 3 वर्ष के बालकों हेतु शिक्षा की कोई व्यवस्था नहीं है।

(2) ये अभिकरण पुस्तकीय ज्ञान पर अधिक बल देते हैं।

(3) पाठ्यक्रम की पूर्ति कराना ही मूल उद्देश्य बन जाता है। आचरण की शिक्षा गौण हो जाती है।

शिक्षा के अनौपचारिक अभिकरण

अनौपचारिक अभिकरण वे सामाजिक समूह अथवा संगठन हैं जिनका निर्माण सामाजिक निर्माण के अन्तर्गत स्वतः होता रहता है। इनकी कोई निश्चित योजना अथवा नियम नहीं होते हैं। यहाँ व्यक्ति एक-दूसरे के सम्पर्क से ज्ञान प्राप्त करते हैं। इनके अन्तर्गत परिवार, धर्म, समाज, राज्य, रेडियो, समाचार पत्र आदि आते हैं।

लाभ

(1) व्यवहार एवं आचरण की शिक्षा प्राप्त करने के ये अनुपम साधन हैं।

(2) सभ्यता एवं संस्कृति के संरक्षण एवं विकास में इनकी महत्वपूर्ण भूमिका होती है।

(3) भाषा, रीति-रिवाज, रहन-सहन, खान-पान एवं आचरण की शिक्षा की दृष्टि से इनका महत्त्व है।

सीमाएँ

(1) इनमें शिक्षा का व्यवस्थित रूप देखने को नहीं मिलता।

(2) विभिन्न कलाओं एवं कौशलों की शिक्षा इनके द्वारा दी जाना सम्भव नहीं है।

(3) कभी-कभी ये अभिकरण बालकों में ऐसे गुण विकसित करते हैं जो व्यक्तित्व, समाज एवं राष्ट्र के लिए हानिप्रद हैं।

शिक्षा के निरौपचारिक अभिकरण

निरौपचारिक अभिकरण वे सामाजिक समूह अथवा संगठन हैं जो बच्चों व प्रौढ़ों के लिए निरौपचारिक शिक्षा की व्यवस्था करते हैं। इनके द्वारा जो शिक्षा दी जाती हैं उसके उद्देश्य, पाठ्यचर्या व शिक्षण विधियाँ निश्चित होती हैं।

लाभ

(1) ये अभिकरण औपचारिक एवं अनौपचारिक अभिकरण के मिले जुले गुणों से युक्त हैं।

(2) निरक्षर लोगों को साक्षर बनाने व व्यावसायिक शिक्षा प्रदान करने में ये अभिकरण महत्वपूर्ण भूमिका निभाते हैं।

सीमाएँ

(1) इन अभिकरणों से सुव्यवस्थित शिक्षा की आशा नहीं की जा सकती।

(2) विशिष्ट शिक्षा हेतु तो जन सामान्य को औपचारिक अभिकरण का आश्रय लेना पड़ता है।

शिक्षा के सक्रिय व निष्क्रिय अभिकरण

सक्रिय अभिकरण—वे अभिकरण जो शिक्षक एवं शिक्षार्थी को एक-दूसरे के निकट लाते हैं, शिक्षा के सक्रिय अभिकरण कहलाते हैं। सक्रिय अभिकरणों के उदाहरण—विद्यालय, समाज, परिवार, राज्य व अन्य सामाजिक केन्द्र हैं।

निष्क्रिय अभिकरण—निष्क्रिय अभिकरण वे हैं जिनका प्रभाव एकतरफा होता है। इनमें शिक्षण का एक पक्ष सीखने वाला ही प्रभावित होता है। इस प्रकार ये साधन दूसरों को प्रभावित तो करते हैं परन्तु खुद दूसरों से प्रभावित नहीं होते। इनके उदाहरण हैं—पुस्तकालय और वाचनालय, समाचार पत्र, टेलीविजन, रेडियो आदि।

भारतीय शिक्षा दर्शन एवं पाश्चात्य शिक्षा दर्शन

दर्शन का अर्थ—'Philosophy' शब्द की उत्पत्ति दो यूनानी शब्दों से हुई है—Philos और Sophia। 'Philos' का अर्थ है—Love और 'Sophia' का अर्थ है—Wisdom। इस प्रकार Philosophy का अर्थ है—Love of Wisdom (ज्ञान से प्रेम)।

जॉन ड्यूवी के अनुसार—"जब कभी दर्शन को गम्भीरता से समझा जाता है तो हमेशा यह धारणा रहती है कि इससे आशय विद्वता या ज्ञान प्राप्त करना है, जो जीवन के मार्ग को प्रभावित करता है।" इस प्रकार यह कहा जा सकता है कि दर्शन ज्ञान को व्यक्त करता है।

दर्शन की परिभाषा—बरट्रेण्ड रसल (Bertrand Russell) अन्य विद्याओं के समान दर्शन का मुख्य उद्देश्य ज्ञान की प्राप्ति है।

"Philosophy like all other studies, aims primarily at knowledge."

आर.डब्ल्यू. सेलर्स—"दर्शन एक व्यवस्थित विचार द्वारा विश्व और मनुष्य की प्रकृति के विषय में ज्ञान प्राप्त करने का निरन्तर प्रयत्न है।"

ड्यूवी—"अपनी सामान्यतम दशा में शिक्षण सिद्धान्त ही दर्शन है।"

उपर्युक्त परिभाषाओं के आधार पर दर्शन का अर्थ इस प्रकार स्पष्ट किया जा सकता है—"दर्शन ईश्वर का स्वरूप, जीव का उससे सम्बन्ध, संसार की व्याख्या एवं आत्मा के रहस्य के सम्बन्ध में विचार करता है। दर्शन प्रकृति, व्यक्तियों एवं वस्तुओं तथा उनके लक्ष्यों और उद्देश्यों के विषय में लगातार चिन्तन करता है। दर्शन आत्मा के अनेक रहस्यों पर प्रकाश डालता है।"

शिक्षा का अर्थ—शिक्षा शब्द 'शिक्ष्' धातु से व्युत्पन्न है, जिसका अर्थ है सीखना और सिखाना। **सर जॉन एडम्स** के अनुसार "शिक्षा दर्शन का गत्यात्मक रूप है। शिक्षा जीवन के आदर्शों को प्राप्त करने का व्यावहारिक साधन है। इस प्रकार शिक्षा व्यक्ति को जीवन के उन लक्ष्यों अथवा आदर्शों की प्राप्ति में सहायता करती है जिनको दार्शनिकों द्वारा निश्चित किया जाता है। शिक्षा एक प्रक्रिया है। शिक्षक शिक्षण प्रक्रिया के द्वारा अपने प्रत्यक्ष प्रभाव से बालक के आचरण को ऊँचा करता है। परन्तु शिक्षक के इस कार्य के लिए एक निश्चित आदर्श होना चाहिए। किसी निश्चित आदर्श पर चलकर ही शिक्षक अपने छात्रों में गुणात्मक सुधार ला सकता है। शिक्षक को एक विशिष्ट मार्ग चाहिए। इस मार्ग पर चलकर ही वह अपने उद्देश्य को प्राप्त करता है।"

दर्शन एवं शिक्षा में सम्बन्ध

"दर्शन शिक्षा के प्रयोगों के लिए पथ प्रदर्शक है। शिक्षा-अनुसंधान के क्षेत्र के रूप में दार्शनिक निर्णय के लिए निश्चित सामग्री को आधार के रूप प्रदान करती है।"

-बटलर

"Philosophy is a guide to educational practice, education as a field of investigation yields certain data as a basis for philosophical judgement."

–Butler

1. दर्शन द्वारा जीवन में शिक्षा के महत्त्व की खोज की जाती है—दर्शन में नये शैक्षिक तथ्य नहीं होते हैं। यह केवल उन तत्त्वों के महत्त्व की खोज करता है जो पहले से विद्यमान हैं। यह जीवन में शिक्षा के महत्त्व की खोज करता है। अन्य दर्शनों के समान शिक्षा दर्शन के भी अपने तथ्य हैं, जिनका जीवन से घनिष्ठ रूप से सम्बन्ध है।

2. दर्शन शिक्षा का आधार है—शिक्षा का आधार दर्शन है। **जेन्टायल** के अनुसार बिना दर्शन की सहायता से शिक्षा की प्रक्रिया सही मार्ग पर अग्रसर नहीं हो सकती।

3. दर्शन शिक्षा का पूरक है—दर्शन शिक्षा का पूरक है। इसका मुख्य कारण यह है कि शिक्षण कला दर्शन के अभाव में पूर्णता प्राप्त करने में असमर्थ रहती है। **फिक्टे** के अनुसार, "दर्शन के अभाव में शिक्षा की कला पूर्ण स्पष्टता प्राप्त नहीं कर सकती है।"

4. दर्शन शिक्षा की अमूल्य सहायता करता है—बटलर के शब्दों में—"दर्शन शिक्षा के प्रयोगों के लिए एक पथ-प्रदर्शक है, शिक्षा अनुसन्धान के क्षेत्र के रूप में दार्शनिक निर्णय के हेतु निश्चित सामग्री को आधार के रूप में प्रदान करती है।"

5. शिक्षा दर्शन का गत्यात्मक पक्ष है—दर्शन शिक्षा के उद्देश्यों को निश्चित करता है, जबकि शिक्षा उन्हें प्राप्त करने के साधनों को निश्चित करती है। शिक्षा के अभाव में कोई सिद्धान्त व्यावहारिक रूप नहीं ले सकता है। व्यक्ति के विकास के लिए अनुभव आवश्यक होता है। दर्शन अनुभव प्राप्त करने में विशेष सहायक है।

रॉस ने दर्शन और शिक्षा का सम्बन्ध बताते हुए लिखा है—"दर्शन और शिक्षा एक सिक्के के दो पहलुओं के समान है। एक में दूसरा निहित है। दर्शन जीवन का विचारात्मक पक्ष है और शिक्षा क्रियात्मक पक्ष।"

उपर्युक्त विवेचन के आधार पर यह सिद्ध हो जाता है कि बिना दर्शन की सहायता से शिक्षा को पूर्णता नहीं मिल पाती। दार्शनिक विचारधारा का प्रभाव शिक्षा पर अनिवार्य रूप से पड़ता है। शिक्षा एक कला है। इस कला का रूप व्यावहारिक है। दर्शन हमें शिक्षा

का सिद्धान्त प्रदान करता है। शिक्षा दर्शन को व्यावहारिक रूप प्रदान करती है। अत: दर्शन और शिक्षा का एक-दूसरे से घनिष्ठ सम्बन्ध है। दोनों एक-दूसरे पर निर्भर हैं।

भारतीय शिक्षा दर्शन

भारतीय दर्शन मूलत: आध्यात्मिक है। भारतीय दर्शन में आध्यात्मिकता की प्रमुखता के कारण भारतीय जीवन में आध्यात्मिकता का महत्त्वपूर्ण है। भारतीय दर्शन की मुख्यत: दो विचाराधाराएँ हैं—आस्तिक दर्शन तथा नास्तिक दर्शन। भारतीय दर्शन में साक्षात् अनुभूतियों को वरीयता दी गयी है। वैदिक ऋषियों ने साक्षात् अनुभूतियों के माध्यम से सत्य का उद्घाटन किया है। अत: वेद भारतीय दर्शन के केन्द्र-बिन्दु हैं। जो दर्शन वेदों की प्रामाणिकता को स्वीकार करते हैं वे आस्तिक दर्शन कहलाते हैं और जो दर्शन वेदों की सत्ता को चुनौती देते हैं अथवा वेदों की प्रामाणिकता को स्वीकार नहीं करते हैं वे नास्तिक दर्शन कहलाते हैं। इसके अतिरिक्त कुछ विद्वान् भारतीय शिक्षा दर्शन को 'भौतिकवादी और अध्यात्मवादी' अथवा आदर्शवादी विचारधाराओं में विभाजित करते हैं। प्राचीन भारत का शिक्षा दर्शन अध्यात्मवादी माना जाता है। अध्यात्मवादी विचारधारा के मूल स्रोत वेद माने जाते हैं। वेदों में अध्यात्मिक दार्शन पर प्रकाश डाला गया है। अध्यात्मवाद के परिणामस्वरूप ही व्यक्ति में ईश्वर की प्राप्ति, सत्य एवं सहयोग, प्रेम, सहानुभूति, करुणा, सहिष्णुता, दया, सहृदयता जैसे मानवीय गुणों का विकास होता है।

पाश्चात्य शिक्षा दर्शन

पाश्चात्य दर्शन में सैद्धान्तिकता के क्रमबद्ध विकास पर बल दिया जाता है। अत: पाश्चात्य दर्शन में सैद्धान्तिक प्रयोजन की प्रधानता रहती है। पाश्चात्य शिक्षा दर्शन तीन प्रकार के दर्शनों से युक्त है—आदर्शवादी दर्शन, प्रकृतिवादी दर्शन तथा प्रयोजनवादी दर्शन। पाश्चात्य दर्शन में शुष्क चिन्तन का प्राधान्य बना रहता है क्योंकि यह दर्शन धर्म एवं नीति से कोई प्रेरणा नहीं लेता। पाश्चात्य शिक्षा दर्शन में चिन्तन, मनन तथा तर्क-वितर्क पर विशेष बल दिया गया है। इस दर्शन में केवल बाह्य जगत के अध्ययन अर्थात् भौतिक जगत के अध्ययन पर बल दिया जाता है। इसमें संवेदनाओं, भावनाओं तथा कर्म को कोई स्थान नहीं दिया गया है। पाश्चात्य दर्शन में केवल बौद्धिक ज्ञान अथवा विज्ञान पर विशेष बल दिया गया है। पाश्चात्य दार्शनिकों का विचार है कि पारलौकिक ज्ञान ही दर्शन है जो सत्य का प्रत्यक्षीकरण कराता है। उनका मानना है कि दर्शन विज्ञान एक ऐसा विज्ञान है जो अलौकिक तत्त्वों को वास्तविक रूप में देखता है।

भारतीय व पाश्चात्य दर्शन में अन्तर

भारतीय दर्शन

1. भारतीय दर्शन में मानवीय बुद्धि तथा जीवन के अनुभवों के विकास क्रम के साथ जीवन का समग्र रूप में समावेश होता है।

2. भारतीय शिक्षा दर्शन का जन्म परिस्थितिवश नहीं हुआ है।

3. भारतीय शिक्षा दर्शनों में धर्म और नीति पर बल दिया गया है।

4. भारतीय दर्शन ज्ञान, भाव और कर्म का सम्यक् दर्शन है।

5. भारतीय दर्शन में आध्यात्मिकता पर बल दिया गया है।

6. भारतीय दर्शन में संवेदनाओं, भावनाओं तथा कर्म को स्थान दिया गया है।

7. भारतीय दर्शन रूढ़िवादी नहीं है।

पाश्चात्य दर्शन

1. पाश्चात्य शिक्षा दर्शन में जीवन का उद्देश्य भौतिक सुख-सुविधाओं से जीवन को सम्पन्न बनाना है।

2. पाश्चात्य शिक्षा दर्शन विशिष्ट परिस्थितियों की उपज है।

3. पाश्चात्य शिक्षा दर्शन में धर्म और नीति पर बल नहीं दिया गया है।

4. पाश्चात्य दर्शन में ज्ञान, भाव व कर्म को कोई स्थान नहीं दिया गया है।

5. पाश्चात्य दर्शन में केवल बाह्य जगत के अध्ययन पर बल दिया गया है।

6. पाश्चात्य दर्शन में संवेदनाओं, भावनाओं तथा कर्म को स्थान नहीं दिया गया है।

7. पाश्चात्य दर्शन रूढ़िवादी बनकर रह गया है।

भारतीय संस्कृति

अपने समाज के अस्तित्व को बनाए रखने के लिए मनुष्य उसे पूर्ण रूप से संगठित करता है और एक निश्चित व्यवस्था को विकसित तथा स्थापित करता है। इसी निश्चित और सम्पूर्ण व्यवस्था को संस्कृति कहते हैं। इसके अन्तर्गत उस समाज के सदस्य, रीति-रिवाज, परम्पराएँ, मशीनें, उपकरण, नैतिकता, कला, विज्ञान, धर्म, विश्वास, सामाजिक संगठन, आर्थिक और राजनीतिक व्यवस्था आदि आते हैं।

संस्कृति का शाब्दिक अर्थ—संस्कृति शब्द की व्युत्पत्ति तीन प्रकार से दी जा सकती है—

1. संस्कृति शब्द की व्युत्पत्ति संस्कृत शब्द से हुई है, जिसका तात्पर्य है— परिष्कृत। ऐसे तत्त्व जो व्यक्ति का परिष्कार कर सकें।

2. सम् उपसर्ग पूर्वक कृ धातु से क्तिन् प्रत्यय लगाकर संस्कृति शब्द बना है। 'कृ' का अर्थ करना है। इस रूप में संस्कृति का अर्थ अच्छी प्रकार से किया गया कार्य है।

3. सं कृति शब्द संस्कार से बना मानने पर इसका अर्थ हुआ—'शुद्धि की क्रिया'—सामाजिक शुचिता की प्रक्रिया अर्थात् व्यक्ति को एक सामाजिक प्राणी बनाने में जितने भी तत्त्वों का योगदान है उन सभी तत्त्वों की व्यवस्था को संस्कृति कहते हैं। इस प्रक्रिया द्वारा जैविकीय प्राणी एक सामाजिक प्राणी में परिवर्तित हो जाता है।

संस्कृति की परिभाषाएँ

टॉयलर (Tylor)—"संस्कृति वह जटिल सम्पूर्णता है जिसमें ज्ञान, विश्वास, कला, आचार, कानून, प्रथा तथा इसी प्रकार की सामाजिक क्षमताएँ और आदतों का समावेश रहता है, जिन्हें मनुष्य समाज का सदस्य होने के नाते प्राप्त करता है।"

"Culture is the complete whole which includes knowledge, beliefs, art, morals, Law, custums and other capabilities and habits acquired by man as a member of society."

क्यूबर (Cuber)—"मानव विज्ञान के शब्दों में संस्कृति सीखे हुए व्यवहारों के परिणामों के सतत् परिवर्तनशीलता रूप को कहते हैं। इन सीखे हुए व्यवहारों में अभिवृत्तियाँ, आदर्श ज्ञान एवं भौतिक पदार्थ सम्मिलित हैं जिन्हें समाज के सदस्य आपस में एक-दूसरे को प्रदान कर देते हैं।"

"In terms of Anthropology culture is a continually changing pattern of learned behaviour and the products of learned behaviour including attitudes, values, knowledge and material objects which are shared by and transmitted among the members of society."

ओटावे—"किसी समाज की संस्कृति से अर्थ उस समाज के सम्पूर्ण ढंग से होता है।"

वुडवर्थ—"संस्कृति में वह प्रत्येक वस्तु सम्मिलित है जो एक पीढ़ी से दूसरी पीढ़ी को हस्तान्तरित की जा सकती है। किसी जन समुदाय की संस्कृति उसकी सामाजिक विरासत होती है।"

"Culture includes anything that can be communicated from one generation to another, the culture of people is their social heritage."

संस्कृति के प्रकार

संस्कृति दो प्रकार की होती है—

1. भौतिक संस्कृति

2. अभौतिक संस्कृति

1. भौतिक संस्कृति—**रॉबर्ट** के अनुसार भौतिक संस्कृति में उन सभी पदार्थों को सम्मिलित करते हैं जिनका उपयोग एक समाज के सदस्य करते हैं और अपने पास में रखते हैं। इसके अन्तर्गत वे सभी वस्तुएँ आ जाती हैं जिनका स्वरूप मूर्त्त है तथा जिनका निर्माण मनुष्य ने किया है।

भौतिक संस्कृति की विशेषताएँ

(i) भौतिक तत्त्वों का मापन कर सकते हैं।

(ii) जिस समाज की भौतिक संस्कृति जितने ज्यादा तत्त्व रखती है, वह विकसित समाज कहलाता है।

(iii) भौतिक संस्कृति को स्वीकार करना बहुत आसान होता है।

(iv) इसके अन्तर्गत मकान, सड़क, आभूषण, इन्जन, घड़ी, मशीन, प्रेस, रेडियो, टेलीविज़न वस्त्र आदि सभी भौतिक वस्तुएँ शामिल की जाती हैं।

2. अभौतिक संस्कृति—यह संस्कृति विचारों में निहित होती है। इसके अन्तर्गत वे सभी बातें आती हैं, जिनका स्वरूप अमूर्त्त है और जिनका विकास मनुष्यों के सामाजिक रूप में रहने से होता है।

अभौतिक संस्कृति की विशेषताएँ

1. अभौतिक संस्कृति समाजिक विरासत, विचार, विश्वास, मानदण्ड, व्यवहार, रीति-रिवाज, कानून, मनोवृत्तियाँ, साहित्य, ज्ञान, कला, भाषा, नैतिकता एवं क्षमताएँ हैं।

2. अभौतिक आधार होने के कारण इसका मापन करना सरल नहीं है।

3. इसको ग्रहण करना आसान नहीं होता।

4. यह भौतिक संस्कृति की अपेक्षा स्थायी होती है।

संस्कृति की प्रकृति

1. संस्कृति मानव निर्मित होती है।

2. संस्कृति सीखी जाती है।

3. संस्कृति हस्तान्तरित की जाती है।

4. संस्कृति मानव आवश्यकताओं की पूर्ति करती है।

5. संस्कृति में अनुकूलन करने की क्षमता होती है।

6. संस्कृति में समन्वय होता है यह अनेक तत्त्वों से मिलकर बनी होती है।

7. संस्कृति मानव व्यक्तित्व के निर्माण में मौलिक होती है।

8. संस्कृति अधिवैयक्तिक होती है।

9. संस्कृति एक व्यक्ति के द्वारा निर्मित नहीं होती वरन् सम्पूर्ण मानवों से मिलकर बनी होती है।

भारतीय संस्कृति की विशेषताएँ

1. आध्यात्मिकता—श्री अरविन्द का कहना है कि "आध्यात्मिकता भारतीय मस्तिष्क की कुंजी है।" भारतीय संस्कृति में धर्म और दर्शन को बहुत ऊँचा स्थान दिया गया है। इन दोनों का ही प्रभाव भारतीय संस्कृति पर परिलक्षित होता है। प्रत्येक जाति के आध्यात्मिक विचार उसके महापुरुषों के चिन्तन एवं मनन का परिणाम होते हैं। भारत में रामकृष्ण परमहंस, विवेकानन्द, दयानन्द सरस्वती, रवीन्द्र नाथ टैगोर आदि महापुरुष हुए हैं जिन्होंने भारत में वेदों, शास्त्रों एवं धर्म के वास्तविक रहस्य को प्रकाशित किया।

2. समन्वयकारिता—भारतीय संस्कृति प्रारम्भ से समन्वय की समर्थक रही है। यहाँ अनेक जातियाँ आकर बसीं जिनकी संस्कृति का प्रभाव भारतीय संस्कृति पर पड़ा। आज भी भारत के गणतन्त्र का स्वरूप धर्मनिरपेक्ष है जिसमें प्रत्येक धर्म को समानता का दर्जा प्रदान किया जाता है। भारत में मुगल, हूण, जैन, बौद्ध, हिन्दू, सिक्ख, ईसाई, पारसी आदि का समन्वित रूप प्राप्त होता है।

3. धार्मिक सहिष्णुता—भारतवर्ष में धार्मिक सहिष्णुता बहुत प्राचीनकाल से चली आ रही है। सभी धर्मों में जीवों पर दया करना, भ्रातृत्व भाव, सत्य बोलना, अहिंसा का पालन, आचरण शुद्धि आदि बातों पर जोर दिया जाता है। भारत में विविध धर्मावलम्बी रहते हैं जो अपने धर्म का पालन करते हुए दूसरे धर्मों के प्रति भी आदर भाव को रखते हैं।

4. प्राचीनता—भारतीय संस्कृति के प्राचीन होने का अनुमान इतिहास से लगाया जा सकता है। सिन्धु नदी की घाटी में 'मोहनजोदड़ो' और पंजाब के 'हड़प्पा' नामक स्थानों पर खुदाई करके बहुत सी वस्तुएँ मिली हैं। इस सभ्यता को सिन्धु सभ्यता का नाम दिया गया है। यह सभ्यता इराक और मिस्र की सभ्यता से भी पुरानी है। इन सभ्यताओं पर भारतीय संस्कृति और सभ्यता का प्रभाव पड़ा था। स्पष्ट है कि भारतीय संस्कृति और

सभ्यता बहुत पुरानी है। जिस समय दूसरे देशों की सभ्यताएँ एवं संस्कृतियाँ घुटनों के बल पर चल रही थीं उस समय भारतीय संस्कृति युवा हो चुकी थी। मिस्र, यूनान और बेबिलोन की सभ्यताओं को बहुत पुराना माना जाता है, परन्तु वैदिक सभ्यता के समक्ष वे भी सिर झुकाती हैं।

5. विविधता में एकता—भारतीय संस्कृति अनेकता में एकता की पक्षपाती रही है। यह विविधता प्राकृतिक, सामाजिक व राजनीतिक सभी क्षेत्रों में पाई जाती है। कश्मीर से लेकर कन्याकुमारी तक और सौराष्ट्र से लेकर असम तक सम्पूर्ण भारतवर्ष एक सांस्कृतिक रंग में रंगा हुआ है। यहाँ जातिगत विभिन्नता के पाए जाने पर भी मानव मात्र में प्रेम, उदारता तथा विश्वबन्धुत्व का भाव देखने को मिलता है।

6. चिन्तन की स्वतन्त्रता—किसी भी देश में संस्कृति का निर्माण उस देश के विचारों के चिन्तन पर आधारित है। विचारों की स्वतन्त्रता के कारण भारत में श्रुति, स्मृति, बौद्ध दर्शन, जैन दर्शन, चार्वाक दर्शन, वेदान्त, विशिष्टाद्वैत व शुद्धाद्वैत आदि दर्शनों एवं मतमतान्तरों का जन्म हुआ है। भारत में प्रत्येक व्यक्ति को विचार की स्वतन्त्रता है।

इन विशेषताओं के अतिरिक्त भारतीय संस्कृति में उदारता, ग्रहणशीलता, निरन्तरता एवं राजनीतिक, भौगोलिक एवं धार्मिक एकता का गुण पाया जाता है जो भारत को अन्य संस्कृतियों से ऊँचा स्थान प्रदान करता है।

शिक्षा और संस्कृति

शिक्षा और संस्कृति के सम्बन्ध में भारतीय शिक्षा आयोग का कथन है कि "शिक्षा में सर्वाधिक महत्त्वपूर्ण और अनिवार्य सुधार इसको रूपान्तरित करने, इसको जीवन के साथ सम्बद्ध बनाने का प्रयास करने, लोगों की आवश्यकताओं और आकांक्षाओं के अनुरूप बनाने तथा इस तरह राष्ट्रीय लक्ष्यों को प्राप्त करने के लिए आवश्यक सामाजिक, आर्थिक तथा सांस्कृतिक रूपान्तरण का एक सशक्त साधन बनाने का है।"

शिक्षा का प्रमुख लक्ष्य संस्कृति अथवा सामाजिक धरोहर का सम्प्रेषण है। व्यक्ति क्षमताओं के विकास लक्ष्य के अलावा यह समाज का प्रमुख लक्ष्य है। केवल शिक्षा ही एक ऐसा अभिकरण है जिसमें संस्कृति का एक पीढ़ी से दूसरी पीढ़ी का सम्प्रेषण करना सम्भव है। शिक्षा के द्वारा निम्न कार्य किए जाते हैं—

1. संस्कृति का परिरक्षण किया जा सकता है।

2. संस्कृति का सम्प्रेषण किया जा सकता है।

3. संस्कृति का प्रोन्नयन सम्भव है।

4. मनुष्य के श्रेष्ठ लाभ के लिए इसमें परिवर्तन किया जा सकता है।

5. मानव जाति की एकता और अन्तर्राष्ट्रीय बोध जगाने के लिए यह विस्तार ले सकती है।

इस आधार पर शिक्षा के संस्कृति के लिए अधोलिखित चार कार्य हैं—

1. संस्कृति का संरक्षण
2. संस्कृति का हस्तान्तरण
3. संस्कृति का परिशोधन
4. संस्कृति का सृजन

1. संस्कृति का संरक्षण

हुमायूँ कबीर के अनुसार "सांस्कृतिक परम्परा ही एक जाति के जीवित रहने की आवश्यक शर्त है।" संस्कृति किसी भी जाति के इतिहास का विशुद्ध सार है। यह उन रीतियों एवं परम्पराओं के मेल से बनती है जिनमें उस जाति के लम्बे समय के अनुभवों का निचोड़ होता है। शिक्षा किसी भी समाज की संस्कृति का संरक्षण करती है व उसे नष्ट नहीं होने देती। प्रत्येक समाज की संस्कृति की अपनी विशेषता होती है जिसका संरक्षण शिक्षा द्वारा किया जाना आवश्यक है।

2. संस्कृति का हस्तान्तरण

व्यक्ति समाज के सदस्य के रूप में संस्कृति को सीखता है और अगली पीढ़ी को हस्तान्तरित करता है। इस कार्य में शिक्षा संस्कृति को अपूर्व सहायता प्रदान करती है। व्यक्ति अज्ञात रूप से संस्कृति की अनेक बातें सीखता है। उसे इन बातों की शिक्षा शिक्षक द्वारा दी जाती है। इस विषय में **ओटावे** का कथन है कि—शिक्षा का एक कार्य समाज के सांस्कृतिक मूल्यों और व्यवहार के प्रतिमानों को उसके तरुण और समर्थ सदस्यों को स्थानान्तरित करना है।

जीवन की निरन्तरता को बनाए रखने के लिए संस्कृति का एक पीढ़ी से दूसरी पीढ़ी को संवहन करना या हस्तान्तरण करना आवश्यक होता है। संस्कृति का संरक्षण, विकास तथा हस्तान्तरण करना विद्यालय तथा परिवार का कार्य है। विद्यालय में बालक संस्कृति को सीखता है तथा परिवार में रहते हुए वह अपनी संस्कृति को स्वत: ही ग्रहण कर लेता है। सभ्यता की प्रगति के तीव्र होने पर यह सांस्कृतिक विलम्बना का रूप ले लेती है। ऐसी स्थिति में शिक्षा का कार्य है कि वह सांस्कृतिक मूल्यों को प्रतिष्ठापित करते हुए इनका हस्तान्तरण आगे आने वाली पीढ़ी को करे।

3. संस्कृति का परिशोधन

बालक जैसे-जैसे बड़ा होता जाता है वैसे-वैसे वह अपनी संस्कृति के रीति-रिवाजों, आदतों, नियमों आदि को सीखता है। वह इन बातों को अपने माता-पिता, पारिवारिक जन, समाज के व्यक्तियों और विद्यालय के अध्यापकों से सीखता है जिसके फलस्वरूप उसके व्यवहार में निरन्तर परिवर्तन होता चला जाता है। परिवर्तन का यह कार्य चेतन और अचेतन दोनों प्रकार से होता है।

संस्कृति के दो पक्ष हैं—भौतिक और अभौतिक। मनुष्यों के द्वारा भौतिक संस्कृति सहज ही स्वीकार कर ली जाती है तथा अभौतिक संस्कृति में परिवर्तन सहज स्वीकार्य नहीं होता। ऐसी स्थिति में शिक्षा का कार्य है कि वह भौतिक एवं अभौतिक संस्कृति में सन्तुलन लाए। यह दायित्व शिक्षा के क्षेत्र में अध्यापक द्वारा निभाया जा सकता है। शिक्षक एक निश्चित योजना बनाकर किसी विशेष क्रिया की व्यवस्था करके बालकों को संस्कृति का ज्ञान दे सकता है व छात्रों के व्यवहार को निर्देशित कर सकता है ताकि छात्र संस्कृति के सही रूप को ग्रहण कर सके।

4. संस्कृति का सृजन

शिक्षा के द्वारा संस्कृति के सम्बन्ध में मूलत: दो कार्य किए जाते हैं—संरक्षणात्मक कार्य एवं सृजनात्मक कार्य। सृजनात्मक कार्य से तात्पर्य है संस्कृति में नवीन मूल्यों का सृजन करना। बदलती हुई परिस्थितियों के अनुकूल नवीन सांस्कृतिक मूल्यों का सृजन करना अत्यन्त महत्त्वपूर्ण है। वर्तमान युग में शिक्षण संस्थाओं का यह दायित्त्व है कि शिक्षा द्वारा पुराने उपयोगी सांस्कृतिक मूल्यों का संरक्षण करते हुए नवीन सांस्कृतिक मूल्यों का सृजन करे।

निष्कर्ष रूप में यह कहा जा सकता है कि प्रत्येक देश की संस्कृति अपने आप में उच्च स्थान रखती है। शिक्षा व्यक्ति के संस्कृतिकरण में महत्त्वपूर्ण भूमिका निभा सकती है अत: विद्यालयों एवं शिक्षा विभाग के कर्णधार शिक्षकों द्वारा छात्रों को ऐसी शिक्षा प्रदान की जानी चाहिए जो उसे सुसंस्कृत बनाए तथा देश के भविष्य को उज्ज्वल बनाए।

❑❑❑

9

शिक्षा के विभिन्न आयाम

शिक्षा का मानव जीवन में अत्यधिक महत्त्व है। शिक्षा ही वह साधन है जो मानव को प्राणी जगत के अन्य जीवों से पृथक् करती है। शिक्षा मानव को एक सामाजिक प्राणी बनाकर सांस्कृतिक धरोहर को आगे आने वाली पीढ़ी को हस्तान्तरित करने योग्य बनाती है। शिक्षा द्वारा बालक का सर्वांगीण विकास होता है और बालक सामाजिक जीवन में अपने कर्त्तव्यों का पालन करते हुए राष्ट्र के विकास में सक्रिय योगदान देता है। शिक्षा बालक को वातावरण के साथ अनुकूलन करने की क्षमता प्रदान करती है साथ ही वातावरण में अपनी सुविधानुसार परिवर्तन करने की शक्ति एवं ज्ञान प्रदान करती है। शिक्षा के विभिन्न आयाम हैं जिनके माध्यम से बालक, युवाओं तथा प्रौढ़ों को शिक्षित किया जा सकता है। शिक्षा के विभिन्न आयाम निम्न हैं—

1. सहज संयोजिक शिक्षा
2. प्राथमिक शिक्षा
3. औपचारिक शिक्षा
4. अनौपचारिक शिक्षा
5. प्रौढ़ शिक्षा
6. सतत (अनवरत) शिक्षा

1. सहज संयोगिक शिक्षा

शिक्षा के इस आयाम में किसी प्रकार की विधि एवं संगठन नहीं होता है। इसका कोई निश्चित पाठ्यक्रम, स्थान, आयु एवं समय का बन्धन नहीं होता। शिक्षा के इस आयाम में बालक खेल के मैदानों, यात्रा के दौरान, रेडियो, टेलीविजन, चलचित्र आदि से अनायास ही ज्ञान, विचार और शिक्षा ग्रहण करता है। दूसरे शब्दों में कहा जा सकता है कि

शिक्षा की जिस प्रक्रिया द्वारा व्यक्ति धारणाओं और वृत्तियों को धारण करता है, दक्षताओं को बढ़ाता है, मूल्यों को उन्नत करता है उस प्रक्रिया को 'सहज संयोगिक शिक्षा' कहते हैं।

सहज संयोगिक शिक्षा जीवनपर्यन्त चलने वाली प्रक्रिया होने के कारण प्रासंगिक होती है। एक व्यक्ति समाज में अपने दैनिक अनुभवों तथा वातावरण से अभिवृत्तियों, मूल्यों और ज्ञान के रूप में ऐसी शिक्षा प्राप्त करता है।

2. प्राथमिक शिक्षा

प्राथमिक शिक्षा से तात्पर्य शिक्षा के उस स्तर से है जो शिक्षा व्यवस्था का प्रथम स्तर होता है। प्राथमिक स्तर पर बालक किसी शिक्षा संस्था में नियमित ढंग से अध्ययन प्रारम्भ कर देता है। अत: कक्षा 1 से लेकर कक्षा 8 तक की शिक्षा को प्राथमिक शिक्षा कहते हैं। शिक्षा आयोग (1964-66) के अनुसार कक्षा 1 से 5 तक की शिक्षा निम्न प्राथमिक शिक्षा और कक्षा 6 से 8 तक की शिक्षा उच्च प्राथमिक शिक्षा कहलाती है।

प्राथमिक शिक्षा बालकों को अपने वातावरण से अनुकूलन करने योग्य बनाती है। उनमें परस्पर सद्भावना व सहयोग की भावना को विकसित करती है तथा उनका शारीरिक व मानसिक विकास करती है। प्राथमिक शिक्षा से बालकों में भाषा, कला व संगीत आदि के द्वारा आत्माभिव्यक्ति क्षमता का विकास होता है, आत्मनिर्भरता व नागरिकता के गुण का विकास होता है साथ ही उनमें नैतिकता की भावना उत्पन्न होती है। शिक्षा आयोग (1964-66) ने प्राथमिक शिक्षा के उद्देश्य के सम्बन्ध में लिखा है कि प्राथमिक शिक्षा का उद्देश्य बालक को भावी जीवन की परिस्थितियों का सामना करने में समर्थ बनाने के लिए शारीरिक और मानसिक प्रशिक्षण देकर उसका इस प्रकार विकास करना है कि वह वास्तव में उपयोगी व कुशल नागरिक बन सके।

3. औपचारिक शिक्षा

औपचारिक शिक्षा से तात्पर्य उस शिक्षा से है जो विद्यालयों, महाविद्यालयों और विश्वविद्यालयों में प्रदान की जाती है। यह शिक्षा योजनाबद्ध होती है, इस शिक्षा के उद्देश्य, पाठ्यचर्या और शिक्षण विधियाँ सभी निश्चित होते हैं। इस शिक्षा व्यवस्था में सीखने वालों को विद्यालय, महाविद्यालय की समय-सारणी के अनुसार कार्य करना होता है। इसमें परीक्षा और प्रमाण पत्र प्रदान करने की व्यवस्था होती है। इस प्रकार से औपचारिक शिक्षा वह शिक्षा है जिसको पूर्व आयोजन, नियोजन एवं सप्रयत्नशील उपायों से प्रदान किया जाता है। इसके लिए उद्देश्य, पाठ्यक्रम, पाठ्य विधियों आदि का भी सुनिश्चित आयोजन किया जाता है।

औपचारिक शिक्षा की विशेषताएँ—औपचारिक शिक्षा में निम्न विशेषताएँ पायी जाती हैं—

1. औपचारिक शिक्षा व्यक्ति, समाज और राष्ट्र की आवश्यकताओं की पूर्ति करती है।
2. औपचारिक शिक्षा में सुनियोजित सचेष्ट प्रयासों तथा व्यवस्था की आवश्यकता होती है।
3. औपचारिक शिक्षा जटिल तथा अप्राकृतिक होती है जिसे प्राप्त करने के लिए तथा प्रदान करने हेतु सुनियोजित क्रियाएँ तथा कार्यक्रम आयोजित किए जाते हैं।
4. औपचारिक शिक्षा मूलत: विद्यालयों द्वारा प्रदान की जाती है।
5. औपचारिक शिक्षा उद्देश्य केन्द्रित होती हैं।
6. औपचारिक शिक्षा का मुख्य उद्देश्य बालक को इस योग्य बनाना है कि वह एक निश्चित परीक्षा उत्तीर्ण करके प्रमाण पत्र प्राप्त कर ले।
7. समय और धन की दृष्टि से औपचारिक शिक्षा व्ययसाध्य होती है।
8. औपचारिक शिक्षा व्यक्ति में ज्ञान और कौशल का विकास करके उसके आचरण को उचित आधार प्रदान करके उसे किसी व्यवसाय या उद्योग के लिए योग्य बनाती है।
9. औपचारिक शिक्षा समाज की दार्शनिक, सामाजिक, आर्थिक और राजनीतिक माँगों को पूरा करती है और उसके लिए विशेषज्ञ तैयार करती है।

4. अनौपचारिक शिक्षा

अनौपचारिक शिक्षा का तात्पर्य उस शिक्षा से है जिसकी कोई योजना नहीं होती। इस शिक्षा में न तो उद्देश्य होते हैं न पाठ्यचर्या न शिक्षण विधियाँ होती हैं बस यह अनवरत रूप से चलती रहती है। अन्य शब्दों में कहा जा सकता है कि अनौपचारिक शिक्षा जीवन से सम्बन्धित वे अनुभव हैं जिन्हें हम बिना किसी व्यवस्थित प्रयास, संस्था या साधन के स्वाभाविक स्थिति से प्राप्त करते हैं। इस प्रकार की शिक्षा अप्रत्यक्ष रूप से जीवन से सम्बन्धित होती है तथा जीवनपर्यन्त चलती है। अनौपचारिक शिक्षा को कुछ विद्वानों ने निम्न रूप में पारिभाषित किया है—

जे.एस. रॉस—"अनौपचारिक शिक्षा बालक द्वारा सभी प्रभाव ग्रहण करना है और उसे अपनी प्रवृत्ति से उत्तेजित पूर्णतया विकास करना सिखाती है।"

चेस्टर फील्ड व रेडिल्ड—"अनौपचारिक शिक्षा ऐसी शिक्षा है जिसमें जान-बूझकर या विवशतावश शिक्षा नहीं दी जाती बल्कि सीखने वाला स्वयं ही अपनी जिज्ञासावश शिक्षा ग्रहण करता है।"

इलीच व फ्रेरे—"अनौपचारिक शिक्षा औपचारिक शिक्षा की विरोधी है, इसे स्कूल रहित शिक्षा कहकर पुकारा जाता है।"

अनौपचारिक शिक्षा की विशेषताएँ—अनौपचारिक शिक्षा की निम्न विशेषताएँ हैं—

1. अनौपचारिक शिक्षा स्वाभाविक, जीवन से सम्बन्धित, सरल तथा प्राकृतिक रूप में होती है।

2. अनौपचारिक शिक्षा में मनुष्य अपने अनुभवों से लाभ उठाना सीखता है।

3. अनौपचारिक शिक्षा प्राप्त करने के लिए मनुष्य को अपने चारों ओर के वातावरण, परिवार, पड़ोस, समाज आदि पर मूल रूप से निर्भर रहना पड़ता है क्योंकि ये सभी अनौपचारिक शिक्षा के स्रोत हैं।

4. अनौपचारिक शिक्षा व्यक्ति की मूल प्रवृत्तियों तथा उसकी रुचि पर निर्भर करती है।

5. अनौपचारिक शिक्षा जीवनपर्यन्त चलने वाली प्रक्रिया है।

6. अनौपचारिक शिक्षा प्रवेश और विकास के औपचारिक प्रतिबन्धों से मुक्त रहती है।

7. अनौपचारिक शिक्षा नियम और प्रक्रिया की दृष्टि से लोचशील होती है।

8. अनौपचारिक शिक्षा उन बच्चों को शैक्षिक अवसर प्रदान करती है जिन्होंने बीच में ही विद्यालय छोड़ दिया है या जो कभी विद्यालय में पढ़े ही नहीं हैं।

9. अनौपचारिक शिक्षा में समय, स्थान, अवधि, पाठ्यक्रम, मूल्यांकन तथा उपस्थिति की अनिवार्यता है।

10. अनौपचारिक शिक्षा स्वतन्त्र और व्यापक होती है।

11. अनौपचारिक शिक्षा बन्धनमुक्त, सर्वकालीन व माननीय संभावनाओं के उन्नयन से अभिप्रेरित होती है।

अनौपचारिक शिक्षा के उद्देश्य—अनौपचारिक शिक्षा के मुख्य उद्देश्य निम्न हैं—

1. व्यक्तिगत तथा सामाजिक जीवन में समन्वय स्थापित करना।

2. जीवनोपयोगी ज्ञान तथा अनुभव प्रदान करना।

3. सफल जीवन व्यतीत करने की योग्यता का विकास करना।

अनौपचारिक शिक्षा का महत्त्व

1. अनौपचारिक शिक्षा व्यक्ति को अनुभव प्रदान करके उसके जीवन को एक शैली तथा दर्शन प्रदान करने की दृष्टि से महत्त्वपूर्ण है।

2. अनौपचारिक शिक्षा जीवन के हर क्षेत्र से सम्बन्धित हर प्रकार का ज्ञान प्रदान करने की दृष्टि से महत्त्वपूर्ण है।

3. अनौपचारिक शिक्षा जीवनपर्यन्त चलने वाली शिक्षा है।

4. अनौपचारिक शिक्षा ग्रामीण शिक्षा के सन्दर्भ में बहुत महत्त्वपूर्ण है।

5. प्रौढ़ शिक्षा

प्रौढ़ शिक्षा से हमारा तात्पर्य उन व्यक्तियों को साक्षर करना है जो बड़ी आयु के होते हैं तथा जिनकी बुद्धि परिपक्व हो जाती है परन्तु जिनको किन्हीं कारणों से या तो प्राथमिक शिक्षा दी नहीं जाती अथवा अपूर्ण रूप से दी जाती है और वह आधी-अधूरी शिक्षा को पुनः भूल जाते हैं। प्रौढ़ शिक्षा के अर्थ को और अधिक स्पष्ट करने के लिए अनेक विद्वानों ने निम्न परिभाषायें दी हैं—

अबुल कलाम—"प्रौढ़ शिक्षा का अर्थ केवल साक्षर बनाना नहीं है बल्कि ऐसे नागरिक तैयार करना है जो आधुनिक प्रजातान्त्रिक तथा सामाजिक क्रियाओं में सक्रिय रूप से भाग ले सकें।"

महात्मा गाँधी—"प्रौढ़ शिक्षा जीवन के लिए जीवन के द्वारा जीवन भर की शिक्षा है।"

डॉ. मुखर्जी के अनुसार—"प्रौढ़ शिक्षा के दो पक्ष हैं—1. प्रौढ़ साक्षरता उन वयस्कों की शिक्षा जो कभी स्कूल नहीं गए, 2. साक्षर वयस्कों की निरन्तर शिक्षा।"

ब्राइसन—"प्रौढ़ शिक्षा के अन्तर्गत वे सभी क्रियाएँ होती हैं जिनका सम्बन्ध मनुष्य के साधारण जीवन से होता है तथा जिनका कुछ शैक्षणिक उद्देश्य होता है।"

के.जी. सैयदेन—"प्रौढ़ शिक्षा के अन्तर्गत राजनीति, नागरिकता तथा नैतिकता की शिक्षा भी सम्मिलित होती है।"

शिक्षा आयोग (1964-66)—"प्रजातन्त्र में प्रौढ़ शिक्षा का कार्य प्रत्येक प्रौढ़ नागरिक को उस प्रकार की शिक्षा प्राप्त करने का एक अवसर प्रदान करना है जिस शिक्षा को वह चाहता हो तथा जो उसकी व्यक्तिगत समृद्धि, व्यावसायिक उन्नति तथा सामाजिक व राजनैतिक क्षेत्रों में सक्रिय रूप से भाग लेने के लिए उसे मिलनी चाहिए।"

अत: कहा जा सकता है कि प्रौढ़ शिक्षा शिक्षाविहीन व्यक्तियों के पुनर्वास का एक सामाजिक प्रयास है। प्रौढ़ शिक्षा एक बहुउद्देश्यीय प्रत्यय है जिसमें व्यवहार के तीनों पक्षों—ज्ञानात्मक, भावात्मक और क्रियात्मक विकास के लिए क्रमश: साक्षरता प्रसार, चेतना जागृति और व्यावहारिक कुशलता में वृद्धि सम्मिलित है।

भारत में प्रौढ़ शिक्षा की आवश्यकता

भारत एक प्रजातान्त्रिक देश है। इस प्रजातन्त्रात्मक देश में नागरिकों को अपने कर्त्तव्यों व अधिकारों का ज्ञान कराने, अनपढ़ व्यक्तियों को साक्षर बनाने के लिए सामाजिक शिक्षा अत्यन्त आवश्यक है। **डॉ. मणि के अनुसार,** "समाज शिक्षा बहुमुखी प्रयास है, क्योंकि भारत जैसे जनतंत्रीय धर्म-निरपेक्ष राज्य में इसका प्रमुख उद्देश्य व्यक्ति में न केवल नागरिक अधिकारों की वरन उत्तरदायित्वों की भी सजीव चेतना का विकास करना है।"

1. वयस्क नागरिकों की आवश्यकता—देश की प्रगति एवम् सुरक्षा हेतु नागरिकों को विकास कार्यक्रमों का प्रशिक्षण प्राप्त होना आवश्यक है। जैसे—यदि किसी कृषक, जो भूमि को जोतता है, को भूमि की बनावट के विषय में ज्ञान नहीं है तो वह अपनी मेहनत को सफल नहीं बना सकता। दूसरे शब्दों में, सभी वयस्क नागरिकों को उनके कार्यों से सम्बन्धित ज्ञान एवम् प्रशिक्षण प्रदान करने की दृष्टि से प्रौढ़ शिक्षा की आवश्यकता है। नागरिकों को सामाजिक शिक्षा की आवश्यकता के सम्बन्ध में **कोठारी आयोग** द्वारा प्रस्तुत सुझाव इस प्रकार है—"प्रत्येक नागरिक को ऐसी शिक्षा प्रदान करना है जो उसे अपनी व्यक्तिगत उन्नति, व्यावसायिक प्रगति तथा सामाजिक एवम् राजनीतिक कार्यों में भाग लेने के लिए प्राप्त करनी चाहिए।"

2. राजनैतिक आवश्यकता—बालक-बालिकाओं की शिक्षा के समान ही वयस्कों के लिए भी प्रौढ़ शिक्षा की आवश्यकता होती है। राजनैतिक आवश्यकताओं को भी प्रौढ़ शिक्षा ही पूर्ण कर पाती है। 1958 में तत्कालीन शिक्षामंत्री **कमलापति त्रिपाठी** ने इस सम्बन्ध में लिखा है—"देश में प्रजातन्त्र को दृढ़ बनाने के लिए उसकी आधारशिला सुदृढ़ होनी चाहिए। यह आधारशिला है भारत की जनता, जिसके ऊपर राज्य सरकारों का सुयोग्य निर्वाचन निर्भर है तथा समाज एवं राष्ट्र के मंगलमय स्वरूप का निर्धारण अवलम्बित है। इस उद्देश्य को पूर्ण करने के लिए उपयुक्त शिक्षा का होना अनिवार्य है। यह उपयुक्त शिक्षा समाज द्वारा ही प्राप्त हो सकती है।"

3. देश की आवश्यकता—भारत एक कृषि प्रधान देश है। यहाँ की अधिकांश जनता गाँवों में निवास करने के कारण अशिक्षित है। आज हमारे देश की विविध आवश्यकताओं के मद्देनजर देश के प्रत्येक व्यक्ति को शिक्षित करना आवश्यक है इसलिये भारत साक्षर व्यक्ति की ही आशा करता है तथा प्रत्येक निरक्षर व्यक्ति को साक्षर बनाने का प्रयत्न करना है क्योंकि अशिक्षित व्यक्ति देश के लिए अभिशाप होता है। इस सन्दर्भ में **कोठारी आयोग** ने लिखा है—"विशाल घटना के रूप में निरक्षरता आर्थिक एवं सामाजिक प्रगति को अवरुद्ध कर देती है और आर्थिक उत्पादकता, जनसंख्या नियन्त्रण, राष्ट्रीय एकीकरण, सुरक्षा व स्वास्थ्य और सफाई की उन्नति पर दूषित प्रभाव डालती है।"

4. सामाजिक आवश्यकता—प्रौढ़ शिक्षा द्वारा व्यक्ति सामाजिक आवश्यकताओं को भी पूर्ण कर सकता है। इसके अतिरिक्त समाज में शान्ति व सौहार्द्रपूर्ण वातावरण बनाने की पारस्परिक सहयोग हेतु आवश्यकता होती है। लेकिन आज व्यक्ति ईर्ष्या, द्वेष, संघर्ष जैसी दूषित भावनाओं को समाज में फैलाता है। इन दूषित भावनाओं के कारण समाज का अस्तित्व ही समाप्त होने की आशंका है। समाज के अस्तित्व के साथ-साथ देश का अस्तित्व भी समाप्त होने लगता है। अत: प्रौढ़ शिक्षा ही अपने कार्यकर्ताओं द्वारा समाज में सहयोग की भावना का विकास करती है।

5. आर्थिक आवश्यकता—प्राचीनकाल में भारत आर्थिक दृष्टि से सम्पन्न होने के कारण 'सोने की चिड़िया' कहलाता था। लेकिन विदेशी आक्रमणों अथवा विदेशी प्रशासन के कारण भारत की आर्थिक सम्पन्नता निर्धनता में परिवर्तित हो गयी इसीलिए पुन: अपनी आर्थिक स्थिति को सुदृढ़ बनाने के लिये भारत सदैव प्रयत्नशील रहा है। यह आर्थिक सम्पन्नता प्राविधिक शिक्षा, व्यावसायिक कुशलता एवं ग्रामीण कुटीर उद्योगों के द्वारा ही प्राप्त की जा सकती है। आर्थिक आवश्यकताओं को पूर्ण करने के लिये प्रौढ़ शिक्षा के संगठनकर्ताओं की आवश्यकता होती है।

6. पूर्ण शिक्षा की आवश्यकता—भारतवर्ष में विद्यालयों में प्रदान की जाने वाली शिक्षा जीवन से सम्बन्धित नहीं है। बालक शिक्षा के क्षेत्र में पग बढ़ाने पर ही अपनी शिक्षा को पूर्ण कर पाता है। इस अधूरी शिक्षा को पूर्ण करने में समाज शिक्षा अत्यन्त आवश्यक है। कोठारी आयोग ने भी शिक्षा को अनवरत चलाने वाली प्रक्रिया बताया है। आयोग के अनुसार विद्यालय में शिक्षा प्राप्त करने से ही शिक्षा का अन्त नहीं हो जाता क्योंकि शिक्षा तो जीवन में चलने वाली अनन्त प्रक्रिया है।

7. अशिक्षितों एवं अर्द्धशिक्षितों की आवश्यकता—भारत में लगभग 40 प्रतिशत जनता निरक्षर है। इस निरक्षरता के अनेक कारण हैं, यथा—प्रारम्भिक शिक्षा का नि:शुल्क न होना, आर्थिक स्थिति कमजोर होना समाज में फैली कुरीतियों के कारण। इन अनेक कारणों से बालक अल्पायु में ही शिक्षा से विमुख हो जाता है तथा बड़ा होकर वह अपने अधिकारों को न समझ पाने से लाचार स्थिति में जीता है। अत: प्रौढ़ शिक्षा द्वारा ऐसे व्यक्तियों को अपने अधिकारों एवं कर्त्तव्यों से परिचित कराया जाता है। वस्तुत: प्रौढ़ शिक्षा के द्वारा ही अर्द्धशिक्षित व्यक्तियों को भी एक उत्तम नागरिक बनाया जा सकता है। अर्द्धविकसित व्यक्ति वे व्यक्ति होते हैं जिन्होंने मात्र प्राथमिक शिक्षा ही प्राप्त की है। यह स्पष्ट है कि प्रौढ़ शिक्षा ही व्यक्ति की विभिन्न आवश्यकताओं को पूर्ण करती है। इस सन्दर्भ में **हुमायूँ कबीर** ने लिखा है कि "प्रौढ़ शिक्षा वह आधार है जिस पर स्वतन्त्र भारत कल्याणकारी राज्य का निर्माण कर सकता है जो वैयक्तिक सुरक्षा व स्वतन्त्रता एवं सामाजिक सुरक्षा को स्वीकार करेगा।"

प्रौढ़ शिक्षा के उद्देश्य

प्रौढ़ शिक्षा की उपयोगिता व्यक्ति व समाज दोनों के लिये है इसलिये प्रौढ़ शिक्षा के उद्देश्यों को व्यक्तिगत तथा सामाजिक उद्देश्यों में बाँटा जा सकता है।

व्यक्तिगत उद्देश्य—प्रौढ़ शिक्षा के प्रमुख व्यक्तिगत उद्देश्य निम्नलिखित हैं—

1. शिक्षा के द्वारा प्रौढ़ों का विकास करना।

2. कृषि, शिल्प तथा घरेलू उद्योग-धन्धों इत्यादि का प्रशिक्षण देकर प्रौढ़ों की व्यावसायिक क्षमता का विकास करना।

3. स्वास्थ्य शिक्षा, प्रमुख रोगों की उपचार पद्धति तथा सन्तुलित आहार का ज्ञान देकर प्रौढ़ों के शारीरिक विकास को ठीक करना।

4. प्रौढ़ों को सामुदायिक जीवन की कला से अवगत कराकर उनका सामाजिक विकास करना।

5. प्रौढ़ों को नृत्य, संगीत, गीत, लोकगीत आदि सांस्कृतिक क्रियाओं का ज्ञान देकर उनका सांस्कृतिक विकास करना।

सामाजिक उद्देश्य—प्रौढ़ शिक्षा के मुख्य समाजिक उद्देश्य निम्न हैं—

1. विभिन्न व्यक्तियों तथा समुदायों के बीच बढ़ती अलगाववादी भावना को समाप्त करना तथा एक राष्ट्रीय एकता व संस्कृति का निर्माण करना।

2. प्रकृति द्वारा प्रदत्त उपहारों तथा साधनों की सुरक्षा करना, सदुपयोग करना तथा उनको विकसित करना।

3. सरकारी तथा सामाजिक संस्थाओं का संगठन तथा संचालन करना।

4. सामाजिक हित या राष्ट्रहित के सामने व्यक्तिगत हितों को कुर्बान कर देने की भावना का विकास करना।

प्रौढ़ शिक्षा का क्षेत्र

प्रौढ़ शिक्षा केवल साक्षर बनाने अथवा साधारण गणित का ज्ञान देने तक सीमित नहीं है, प्रौढ़ शिक्षा का क्षेत्र व्यापक है। प्रौढ़ शिक्षा के क्षेत्र अन्तर्गत कम से कम निम्न पाँच बिन्दुओं को सम्मिलित किया जाता है—

1. प्रौढ़ों को आत्म-अभिव्यक्ति में निपुण बनाने के लिये साक्षरता का प्रचार।

2. व्यक्ति को अपना स्वास्थ्य ठीक रखने की दृष्टि से स्वास्थ्य शिक्षा।

3. प्रौढ़ों की आर्थिक उन्नति के लिये व्यावसायिक प्रशिक्षण।

4. प्रजातान्त्रिक शासन व्यवस्था में अपने कर्त्तव्यों और अधिकारों के प्रति सजग करने के लिये नागरिकता की शिक्षा।

5. खाली समय का सदुपयोग करने के लिये स्वस्थ मनोरंजन। कोठारी आयोग (1964-66) ने भारतीय सन्दर्भ में प्रौढ़ शिक्षा के प्रभावशाली कार्यक्रम में निम्न शर्तों पर विचार करने का सुझाव दिया था—

(i) निरक्षरता का उन्मूलन (ii) सतत शिक्षा

(iii) पत्राचार पाठ्यक्रम (iv) पुस्तकालय

(v) प्रौढ़ शिक्षा में विद्यालयों की भूमिका तथा

(vi) प्रौढ़ शिक्षा का संगठन तथा प्रशासन।

प्रौढ़ शिक्षा की समस्याएँ व उनके समाधान के उपाय

1. प्रौढ़ शिक्षा के प्रसार के लिये उपयुक्त नीति की आवश्यकता—प्रौढ़ शिक्षा की समस्या की जटिलता इसलिये और बढ़ गई है क्योंकि भारत की आबादी बहुत विशाल है तथा साधन बहुत कम हैं। करोड़ों की संख्या में निरक्षर व्यक्तियों को प्रौढ़ शिक्षा देने का काम अत्यन्त दुरूह है। इस कार्य को करने के लिये सारे उपलब्ध साधनों को काम में लाना

होगा। प्रशासन द्वारा इस समस्या को हल करने के लिये प्रभावशाली नीतियों को भी क्रियान्वित करना होगा। प्रौढ़ शिक्षा का देश को साक्षर बनाने के प्रयत्नों से सीधा सम्बन्ध है। इसके लिये केन्द्रीय सरकार, राज्य सरकार, स्थानीय प्रशासन, समाजसेवी संस्थाएँ इन सभी को एकजुट होकर अधिक से अधिक विकास में योगदान देना चाहिये।

2. धन की कमी—प्रौढ़ शिक्षा के विकास में सबसे अधिक बाधा धन का अभाव होना है। यद्यपि हमारा देश गरीब देश है तथा देश की सुरक्षा को बनाये रखने के लिये भी हमें आज पहले की तुलना में अधिक व्यय करना पड़ रहा है, किन्तु यदि देश को उन्नतिशील बनाना है तो असमानता एवं निरक्षरता को दूर करने के लिये हमें प्रौढ़ शिक्षा के लिये धन उपलब्ध कराना होगा। धन की कमी होने से मनुष्य अपना समय अधिक से अधिक रोजगार की तलाश में खर्च करता है। प्रौढ़ शिक्षा के प्रसार हेतु समय खर्च नहीं करता। अत: धन की कमी दूर करने के लिये रोजगार भी उपलब्ध कराये जायें तो प्रसार में आ रही बाधा दूर हो सकेगी।

3. प्रौढ़ शिक्षा को व्यापक रूप देने की आवश्यकता—भारत में प्रौढ़ शिक्षा की दो प्रमुख समस्या हैं- प्रथम, देश में साक्षरता का प्रसार करना। देश में साक्षरता का स्तर अभी भी न्यून है। ऐसी परिस्थिति में देश की प्रमुख समस्या साक्षरों की संख्या में वृद्धि करना है। दूसरी समस्या प्रौढ़ शिक्षा का अन्तिम लक्ष्य पूर्ण शिक्षित होना चाहिये। इस प्रकार की शिक्षा के लिये वयस्कों को साक्षर होना चाहिये क्योंकि ज्ञान की प्राप्ति बिना अक्षर ज्ञान के नहीं हो सकती। प्रत्येक शिक्षित व्यक्ति अधिक से अधिक व्यक्तियों को साक्षर बनाये। वयस्कों को साक्षर बनाने के पश्चात् उन्हें स्वास्थ्य, नागरिकता, शिल्पकला तथा अन्य सामाजिक एवं सांस्कृतिक क्रियाओं की शिक्षा सरलता से दी जा सकेगी।

4. पाठ्यक्रम की समस्या—प्रौढ़ शिक्षा के अन्तर्गत पाठ्यक्रम की एक जटिल समस्या है। जिस प्रकार का पाठ्यक्रम बालकों के लिये प्रयोग में लाया जाता है उसे वयस्कों के लिये प्रयोग नहीं किया जा सकता। प्रौढ़ शिक्षा का पाठ्यक्रम निर्धारित करते समय वयस्कों की रुचियों एवं आवश्यकताओं को ध्यान में रखना आवश्यक है। अत: प्रौढ़ शिक्षा का पाठ्यक्रम निर्धारित करते समय इन सब भेदों को ध्यान में रखकर शिक्षा देनी चाहिये। पाठ्यक्रमों में तथ्यों एवं सूचनाओं के ज्ञान के अतिरिक्त शारीरिक, सामाजिक एवं मनोरंजन, कला कौशल एवं शिल्प कला की शिक्षा भी सम्मिलित होनी चाहिये।

5. शिक्षा पद्धति की समस्या—प्रौढ़ शिक्षा के कार्यक्रम की समस्या से अधिक जटिल समस्यां प्रभावशाली शिक्षण पद्धति का निर्माण करना है क्योंकि वयस्क का

मस्तिष्क परिपक्व होता है, उसकी आदतों एवं प्रवृत्तियों का निर्माण हो चुकता है। कक्षा पद्धति वयस्कों को शिक्षित करने में अधिक लाभकारी सिद्ध नहीं होती। वयस्कों को मौखिक शिक्षा के साथ व्यावहारिक क्रियाओं द्वारा ज्ञान प्रदान करना भी आवश्यक है। उन्हें साक्षर बनाने के लिये वाक्य पद्धति, लावक पद्धति (चार्टो के प्रयोग द्वारा वाक्यों की शिक्षा), कहानी पद्धति तथा सरल शब्द पद्धति (गीतों के द्वारा) का प्रयोग किया जाना चाहिये। इसके अतिरिक्त शिक्षा के लिये चलचित्र, रेडियो, चल-पुस्तकालय, रंगमंच आदि का प्रयोग करना चाहिये।

6. अध्यापकों की समस्या—प्रौढ़ शिक्षा के कार्यक्रम को सफल बनाने के लिये लगभग 10 लाख से अधिक अध्यापकों की आवश्यकता होगी। अध्यापकों की इस विशाल संख्या की पूर्ति के लिये यह सुझाव दिया जाता है कि प्राथमिक स्कूलों के अध्यापकों एवं कॉलेज के छात्रों से प्रौढ़ शिक्षा अध्यापक का कार्य लिया जाये। प्रौढ़ शिक्षा अध्यापक एक सच्चे अर्थ में सामाजिक कार्यकर्ता होना चाहिये जिसमें वयस्कों से व्यवहार करने की कला एवं प्रोत्साहन देने की योग्यता होना भी आवश्यक है। इसलिये प्रौढ़ शिक्षा के लिये नियुक्त अध्यापकों को इसकी विधियों, प्रौढ़ मनोविज्ञान, ग्रामीण शिल्पों की जानकारी तथा श्रव्य-दृश्य सामग्री के प्रयोग में दीक्षित किया जाना चाहिये।

7. साक्षरता उपरान्त शिक्षा की समस्या—प्रौढ़ शिक्षा के क्षेत्र में जितना साक्षरता प्रदान करना आवश्यक है उतना ही साक्षरों को पुन: निरक्षर होने से रोकना भी आवश्यक हैं। इसलिये प्रौढ़ शिक्षा के उद्देश्य की पूर्ति के लिए निरन्तर आगे की शिक्षा भी जारी रखी जाये। वयस्कों के लिये ऐसे साहित्य का सृजन करना चाहिये जिसके अध्ययन द्वारा वे अपने प्राप्त ज्ञान को स्थायी बना सकें।

8. पुरुषों की अपेक्षा स्त्रियों को साक्षर बनाने की समस्या—भारत में निरक्षरता की समस्या तो गम्भीर है किन्तु इससे भी विकट समस्या वयस्क स्त्रियों को साक्षर बनाने की है। इसका प्रमुख कारण स्त्रियों को शिक्षा प्रदान करना सामाजिक दृष्टि से आवश्यक नहीं समझा जाता था। यह विचारधारा न केवल निर्धन एवं पिछड़े वर्ग में बल्कि सजातीय एवं धनिक वर्ग में भी समान रूप से विद्यमान है सामाजिक कुरीतियों एवं रूढ़िगत विचारों जैसे—पर्दा प्रथा, बाल विवाह, स्त्रियों का कार्य घरेलू कार्य ही समझना, के कारण स्त्रियों को प्रौढ़ शिक्षा का कार्यक्रम अधिक प्रभावित नहीं करता। इस समस्या के समाधान के लिये अब 'महिला समितियाँ' बनाई गई हैं, जिनमें साक्षरता कार्यक्रम के साथ भजन, गीत, बाल कल्याण, हस्त शिल्प आदि कार्यक्रमों का एकीकरण कर दिया गया है।

केन्द्रीय समाज परिषद् द्वारा अर्द्धशिक्षित महिलाओं के लिये सघन पाठ्यक्रम चलाया जाता है और उन्हें सामाजिक प्रशिक्षण देकर रोजगार के योग्य बना दिया जाता है।

9. अनवरत शिक्षा की समस्या—सर्वप्रथम निरक्षर प्रौढ़ों को साक्षर बनाने के लिये प्रौढ़ शिक्षा कार्यक्रम आयोजन किया गया। तदुपरान्त इस कायर्कम को और विस्तृत बल दिया गया। इसके अन्तर्गत प्रौढ़ों को न केवल साक्षर बनाने वरन् पूर्ण नागरिकता की शिक्षा पर बल था। इस प्रकार प्रौढ़ शिक्षा को समाज शिक्षा से परिणत कर दिया गया। वर्तमान काल में अनवरत शिक्षा से अभिप्राय सदैव चलने वाली शिक्षा से है। एक निश्चित अवधि में प्रौढ़ शिक्षा देना ही पर्याप्त नहीं है। शिक्षित वयस्क को निरन्तर शिक्षित करने के लिये साक्षरता के उपरान्त शिक्षा की व्यवस्था करनी होगी। अनवरत शिक्षा कार्यक्रम के अन्तर्गत किसी क्षेत्र का नवीनतम ज्ञान रेडियो, टेलीविजन, साहित्य एवं पत्राचार पाठ्यक्रम द्वारा प्रदान किया जाता है। हमारे देश में इस प्रकार के कार्यक्रम को अभी कुछ चुने हुए स्थानों एवं क्षेत्रों में प्रारम्भ किया गया है। अनवरत शिक्षा के उद्देश्य को पूरा करने के लिये इन सभी कार्यक्रमों का औपचारिक एवं अनौपचारिक शिक्षा के लिये अत्यन्त विकास करना होगा।

प्रौढ़ शिक्षा के क्षेत्र में अनुप्रयोग

1. जनता कॉलेज—आज का युग योजनाओं का युग है। इन योजनाओं की सफलता के लिये यह अनिवार्य है कि ग्रामों के नेतृत्व के केन्द्र स्थापित किये जायें। जो योजना गाँवों में वहाँ के लोगों को सामाजिक शिक्षा प्रदान करती है तथा उन्हें देश की योजनाओं में भाग लेना सिखाती है, 'जनता विद्यालय' कहलाती है। 1949 में यूनेस्को सम्मेलन की अन्तर्राष्ट्रीय गोष्ठी के परिणामस्वरूप भारत में जिन क्षेत्रों में जनता कॉलेजों की स्थापना की गई, उनमें से प्रमुख हैं—दिल्ली के पास अलीपुर, उत्तरप्रदेश में बघरा मऊआया तथा निगोहा आदि। ये विद्यालय लोगों को ग्रामीण नेतृत्व के लिये प्रशिक्षण देते हैं। इन केन्द्रों के लिये योग्य व प्रशिक्षित कार्यकर्ता तैयार करने के लिये ही जनता कॉलेजों की स्थापना की गई। इन कॉलेजों में स्थानीय नेतृत्व जन्म लेगा। इस संस्था का रूप सामान्य कॉलेजों के रूप में न होकर चुने हुए क्षेत्र में ग्रामीणों के मध्य सामाजिक, सांस्कृतिक, शैक्षणिक तथा अन्य जनोपयागी कार्य करने के लिये युवक व युवतियों को प्रशिक्षण देता है जिससे वे ग्रामीण क्षेत्रों में नेतृत्व कर सकें।

2. सामुदायिक केन्द्र—सामुदायिक केन्द्रों को ग्राम्य-विकास की इकाई माना जाता है। इन केन्द्रों का उद्देश्य गाँवों के एक निश्चित क्षेत्र में विकास कार्य में सहायता देना है।

हमारे देश में लगभग 100 गाँवों के लिये सामुदायिक केन्द्र की स्थापना की गई जिसमें एक प्रमुख विकास अधिकारी तथा उसकी सहायता के लिये अन्य अनेक सहायक अधिकारी होते हैं।

3. शैक्षणिक-कारवाँ—दिल्ली के आसपास के गाँव के लोगों को प्रौढ़ शिक्षा प्रदान करने के लिये शैक्षणिक कारवाँ नाम से एक नवीन योजना प्रारम्भ की गई है। इस कारवाँ के पास फिल्म प्रोजेक्टर, पुस्तकालय, स्वास्थ्य शिक्षा से सम्बन्धित सामग्री होती है। यह कारवाँ किसी एक गाँव में पड़ाव डाल देता है फिर इसके कर्मचारी अनेक गाँवों में फैल जाते हैं और ग्रामीण लोगों को प्रौढ़ शिक्षा प्रदान करते हैं।

4. ग्राम शिक्षा मुहिम—इसका प्रयोग महाराष्ट्र में किया गया है। इसके अन्तर्गत प्रौढ़ कार्यकर्ता प्रौढ़ क्रियायें चलाते हैं। इस मुहिम आन्दोलन के द्वारा गाँव के विभिन्न प्रकार के कार्य पूरे किये जाते हैं। इसके अन्तर्गत यह प्रयत्न किया जाता है कि सभी शिक्षित व्यक्ति निरक्षर व्यक्तियों को पढ़ायें। अब यह कार्यक्रम जिला परिषदों द्वारा चलाया जा रहा है। इस कार्यक्रम के तीन मुख्य लक्ष्य हैं—

(क) प्रौढ़ों (15 से 45 वर्ष) की निरक्षरता समाप्त करना।

(ख) नवसाक्षरों को शिक्षा के सम्पर्क में बनाये रखने वाली परिस्थितियाँ प्रदान करना।

(ग) प्रौढ़ शिक्षा केन्द्रों के माध्यम से ग्रामों का सर्वांगीण विकास करना।

5. ग्राम विद्यापीठ—इसका प्रारम्भ मैसूर में हुआ था। डेविंग कॉक हाई स्कूलों से प्रेरणा लेकर इसका निर्माण किया गया। इसके अन्तर्गत अर्थशास्त्र एवं कृषि की शिक्षा प्रदान की जाती है। इस ग्राम विद्यापीठ में एक वर्ग को 5-6 माह तक रहकर अध्ययन करना पड़ता है! इसका लक्ष्य सामुदायिक विकास करना है।

6. फरक्का आन्दोलन—यह आन्दोलन ग्रामीण कल्याण योजना का एक अंग है तथा इसे पहले मद्रास (चेन्नई) के गाँव में प्रारम्भ किया था। अब इस आन्दोलन को सभी ग्रामवासी मिलकर चलाते हैं तथा ग्रामवासियों की समस्याओं को सुलझाने की दृष्टि से मिलकर कार्य करते हैं।

7. जन शिक्षा आन्दोलन—लगभग 20 वर्ष पूर्व परिचय ट्रस्ट की स्थापना गुजराती भाषा-भाषाओं में जन शिक्षा के प्रचार और प्रसार के लिये की गई थी। यह ट्रस्ट जनशिक्षा प्रचार का कार्य लघु पुस्तिकाएँ प्रकाशित करके करता है। अब तक विभिन्न विषयों पर

लगभग 300 पुस्तिकाएँ प्रकाशित कर चुका है। इस ट्रस्ट के द्वारा नवसाक्षरों को ज्ञान प्रदान किया जाता है।

8. कस्तूरबा राष्ट्रीय स्मारक ट्रस्ट—यह ट्रस्ट पिछले लगभग 25 वर्षों से जन सेवा का कार्य कर रहा है। इसमें लगभग 90 सेविकाएँ सेवा कार्य कर रही हैं। ये सेविकाएँ ग्रामीण महिलाओं को गृह-कार्य सम्बन्धी परामर्श, निर्देशन एवं प्रशिक्षण प्रदान करती हैं।

9. सघन पुस्तकालय—सघन पुस्तकालयों की स्थापना उन स्थापना पर की गई है जहाँ सामुदायिक केन्द्र नहीं है। इन पुस्तकालयों में प्रौढ़ शिक्षा सम्बन्धी साहित्य रखा जाता है। प्राय: कुटीर उद्योगों, कृषि, सहकारिता तथा स्वास्थ्य आदि विषयों की पुस्तकें उपलब्ध रहती हैं।

10. राजस्थान विश्वविद्यालय जयपुर से प्रौढ़ शिक्षा विभाग—1965 में राजस्थान विश्वविद्यालय, जयपुर में प्रौढ़ शिक्षा को अनवरत शिक्षा का रूप देने के लिये प्रौढ़ शिक्षा विभाग की स्थापना की गई। यह विभाग प्रौढ़ शिक्षा के प्रसार के सम्बन्ध में समय-समय पर कान्फ्रेंस तथा परिचर्चायें आयोजित करता है। इसके साथ ही यह विभाग नवसाक्षरों तथा अल्पसाक्षरों को अल्पकालीन पाठ्यक्रम भी प्रस्तुत करता है।

राष्ट्रीय प्रौढ़ शिक्षा योजना

1978 में शिक्षा मन्त्रालय तथा समाज कल्याण विभाग द्वारा प्रौढ़ शिक्षा योजना की रूपरेखा तैयार की गई। इसका कार्यकाल 5 वर्ष निर्धारित किया गया। इस योजना के अन्तर्गत उन कौशलों पर बल दिया गया जिनमें प्रशिक्षण प्राप्त करके व्यक्ति आर्थिक व सामाजिक योग्यता अर्जित कर सके।

इस योजना के कार्यक्रमों की रूपरेखा इस प्रकार है—

1. ग्रामीण युवकों को वैज्ञानिक पद्धति के माध्यम से कृषि, कुटीर उद्योगों तथा ग्रामीण नेतृत्व के लिये उपयुक्त सिद्ध हो सके, ऐसे प्रशिक्षित बनाना।

2. नगरीय कार्यकर्ताओं की कुशलताओं में सुधार करना जिससे वे विभिन्न क्रियाओं का समुचित प्रबन्ध कर सकें।

3. स्त्रियों के लिये ऐसी व्यावहारिक शिक्षा योजना आयोजित करना जिससे वे अपनी पारिवारिक समस्याओं को भली-भाँति सुलझा सकें तथा समाज में उचित स्थान प्राप्त कर सकें।

4. वाणिज्य सम्बन्धी कर्मचारियों की निष्पत्तियों में सुधार करना, जैसे—बीमा तथा बैंक आदि के कर्मचारी।

राष्ट्रीय और प्रौढ़ शिक्षा कार्यक्रम के आरम्भ होने पर गोखले इन्स्टीट्यूट के श्री ए. आर. कामथ ने कहा, ''इस वर्ष गाँधीजी की जन्मतिथि के शुभ अवसर पर 'राष्ट्रीय प्रौढ़ शिक्षा कार्यक्रम' (NAEP) प्रारम्भ किया जा रहा है। प्राय: एक वर्ष पूर्व संगठित प्रौढ़ शिक्षा बोर्ड ने प्रौढ़ साक्षरता कार्यक्रम एवं प्रौढ़ शिक्षा को उच्च प्राथमिकता देने का निश्चय किया। इसके लिये प्रौढ़ निरक्षरता का उन्मूलन करने हेतु एक पंचवर्षीय योजना बनायी। इस योजना के अनुसार विशेषतया 15 से 35 वर्ष की आयु के करोड़ों निरक्षरों को साक्षर बनाने का प्रावधान रखा गया। सन् 1978-79 में 15 लाख निरक्षरों को साक्षर बनाने हेतु लक्ष्य को लेकर यह कार्यक्रम निश्चित किया गया। इसलिये इस वर्ष को राष्ट्रीय प्रौढ़ शिक्षा कार्यक्रम का वर्ष कहा गया और शनै:-शनै: इस लक्ष्य को बढ़ाकर सन् 1983-84 के लिये 3 करोड़ 50 लाख कर दिया गया तथा पूरे पाँच वर्ष में 10 करोड़ निरक्षरों को साक्षर बनाने का विशाल लक्ष्य निर्धारित किया गया। छठी प्रौढ़ शिक्षा पंचवर्षीय योजना में इस कार्य हेतु 2 अरब रुपये (सम्पूर्ण शिक्षा पर 18 अरब में से) व्यय करने का प्रावधान रखा गया। अब तक की किसी पंचवर्षीय योजना में निश्चित की गई राशि की तुलना में यह धन राशि दस गुना से भी अधिक है।

गत वर्ष इस सम्बन्ध में अनेक संगोष्ठियाँ आयोजित की गईं, कार्यशालायें संचालित की गईं, समितियाँ तथा कार्यसमूह गठित किये गये, स्रोत-साधन स्थापित किये गये। आवश्यक सामग्री के उत्पादन हेतु प्रयास किये गये। राष्ट्रीय प्रौढ़ शिक्षा कार्यक्रम का परिचय देने हेतु पर्याप्त प्रचार किया गया तथा इसके लिये बड़ी भारी मात्रा में साहित्य के द्वारा ही राष्ट्रीय प्रौढ़ शिक्षा कार्यक्रम के उद्देश्य, ध्येय मान्यताएँ, पद्धतियाँ, प्रशिक्षण-प्रविधियाँ तथा कार्यक्रम संचालन पर पर्याप्त प्रकाश डाला गया। प्रस्तुत लेख में राष्ट्रीय प्रौढ़ शिक्षा कार्यक्रम के प्रमुख मुद्दों का मूल्यांकनात्मक विवरण प्रस्तुत किया गया है।

6. सतत शिक्षा

सतत शिक्षा या अनवरत शिक्षा के साथ कई समान अर्थों के शब्द जोड़े गये हैं। सतत शिक्षा या अनवरत शिक्षा अनौपचारिक शिक्षा ही है और इसे प्रौढ़ शिक्षा पुन: आरम्भ की गई, आगे के लिये शिक्षा, जीवनपर्यन्त शिक्षा, विस्तार शिक्षा आदि कहा जा सकता है।

सतत शिक्षा से अभिप्राय उस शिक्षा से है जिसमें निरन्तरता हो और जीवनपर्यन्त

शिक्षा ग्रहण करने की शक्ति एवं क्षमता हो। इस प्रकार की शिक्षा में आयु सीमा का कोई निर्धारण नहीं है और न ही ज्ञानार्जन की कोई सीमा है। ऐसे लोग जो विधिवत शिक्षा को पूरा करना चाहते हैं और जिन्हें अवसर न मिल पाने के कारण अथवा प्राथमिक शिक्षा पूरी करने से पूर्व ही विद्यालय छोड़ना पड़ा हो ऐसे व्यक्तियों को शिक्षा पूर्ण करने योग्य घोषित करना एवं सक्षम बनाना सतत शिक्षा का मूल ध्येय है।

'सतत् शिक्षा' निरक्षरता की समस्या के समाधान में महत्त्वपूर्ण योगदान दे सकती है। पत्राचार से शिक्षा के अन्तर्गत कुछ समयावधि के व्यक्तिगम सम्पर्क कार्यक्रम भी आयोजित किये जाते हैं जिसमें भाषण, सेमीनार, विचार गोष्ठी, सामूहिक चर्चाएँ, प्रायोगिक कार्य आदि सम्मिलित हैं।

सतत शिक्षा के आयाम

1. अनौपचारिक शिक्षा—(अ) अनौपचारिक शिक्षा की आवश्यकता (ब) संकल्पना (स) परिभाषा (द) स्वरूप व उद्देश्य (य) संगठन आदि आवश्यक अंग हैं।

2. पत्राचार से शिक्षा—(अ) पत्राचार से शिक्षा का अर्थ एवं महत्त्व (ब) उद्देश्य (स) व्यवस्था आदि आवश्यक अंग हैं।

साक्षर वयस्कों की शिक्षा सम्बन्धी शिक्षा आयोग के सुझाव

1. साक्षर वयस्कों की अल्पकालीन शिक्षा की व्यवस्था की जानी चाहिये जिसमें उनको परीक्षा उत्तीर्ण करने के बाद डिग्री या डिप्लोमा दिया जा सके।

2. सभी शिक्षण संस्थाएँ अपने शिक्षण काल के पूर्व या पश्चात् साक्षरता प्रसार हेतु कार्य करें।

3. इन संस्थाओं में ऐसे पाठ्यक्रमों का आयोजन किया जाना चाहिये जिससे वयस्क अपनी समस्याओं का समाधान कर सकें।

4. साक्षर वयस्कों में शिक्षा के माध्यम से उनके दृष्टिकोण में भी विस्तृत परिवर्तन हो ऐसी शिक्षा का प्रसार किया जाये।

सतत शिक्षा का क्रियान्वयन

सतत शिक्षा में उत्तर साक्षरता तथा सतत शिक्षा के क्रमबद्ध कार्यक्रम लागू किये जायेंगे। इस कार्य में जन शिक्षण निलियम प्रमुख भूमिका अदा करेंगे। चार-पाँच गाँवों के समूह जिनकी आबादी लगभग पाँच हजार होगी, लिये सायंकालीन कक्षा लगाना,

पुस्तकालय तथा वाचनालय की व्यवस्था करना, जन समस्याओं पर चर्चा मण्डल गठित करना, स्वास्थ्य परिवार कल्याण, कृषि, पशुपालन, ऊर्जा संरक्षण आदि की नवीनतम जानकारी प्रदान करने के लिये सरल व कम अवधि वाले प्रशिक्षण कार्यक्रम चलाना, सेल तथा महत्त्वपूर्ण कार्यकलापों का आयोजन करना, मनोरंजन तथा सांस्कृतिक कार्यकलाप आयोजित करना, सरकार द्वारा संचालित विभिन्न विकास कार्यक्रम की सूचना उपलब्ध कराना एवं रेडियो, केसेट प्लेयर, टी.वी. तथा वी.सी.आर. से युक्त संचार केन्द्र खोलना सम्मिलित होंगे। नियोक्ता, ट्रेड यूनियन, विश्वविद्यालय, कॉलेज, पुस्तक प्रकाशन, सायंकालीन पुस्तकालय, वाचनालय आदि के माध्यम से भी सतत शिक्षा उपलब्ध कराई जायेगी।

सतत शिक्षा का महत्त्व—सतत शिक्षा का सम्बन्ध प्रौढ़ शिक्षा से है। इसका महत्त्व बताते हुए शिक्षा आयोग ने लिखा है, "समय बीतते-बीतते निरक्षरता समाप्त होनी चाहिये और स्कूल पद्धति के द्वारा यह सुनिश्चित किया जाना चाहिये कि उसकी पुनरावृत्ति न हो। राष्ट्रीय शिक्षा पद्धति में प्रौढ़ शिक्षा का कार्य निरन्तर चलता है। द्रुत परिवर्तन और वर्तमान ज्ञान की पृष्ठभूमि के विचार से मनुष्य को निरन्तर सीखते रहना होगा ताकि वह पूर्णता से जिये। सीखते रहना सभ्य जीवन की रीति है।"

सतत शिक्षा की पद्धति ऐसी होनी चाहिये जो दो विभिन्न वर्गों के लिये उपयुक्त ही है। इनमें प्रथम वर्ग उनका है जो शैक्षिक संस्थाओं में या विविध साधनों द्वारा विशिष्ट विषयों में आयोजित तदर्थ शिक्षा की कक्षाओं में अंशकालीन अध्ययन के लिये दूसरों के साथ मिलकर समूह बना सकते हैं। दूसरा वर्ग उन लोगों का है जिनको अपने घर पर उस समय के मध्य पढ़ना है जो उनको इस उद्देश्य से मिले, पर जो अपनी सुविधा के अनुसार सहायता चाहते हैं। सतत शिक्षा निरक्षरता की समस्या के समाधान में महत्त्वपूर्ण योगदान दे सकती है।

❑❑❑

10

वैदिक समय

वेद भारतीय विद्या की सर्वाधिक मूल्यवान निधि हैं। विद्वानों का मानना है कि ऋग्वेद न केवल भारत का बल्कि समूचे विश्व का प्राचीनतम ग्रन्थ है। भारतीय धर्म और संस्कृति का मूल स्रोत वेद ही है। मनुस्मृति में कहा गया है वेदोऽखिलो धर्ममूलम्। वेद कब लिखे गये इस सम्बन्ध में विश्व के विद्वानों के विभिन्न मत हैं। इनका समय कुछ विद्वान आज से तीन लाख वर्ष पहले तक ले जाते हैं जबकि कुछ ईसा से 1200 वर्ष पूर्व तक ले आते हैं। जर्मन विद्वान मैक्समूलर के अनुसार भी वेद आज से लगभग तीन हजार वर्ष पूर्व अर्थात् ईसा से लगभग 12 सौ वर्ष पूर्व लिखे गये होंगे। लोकमान्य तिलक ने गणित ज्योतिष के प्रमाणों से सिद्ध किया है कि ऋग्वेद ईसा से 6 हजार वर्ष पूर्व से लेकर 4 हजार वर्ष पूर्व के बीच लिखा गया होगा। वैसे पारम्परिक मान्यता यह है कि वेद अपौरुषेय और अनादि हैं और जो अलौकिक ईश्वरीय ज्ञान ऋषियों ने अपनी अन्त:प्रज्ञा द्वारा जाना उसे ही मंत्ररूप में रख दिया है। अत: इनका समय निर्धारित करने जैसी बात अनावश्यक है।

यह उल्लेखनीय है कि हजारों वर्षों से वैदिक मन्त्रों का स्वरूप इस देश में उसी प्रकार शुद्ध और अक्षुण्ण बना हुआ है। इसका कारण यही है कि वैदिक विद्वानों ने वेदपाठ की परम्परा को जीवित रखते हुए अनेक शताब्दियों से ऐसी व्यवस्था की हुई थी कि एक गुरुकुल वेद के किसी एक भाग को शुद्ध रूप में कंठस्थ कर उसे अगली पीढ़ियों को निरन्तर सौंपता जाए। इस भाग को शाखा का नाम दिया गया तथा प्रत्येक अंश, गुरुकुल या गोत्र के लिए कम से कम एक वेद की किसी शाखा को कंठस्थ करने तथा उसकी परम्परा अक्षुण्ण रखने का दायित्व दिया गया। कुछ वंशों ने दो वेदों का अध्ययन कर द्विवेदी, तीन वेदों का अध्ययन कर त्रिवेदी और चार वेदों का अध्ययन कर चतुर्वेदी की उपाधि इसी परम्परा के अनुसार प्राप्त की थी।

कहा जाता है कि पहले समस्त वाङ्मय एक सम्मिलित ज्ञानराशि के रूप में था जिसका विभिन्न वर्गों और शाखाओं में विभाजन महर्षि वेदव्यास ने किया। उनका नाम भी इसी कारण वेदव्यास पड़ा जिसका अर्थ है वेदों का विभाजन या सम्पादन करने वाला। चार वेद प्रसिद्ध हैं–ऋग्वेद, सामवेद, यजुर्वेद और अथर्ववेद। यह माना जाता है कि ऋग्वेद सर्वाधिक प्राचीन हैं–ऋ्ट का अर्थ है छन्द या पद्य। इन्हीं छन्दों या पद्यों को गानबद्ध कर साम वेद का उद्‌भव हुआ जिसका अर्थ है गीत। इसके बाद यजुः अर्थात् गद्य में निबद्ध यजुर्वेद बना। कहा जाता है कि सर्वप्रथम ये वेद ही संहिताबद्ध हुए जिन्हें त्रयी कहा जाता था। ऋग्वेद में देवताओं की स्तुतियाँ और सृष्टि विद्या है, यजुर्वेद में यज्ञ का कर्मकाण्ड और सामवेद में स्तुतिगान। यह त्रयी ही वेद नाम से कही जाती थी। बाद में गूढ़ व्यावहारिक क्रियाओं का प्रतिपादन करने हेतु अथर्वा ऋषि ने अथर्ववेद रचा किन्तु पारम्परिक मान्यता यह है कि त्रयी का अर्थ है छन्द, गान और गद्य ये तीन विधाएँ। चारों वेदों में ये विधाएँ विद्यमान हैं अतः चारों को त्रयी कहा जा सकता है, कोई पूर्ववर्ती या परवर्ती वेद नहीं है। कहते हैं ग्रन्थ लेखन की परम्परा के अभाव में गुरु वेद मंत्रों को शिष्यों को कंठस्थ करा दिया करते थे। इसी श्रवण परम्परा से सनातन रूप से चले आने के कारण इन्हें श्रुति कहा जाता था। किन्तु एक मत यह भी है कि श्रुति का तात्पर्य है स्वानुभूत ज्ञान जो अन्तःप्रज्ञा से स्वतः सुना जाए। उस ज्ञान के आधार पर स्मरण करके उपजा ज्ञान स्मृति कहा जाता है। इस प्रकार श्रुति और स्मृति ये शब्द मौलिक ज्ञान और आधारित ज्ञान का भेद बताने के लिए हैं, बाकी लेखन की परम्परा तो पहले से ही चल ही रही है।

वैदिक वाङ्मय बड़ा विशाल है। महाभाष्यकार पतंजलि के भाष्य में ऋग्वेद की 21 शाखाएँ, यजुर्वेद की 100 शाखाएँ, सामवेद की एक हजार तथा अथर्ववेद की 9 शाखाएँ थीं, इसका उल्लेख मिलता है। लगता है इसमें से अनेक शाखाएँ काल के गाल में समा गईं। आजकल ऋग्वेद की शाकल संहिता ही उपलब्ध है। आश्वालयन भी। शाखायन शाखा भी उपलब्ध हुई है। यजुर्वेद के दो भाग हैं कृष्ण यजुर्वेद जिसमें छन्दोबद्ध ऋचाओं की प्रधानता है। (साथ में गद्य-बद्ध व्याख्याएँ या ब्राह्मण हैं) तथा शुक्ल यजुर्वेद, जिसमें गद्य है। कृष्ण यजुर्वेद की तीन संहिताएँ तैत्तिरीय, मैत्रायणी तथा कठ उपलब्ध हैं। शुक्ल यजुर्वेद की माध्यन्दिन तथा काण्व संहिताएँ प्राप्त हैं। सामवेद की कौथुमी, राणायणी, जैमिनीय और कापिष्ठल, 4 संहिताएँ उपलब्ध हैं तथा अथर्ववेद की शौनक एवं पैप्पलाद ही प्राप्त हैं। संहिताओं अर्थात मंत्र समूहों में ऋग्वेद

में दस हजार चार सौ सड़सठ ऋचाएँ, कृष्ण यजुर्वेद में लगभग चार हजार, सामवेद में लगभग साढ़े तीन हजार तथा अथर्ववेद में छह हजार मंत्र ही आजकल उपलब्ध होते हैं। इस प्रकार आज वैदिक वाङ्मय के केवल सत्ताईस हजार तीन सौ सड़सठ मंत्र ही प्राप्य हैं।

वेद के इन मंत्रों को हम आज भी उसी रूप में पाते हैं जिस रूप में ये हजारों वर्ष पूर्व थे। यह एक अत्यन्त उल्लेखनीय और विश्व साहित्य में अनुपम बात है कि मंत्रों का पाठ याने टैक्स्ट ज्यों का त्यों बना रहे, इसमें जरा भी विकृति या परिवर्तन न आ पाये, इसके लिए बड़ी विशिष्ट वैज्ञानिक व्यवस्था हजारों वर्षो से वैदिक विद्वानों ने कर रखी थी अन्यथा इतनी लम्बी कालावधि में किसी भी टैक्स्ट में पाठ भेद या परिवर्तन आना अपरिहार्य हो जाता है। वेद में टैक्स्ट को बिना मुद्रण की सहायता के भी किस प्रकार अक्षुण्ण और अविकृत रखा जाए इसके लिए प्रत्येक मंत्र के शब्द को सीधा और उलटा कंठस्थ करने तथा एक-एक शब्द को आगे-पीछे करके याद करने की ऐसी प्रथाएँ बनाई गईं जिससे एक शब्द भी इधर-उधर नहीं हो सके। इस प्रकार के अभ्यास को आज भी विकृति पाठ कहते हैं। ऐसी व्यवस्था के कारण ही वेदों की ऋचाओं में न तो परिवर्तन हो पाया, न पाठ भेद और न क्षेपक या प्रक्षिप्त अंग ही जुड़ पाए। इसीलिए विश्व के सभी शोध विद्वानों का यह स्पष्ट मत है कि वेद का टैक्स्ट शोध की दृष्टि से अत्यन्त प्रामाणिक और मान्य हैं।

वेद के मंत्रों का भाष्य तथा उनके दार्शनिक सिद्धान्तों का विवेचन करने के लिए बहुत बड़ा साहित्य लिखा गया। इन ग्रन्थों को ब्राह्मण ग्रन्थ कहते हैं। इसके भी अनेक प्रकार हैं–ब्राह्मण अर्थात् भाष्य, आरण्यक अथवा दार्शनिक विवेचन, उपनिषद अथवा बौद्धिक चिन्तन आदि। प्रत्येक वेद के अलग-अलग ब्राह्मण और उपनिषदें हैं। जैसे ऋग्वेद के ऐतरेय ब्राह्मण, कौषीतकि ब्राह्मण और ऐतरेय, कौषीतकि आदि आरण्यक तथा उन्हीं नामों की उपनिषदें। यजुर्वेद का शतपथ ब्राह्मण, तैत्तिरीय ब्राह्मण, कठोपनिषद्, बृहदारण्यक उपनिषद आदि। सामवेद का ताण्ड्य, षड्विंश आदि ब्राह्मण, छान्दोग्य उपनिषद्, केनोपनिषद आदि और अथर्ववेद का गोपथ ब्राह्मण, मुण्डकोपनिषद्, प्रश्नोपनिषद् आदि। सनातन धर्म की परम्परा की मान्यता यह है कि संहिता, ब्राह्मण, आरण्यक और उपनिषद आदि सभी मिल कर वेद या श्रुति कहलाते हैं। वैसे 'मंत्रब्राह्मणयोर्वेदनामधेयम्' के अनुसार संहिता और ब्राह्मण को वेद कहा जाता है। काल की गति से वेदों के मन्त्रों के अभ्यास में धीरे-धीरे ह्रास होता गया और उपनिषदों

आदि का अभ्यास करते-करते विद्वानों ने कई उपनिषदें और जोड़ दीं–भक्ति आन्दोलन के साथ भक्ति मार्ग की उपनिषदें भी जुड़ती गई। उन्निसवीं सदी के अन्त में महर्षि दयानन्द ने आर्य समाज की स्थापना कर वेद मन्त्रों के अभ्यास के उद्देश्य से इनके पुनरुद्धार आन्दोलन को बल दिया। इस आर्य समाज को केवल वेदों की संहिताएँ ही प्रमाण रूप से मान्य हैं, अन्य ग्रन्थ नहीं। सनातन परम्परा के अनुसार वेद मन्त्रों मं अलौकिक शक्ति है। अनेक प्रतीकात्मक अर्थ उनसे निकलते हैं। ऐसे प्रतीकों और अर्थों का विवेचन करने हेतु पिछले हजारों वर्षों में वेदों के अनेक भाष्य लिखे गये जिनमे आचार्य सायण का भाष्य प्रमुख है।

वैदिक कर्मकाण्ड और आचार संहिता के प्रतिपादन के लिए श्रौत सूत्र, स्मार्त सूत्र, गृह्य सूत्र आदि तथा शिल्प शास्त्र के विवेचन के लिए शुल्व सूत्र लिखे गये हैं, वैदिक व्याकरण सिखाने के लिए प्रातिशाख्य, उच्चारण सिखाने के लिए शिक्षा, छन्दः शास्त्र सिखाने के लिए छन्द, शब्द शास्त्र सिखाने के लिए निरुक्त आदि। इन्हें वेदांग कहा जाता है। इस प्रकार अपरिमित ग्रन्थ राशि, वेदों पर आधारित, आज भी उपलब्ध होती है।

वेदों में सभी प्रकार की ज्ञान की राशि निहित है। अग्नि, वायु, सूर्य आदि प्राकृतिक महाशक्तियों की स्तुतियाँ, सृष्टिविद्या, ज्योतिष, शरीरशास्त्र, सामाजिक कल्याण के अनुष्ठानों के सिद्धान्त, दार्शनिक चिन्तन आदि सब प्रकार का साहित्य वेदों में उपलब्ध है। प्रत्येक मन्त्र जिस विशेष देवता को लक्ष्य करके लिखा गया है उसका उल्लेख, जिस ऋषि के मानस में उसका आविर्भाव हुआ, उसका उल्लेख, जिस छन्द में लिखा गया उसका उल्लेख, इस प्रकार का सम्पादन करके वेदव्यास ने वेदों को पृथक् भागों में विभाजित किया था, ऐसा माना जाता है। इसके अनुसार ऋग्वेद 10 भागों में विभाजित है जिन्हें मण्डल कहा जाता है। प्रत्येक मण्डल में अनेक सूक्त हैं, यों कुल 1028 सूक्त हैं जिनमें 10440 से अधिक मन्त्र हैं। ऋग्वेद का कभी-कभी मण्डलों और सूक्तों के वर्गीकरण के अनुसार सन्दर्भ दिया जाता है, कभी-कभी अष्टकों और अध्यायों के अनुसार। इसी प्रकार यजुर्वेद 40 अध्यायों में, सामवेद 2 आर्चिकों में और अथर्ववेद 20 काण्डों में विभाजित है। एक अन्य शोध सारणी के अनुसार चारों वेदों की चारों संहिताओं में कुल 20216 मन्त्र हैं।

ऋग्वेद : संहिताएँ और शाखाएँ

यह स्पष्ट किया जा चुका है कि ऋग्वेद मानव के पुस्तकालय की सर्वप्रथम पुस्तक मानी जाती है। आज इसकी जो संहिता मुद्रित रूप में उपलब्ध है वह मैक्समूलर द्वारा सर्वप्रथम इंग्लैण्ड में देवनागरी टाइप में 1848 में मुद्रित कराई गई थी। वैसे पतंजलि ने महाभाष्य में पस्पशाह्निक में लिखा था 'एकविंशतिधा बाह्वृच्यम्' जिसका तात्पर्य यह माना जाता है कि इसकी 21 शाखाएँ थीं जिन्हें कुछ 21 संहिताएँ भी मानते हैं किन्तु आज जो विशाल संहिता मिलती है वह शाकल संहिता कहलाती है जो विदग्ध शाकल्य द्वारा संकलित होने के कारण शाकल कहलाती है। जयचंद्र विद्यालंकार के अनुसार शाकलनगरी (पंजाब के उत्तर में मद्रदेश की राजधानी) का विद्वान महर्षि शाकल्य कहलाया जिसका असली नाम देवमित्र था। उसने ऋग्वेद का संहिताकरण किया था।

ऋग्वेद संहिता दो तरह से विभाजित हैं मंडलों में और अष्टकों में। इसके दस मण्डल हैं और 1028 सूक्त हैं। 85 अनुवाक हैं 2008 वर्ग हैं। अष्टा कों के वर्गीकरण के अनुसार 8 अष्टक, 64 अध्याय और 2008 वर्ग हैं। प्रथम मण्डल में 191, द्वितीय में 43, तृतीय में 62, चतुर्थ में 58, पंचम में 87, षष्ठ में 75, सतम में 104, अष्टम में 114, नवम में 103 और दशम मण्डल में 191 सूक्त हैं। प्रथम और दशम मंडलों में अपेक्षाकृत परवर्ती ऋचाएँ भी समाविष्ट हैं जबकि दूसरे से लेकर आठवें तक प्राचीनतम ऋचाएँ हैं ऐसा पाश्चात्य शोध विद्वान मानते हैं। प्राचीन आचार्यों ने वेदों का एक-एक अक्षर गिन कर अभिलिखित कर दिया था। शौनक की अनुक्रमणिका में सूचना है कि ऋग्वेद संहिता में 10580 मंत्र, 153826 शब्द और 432000 अक्षर हैं। इन अक्षरों से मन्वन्तरों की गणना निकल आती है।

वैसे ऋग्वेद की शाखाओं में शाकल, बाष्कल, आश्वलायन, शांखायन और मांडूकेय ये पाँच गिनाई जाती हैं। पं. भगवद्दत्तजी ने वैदिक वाङ्मय के इतिहास में 27 शाखाएँ गिनाई है जिनमें मुद्‌गल, गालव, शालीय, वात्स्य, रौशिरि बोध्य, अग्निमाठर, पराशर, जातूकर्ण्य, आश्वलायन, शांखायन कौषीतकी, महाकौषीतकी, शांब्य, मांडूकेय, बह्वृच, पैंग्य, उद्दालक, शतबलाक्ष, गज बाष्कलि, भारद्वाज, ऐतरेय, वशिष्ठ, सुलभ और श्येनक शामिल हैं। आज भी शाकल, आश्वलायन और शांखायन शाखाध्यायी विद्वान भारत में फैले हुए हैं।

प्रत्येक वेद की व्याख्या के लिए ब्राह्मण ग्रन्थ लिखे गये जिनमें वेदमंत्रों के यज्ञादि में प्रयोग की विधि भी बताई गई। उनमें निहित ज्ञान का विवेचन आरण्यकों में किया गया और उनमें निहित दार्शनिक चिन्तन का व्याख्यान उपनिषदों में किया गया। इस प्रकार संहिता, ब्राह्मण, आरण्यक और उपनिषद् मिलकर वेद वाङ्मय का मूल पाठ या टैक्स्ट कहा जा सकता है।

ऋग्वेद का कलेवर जितना विशाल है उतना ही विशाल है उसकी विषय सामग्री का फलक। इसमें विभिन्न ज्ञानशाखाओं से संबद्ध सूक्त हैं जो दस मंडलों में विभाजित हैं। विभिन्न ऋषियों द्वारा प्रणीत दूसरे शब्दों में दृष्ट ये सूक्त कभी विभिन्न देवताओं को संबोधित कर विभिन्न उद्देश्यों की पूर्ति की कामना करते हैं, कभी ऐहलौकिक अभ्युदय का आशीर्वाद देते हैं, कभी ज्ञान-विज्ञान की जानकारी देते हैं। विभिन्न छन्दों में निबद्ध सूक्त (जिनमें अधिकतर एक सूक्त में त्रिष्टुप, अनुष्टुप या गायत्री जैसे किसी एक छन्द के ही मंत्र अर्थात् ऋचाएँ निबद्ध हैं) अपनी गरिमामय शैली में जिस ज्ञान सामग्री का रहस्य बतलाते हैं उसमें सृष्टिविज्ञान, प्राणविद्या, सोमविद्या, मधुविद्या, अनुशासन, जीवनविज्ञान आदि अनेक विषय हैं। कुछ तो रूपकात्मक शैली में ऐसे रहस्यमय ढंग से सृष्टि का विज्ञान बतलाते हैं कि उनको 'डिकोड' करके ही उनका अन्तर्निहित रहस्य जाना जा सकता है।

इस प्रकार के विज्ञान रहस्यों को समाहित करने वाले प्रमुखतः दो मंडल हैं प्रथम और दशम जिनमें सर्वाधिक महत्त्वपूर्ण वे सूक्त भी शामिल हैं जिन्हें भावावृत्त सूक्त अर्थात् सृष्टि के इतिहास के सूक्त भी कहा जाता है जिनमें बतलाया गया है कि जब कुछ भी नहीं था, कैसे सारी सृष्टि उद्भूत हुई, कैसे पृथ्वी, आकाश, ग्रह आदि पैदा हुए। इनके प्रथम अक्षरों के आधार पर इनके नाम विद्वत्समाज में प्रसिद्ध हो गए हैं जैसे नासदीय सूक्त (1/129) अस्यवामीय सूक्त (1/164) पुरुष सूक्त आदि। पृथ्वी पर जीव के उद्भव और प्राणियों तथा मानवों के उद्विकास का वर्णन जिन ऋचाओं में है उन्हें पुरुध सूक्त कहा जाता है। ऐसे पुरुष सूक्त ऋग्वेद में भी हैं, यजुर्वेद में भी, अन्यत्र भी।

वैदिक संस्कृति यज्ञ संस्कृति कही जाती है। यज्ञ का अर्थ है किसी देवता के उद्देश्य से द्रव्य का विसर्जन अर्थात् अग्नि में हवि का होम किन्तु उसका उद्देश्य होता है दो पृथक् द्रव्यों के संमिश्रण से किसी तीसरे पदार्थ का उद्भव। यज्ञ एक सामूहिक, हर्षप्रद, ज्ञानार्जन हेतु किया जाने वाला सुनियोजित सत्र होता था जिसके अनेक प्रकार

और प्रयोग वेदों में बतलाए गए हैं। किस प्रकार यज्ञ से देवता प्रसन्न होते हैं, किन देवताओं ने प्रसन्न होकर इस देश को क्या अवदान दिया इसका संकेत भी वेदों में मिलता है। वेद के प्रमुख देवता हैं इन्द्र, वरुण, पूषा, अर्यमा, सूर्य, रुद्र, द्यौ, वसु, आदित्य, आश्वनीकुमार आदि।

इस धरती के बहुमूल्य पदार्थों का, जन्म-मृत्यु के रहस्य का, ब्रह्माण्ड के पिंडों का, आत्मा का तथा अन्य सभी प्रकार के ज्ञातव्य पदार्थों का उल्लेख ऋग्वेद में मिलना इसी तथ्य को पुष्ट करता है कि वेद हमारी समग्र ज्ञाननिधि के संकलन के रूप में सुरक्षित रखे गए हैं। उनकी बहुत सी सामग्री आज अनुपलब्ध है। जो उपलब्ध है वह भी विविध दृष्टियों से संपादित और वर्गीकृत है। उससे हम यह अनुमान ही कर सकते हैं कि हमारी ज्ञानसंपदा की परंपरा कैसी थी।

ऋग्वेद : परिवेश और समाज

भारतवर्ष की अमूल्य सम्पत्ति के रूप में जिन वेदों का महत्व विश्व में निरपवाद रूप से स्वीकारा जाता है उनके विषय में सबसे आश्चर्यजनक तथ्य यह है कि विगत एक हजार वर्षों से उनका मूल संदेश, तथ्य और सिद्धान्त समय की परिवर्तिनी धारा में बहते हुए इतने अधिक धूमिल और अपरिज्ञात हो गये कि इस देश के सामूहिक अवचेतन में वेदों की मूलभूत प्रतिष्ठा का बोध उनका नाममात्र लेकर तो कराया जाता रहा और बिना अर्थ जाने रटने की परम्परा में परिगृहीत होने के कारण उनके कुछ मन्त्रों की याददाश्त भी विद्वानों की जिह्वा पर रही किन्तु उनके अर्थ का अनुशीलन, परिज्ञान, उनकी तात्विक व्याख्या और जानकारी पर अज्ञान की गुहा में छिपकर प्राय: समाप्त ही हो गई जिसका परिणाम यह हुआ कि लगभग एक शताब्दी पूर्व कुछ भारतीय और कुछ विदेशी विद्वानों ने उनके मूलभूत आधारों की पुन: प्रतिष्ठा करने हेतु जब वेद परिशीलन का पुनरुद्धार किया तो इस देश की जनता को ऐसा लगा मानो वे एक बहुत पुरानी लुप्त सभ्यता की आश्चर्यजनक और आकस्मिक खोज का चमत्कार देख रहे हों। इसका कारण यही है कि आज से हजारों वर्ष पूर्व वैदिक सभ्यता की जो मूलभूत परम्पराएँ थीं वे उपनिषदों, पुराणों, काव्यों और सन्तवाणियों की परवर्ती और विविध विचारधाराओं के समन्वय की सतत प्रक्रिया से गुजरते-गुजरते इतनी बदल गईं कि वेद की भाषा, वेद की मान्यतायें, वेद के देवता, वेद के रीतिरिवाज आदि आज देखने को भी नहीं मिलते और जिन्हें आम जनता वेद के नाम पर पूजती मानती है उनका वेद में नामोनिशान भी नहीं है, यह बात समझने वाले भी बिरले

होते गये। आधुनिक काल में शोध के नाम पर जब वैदिक भाषा, संस्कृति और साहित्य पर विद्वान मेहनत करने लगे तो मालूम पड़ने लगा कि वेद के देवता जिनमें इन्द्र, वरुण, प्रजापति, द्‌यु आदि प्रमुख थे आज सामान्य भारतीय के लिए नितांत अज्ञात हैं और गौरी, हनुमान, राम और कृष्ण जैसे देवता जिनका नामोनिशान तक वेदों में नहीं था वेदों के प्रतिपाद्य ईश्वर के रूप में जनमानस में सिंहासनासीन हैं। हर मन्दिर में जो पूजा होती है उसका वेद में कहीं अतापता नहीं है और वेदकाल के वाजपेय और सौत्रामणी जैसे यज्ञ आज देखने और सुनने को भी नहीं मिल सकते।

तात्पर्य यह है कि भारतीय संस्कृति के मूलाधार वेद आज रिसर्च या खोज के विषय रह गये हैं और इसलिए यह विवरण जिज्ञासुओं के लिए निश्चित रूप से बहुमूल्य होगा कि उस ऋग्वेद के समय जो भारतीय सम्पदा की सबसे पहली पुस्तक और अतिप्राचीन ज्ञानराशि है–भारतीय समाज कैसा था और क्या परम्पराएँ उस समय प्रचलित थी।

वैदिक सभ्यता कितनी पुरानी है इस बारे में विद्वानों में मतभेद हैं–कुछ लोग इसे ईसा से तीन लाख वर्ष पूर्व तक ले जाते हैं तो कुछ इसे ईसा से 600 वर्ष पूर्व की बतलाते हैं। सभी वरिष्ठ विद्वान ऋग्वेद सभ्यता को ईसा से कम से कम दो हजार वर्ष पूर्व की मानते हैं। यजुर्वेद, अथर्ववेद आदि अन्य वेद इसके बहुत बाद की रचनाएँ हैं इसलिए शोध विद्वान ऋग्वेद को ही प्राचीन और प्रामाणिक मानते हैं।

यदि ऋग्वेदकालीन भारतीय समाज का एक मोटा खाका खींचा जाये तो स्पष्ट होगा कि उस समय हमारा समाज ग्राम-प्रधान, कृषि-प्रधान तथा एक समृद्ध, वैचारिक रूप से विकसित और सुशासित जनसमूह था। अथर्ववेद के काल तक आते-आते बड़े नगरों का अस्तित्व भी मिलता है। एक आश्चर्य की बात यह है कि अधिकांश सभ्यताओं में प्रारम्भ में आदिमानव समाज अन्धविश्वासी, रूढ़िवादी तथा दकियानूसी होता है और ज्ञान के विकास के साथ-साथ उसका दृष्टिकोण प्रगतिशील होता जाता है किन्तु वेदकाल और पुराणकाल की तुलना करने पर यह मालूम होता है कि भारत में ऋग्वेद के समय जो समाज पर्याप्त रूप से प्रगतिशील, यथार्थवादी और उपयोगितावादी था वह पुराणकाल तक आते-आते कट्टर, रूढ़िवादी और दकियानूस होता चला गया। इसके दो-तीन उदाहरण ही पर्याप्त होंगे–

ऋग्वेद काल में नारियों को समाज में वही प्रतिष्ठा दी जाती थी जो पुरुषों की थी। नारियाँ उच्च शिक्षा प्राप्त कर सकती थीं। ऋग्वेद की ऋचाओं की रचना करके

ऋषि पद प्राप्त करने वाली घोषा, लोपामुद्रा, अपाला, रोमशा, सूर्या आदि अनेक विदुषियों का उल्लेख मिलता है। ब्रह्मवादिनी स्त्रियाँ पढ़ती थीं, पढ़ाती थीं, गुरुकुल चलाती थीं और शासन करती थीं। स्त्रियों का यह स्थान उपनिषद काल के बाद की कट्टरता के कारण बदलता गया और मध्यकाल तक आते-आते यह कहा जाने लगा कि स्त्रियों को वेद पढ़ने का अधिकार ही नहीं है। ऋग्वेद में जहाँ पर्दाप्रथा का नाम तक नहीं है वहाँ मध्यकाल आते-आते नारी सुगोप्या और सम्पत्ति की तरह छिपाने लायक बना दी गई।

इसी प्रकार ऋग्वेद में जिस बाल विवाह का कहीं उल्लेख नहीं है वह स्मृति काल तक आते-आते एक आम बात हो गई और 'अष्ट वर्षा भवेत् गौरी' कहकर आठ वर्ष की कन्या के विवाह को पुण्य कार्य और बड़ी होने तक कन्या का विवाह न कर पाने को बड़ा पाप माना जाने लगा।

''सोमो वधूयुरभवदश्विना ता उभा वरा।
सूर्यां यत् पत्ये शंसन्तीं मनसा सविताऽददात्।''

(ऋ. 10/85/9)

इस ऋचा से स्पष्ट है कि ऋग्वेद काल में प्राप्तयौवन युवती ही विवाह करती थी। ऋग्वेद में सामिष और निरामिष सभी प्रकार के आहार जो स्वादिष्ट और पोषक हों सभी के द्वारा ग्राह्य थे किन्तु बाद में आकर आमिष भोजन पाप माना जाने लगा और मध्यकाल में तो वनस्पति जगत् की भी अनेक वस्तुएँ धार्मिक आधारों पर अभोज्य मानी जाने लगीं।

इन उदाहरणों से यह स्पष्ट होता है कि ऋग्वेदकालीन समाज जीवन के उपभोग के प्रति स्वस्थ दृष्टिकोण रखने वाला समृद्ध और प्रबुद्ध समाज था। ऋग्वेद में आवासीय भवनों का जो वर्णन मिलता है उससे लगता है कि आर्य लोग जीवन की समस्त सुख सुविधाओं के दृष्टिकोण से गृहनिर्माण करते थे।

'इन्द्र त्रिधातु शरणं त्रिवरूथं स्वस्तिमत्।
छर्दिर्यच्छ मघवद्भ्यश्च मह्यं च यावता दिद्युमेभ्यः।'

इस ऋचा में तीन चौक वाले समस्त सुविधा सम्पन्न घर का वर्णन किया गया है। (6/469) प्रत्येक घर में एक अग्निशाला, एक भण्डार, एक अन्तर्गृह और एक सदस् या बाहरी कमरा अवश्य होता था। इसके साथ गोत्र या शाला अर्थात् पशुपालन के लिए बाड़े भी अनिवार्य थे। बड़े भवनों में आवसथ यानि अतिथिशालाएँ भी हुआ

करती थीं। ईंट, पत्थर, मिट्टी, घासफूस तथा छावन सभी का गृह निर्माण में उपयोग किया जाता था। ऋग्वेद में घर-घर में भाँति-भाँति के आसनों, कुर्सियों, शय्याओं और पालकियों आदि का वर्णन मिलता है। समृद्ध कुलवधुओं की आरामदायक शय्याओं का वर्णन एक ऋचा में मिलता है-

'प्रोष्ठेशया वह्येशया नारीर्यास्तल्पशीवरीः।
स्त्रियो या पुण्यगंधास्ताः सर्वाः स्वापयामसि।'

(7/55/8)

प्रोष्ठ, वह्य और तल्प उस समय की शय्याएँ थीं। प्रोष्ठ ऊँचा और काठ का बना बेंच होता था जिसके सुनिर्मित दो पैर होते थे। वह्य पालकी या डोली के आकार का विस्तृत शयन होता था जिस पर नववधू ले जाई जाती थी और दम्पति उसी पर सोते थे। तल्प वृहदाकार पलंग होता था जो रसिकजनों का प्रिय हुआ करता था। परवर्तीकाल के अथर्ववेद में आसंदी आदि अन्य अनेक तरह की कुर्सियों का भी वर्णन है। तरह-तरह के सूती तथा रेशमी वस्त्र उस समय बुने जाते थे। थोड़ा वस्त्र निर्माण का कार्य घरों पर ही हो जाता था, यह इस उल्लेख से प्रतीत होता है जिसमें कहा गया है कि माता पुत्र के लिए वस्त्र बुना करती है-

वितन्वते धियो अस्त्रा अपांसि वस्त्रा पुत्राय मातरो वयन्ति।

(5/47/6)

धनी व्यक्ति जरी के काम किये हुए चोले पहनते थे जिन्हें द्रापि कहा जाता था। पेशस नाम का जरी से चमकता सुनहला वस्त्र ऋग्वेद काल का बहुमूल्य परिधान था। वैसे उस समय गृह कार्य में काम आने वाले पशु ही सबसे बड़ा धन माने जाते थे और तुलनात्मक वर्गीकरण के लिए धनी गृहस्थों को शतगुः (सौ गायों वाला) और सहस्त्रगुः (हजारों गायों वाला) कहकर उनकी कोटियाँ भी बतलाई जाती थीं क्योंकि गाय उस समय धन की एक इकाई मानी जाती थी किन्तु इसके अतिरिक्त सोना-चाँदी आदि का भी चलन था, यह अनेक वर्णनों से प्रतीत होता है।

'हिरण्यस्येव कलशं निखातम्'

(1/117/12)

ऋग्वेद में यह संकेत है कि उस समय कलश में रखकर सोने को भूमि में गाड़ देना भी धन संग्रह का एक प्रकार था।

गहनों से श्रृंगार करने की प्रथा केवल स्त्रियों में ही नहीं, पुरुषों में भी थी। निष्क अर्थात् सोने का हार पुरुष भी पहनते थे—जिनमें मणि भी जड़े जाते थे।

'हिरण्येन मणिना शुंभमानाः'

(1/33/8)

कहकर वृत्रासुर के अनुयायियों का वर्णन किया गया है। कान के गहने कर्णशोभन तथा वक्षःस्थल पर पहने जाने वाले गहने रुक्म कहे जाते थे। स्त्रियाँ तो तरह-तरह के जूड़े या कपर्द बनाती ही थीं, पुरुष भी कपर्द धारण करते थे। रुद्र और पूषा दोनों को कपर्दी कहा गया है। ओपश 'कुरीर' और 'कुम्ब' उस समय स्त्रियों की हेयर स्टाइल्स हुआ करती थीं।

पुरुष दाढ़ी भी रखते थे और क्षौर भी करवाते थे। 'श्मश्रु' दाढ़ी और मूँछ दोनों को कहते थे और इसे पुरुषत्व का प्रतीक माना जाता था।

ऋग्वेद में कृषि और पशुपालन सबसे बड़े आर्थिक कार्य बतलाये गये हैं। वैसे प्रत्येक ग्राम में बुनकर, बढ़ई, कुम्हार, क्षौरकार, वैद्य, लुहार आदि सहायक पेशे भी थे, ऐसा वर्णन उपलब्ध होता है। प्रत्येक आर्य स्वयं संगीतज्ञ, खगोल का ज्ञाता और कृषक तथा पशुपालक होता था। प्रत्येक ऋतु में विशेषकर फसल काटने के अवसरों पर यज्ञों और महोत्सवों के वर्णन तथा मनोविनोदों के उल्लेख मिलते हैं। सोमरस एक पुष्टिकर तथा आह्लादक पेय होता था जिसका सामूहिक पान, विशेषकर देवताओं एवं प्रतिष्ठित व्यक्तियों की उपस्थिति में पीना-पिलाना, उत्सव का प्रमुख कार्य होता था।

सोमरस वनस्पति का रस होता था और उच्चकोटि का पेय माना जाता था जबकि सुरा मादक द्रव्य तथा मद्य होने के कारण नीचे के तबके के लोगों का पेय तथा गर्हित माना जाता था।

'न स्वो दक्षो वरुण ध्रुतिः सा।
सुरा मन्युर्विभीदको अचित्तिः'

(7/86/6)

कहकर ऋग्वेद कलह करना, जुआ खेलना, मूर्खतापूर्ण कार्य करना तथा सुरा पीना— इन चारों कृत्यों को घृणा की दृष्टि से देखता है।

स्वादिष्ट भोजन जिनमें सामिष और निरामिष दोनों तरह के विविध भोज्य हो सकते थे, संगीत, नृत्य, विज्ञान चर्चा और आमोद प्रमोद के संलाप यज्ञों और उत्सवों के अनिवार्य क्रियाकलाप होते थे।

भोज्य वस्तुओं में दूध, दही और घी से बने पदार्थ प्रमुख होते थे। खीर, सत्तू, पुआ आदि अनेक मिष्ठान्नों का उल्लेख ऋग्वेद में मिलता है। गोधूम या गेहूँ का उल्लेख ऋग्वेद में नहीं है–परवर्ती साहित्य में इसका उल्लेख मिलता है।

अन्न का महत्त्व ऋग्वेद में विस्तार से वर्णित है। तत्कालीन सभ्यता के कृषि प्रधान होने के कारण धान्य और पशुधन ऋग्वेद की सबसे बड़ी सम्पत्ति मानी जाती थी। इन संकेतों से यह स्पष्ट हो जाएगा कि ऋग्वेद की संस्कृति एक प्रबुद्ध और विकसित मानव समाज का प्रतिनिधित्व करती है और हजारों वर्ष पुरानी होने पर भी उसमें आदि मानव की सी अपरिपक्वता नहीं पाई जाती।

यजुर्वेद

यजुर्वेद के दो भाग हैं कृष्ण यजुर्वेद और शुक्ल यजुर्वेद। यजु का शब्दार्थ है यज्ञ। यजु गद्यबद्ध ऋचा को भी कहा गया है अत: यजुर्वेद गद्य में है यह माना जाता है। शुद्ध गद्य में जो भाग है उसे शुक्ल तथा जिसमें छन्द भी मिले हुए हैं, ब्राह्मण भी अर्थात् व्याख्याएँ भी उसे कृष्ण कहा जाता है अर्थात् पद्य और गद्य मिले-जुले। यजुर्वेद मूलत: यज्ञ के कर्मकांड का वेद है जिसमें विविध यज्ञों का विधान है, देवस्तुतियाँ हैं, साथ में गणित, विज्ञान, शुभकामनाएँ, स्वस्तिवाचन, शब्दकोष समाज के विविध कार्यकला के शास्त्र आदि भी शामिल हैं।

यजुर्वेद की सौ शाखाएँ कभी रही होंगी ऐसा माना जाता है क्योंकि पतंजलि ने लिखा है 'एकशतमध्वर्युशाखा:' किन्तु आजकल कृष्ण की तीन और शुक्ल यजुर्वेद की दो संहिताएँ मिलती हैं। कृष्ण यजुर्वेद की तैत्तिरीय, मैत्रायणी और कठ शाखाएँ तथा शुक्ल यजुर्वेद की काण्व और वाजसनेय। वाजसनेय में माध्यंदिन भी समाविष्ट है। वैसे काण्व माध्यंदिन, जाबाल, बुधेय, शाकेय, तापनीय, काणीस, पौंड्रवहा, आवर्तिक, परमावर्तिक, पाराशरीय, वैनेय, बौधेय, यौधेय और गालव इन सभी 15 शाखाओं को वाजसनेय संहिता में समाविष्ट माना जाता है। चारणव्यूह के उल्लेखानुसार इनमें 1900 मंत्र हैं।

कृष्ण यजुर्वेद में मंत्र संख्या 18000 बताई जाती है। इसमें सात कांड हैं। प्रत्येक कांड प्रपाठकों और अनुवादको में विभक्त है। शुक्ल यजुर्वेद के 40 अध्याय हैं जिनमें से अंतिम अध्याय 'ईशावास्यमिदं सर्व' मंत्र से शुरू होता है और 'हिरण्मयेन पात्रेण' से समाप्त होता है। इसे ही ईशावास्य उपनिषद कहा जाता है क्योंकि इसमें रहस्यवाद भी है, दर्शन भी, परा विद्या भी है और परम तत्व की जिज्ञासा और विवेचन भी।

यह वेद का अन्तिम अध्याय होने के कारण उपनिषदों के दर्शन को वेदान्त कहा जाने लगा। यजुर्वेद में रुद्र देवता को संबोधित जो मंत्र हैं उनके आठ अध्यायों को रुद्राष्टाध्यायी कहा जाता है जो शैव सम्प्रदायों के मूल प्रेरक माने जाते हैं। इनमें गणित का, समाज के विभिन्न कार्यकलापों का, आजीविकाओं, वर्गों आदि का ज्ञान निहित है। उत्तर भारत में शुक्ल यजुर्वेद का और दक्षिण भारत में कृष्ण यजुर्वेद का विशेषकर तैत्तिरीय शाखा का अधिक प्रचार है।

प्रत्येक वेद के उच्चारण की शैली अलग-अलग निर्धारित है। ऋग्वेद के अनेक मंत्र कृष्ण यजुर्वेद में भी समाहित हैं। अत: कृष्ण यजुर्वेद और ऋग्वेद की पाठशैली में कुछ समानता है, शुक्ल यजुर्वेद की पाठशैली पृथक् है जिसमें स्वर की पहचान कराने हेतु हाथों का और उँगलियों का परिचालन भी सिखाया जाता है।

यजुर्वेद के चालीस अध्यायों में विभिन्न ज्ञान शाखाओं की सामग्री संगृहीत है जिसका फलक भी इसी प्रकार व्यापक है जिस प्रकार अन्य वेदों का। वैसे यह माना जाता है कि यजुर्वेद मुख्यत: यज्ञ की विधियों के लिए प्रयुक्त किए जाने हेतु संकलित किया गया, यह भी माना जाता है कि ऋग्वेद पद्यबद्ध और यजुर्वेद गद्यबद्ध है किन्तु यजुर्वेद में छन्द भी मिलते है, यज्ञ के अतिरिक्त कार्यों की ज्ञान सामग्री भी। एक कथा के अनुसार याज्ञवल्क्य ने सारा वेद कंठस्थ कर लिया था, वैशंपायन के आदेश पर उन्होंने उसे उगला तो उसमें से कुछ ऋचाएँ तित्तिरि बनकर ऋषियों ने चुग ली, वह कृष्ण यजुर्वेद (तैत्तिरीय) शाखा हो गया। इसका प्रतीकात्मक अर्थ पृथक् बतलाया जाएगा। आज कृष्ण यजुर्वेद में ऋचाएँ छन्दोबद्ध भी मिलती हैं, गद्य भी और उनकी व्याख्या भी (जिसे ब्राह्मण कहा गया है)। इस मिले-जुले स्वरूप में प्रमुखत: यज्ञ के मंत्र और विधियाँ ही हैं। वैसे कृष्ण यजुर्वेद और शुक्ल यजुर्वेद (माध्यन्दिन शाखा) दोनों में यज्ञ के लिए प्रयुक्त मंत्रों के अलावा सृष्टि विद्या भी है, गणित के पहाड़े भी, इन्द्र, विष्णु आदि के सूक्त भी, पुरुष सूक्त भी।

वेदकाल का प्रमुख देवता था सूर्य जो समस्त सृष्टि का नियामक माना गया। इसकी स्तुति के मंत्र सभी वेदों में मिलते हैं। गायत्री मंत्र भी सूर्य की स्तुति का मंत्र ही है। वैसे महर्षि दयानन्द आदि जिन विद्वानों ने वेद में एकेश्वरवाद का प्रतिपादन बतलाकर उसकी व्याख्या की थी उन्होंने गायत्री मंत्र को परमपिता परमेश्वर की स्तुति के रूप में व्याख्यात किया है।

यजुर्वेद में आठ अध्याय जो रुद्र देवता को समर्पित हैं रुद्राष्टाध्यायी कहे जाते हैं। उनमें रुद्र देवता के अतिरिक्त अन्य देवताओं क़ी स्तुतियाँ भी हैं, भारत की विभिन्न विद्याओं के, पेशेवर वैज्ञानिकों और उनके पेशों के तथा गणित की सारणियों के विवरण

भी हैं। इनका उद्देश्य यही प्रतीत होता है कि रुद्राष्टाध्यायी को कंठस्थ करने के बहाने हमारे बुद्धिजीवी विभिन्न विद्याओं का ज्ञान भी हस्तगत कर लें।

शुक्ल यजुर्वेद में निहित ज्ञान-विज्ञान की तथा यज्ञ प्रक्रियाओं की व्याख्या करने हेतु लिखा गया ग्रन्थ शतपथ ब्राह्मण कहलाता है जिसमें वैदिक संज्ञाओं, वचनों और संकेतों में निहित ज्ञान का वैज्ञानिक दृष्टि और तर्कपूर्ण अभिगम से विवेचन किया गया है। कहा जाता है कि इसका प्रवर्तन याज्ञवल्क्य ने किया था। इसी ब्राह्मण के आधार पर अनेक विद्वान वेद में निहित विज्ञान का प्रतिपादन करते रहे हैं जिनमें जयपुर के पं. मधुसूदन ओझा विशेष उल्लेखनीय हैं जिन्होंने वेदों में निहित सृष्टि विज्ञान, प्राणविद्या आदि का प्रतिपादन अपने 200 से अधिक विशाल ग्रन्थों में किया है। उनकी मान्यता है कि वेदों में तत्कालीन भारत का इतिहास भी है जबकि आर्य समाज की यह मान्यता है कि वेदों में इतिहास नहीं है, वे तो उससे पूर्व के हैं।

सामवेद

सामवेद वेदत्रयी का अभिन्न अंग है। ऋक्, यजुः और साम ये तीन वेद 'त्रयी' कहे गये हैं। इसीलिए ऋग्, यजुः, साम और अथर्व इन चार वेदों में अथर्ववेद परवर्ती है ऐसा कुछ विद्वान मानते थे किन्तु वेदों में पद्य-गद्य और गीति इन तीन शैलियों को त्रयी कहा जाता है इसलिए चारों वेद ही त्रयी हैं और सभी समान रूप से एक ही वेद स्वरूप के अंग हैं, यह स्पष्ट कर अनेक विद्वानों ने चारों को समान रूप से पुरातन माना है। दोनों ही दृष्टियों से सामवेद काफी पुरातन सिद्ध होता है। स्वयं ऋग्वेद में कई बार साम का उल्लेख हुआ है-

उप नो देवा अवसा गमन्तु अंगिरसां सामभिः स्तूयमानाः।
इन्द्र इन्द्रियैर्मरुतो मरुद्भिरादित्यैर्नो अदितिः शर्म यंसत्।

(1/107/2)

उद्गातेव शकुने साम गायसि।

इत्यादि ऋचाओं में स्तुति या स्तोत के अर्थ में सामगान का उल्लेख आया है। साम का अर्थ सुखकर भी किया गया है, स्यति नाशयति विघ्नान् कहकर विघ्नाशक और समयति संतोषयति देवान् कहकर देवों का संतोषक भी इसे बताया गया है। अम से सहित साम व्युत्पत्ति करके वाक् ही साम है यह भी कहा गया है। 'एतदु ह वाव साम यद् वाक्'। (जै.उ.ब्रा. 2/15/4) सामवेद में गीतियाँ हैं और उद्गीथ में उद्गाता इनका गान करता है। इसीलिए यह गेय वेद है, संगीत की आदिम अभिव्यक्ति है

यह माना जाता है। छान्दोग्य उपनिषद् कहती है कि घोर अंगीरस ने देवकी पुत्र कृष्ण को दर्शन दीक्षा देते समय साम के गानतत्व का मर्म भी समझाया था। तब छालिक्य नामक नई गानशैली का उद्‌भव हुआ। प्राचीनतम वाद्ययन्त्रों, दुन्दुभि, वेणु और वीणा पर अनेक राग-रागिनियों का अवतरण हुआ।

सामवेद के लिए सहस्रवर्त्मा सामवेदः कहा ज़ाता है जिसका कुछ लोग यह अर्थ लगाते हैं कि इसकी एक हजार शाखाएँ थीं। कुछ का कहना है कि हजारों गानशैलियों के अर्थ में ही यह शब्द आया है। आज तो केवल तीन शाखाएँ ही सामवेद की मिलती हैं 'कौथुम संहिता, जैमिनीय संहिता और राणायणीय संहिता।' कौथुम का गुजरात में, जैमिनीय का कर्णाटक में और राणायणीय का महाराष्ट्र में विशेष प्रचार है। पं. भगवद्दत्त जी ने अपने वैदिक वाङ्मय के इतिहास में यह उल्लेख भी किया है कि महाभारत के 150 वर्ष पूर्व हुए उपमन्यु ने औपमन्यव शाखा और चलाई थी किन्तु यह आज नहीं मिलती। सामवेद में कुल 1875 मंत्र मिलते हैं जो प्रायः सभी ऋग्वेद में भी पाये जाते हैं। केवल 75 मंत्र ऐसे हैं जो केवल सामवेद में हैं अन्यत्र नहीं। इन ऋचाओं को गानशैली, स्वर वितान और समय विस्तार से ही साम का रूप मिलता है। यह माना जाता है कि ऋचा का पाठ जितने समय में होता है उससे तिगुने समय में साम गाया जाता है। इसीलिए 'ऋचं साम' कहा गया है। 'ऋच्यध्यूढं साम गीयते' कहकर तथा छान्दोग्योपनिषद् ने 'या ऋक् तत् साम' कहकर ऋग्वेद और सामवेद का जो अविनाभाव सम्बन्ध सूचित किया है वह प्रत्यक्ष भी दिखलाई देता है।

ऋक्साम के इस सम्बन्ध को विज्ञानवादियों ने बड़े अनूठे प्रतीकात्मक ढंग से समझाया है। मधुसूदन ओझा ने स्पष्ट किया है कि वेदतत्व को समझाने के लिए एक पिंड की कल्पना की जाए तो ऋक् उसका व्यास है और साम उसकी परिधि है। वैसे भी व्यास से परिधि लगभग तीन गुनी होती है। इसीलिए विष्कंभ को ऋक् और परिणाह को साम कहा गया। किसी भी वस्तुपिण्ड के साक्षात्कार होते ही हमें उसका परिणाह या परिधि ही दिखाई देती है इसलिए सामवेद को विभूतिवेद या वितानवेद भी कहा जाता है। अध्यात्म का अधिदैव के साथ स्वरवितान के द्वारा तारतम्य स्थापित करना ही इसका कार्य है। इसीलिए गीता में श्री कृष्ण ने कहा है 'वेदानां सामवेदोस्मि'। तत्वविज्ञान की दृष्टि से ऋक् को अग्नि का, यजु को वायु का, साम को आदित्य का और अथर्व को आपः का रूप बताया गया है।

सामवेद की अधिकांश ऋचाएँ गायत्री और जगती छन्दों में हैं। दोनों गेय हैं। दोनों का अर्थ और व्युत्पत्ति भी यही है कि जो गाई जा सके। इसीलिए विशिष्ट स्वरवितान और प्रस्तार के साथ आज भी वैदिक लोग इनका सस्वर गान करते हैं। गायक जिस प्रकार आलाप में आ आदि का उच्चारण करता है उसी प्रकार साम का उद्गाता भी उ, ह, वा आदि शब्दों का उच्चारण करता है। लगता है सोमरस बनाते समय या अन्य हर्ष के अवसरों पर देवों को प्रसन्न करने के लिए आनन्दमग्न होकर आर्य लोग सामगान द्वारा सामूहिक संगीत की अवतारणा करते होंगे।

इस गानशैली की अनेक प्रणालियाँ उद्विकसित हुईं। छान्दोग्य में हिंकार, प्रस्ताव, उद्गीथ, प्रतिहार और निधान इन पाँच अंगों का उल्लेख मिलता है। ब्राह्मण ग्रंथों में उद्गीत, अनुगीत और आगीत का उल्लेख मिलता है। क्रुष्ट, प्रथमा, द्वितीया, चतुर्थी, मंद्र, अतिस्वार्य आदि लयों के नाम भी पाये जाते हैं। इन्हीं से राग-रागिनियों का उद्भव और संगीतशास्त्र की उत्पत्ति हुई ऐसा माना जाता है।

सामवेद की ऋक् और यजु यानि पद्य और गद्य दोनों गेय हैं। ऋचा समूह को आर्चिक और यजुः समूह को स्तोक कहते हैं। इस वेद की शाखा के दो भाग हैं पूर्वार्चिक और उत्तरार्चिक। पहले भाग में ग्राम्यगीत और आरण्यगीत तथा दूसरे भाग में ऊहगीत और ऊह्यगीत संकलित हैं। महर्षि जैमिनि को सामवेद का प्रथम द्रष्टा माना जाता है। उन्होंने इसकी दीक्षा अपने पुत्र या शिष्य सुमन्तु को दी, सुमन्तु ने सृत्वा को, सृत्वा ने सुकर्मा को, सुकर्मा ने सूर्यवर्चासहस्र को। फिर इन्द्र ने पौष्यंजी को। इसके बाद हिरण्यनाभ, प्राचयसामग, लौगाक्षि, कुथुमी, कुशीति और लांगली आदि की परम्परा पाई जाती है। लौगाक्षि की शिष्य परम्परा में ताण्ड्यपुत्र राणा, सुविद्वान् मूलचारी, साकेतिपुत्र और सहसात्यपुत्र आदि हुए।

सामवेद की कौथुमीय संहिता के ब्राह्मण ग्रंथ चालीस अध्यायों में विभक्त हैं। इनमें पाँच ब्राह्मण समाविष्ट हैं–ताण्ड्य ब्राह्मण जिसे पंचविंश ब्राह्मण भी कहा जाता है, षड्विंश ब्राह्मण, अद्भुत ब्राह्मण, मंत्र ब्राह्मण, सामविधान ब्राह्मण और छान्दोग्य ब्राह्मण। यही छान्दोग्य उपनिषद् है। जैमिनीय संहिता के ब्राह्मण ग्रंथ हैं जैमिनीय ब्राह्मण और जैमिननीय उपनिषद् ब्राह्मण। इन्हें ही आर्षेय ब्राह्मण और छान्दोग्य ब्राह्मण भी कहा जाता है। तलवकार अर्थात् केनोपनिषद् इसी से सम्बद्ध मानी जाती है। जैमिनीय शाखाध्यायी कर्णाटक में आज भी है। इस शाखा के ग्रंथ कुछ समय पूर्व ही उपलब्ध हुए हैं। एक यूरोपीय विद्वान डॉ. कैलेण्ड ने जैमिनीय संहिता को संपादन और प्रकाशन

किया था। जैमिनीय श्रोतसूत्र और गृह्यसूत्र भी उपलब्ध हैं।

कौथुम शाखा के कल्पसूत्र का नाम मशकल्पसूत्र और श्रौतसूत्र का नाम लाट्यायन श्रौतसूत्र है। गोभिलगृह्यसूत्र इसी शाखा का है। राणायणीय शाखा कौथुम संहिता के ब्राह्मणों तथा उपनिषद का अनुसरण करती है। इनका श्रौतसूत्र और गृह्यसूत्र ही अलग मिलता है। इनका श्रौतसूत्र है द्राह्यायण श्रौतसूत्र और गृह्यसूत्र है खादिरगृह्यसूत्र।

आज कुछ सामवेदी गुजरात, महाराष्ट्र, कर्नाटक और काशी में सामोच्चारण की परम्परा को जीवित रखे हुए हैं। किन्तु काल की गति के साथ यह परम्परा बड़ी तेजी से लुप्त होती जा रही है।

अथर्ववेद

वेदों को इस देश की प्राचीन परम्परा में अपौरुषेय और अनादि वाणी माना जाता है। वैसे भी ये विश्व के प्राचीनतम ग्रन्थ हैं। चारों वेदों की प्राचीनता वैसे तो असंदिग्ध है किन्तु जहाँ तक चारों की पारस्परिक प्राचीनता का प्रश्न है शोध विद्वानों का यह मत है कि चौथा वेद अथर्ववेद बाद में जुड़ा। मूलतः तीन वेद ही थे जिन्हें त्रयी कहा गया है। गीता में, मनुस्मृति में और अन्य स्थानों पर जो त्रयी शब्द है उसके आधार पर ही शोध विद्वान ऐसा कहते हैं किन्तु अब अनेक प्राचीन ग्रंथों के साक्ष्य के आधार पर स्पष्ट कर दिया गया है कि चारों वेद प्राचीन हैं, अथर्ववेद बाद में जुड़ा हुआ हो सो बात नहीं है। त्रयी कहने का तात्पर्य तो यह है कि वेदों में तीन विधाओं में मंत्र और वाक्य मिलते हैं, पद्य में, गद्य में और गीतियों में। इन तीन विधाओं को ही त्रयी कहा गया है। अतः त्रयी शब्द का अर्थ यह नहीं है कि वेद केवल तीन हैं। ऋग्वेद में पद्यबद्ध ऋचाएँ हैं, सामवेद में गीतियाँ और यजुर्वेद में गद्य। अथर्ववेद में पद्य भी हैं और गद्य भी। यह माना जाता है कि प्राचीन आर्यों का सम्पूर्ण ज्ञान जिसे वेद कहा गया है पहले एक साथ इकट्ठे विशाल वाङ्मय के रूप में विद्यमान था, उसे सम्पादित और वर्गीकृत करके चार वेदों में बाँटा गया। तैत्तिरीय संहिता और पुराणों में यह उल्लेख मिलता है कि सुविधा के लिए विशाल वेद को चार भागों में बाँटा गया। ऐसे सम्पादन 28 बार हुए और इन सम्पादकों को वेदव्यास कहा गया।

इस प्रकार सम्पादित चार वेदों में अथर्ववेद को चौथा और अन्तिम माना जाता है। शायद इसी कारण कुछ पाश्चात्य विद्वानों ने इसे बाद में रचा गया मान लिया और यह कहा कि यह शतपथ ब्राह्मण के बाद की रचना है क्योंकि इसमें तन्त्र और मन्त्र विद्या वर्णित है। इन विद्वानों की यह मान्यता भी है कि अथर्व शब्द ईरान के

अथर्वन शब्द से निकला है। यह बात तो सच है कि अथर्ववेद में मन्त्र विद्या है, तन्त्र के अनेक प्रयोग हैं, अभिचार हैं, परम्परावादी दवाओं के प्रयोग भी वर्णित हैं किन्तु यह वेद बाद में बना यह धारणा परम्परावादी विद्वानों को मान्य नहीं है। यह उल्लेखनीय है कि भारत की बहुत सी विद्याएँ अरब देशों में अनुवादों के जरिये बहुत पहले से जाती रही हैं। जिन महत्वपूर्ण ग्रंथों का फारसी में अनुवाद हुआ उनमें अथर्ववेद प्रमुख है। आइने अकबरी में संकेत है कि वह फारसी अनुवाद अकबर के पुस्तकालय में सुरक्षित था। जिस प्रकार ऋग्वेद में प्राकृतिक शक्तियों, तत्वों और देवताओं के सूक्त प्रमुख हैं, यजुर्वेद में कर्मकाण्ड और सामवेद में स्तुतियाँ, उसी प्रकार अथर्ववेद में इहलोक के व्यावहारिक उपयोग की अनेक विद्याएँ वर्णित हैं जो उस समय मानव जीवन के दैनिक उपयोग के लिए आवश्यक मानी जाती थीं। दूसरे शब्दों में इसे तत्कालीन तकनीकी ज्ञान का संकलन भी कहा जा सकता है। इस दृष्टि से चारों वेदों के बीच अथर्ववेद का अपना अनूठा ही महत्त्व है।

यह माना जाता है कि अथर्वा नामक ऋषि ने इन विद्याओं का साक्षात्कार किया इसलिए इसका नाम अथर्ववेद पड़ा। वस्तुत: अथर्ववेद यह नामकरण बहुत प्राचीन नहीं है, यह नाम सूत्रकाल में प्रचलित हुआ। अथर्वा ऋषि और आंगिरस ऋषियों ने जो विद्याएँ बताईं उनके अभिलेख स्वरूप इस चतुर्थ वेद को पहले अथर्वांगिरस वेद कहा जाता था। जिन मन्त्रों में तन्त्र विद्या, मन्त्रविद्या और औषधियाँ बतलाई गई हैं वे अथर्वा द्वारा साक्षात्कृत मन्त्र हैं और मारण, उच्चाटन आदि अभिचार प्रयोगों की विद्याएँ आंगिरसों ने बताई हैं ऐसी मान्यता है। वैसे अथर्ववेद में इन विद्याओं के अतिरिक्त कुछ, दार्शनिक विवेचन भी मिलते हैं, ब्रह्मविद्या भी आशीर्वाद के मन्त्र भी, प्रार्थनाएँ भी और स्तुतियाँ भी। यह वेद 29 काण्डों में विभक्त है। ये 29 काण्ड 48 प्रपाठकों में विभाजित हैं, अथर्ववेद में 769 सूक्त हैं और लगभग 6000 मन्त्र हैं। प्रसंगवश स्थान स्थान पर ऋग्वेद की ऋचाएँ भी ले ली गई हैं जिनकी संख्या लगभग 1200 है। चूँकि लौकिक विद्याओं के विवेचन में श्राद्ध का प्रसंग भी आता है इसलिए 18वें काण्ड में ऋग्वेद की ऋचाएँ लेकर श्राद्ध का प्रतिपादन है और 29वें काण्ड में सोमयाग का। 14वें काण्ड में विवाह के समय के मन्त्र, शुभकामनायें तथा अन्य विवरण हैं। जैसा बताया जा चुका है अथर्ववेद में पद्य भी है और गद्य भी। इसके 5 हिस्से पद्य में हैं, छठा हिस्सा गद्य में। विभिन्न वेदों के मन्त्रों को सुरक्षित रखने के लिए अलग-अलग ऋषियों को यह दायित्व दिया गया था कि वे इन्हें कण्ठस्थ करें और अगली

पीढ़ियों को सिखाते जाएँ ताकि यह विशाल वाङ्मय अनन्तकाल तक जीवित रह सके। जिस प्रकार पैल ऋषि का ऋग्वेद का भार सौंपा गया, जैमिनि को सामवेद का, वैशंपायन को यजुर्वेद का उसी प्रकार सुमन्तु को अथर्ववेद का। इन मुनियों के बाद में वेदों की अलग-अलग शाखाएँ बनाकर अलग-अलग शिष्यों को उनको कण्ठस्थ करने और पीढ़ियों तक सुरक्षित रखने का भार सौंप दिया। इन शाखाओं में से बहुत सी काल के थपेड़ों में न जाने कहाँ लुप्त हो गईं, केवल दो आज तक बची हैं। महाभाष्यकार पतंजलि ने लिखा था 'नवधा आथर्वणो वेदः' इससे ज्ञात होता है कि पतंजलि के समय तक अर्थात् ईसा से दो शताब्दी पूर्व तक अथर्ववेद की 9 शाखाएँ थीं। आज तो बची-खुची 2 शाखाओं में से भी एक ही पूरी तरह जीवित है, दूसरी का केवल नाम और टैक्स्ट ही बचा है, इसके अनुयायी और शाखाध्यायी नहीं मिलते। यह शाखा है पिप्पलाद शाखा। अनेक वर्ष पूर्व पिप्पलाद संहिता कश्मीर में डॉ. बूलर को मिली थी जो भूर्ज पत्रों में लिखी हुई थी। यह अब भी जर्मनी में सुरक्षित है। डॉ. राथ ने इसे फोटो प्रक्रिया से छपवाया था। जल की स्तुति में कहा गया मन्त्र 'शं नो देवीरभिष्टये' जिसे आजकल पुरोहित लोग शनि का मन्त्र बताकर शनि की दशा से पीड़ित लोगों से जपवाते हैं, इस संहिता का पहला मन्त्र है।

दूसरी शाखा भारत में बहुत प्रचलित है जिसे शौनक शाखा कहते हैं। इसकी शौनक संहिता वर्षों से अथर्ववेदी ब्राह्मणों द्वारा पढ़ी-पढ़ाई जाती है। इस वेद का सर्वाधिक प्रचार गुजरात और महाराष्ट्र में है। इसमें शुद्ध उच्चारण और ऊँचे स्वर को प्राथमिकता दी जाती है। गाने या हाथ हिलाने की आवश्यकता इसमें नहीं रहती।

इस वेद के विवेचन से सम्बन्धित ब्राह्मण ग्रंथ गोपथ ब्राह्मण कहलाता है। मुण्डकोपनिषद् और प्रश्नोपनिषद् अथर्ववेद से सम्बन्धित उपनिषदें मानी गई हैं। देखा जाए तो इस वेद की शैली बहुत अनूठी और चित्ताकर्षक है। इसके पढ़ने से लगता है कि उस समय की नगरीय सभ्यता और उन्नति कामी समाज लौकिक अभ्युदय और प्रगति के सर्वांगीण प्रयत्न में लगे हुए थे। ऐसे प्रयत्नों के दौरान अपने लक्ष्य को प्राप्त करने के लिए नये-नये तरीके और हथकण्डे सोचने में भी उनकी बुद्धि लग जाये तो आश्चर्य नहीं है। शत्रु को हराने, मारने और भगाने के उपाय और दवाओं के नये-नये प्रयोग इसी दिशा में किये गये प्रयत्न मालूम होते हैं। अथर्ववेद का कृषक गाय-बैलों के संवर्द्धन और कृषि के विकास के तरीके सोचता है, राजा युद्ध में विजय के रास्ते निकालता है और शत्रु द्वारा उखाड़ दिये जाने पर फिर जमने के उपाय निकालता

है। ऐसे 29 कर्मों के बार में मन्त्र इस वेद में मिलते हैं। इनमें टोने टोटके बहुत हैं ऐसा पाश्चात्य विद्वानों का मानना है जबकि भारतीय विद्वानों का कथन है कि इस वेद में जहाँ-जहाँ जादू होने के संकेत मिलते हैं वे वास्तव में मार्जन या अभिमर्षण का ही एक प्रकार है जिसे मैसमैरिज्म या हिपनोटिक सजेशन कहा जा सकता है। इसी प्रकार मन्त्रों द्वारा मानसिक उपचार जिसे मैंटल हीलिंग कहा जा सकता है उस दिशा में प्रयत्न भी इनमें किये गये लगते हैं। ये आदिवासियों के गण्डा ताबीज जैसे या ओझाओं के जादू टोने टोटके मात्र नहीं हैं, जैसा पाश्चात्य विद्वानों में से कुछ का कथन है। इस वेद में पहली बार मनोवैज्ञानिक अवधारणाओं के रूप में मन्यु, मेधा, काम जैसी मानसिक वृत्तियों को देवता मानकर उन्हें सम्बोधित किया गया है जिससे प्रतीत होता है कि मानसिक क्रियाकलापों के अन्दर पैठने की ललक वेद के ऋषि में जागृत हो गई थी। मानवीय अभ्युदय और ऐहिक उन्नति की कामना अथर्ववेद के ऋषि में स्पष्ट परिलक्षित होती है। बड़ी अनूठी शैली में वह कहता है, अग्नि, तुझ में जो ताप है उससे मेरे शत्रु को जला और जो ऊर्जा है वह मुझे दे। इसी प्रकार चन्द्र, सूर्य, जल सबके शुभ-अशुभ तत्त्वों का वह उल्लेख करता है। युद्ध से पूर्व दुंदुभि को सम्बोधित कर कहा गया है कि हे दुन्दुभि, तुम्हारी उद्‌भट ध्वनि भूमि से लेकर आकाश तक इस प्रकार व्याप्त हो जाये कि वह हमें सुखकर लगे और उसे सुनकर शत्रु की सेनाओं को काठ मार जाये-

पूर्वो दुन्दुभे प्रवदासि वाचं भूम्याः पृष्ठे वद रोचमानः।
अमित्रसेनामभिजंजभानो द्युमद् वद दुन्दुभे सूनृतावत्॥ (5/20/6)

मजबूत पत्थरों का मकान बनाकर उससे कामना की जाती है कि तुम हमारे परिवार के लिए एक सुदृढ़ कवच बन गये हो। जो कोई शत्रु पूर्व, पश्चिम, उत्तर या दक्षिण से ऊपर से या नीचे से हम पर कुदृष्टि डाले उसे तुम नष्ट कर दो-

अश्मवर्म मेऽसि। यो मा प्राच्या दिशोऽवायुरभिदासात्।
एतत् स ऋच्छात्। (5/10/1)

अथर्ववेद का ही वह मन्त्र है जो कहता है कि हम मित्र से भी निर्भय रहें, शत्रु से भी। जाने पहचाने से भी निर्भय रहें, अनजाने से भी, रात्रि और दिन में सब दिशाओं में हम निर्भय रहें, सब दिशाएँ हमारी मित्र हों।

अभयं मित्रादभयममित्रादभयं ज्ञातादभयं पुरो यः।
अभयं नक्तमभयं दिवा नः सर्वा आशा मम मित्रं भवन्तु॥

इस मन्त्र को और अधिक लोकप्रियता मिल गई थी जब संयुक्त राष्ट्र संघ महासभा में भाषण देते हुए हमारी भू.पू. प्रधानमन्त्री ने हमारी इन वैदिक कामनाओं का उल्लेख किया था। स्थापत्यकला, वस्त्र निर्माण कला, शस्त्राओं और आभूषणों के बनाने की कला, चिकित्सा विद्या, शरीर विज्ञान, पाक विद्या, पशु पालन, पक्षी विद्या इस प्रकार की असंख्य लौकिक विद्याएँ इस वेद का विषय हैं। 38वें सूक्त में खानों से खनिज को निकालकर तथा वनस्पतियों से औषधियों को निकाल कर किस प्रकार मनुष्य के उपयोग में लाया जा सकता है इस पर लिखा गया है तो 64वें सूक्त में कौए के आघात से बचने का तरीका और 66वें में आँधी से बचने का उपाय बताया गया है। इन सबसे लगता है कि अन्य वेदों में उच्चतर ज्ञान की विवेचना प्रमुख उद्देश्य होने के कारण जो व्यावहारिक और वैज्ञानिक बातें नहीं आ पायी थीं, उन सबका संकलन अथर्ववेद में करने का प्रयत्न किया गया है।

वेदाङ्ग

वेदों को समझने की योग्यता संपादित करने तथा वेदोक्त कार्यों के अनुष्ठान हेतु व्यक्ति को अर्ह बनाने हेतु जो शास्त्र उसे पढ़ाए जाते थे उन्हें वेदाङ्ग कहने की परंपरा बहुत पुरानी है। लगता है वेदकाल के बाद से ही ऐसे शास्त्रों को वेदाध्ययन के अंगभूत माने जाने के कारण वेदांग शब्द से अभिहित करना शुरू हो गया था। ये शास्त्र वेदाध्ययन में सहायक होते हैं अतः वेद अंगी है, ये अंग हैं यह अवधारणा जब से पनपी तभी से छह वेदांग शिक्षा, कल्प, व्याकरण, निरुक्त, छन्द और ज्योतिष को कहा जाने लगा। चूँकि गोपथ ब्राह्मण, बौधायन, धर्मसूत्र और गौतम धर्म सूत्र जैसे प्राचीन ग्रन्थों में इनका उल्लेख है, रामायण के बालकांड में भी वेदांगों का संकेत है अतः लगता है उत्तर वैदिक काल से इन छह वेदांगों का साहित्य बनने लगा था, इनकी शिक्षा दी जाने लगी थी।

शिक्षा कल्पो व्याकरणे निरुक्तं छन्दसां चयः।
ज्योतिषामयनं चैव वेदाङ्गानि षडेव तु॥

इस प्रकार इन्हें गिनाया गया तथा ऐसा रूपक भी बनाया गया कि इन अंगों में कौन सा आँख का स्थान लेगा, कौन सा हाथ का, कौन सा कान का।

'छन्दः पादौ तु वेदस्य हस्तौ कल्पोऽथ पठ्यते।
ज्योतिषामयनं चक्षुर्निरुक्तं त्रोमुच्यते।

शिक्षा घ्राणं तु वेदस्य मुखं व्याकरणं स्मृतम्।
तस्मात् साङ्गमधीत्यैव ब्रह्मलोके महीयते।'

(पाणिनीय शिक्षा 41/42)

कहकर छन्द को पैर कल्प को हाथ, ज्योतिष को नेत्र, निरुक्त को कान, शिक्षा को नाक और व्याकरण को मुँह बतलाया गया। व्यावहारिक उपयोगिता देखते हुए इस रूपक का औचित्य सिद्ध भी किया जाता रहा है। ये वे विभिन्न शास्त्र हैं जिनका ज्ञान उस प्रत्येक अध्येता के लिए आवश्यक है जो विद्वान्, वेदज्ञ, ज्ञानी बनना चाहता है। शिक्षा वर्णमाला और उच्चारण का शास्त्र है, कल्प अध्येता की जीवनचर्या को सफलता से संचालित करने वाले विधान है, व्याकरण भाषा और शब्द सिखाता है, निरुकत व्युत्पत्ति और अर्थ बताता है, और शास्त्र का नाम हैं और ज्योतिष ग्रहचार और कलैंडर के अनुसार काल मापन करना सिखाता है। इनमें प्रायः सारी अर्हताकारी विद्याएँ आ जाती हैं, कल्प समस्त कृत्यों का विधान बताता है अतः वह कार्यकारी हाथ हुआ, छन्द गति का नियमन करता है और गति पैर का काम है अतः उसे पैर कहा गया, आकाशीय ज्योतियों को देखना आँख का काम है अतः ज्योतिष नेत्र हुआ, उच्चारण श्वास-प्रश्वास से संबंधित है अतः शिक्षा को नासिका बनाया गया, शब्द मुँह से बोले जाते हैं और अर्थ कान से सुना जाता है अतः व्याकरण को मुख और निरुक्त को कान कहा गया। इस प्रकार वेद के अंग होने का इनका औचित्य भी हो गया और विभाजन की संगति भी बैठ गई।

कुछ विद्वान मानते हैं कि यहाँ वेद के अंगों से तात्पर्य है उपकारक का अतः ये छह अंग एक तरह से 'ब्राह्मण' कहे जा सकते हैं क्योंकि वेद यदि ब्रह्म है 'अर्थात् ज्ञान' तो उसके उपकारक सभी पदार्थ ब्राह्मण हुए। वैसे भी वेद यदि अंगी है और वेदांग उसके अंग हैं तो वे वेद से पृथक हो ही नहीं सकते अतः तकनीकी दृष्टि से परिभाषा करने वाले विद्वान वेदांगों को अवयव और वेद को अवयवी न मानकर उसके आनुषंगिक शास्त्र अर्थात् उपकारक मानकर वेदांग शब्द का औचित्य साधित करते हैं।

शिक्षा

उच्चारण की विधि सिखाना गुरु का प्रथम कार्य होता था अतः उच्चारण सिखाने, स्वर, वर्णमाला आदि का ज्ञान कराने के शास्त्र को शिक्षा कहा गया। शिक्षा शब्द 'शिक्ष विद्योपादाने' धातु से भी बनता है और 'शक्लृ शक्तौं' से भी। शक्लृ से 'शक्तो भवितुमिच्छति' अर्थ में सन् और तङ् होकर शिक्षते बनता है अर्थात् विद्या की सामर्थ्य

अर्जित करना शिक्षा है। यह शब्द यद्यपि प्राचीन संहिताओं में नहीं आया है किन्तु परवर्ती साहित्य में पर्याप्त प्रचलित है, एक वेदांग के अर्थ में भी और सीखने सिखाने के अर्थ में भी।

श्रुतियों के शुद्ध उच्चारण और सही प्रस्तुति का महत्व वेद काल से ही बतलाया जाता रहा है। एक स्वर के उच्चारण में थोड़ी भी चूक अर्थ का अनर्थ कर सकती है। यह कथा प्रसिद्ध है कि एक बार त्वष्टा ने ऐसा यज्ञ करना चाहा जिससे इन्द्र को मारने वाला पैदा हो किन्तु 'इन्द्रशत्रुर्वर्धस्व' इसमें इन्द्रशत्रु शब्द में अन्त्योदात्त की बजाय आद्युदात्त के उच्चारण की जरा सी चूक होने से वह (वृत्र) पैदा हुआ जिसका मारने वाला इन्द्र है। तत्पुरुष की बजाय बहुव्रीहि का अर्थ हो गया और उलटा परिणाम निकला। इस बात को कहने वाली एक ऋचा निरुक्त, महाभाष्य आदि में उद्धृत है जो सुविदित है–

मंत्रो हीनः स्वरतो वर्णतो वा मिथ्याप्रयुक्तो न तमर्थमाह।
स वाग्वज्रोयजमानं हिनस्ति यथेन्द्रशत्रुः स्वरतोऽपराधात्॥

महाभाष्य में यह 'दुष्टः शब्दः स्वरतो वर्णतो वा' से शुरू होता है। इसलिए उच्चारण सीखना बहुत महत्वपूर्ण माना जाता था। यह गुरु ही सिखाता था (उस समय ध्वनियंत्र तो थे नहीं।) अतः सिखाने का भी तकनीक बताया जाता था। स्मृतिकार याज्ञवल्क्य कहते हैं–

अभ्यासार्थे द्रुतां वृत्तिं प्रयोगार्थे तु मध्यमाम्।
शिष्याणामुपदेशार्थं कुर्याद् वृत्ति विलम्बिताम्।

ठीक भी है। रटते समय हम गति तेज (द्रुत) रखते हैं, प्रस्तुति के समय मध्यम और सिखाते समय विलम्बित। शिक्षा की यह परंपरा बहुत पुरानी है यह तो स्वतः स्पष्ट है ही। आज जो शिक्षा के ग्रन्थ उपलब्ध हैं उनमें शुक्ल यजुर्वेद की याज्ञवल्क्य शिक्षा, सामवेद की नारद शिक्षा और अथर्ववेद की माण्डूकी शिक्षा प्रमुख हैं। एक शौनकीया शिक्षा भी अडयार के ग्रन्थागार में प्राचीन पांडुलिपि के रूप में उपलब्ध है ऐसा ज्ञात हुआ है (सन् 1918 का सूचीपत्र)। वैसे जो पाणिनीय शिक्षा आजकल सुप्रचलित है उसमें ध्वानिकी, उच्चारण शास्त्र आदि के सिद्धान्त भी हैं और वर्ण, प्रयत्न आदि का विवरण भी जिससे यह अनुमान लगाया जा सकता है कि शिक्षा वेदांग का फलक क्या रहता होगा। एक शिक्षा संग्रह भी उपलब्ध है जिसमें गौतम शिक्षा, नारदीय शिक्षा, पाण्डुकीय शिक्षा और भारद्वाज शिक्षा हैं। ऐसा माना जाता है

कि प्राचीन समय में प्रचलित शिक्षा की विषयवस्तु को समाहित करते हुए पाणिनि ने कोई शिक्षा ग्रन्थ बनाया होगा, उसी के आधार पर आज उपलब्ध पाणिनीय शिक्षा किसी परवर्ती आचार्य ने बनाई होगी (क्योंकि उसमें 'येनाक्षरसमाम्नायमधिगम्य' आदि श्लोकों द्वारा पाणिनि की स्तुति की गई है।) पहले शिक्षा सूत्र रहे होंगे जिनके आधार पर यह पद्यबद्ध पाणिनि शिक्षा है। वेदकालीन शिक्षा का मूल स्वरूप क्या रहा होगा इसका ज्ञान कराने हेतु आर्य समाज के संस्थापक स्वामी दयानन्द सरस्वती ने 'वर्णोच्चारण शिक्षा' प्रकाशित की है।

शिक्षा वेदांग के छह अंग हैं–वर्ण, स्वर, मात्रा, बल, साम और संतान जिनसे उच्चारण सिखाया जाता है। वर्णमाला, उनके स्थान, प्रयत्न आदि पहले सिखाए जाते थे फिर ह्रस्व, दीर्घ, प्लुत, और उदात्त, अनुदात्त, स्वरित, प्रचय आदि स्वरभेद बताए जाते थे। गुरु–लघु मात्राएँ तथा उनसे गति–यति में आने वाला भेद भी महत्वपूर्ण होता है। इनके अतिरिक्त विभिन्न वर्णोच्चारणों तथा पाठों में किस प्रकार के प्रयत्न और श्वास आदि के द्वारा ध्वनि निकाली जाए यह 'बल' का विषय होता था। श्रुति मधुर प्रस्तुति की शिक्षा 'साम' में तथा व्यूहित अथवा समूहित, संहित अथवा असंहित (संधि करके या बिना संधि किए) पाठ की शिक्षा 'संज्ञान' में दी जाती थी। इनमें उच्चारण शास्त्र या ध्वानिकी की अथवा स्वानिकी (फोनेटिक्स) के मूलभूत सिद्धान्त इस प्रकार समाहित थे कि मानव के स्वरयंत्र का अत्यन्त उन्नत और सर्वांगीण प्रशिक्षण इस शिक्षा से हो जाता था। तभी तो वाल्टर स्टेकर्ड एलन जैसे आधुनिक पाश्चात्य भाषाशास्त्रियों ने प्राचीन याज्ञवल्क्य शिक्षा और पाणिनीय शिक्षा के मूल सिद्धान्तों को देखकर लिखा था कि उस प्राचीन काल में भारत में ध्वनिशास्त्र या स्वानिकी (फोनेटिक्स) का जितना सर्वांगपूर्ण परिज्ञान था वह आज के वैज्ञानिक के लिए भी आश्चर्य की वस्तु हो सकती है (उनका ग्रन्थ फोनेटिक्स इन ऐंशेंट इंडिया)

ऐसा प्रतीत होता है कि उच्चारण शास्त्र के प्रवर्तक आचार्य के रूप में याज्ञवल्क्य का नाम बहुत पहले से प्रचलित रहा होगा और उनकी शिक्षा भी प्रसिद्ध रही होगी जिसके आधार पर वह याज्ञवल्क्य शिक्षा लिखी गई जो आज उपलब्ध है। यह अनुमान इस आधार पर भी लगाया जा सकता है कि शुक्ल यजुर्वेद की वाजसनेयी संहिता को जिस आधार पर याज्ञवल्क्य की बताया जाता है उसकी गुत्थी इसी से सुलझती है।

याज्ञवल्क्य को शुक्ल यजुर्वेद का द्रष्टा, प्रवक्ता आदि कहा गया है जबकि संहिता में किसी भी मंत्र के द्रष्टा के रूप में याज्ञवल्क्य का नाम नहीं मिलता। वेदों में

याज्ञवल्क्य का उल्लेख नहीं आता, शतपथ ब्राह्मण में अवश्य आता है जिसके आधार पर शतपथ को उनकी कृति बताया जाता है। बृहदारण्यक उपनिषद (6/4/33) के आधार पर कहा जाता है कि वाजसेनी के पुत्र वाजसनेय याज्ञवल्क्य ने शुक्ल यजुर्वेद का उपदेश किया। उन्हीं के कारण शुक्ल यजुर्वेद और कृष्ण यजुर्वेद (तैत्तिरीय शाखा) का विभाजन हुआ। विष्णु पुराण आदि पुराणों (श्रीमद्भागवत) भी में यह कथा आती है कि आचार्य वैशंपायन को किसी प्रायश्चित के प्रसंग में सार्वयाजुष यज्ञ करना था अतः अपने सभी शिष्यों के साहाय्य से सब यजुओं की आहुति देते हुए यज्ञ करने हेतु सबको बुलाया। याज्ञवल्क्य ने कहा कि मैं अकेला ही काफी हूँ क्योंकि मैंने एक विशिष्ट पद्धति से सारी यजुएँ याद कर ली हैं। उसके इस अहंकार से वैशंपायन क्रुद्ध हुए और उन्होंने आदेश दिया कि सारा वेद वापस वमन कर दो। याज्ञवल्क्य ने सचमुच सारा वेद वमन कर दिया। कुछ अन्य शिष्यों ने तीतर बन कर उनमें से कुछ को चुग लिया इसलिए उसका नाम तैत्तिरीय संहिता पड़ा।

यह कथा एक रहस्य बनी हुई है। स्पष्ट है कि यह प्रतीकात्मक है। वमन करना और चुगना वास्तविक घटना कैसे हो सकती है! इस पर पाश्चात्य समीक्षकों ने कई प्रतिक्रियाएँ व्यक्त की हैं, अनेक अटकलें लगाई हैं। वस्तुतः इसका रहस्य हमें यह प्रतीत होता है कि ऋचाएँ छन्दोबद्ध होने के कारण सहज ही कंठस्थ हो जाती हैं, यजु (गद्य) पूरा कंठस्थ नहीं हो पाता अतः याज्ञवल्क्य ने उच्चारण और पाठ की एक लयात्मक विधि निकाली जिससे पूरी संहिता कंठस्थ होना सरल हो गया। जब उसने गुरु से कहा कि मुझे पूरा वेद याद है तो गुरु ने क्रुद्ध होकर आदेश दिया कि ऐसा है तो पूरा का पूरा अभी ज्यों की त्यों सुना डालो। याज्ञवल्क्य ने पूरा सुना दिया। यही तो वमन है। उनमें से कुछ को चुन कर तथा उनके साथ अन्य पाठ जोड़ कर अन्य शिष्यों ने अन्य संहिता बना दी जिसमें कुछ यजु हैं, कुछ ऋक्, कुछ ब्राह्मण। तैत्तिरीय संहिता में इन तीनों का समायोजन है। यही चुगना हुआ। इससे यह स्पष्ट होता है कि याज्ञवल्क्य ने यजु के उच्चारण की कोई उत्कृष्ट विधि बनाई थी जिससे यजुएँ ज्यों की त्यों याद रहें, अयानयामा बनी रहें। जैसा भागवत में उल्लेख है। इसी लयात्मक विधि से सर्वत्र आज शुक्ल यजुर्वेद का पाठ होता है। इस विधि से पठित संहिता को याज्ञवल्क्य की या वाजसनेयी कहना इस प्रतीक के अनुसार समुचित बैठता है। वहीं याज्ञवल्क्य शिक्षा उच्चारण शास्त्र भी रही और उस पाठ की विधि का शास्त्र भी जो आज तक चला आ रहा है। हो सकता है उस समय मूल याज्ञवल्क्य शिक्षा

कोई और रही हो किन्तु याज्ञवल्क्य को शिक्षा शास्त्र का प्रवक्ता माने जाने का यही रहस्य प्रतीत होता है। इसी याज्ञवल्क्य शिक्षा के स्वानिकी का उत्कृष्ट आदिग्रन्थ होने की बात अनेक पाश्चात्य ध्वनिशास्त्रियों ने कही है जिसका हम उल्लेख कर चुके हैं। यह स्पष्ट है कि गद्य के उच्चारण की वैसी लय ईजाद न की गई होती तो आज पूरी संहिता ? ठस्थ करने वाले वेदपाठी जिस प्रकार आसानी से मिल जाते हैं और सदियों से यह परंपरा चलती रही है वैसा कदापि संभव नहीं होता।

वैदिकों की पारम्परिक मान्यता के अनुसार यजुर्वेद से संबद्ध शिक्षाएँ हैं–

1. याज्ञवल्क्य शिक्षा, (श्लोक सं. 232) 2. वाशिष्ठी शिक्षा 3. कात्यायनी शिक्षा (कात्यायन की) (श्लोक संख्या 131) 4. पाराशरी शिक्षा (पाराशर की) (श्लोक संख्या 160) 5. मांडव्य शिक्षा (मांडव्य की) 6. अमोघनान्दिनी शिक्षा (श्लोक सं. 130) (अमोघानन्द की) 7. लघ्वमोघानान्दिनी शिक्षा (श्लोक सं. 17) 8. अमरेशी शिक्षा (अमरेश की) 9. केशवी शिक्षा (केशव दैवज्ञ की गद्यबद्ध शिक्षा 10. केशवी पद्यात्मिका (श्लोक संख्या 21) (पद्यबद्ध)11. मल्लशर्मा शिक्षा (मल्लशर्मा की) (श्लोक संख्या 65) 12. स्वराङ्कुशा शिक्षा (जयन्तस्वामी की) (श्लोक संख्या 25) 13. अवसान निर्णय (अनन्तदेव की) 14. स्वरशक्ति निर्णय 15 क्रमसन्धान 16. गलदृक् (तीनों कात्यायन की) 17. मनःस्वारशिक्षा (याज्ञवल्क्य की) 18. प्रातिशाख्य प्रदीप (बालकृष्ण कृत) 19. वेदपरिभाषा सूत्र शिक्षा 20. वेदपरिभाषाकारिका 21. यजुर्विधान 22. स्वराष्टक 23. क्रमकारिका (से पाँचों पं. रामचन्द्र की लिखी हैं) 24. माध्यरिकान्दिन शिक्षा 25. लघुमाध्यान्दिन शिक्षा। सामवेद से संबद्ध शिक्षाएँ गौतम, लोमश और नारद की, अथर्ववेद के लिये 179 श्लोकों की माण्डूकी शिक्षा और कृष्णयजुर्वेद के लिए व्यास शिक्षा। पाणिनीय शिक्षा सामान्यतः सभी वेदों के लिए है। रामचन्द्र कृत षोडश श्लोकी शिक्षा और शिक्षा प्रकाश नामक (पिंगल) ग्रन्थ भी सामान्य सार्ववैदिक शिक्षाएँ हैं।

विकृतिपाठ

सच पूछा जाए तो शिक्षा वाचिक परम्परा का अंग है जो गुरु द्वारा शिष्यों को वेद का उच्चारण, संधारण आदि करना सिखाने के रूप में चली आ रही है। इसके जो ग्रन्थ उपलब्ध हैं उनसे इसके स्वरूप का भान हो ही सकता है, वैसे गुरु विविध प्रकार से उच्चारण सिखाता था जिसमें हाथ की, अँगुलियों की संकेत क्रिया भी सम्मिलित होती थी और स्वरों का उतार-चढ़ाव भी। यह लिखित रूप में नहीं सिखाया जा

सकता, प्रायोगिक क्रिया है। उदात्त, अनुदात्त, स्वरित, प्रचय आदि स्वरों के उच्चारण के समय प्रतीक रूप में हाथ ऊँचा नीचा करना, अँगुली ऊपर करना आदि क्रियाएँ सिखाई जाती थीं। इसी प्रकार वेदों के पाठ (टैक्स्ट) को अविकृत और सुरक्षित रखने हेतु 'विकृति पाठों' की भी परम्परा थी जिसमें प्रत्येक ऋचा या मंत्र के प्रत्येक पद को संधि तोड़कर समझा जाता था जिसे पद पाठ कहा जाता था फिर पदों के क्रम को कंठस्थ करने की दृष्टि से प्रत्येक पद को क्रमवार बोला जाता था जिसे क्रम पाठ कहते थे। प्रत्येक पद को आगे-पीछे बोलते हुए, दोहराते हुए, इस प्रकार भी कहा जाता था कि उसका क्रम याद रहे। पदों को इस प्रकार गूँथ कर, दोहरा कर बोलने के प्रकारों को विकृति पाठ कहा जाता था जो आठ प्रकार के होते थे जटा, माला, शिखा, ध्वज, रेखा, दण्ड, रथ और घन। यह श्लोक इनके लिए प्रचलित है–जटा माला शिखा रेखा ध्वजे दण्डो रथो घनः। अष्टौ विकृतयः प्रोक्ताः क्रमपूर्वा महर्षिभिः। जटा में आगे पीछे के दो शब्दों को पीछे आगे गूँथ कर, बोला जाता था। माला में मंत्र के पहले के और बीच के शब्दों को गूँथ कर ध्वज में प्रथम और अन्तिम पदों को गूँथ कर, इस प्रकार दोहराने की विधियाँ सदियों से गुरु शिष्यों के बीच चल रही हैं। इनमें सर्वाधिक विस्तृत होता था घन पाठ। वह जिसे अभ्यस्त हो जाए उसे 'घनपाठि' का आदर दिया जाता था। यह परंपरा अब तक चली आ रही है।

कल्प

श्रौतसूत्र

दूसरा वेदांग 'कल्प' माना गया है। कल्प को हाथ की भूमिका देने का अर्थ है प्रविधि या काम करने का तरीका और मार्गदर्शक प्रक्रिया बतलाने वाला घटक अथवा शास्त्र कल्प कहा गया है। अंग्रेजी में ऐसी मार्गदर्शक पुस्तिकाओं को मैनुअल कहा जाता है, यह शब्द भी 'हाथ' के वाचक शब्द से बना है। ऋग्वेद प्रागतिशाख्य कहता है 'कल्पो वेदविहितानां कर्मणामानुपूर्व्येण कल्पनाशास्त्रम्।' वेदोक्त कर्मों की सिलसिलेवार विधि बताने वाले शास्त्र 'कल्प' प्रमुखतः सूत्रों में लिखे गए हैं अतः इन्हें कल्पसूत्रों के नाम से भी पुकारा जाता है। 'कल्प्यन्ते प्रयोगविषयी क्रियन्ते कर्माणि येन स कल्पः।' सामान्यतः चार प्रकार के कल्पसूत्र उपलब्ध होते हैं श्रौतसूत्र, गृह्यसूत्र, स्मार्तसूत्र और शुल्ब सूत्र। कुछ विद्वान इनकी संख्या में घट-बढ़ करके पहले तीन सूत्रों को ही कल्प मान लेते हैं, कुछ श्रौतकर्मों के विधान तक सीमित रहकर पाँच कल्प गिना देते हैं नक्षत्र कल्प, वैतानकल्प, संहिताविधान कल्प, आंगिरसकल्प और शान्तिकल्प (इन सबमें श्रौतयागों से संबंधित कार्य बताए जाते हैं)

श्रौतसूत्रों में यज्ञकर्मों के भेद, प्रकार, पद्धति, विधान आदि वर्णित हैं, गृह्यसूत्रों में जीवनचर्या को नियमित करने वाले विधान, जैसे सोलह (या कम-ज्यादा) संस्कार, दैनन्दिन कृत्य आदि वर्णित हैं, स्मार्तसूत्रों में धर्मशास्त्र आ जाता है जो कृत्य और आचरण की व्यवस्था देता है (इसी में धर्मसूत्र समाहित हैं अतः बहुधा इस कल्प को धर्मसूत्र भी कह दिया जाता है) और शुल्बसूत्र वैदिक कृत्यों के लिए उपयुक्त वेदी, भवन आदि आधार सामग्री का विधान, माप, निर्माण प्रकार आदि बताते हैं जो एक तरह से रेखागणित के मूल स्रोत कहे जा सकते हैं जिनमें निर्माणशास्त्र के बीज भी निहित हैं।

श्रौतसूत्रों में यज्ञविधान वर्णित हैं जिनमें यज्ञों के प्रकार (हविर्यज्ञ, सोमयज्ञ और पाकयज्ञ के 7-7 प्रकार तथा प्रवर्ग) और विधि बतलाए जाते हैं। ऋग्वेद से संबंधित शांखायन और आश्वलायन श्रोतसूत्र हैं। कृष्ण यजुर्वेद के श्रौतसूत्र हैं आपस्तंब, हिरण्यकेशी, बोधायन, भारद्वाज, मानव और वैखानस। शुक्ल यजुर्वेद का कात्यायन श्रौतसूत्र, सामवेद के मशक, लाट्यायन, और द्राह्यायण श्रौतसूत्र, तथा अथर्ववेद का वैतान श्रौतसूत्र-इस प्रकार श्रौतसूत्रों का वाङ्मय भी विस्तृत है, यद्यपि समय के साथ कुछ श्रौतसूत्र अल्पज्ञात होते चले गये क्योंकि मध्यकाल में श्रौताग्नि स्थापन और श्रौतयाग करने की परम्परा बहुत विरल हो गई। परिणाम यह हुआ कि सोलह संस्कार आदि के लिए गृह्यसूत्रों की जानकारी अवश्य रही किन्तु धर्मसूत्रों के अलावा अन्य सूत्र साहित्य विरल होता गया। धर्मसूत्र अवश्य पढ़े पढ़ाए जाते रहे। इससे स्पष्ट होता है कि श्रौतसूत्रों में श्रौताग्नि में किये जाने वाले याग वर्णित होने के कारण तथा श्रोतयागों के आहिताग्नियों के द्वारा विधानपूर्वक किये जाने वाले यज्ञ होने के कारण तथा बड़ी संख्या में न किये जाने के कारण श्रौतसूत्रों का विरल होना स्वाभाविक ही है। उदाहरणार्थ ऋग्वेदियों के शांखायन श्रौतसूत्र में अठारह अध्याय हैं जिनमें दर्श, पौर्ण, मास आदि यज्ञों के विधान के बाद वाजपेय, राजसूय, अश्वमेध, पुरुषमेध, सर्वमेध जैसे यज्ञों का ही विधान बताया गया है। राजसूय और अश्वमेध चक्रवर्ती राजाओं द्वारा करणीय होते हैं, वाजपेय भी श्रोत्रिय या राजा द्वारा किए जाने वाला यज्ञ है। शांखायन सूत्रों पर अमृत भाष्य और गोविन्दकृत टीका मिलती है।

आश्वलायन ऋषि शौनक ऋषि के शिष्य थे और ऐतरेय आरण्यक के दो अध्याय दोनों गुरुशिष्यों ने मिलकर लिखे थे ऐसी मान्यता है। आश्वलायन श्रौतसूत्र में बारह अध्याय हैं और उनमें उसी प्रकार श्रौतयाग वर्णित है। कात्यायन श्रोतसूत्र छब्बीस अध्यायों

में अन्याधान, पिण्ड पितृयज्ञ आदि से लेकर बड़े श्रौतयागों तक का विधान बताता है और बहुत प्रचलित है। शतपथ ब्राह्मण के वर्ण्य विषयों से इसके विषयों का तालमेल स्पष्ट दिखलाई देता है क्योंकि यह शुक्ल यजुर्वेद से संबद्ध है। पच्चीसवें अध्याय में प्रायश्चित्तों की और छब्बीसवें में प्रवर्ग्यों की सूचनाएँ हैं। कृष्ण यजुर्वेद का आपस्तम्ब श्रौतसूत्र भी सुप्रचलित है जिसमें चौबीस प्रश्नों (अध्यायों) में यागविधानों का स्पष्ट और सारगर्भित विवरण मिलता है। बौधायन श्रौतसूत्र 29 प्रश्नों (अध्यायों) में विभाजित है जिनमें कण्डिकाओं में ब्राह्मण शैली में यज्ञविधान वर्णित हैं। हिरण्यकेशी अर्थात् सत्याषाढ़ श्रौतसूत्र (कृष्ण यजुर्वेद) का 24 प्रश्नों में विभाजित है और वैखानस सूत्र 21 प्रश्नों में। वाधूल और भारद्वाज श्रौतसूत्र अब उपलब्ध हो गए हैं। डॉ. कैलेंड ने कल्पसूत्रों के संपादन में बहुत रुचि ली थी। उन्हीं के संपादन में बहुत से श्रौतसूत्र, गृह्यसूत्र आदि बिब्लियो थी का इंडिका, कोलकाता से प्रकाशित हुए। वाधूल श्रौतसूत्र का भी संपादन, अनुवाद, टिप्पणी लेखन डॉ. कैलेंड ने किया। अब होशियारपुर के डॉ. बी.बी. चौबे वाधूल के साहित्य को प्रकाश में ला रहे हैं। भारद्वाज के श्रौतसूत्रों का संपादन डॉ. चिन्तामणि गणेश काशीकर (सी.जी.काशीकर) ने किया है। इसमें पन्द्रह प्रश्न (अध्याय) हैं। इस सूत्र के परिशिष्ट के रूप में पैतृमेधिक सूत्र और परिशेष सूत्र भी मिलते हैं।

मानव श्रौतसूत्र कृष्णयजुर्वेद की मैत्रायणी शाखा से संबद्ध है। यह पाँच अध्यायों में विभाजित है। वाराह श्रौतसूत्र भी इसी शाखा का है जो तीन अध्यायों में है। इसका संपादन भी डॉ. कैलेण्ड और डॉ. रघुवीर ने लाहौर से किया है। इनके अतिरिक्त काठक श्रौतसूत्र भी उपलब्ध हुआ है। सामवेद का श्रौतसूत्र मशक ऋषि का आर्षेय कल्पसूत्र सर्वाधिक प्रचलित, विस्तृत और अधीत है। ग्यारह अध्यायों में विभाजित इस सूत्र में सभी यागों विशेषकर अग्निष्टोम, उक्थ्य, षोडशी और अतिरात्र इन चार ज्योतिष्टोमों का विशद विधान है। यह ताण्डय ब्राह्मण का पूरक है। इसका परिशिष्ट या पूरक क्षुद्रकल्पसूत्र भी है। लाट्यायन सूत्र और द्राह्यायण श्रौतसूत्र भी सामवेद से संबद्ध हैं जिसमें 32 पटल हैं। जैमिनीय श्रौतसूत्र भी सामवेद से संबद्ध माना जाता है जिसमें 26 कंडिकाएँ हैं। इसका संपादन प्रो. गास्ट्रा ने किया है।

शुल्बसूत्र

कल्पसूत्रों में विनिर्माण विद्या, भूमापन, चयन, वेदी रचना आदि का अभियांत्रिक तंत्र बताने वाले तथा वैज्ञानिक पक्ष का प्रतिनिधित्व करने वाले सूत्र हैं शुल्बसूत्र जो

भारत में रेखागणित या ज्यामिति के प्रवर्तक कहे जा सकते हैं। शुल्ब का अर्थ है नापने की डोरी, इंचटेप या फीता। इसी से नापकर वेदियाँ तथा अन्य निर्माणों की संरचना की जाती थी। यज्ञकर्मों के इस पक्ष को बतलाने के साथ-साथ प्रसंगवश इनमें रेखागणित के सिद्धान्त भी संकेतित हैं। चूँकि यज्ञविधान और व्यावहारिक कर्मकांड यजुर्वेद के साथ जुड़ा हुआ है अत: यजुर्वेद के शुल्बसूत्र ही उपलब्ध होते हैं। यह भी हो सकता है कि अन्य वेदों के शुल्बसूत्र अब अलभ्य हो गये हों।

शुक्ल यजुर्वेद का एक ही शुल्बसूत्र प्राप्त है जो कात्यायन का है जबकि कृष्ण यजुर्वेद के छह शुल्बसूत्र हैं-बौधायन, आपस्तम्ब, मानव, मैत्रायणीय, वाराह और वाधूल। आपस्तम्ब शुल्बसूत्र के टीकाकार करविन्दस्वामी ने मशक और हिरण्यकेशीय शुल्बसूत्रों का भी उल्लेख किया है किन्तु वे उपलब्ध नहीं होते। सर्वाधिक महत्वपूर्ण है बौधायन शुल्बसूत्र जिसमें तीन परिच्छेद हैं। प्रथम में 116, द्वितीय में 86 और तृतीय में 323 सूत्र हैं। प्रथम में रेखागणित के सिद्धान्तों के अनुसार वेदियों के स्थान और प्रकार, द्वितीय में गार्हपत्य चिति, छन्दाश्चिति आदि के निर्माण का विधान तथा तृतीय में 17 तरह की काम्य इष्टियों के लिए वेदियों की रचना के प्रकार वर्णित हैं। आपस्तम्ब शुल्ब सूत्र में छह पटल, 21 अध्याय और 323 सूत्र हैं। बौधायन शुल्ब का अध्ययन हजारों वर्षों से हो रहा है इसका प्रमाण देती हैं इसकी विभिन्न टीकाएँ। इस पर द्वारकानाथ यज्वा और वेंकटेश्वर दीक्षित की टीकाएँ उपलब्ध हैं। आपस्तम्ब शुल्ब सूत्र के भी टीकाकार एक हजार वर्ष से इसकी व्याख्या कर रहे हैं जैसे कपर्दिस्वामी एक हजार वर्ष पूर्व हुए, करविन्द स्वामी भी प्राचीन हैं। सुन्दरराज की शुल्ब प्रदीप और गोपाल का भाष्य भी आपस्तम्ब शुल्बसूत्र पर उपलब्ध है।

कात्यायन शुल्बसूत्र तो लोकप्रिय है ही क्योंकि इसके आधार पर उत्तर और पश्चिम भारत में वर्षों से वेदनिर्माण होता रहा है। कातीय शुल्ब दो भागों में विभक्त है, प्रथम में 90 सूत्र हैं द्वितीय में 48 श्लोक हैं। इसके टीकाकार राम वाजपेयी और महीधर ने इसकी रेखागणितीय प्रस्थापनाओं और वेदी प्रकार आदि का विवेचन किया है। पं. विद्याधर गौड़ आधुनिक काल के वेदवाङ्मय विवेचक हुए हैं। इन्होंने भी इस पर अच्छी व्याख्या लिखी है। मानव शुल्बसूत्र गद्य-पद्य दोनों में हैं, इसमें सुवर्णचिति (श्येनचिति) का वर्णन मिलता है जो बहुचर्चित है। इस पर शिवदास की टीका मिलती है। मैत्रायणीय शुल्ब में भी वही विषयवस्तु है, वाराह में भी। इन पर शंकर भट्ट की टीका मिलती है।

शुल्बसूत्रों में विवेचित विषयवस्तु से यह स्पष्ट होता है कि भारत में प्राचीनतम समय से भवन निर्माण और रेखागणित आदि की विधाएँ ज्ञात थीं, उन पर विमर्श होता था। जैन वाङ्मय में भी इस प्रकार का साहित्य उपलब्ध है किन्तु शुल्बसूत्र उससे प्राचीन हैं और एक पुरातन सुदीर्घ परम्परा के प्रतीक हैं।

निरुक्त और यास्क

एक महत्वपूर्ण वेदांग है–निरुक्त जिससे वेदानुशीलन में मार्गदर्शन मिलता है। निघंटु और निरुक्त वेदों की भाषा को समझने के साधन रहे हैं। निरुक्तकारों में यास्क प्रमुख माने जाते हैं। महर्षि यास्क एक ऐसे युग प्रवर्तक वेदवाचस्पति हैं जिन्होंने वेदार्थ विवेचन का इतिहास शुरू किया था। वेद की अन्तर्निहित मनीषा या ज्ञान सामग्री पर चिन्तन तो अपने मौलिक विवेक चक्षु से ब्राह्मणग्रन्थों ने प्रारम्भ कर ही रखा था पर शब्दों के निर्वचन और भाषा में निहित आशय के विश्लेषण की दृष्टि से वेदार्थ का और वैदिक विषयों का शब्दकोष, व्याकरण और निर्वचनमार्ग बतलाने वाले अभिगम को स्थापित करने का काम महर्षि यास्क ने ही किया था। शब्दों के निर्वचन की उनकी जो दृष्टि है उससे ही यह स्पष्ट हो जाता है कि वे केवल व्याकरण नहीं लिख रहे हैं, व्याकरण अर्थात् शब्दों का भाषिक विश्लेषण और निरुक्त शब्दों का निर्वचन करने का मार्ग दिखला रहे हैं। इस मार्गदर्शी अभिगम का प्रवर्तक कभी एक निर्वचन या विश्लेषण के तरीके से नहीं जुड़ता, अपनी दृष्टि व्यापक और उदार रखता है। यही कारण है कि अनेक शब्दों के उनके किए गए निर्वचन परवर्ती विश्लेषकों की आलोचना के पात्र बने हैं और अनेक मत मतान्तर उनके विवेचनों के पक्ष और विपक्ष में उभरे हैं।

हमारा यह विनीत मत है कि जिज्ञासुओं को वेदार्थ विमर्श और वैदिक विषयों के वर्गीकरण की पूरी जानकारी देने के लिए एक गाइड बुक या विश्वकोषात्मक मार्गदर्शी ग्रन्थ लिखने का उद्देश्य लेकर चले यास्क ने अपने समय में प्रचलित विभिन्न मत मतान्तरों की तथा निर्वचन पद्धतियों की ईमानदार जानकारी निष्पक्ष रूप से, किसी भी एक मत के प्रति अपना रुझान बताए बिना दे दी है। तभी तो स्थान-स्थान पर शब्दों के निर्वचन की कोई एक दृष्टि लेकर वे नहीं चलते प्राय: हर शब्द या विषय के अर्थ करते हुए वे बताते हैं, यह मत व्याकरणकारों का है (इति नैरुक्ता:) यह मत विज्ञान वादियों का है (इति ऐतिहासिका:) यह मत भाषिकीविदों का है (इति नैदाना:) यह मत ब्राह्मण ग्रन्थों का है (इति ब्राह्मण्यम्) आदि। किसी भी शब्द के निर्वचन के

लिए वे किसी एक आख्यान या धातु के साथ नहीं जुड़ते सभी तरह के विकल्प और संभावनाएँ सामने रख देते हैं राज्ञः पुरुषो राजपुरुषः। राजा राजते। पुरुष पुरिषादः, पुरिशयः, पूरयतेर्वा, पूरयत्यन्तरित्य पुरुष मभिप्रेत्य (नैगमकाण्ड 2/1/3)। यही दृष्टि होनी चाहिए शिक्षक की, कोषकार की, इतिहासकार की कि वह किसी एक मत को ही प्रस्तुत कर अपने कर्त्तव्य की इतिश्री न समझ ले, सभी पक्षों की जानकारी दे। यास्क से पूर्व भी वेदों के विमर्श की लम्बी परम्परा रही थी, ब्राह्मणों की, भाष्यकारों की, उसका प्रतिबिम्ब एक स्वच्छ दर्पण की भाँति यास्क में मिलता है।

यही कारण है कि उन्होंने संपूर्ण वैदिक वाङ्मय का अध्ययन कर उसकी कुंजी बताने हेतु भी उस पर एक निष्पक्ष समीक्षक की दृष्टि डाली है। उदाहरणार्थ दैवतकाण्ड के प्रारंभ में वे कहते हैं कि शिल्प या कलापक्ष की दृष्टि से देवों से संबंधित वैदिक ऋचाओं का वर्गीकरण किया जाए तो उन्हें तीन वर्गों में बाँटा जा सकता है, परोक्षकृताः अर्थात् वर्णनात्मक (जिनमें तृतीय पुरुष अथवा अंग्रेजी के थर्ड पर्सन अर्थात् संस्कृत के प्रथम पुरुष में देवताओं का या अन्य किसी विषयवस्तु का प्रतिपादन किया गया है), प्रत्यक्षकृताः अर्थात् संबोधनात्मक (जिनमें मध्यम पुरुष अर्थात अंग्रेजी के सेंकड पर्सन में किसी देवता या अन्य किसी तत्त्व को संबोधित किया गया है) और आध्यात्मिकी अर्थात् स्वकथनात्मक (जिनमें उत्तम पुरुष में अर्थात् अंग्रेजी के फस्ट पर्सन में वक्ता अपने आपके बारे में या अपने मुँह से कुछ कहता है)। यह वर्गीकरण यास्क की मौलिक देन है और उसकी उस समीक्षा दृष्टि का प्रमाण है जो आज भी समीक्षकों के लिए आदर्श हैं।

यत्काम ऋषिर्यस्यां देवतायामार्थपत्यमिच्छरन् स्तुतिं प्रयुक्ते तद्दैवतः स मन्त्रो भवति। तास्त्रिविधा त्रटचः, परोक्षकृताः, प्रत्यक्षकृताः आध्यात्मिक्यश्च। दैवत (1/1/1)

एक विहंगम दृष्टि डालते हुए इतिहासकार की तरह वे यह भी बतलाते हैं कि ये तीसरे वर्ग की ऋचाएँ अनेक मीमांसकों को वेद का पौरुषयेत्व सिद्ध करने का आधार भी देती रही हैं। अस्तु।

यास्क के इस अभिगम को तथा समस्त पक्षों का उल्लेख कर एक व्यापक दृष्टि देने के लक्ष्य को ध्यान में रखकर यदि हम निरुक्त का विश्लेषण करें तो वे अनेक विसंगतियाँ जिनकी ओर संकेत कर समालोचक यास्क की आलोचना करते हैं समाहित की जा सकेंगी, ऐसा लगने लगता है। हम यहाँ कुछ ऐसी विसंगतियों की ओर ही विशेषतः ध्यान आकृष्ट करना चाहेंगे जिन पर अब तक चर्चा नहीं हुई है।

दैवत कांड में यास्क ने देवताओं का सभी तरह का वर्गीकरण कर उनका स्वरूप विवेचन और अर्थ निर्वचन किया है। पृथ्वीस्थानीय, अन्तरिक्षस्थानीय और द्युस्थानीय देवताओं का विवरण भी है, पुरुषों और स्त्रियों के रूप में भी देवताओं का विभाजन है। इसी क्रम में देवों की सूची देते हुए वे मध्यस्थानीय देवताओं में वायु, वरुण, रुद्र, इन्द्र, बृहस्पति, ब्रह्मणस्पति, क्षेत्रपति, वास्तोष्पति, वाचस्पति, अपानपात्, तनूनपात्, यम, मित्र, प्रजापति, अहि, बुध्न्य, सुपर्ण, पुरुरवा, श्येन, चन्द्रमा, विश्वानर, धाता, विधाता आदि पुरुष देवताओं का विश्लेषण करते हैं। किन ऋचाओं में किस देव की स्तुति है इसका भी उल्लेख वे करते हैं–तस्यैषा भवति, तस्यैषा अपरा भवति आदि द्वारा। वास्तोष्पति वह वैदिक देवता है जो आज चल रहे वास्तुशास्त्र का उद्गम है, निर्माणों का अधिष्ठाता देवता है। इसी का नाम वास्तु पुरुष हो गया था जिसकी पूजा वास्तु शान्ति के समय पुरोहित कराते हैं। जिस देश में विशाल नगर, किले, मन्दिर, महल और घर बने हों वहाँ वास्तुशास्त्र की लम्बी परंपरा, उसके शास्त्र और देवता आदि क्यों नहीं होंगे? तभी तो हमारे यहाँ नगर वास्तु, दुर्गवास्तु, मन्दिरवास्तु और गृहवास्तु की अवधारणाएँ और शास्त्र मिलते हैं। उसी का उल्लेख करते हुए यास्क कहते हैं–वास्तोष्पति वास्तुर्वसते र्निवासकर्मणस्तस्य पाता वा पालयिता वा। यहाँ वे गृहवास्तु के अधिष्ठाता वास्तोष्पति का संकेत देकर स्पष्ट कर देते हैं कि वास्तु के अनेक भेद हैं, अनेक प्रकार और प्रयोग हैं। इससे यह भी स्पष्ट हो जाता है कि उस समय तक गृह निर्माण, नगरनिर्माण, दुर्ग निर्माण आदि की परम्परा सुविदित हो चुकी थी। यह बात अलग है कि उस परंपरा को खींचते हुए परवर्ती पुराणों, शास्त्रकारों, ज्योतिषियों और वास्तुशास्त्रियों ने उसे वह रूप दे दिया जो आज हमें दिख रहा है। इसी क्रम में वे एक-दो ऐसे देवताओं का भी विवरण देते हैं जो आज अल्पज्ञात हो गए हैं–जैसे, अहि, बुध्न्य आदि। यह तो विद्वानों को ज्ञात होगा कि अहि बुध्न्य देवता का बड़ा दिलचस्प और सुदीर्घ इतिहास रहा है। मूलतः ऋग्वेद में बुध्नय अहि की अवधारणा मिलती है जो ऐसा सर्प है जो तलहटी में बैठा रहता है 'अहे बुध्निय मन्त्रं मे गोपाय' आदि ऋचाओं में स्थान-स्थान पर उसका उल्लेख है। यही बुध्निय या बुधन्य अहि ''अहिर्बुध्नियः'' या 'अहिर्बुध्नय' कहा जाने लगा। बुध्नय हुआ विशेष और आदि विशेष्य। धीरे-धीरे अहिर्बुधन्य एक नाम बन गया। अहिर्बुधन्य को पुराणों ने अनेक कथाएँ दे दीं यहाँ तक कि अहिर्बुध्न्यसंहिता जैसे ग्रन्थ भी प्रचलित हो गये, अहिर्बुध्नय अग्नि की एक संज्ञा भी बन गई। अस्तु।

अग्नि पृथ्वीस्थानीय देवता है। यास्क 'आहि बुध्न्य' की गणना अन्तरिक्षस्थ देवताओं में करते हुए पहले अहि शब्द का निर्वचन करते हैं जो नैघंटुक कांड में है 'अहिरयनात्' रेंगने के कारण उसे अहि कहा गया। वही सर्प है, रेंगता है, सर्पति। सरीसृप है, भूस्थानीय है। अब उसे अन्तरिक्षस्थानीय बतलाना हो तो रूपक के रूप में ही तो उसका निर्वचन करना होगा अयमपरोऽहिः, सोऽन्तरिक्षे। वैसा ही अहि अन्तरिक्ष में भी है। यह तो विद्वानों को विदित ही है कि इन्द्र आदि के सूक्तों में 'अहन्नहिं पर्वते शिश्रियाणम्' जैसी ऋचाओं का अर्थ अधिकांश विद्वानों ने यह किया है कि जिस वृत्र नामक विशाल अहि ने जो पर्वत में छिपा हुआ था और जिसने जल प्रवाह को रोक रखा था, प्राणियों को पीड़ित कर रखा था, उसे इन्द्र ने वज्र से मार डाला जिसके फलस्वरूप जल की धाराएँ अबाधित रूप से बह निकलीं। (निरुद्धा आपः पणिनेव गावः) तभी तो 'वाश्रा इव धेनवः स्यन्दमाना अंजः समद्रभवजग्मुरापः। (ऋग्वेद 1/32)

अंग्रेज विद्वानों ने यहाँ अहि को ड्रेगन के रूप में व्याख्यात किया है। उसे (वृत्र को) मारकर इन्द्र ने नदियों का मार्ग प्रशस्त किया था। यह तो हुआ वृत्र। यास्क ने अहि को एक मध्यस्थानीय देवता बता कर उसे ही बुध्नय भी बताया है। पहले तो यह ऋचा उद्धृत की है–'अब्जामुक्थैरहिं गृणीषे बुध्नये नदीनां रजः सुषीदन्' (त्र.5/3/26/6 अर्थात् 7/34/16) फिर इसके बाद की अन्य त्रटचा है 'मा नोऽहिर्बुधन्यो रिषे धानमा यज्ञो अस्य स्त्रिग्धदृतायोः।' (त्र 5/3/26/7 अर्थात् 7/34/17) जिस सूक्त की ये ऋचाएँ हैं वह विभिन्न देवों का सूक्त है और भाष्यकारों ने 'नदीनां बुध्नेषु' का अलग अलग अर्थ किया है, बहुतों ने 'नदी में स्थित' अर्थ ही किया है किन्तु यास्क ने रूपकात्मक अर्थ लेकर लिखा है 'अप्सुजमुक्थैरहिं गृणीषे बुध्नियें नदीनां रजः (उदकेषु) सीदन्। बुध्नमन्तरिक्षं, बद्धा अस्मिन घृता आप इति वा। इदमपीतरद बुध्नम्।' एतस्मादेव बद्ध अस्मिन घृताः प्राणाः इति। योअहिः स बुध्नय। बुध्नयनारिक्षं तान्निदासात। (10/4/7/44)

उन्होंने बुध्नय का अर्थ अन्तरिक्ष किया है और बुध्नय अहि को अन्तरिक्षस्थ बताया है। रूपकात्मक दृष्टि से कहा है कि शरीर भी बुध्न ही है, इसमें प्राण रखे रहते हैं। अग्नि अन्तरिक्ष में भी है, जलवृष्टि में उसकी भूमिका होती ही है आदि तर्कों से दुर्गाचार्य आदि भाष्यकारों ने अन्तरिक्षस्थ अग्नि के रूप में इस निर्वचन का समर्थन भी किया है। यास्क से पूर्व 'बुध्नय अहि' गार्हपत्य अग्नि को बताया जाता था

क्योंकि बुध्नय का अर्थ तलहटी या पेंदा है। गार्हपत्य अग्नि स्थंडिल के ईंधन में छिपा रहता है, जगाते ही जाग जाने वाला अहि है, अतः तलहटी में बैठा रहने वाला सर्प हुआ वह। ऐतरये ब्राह्मण कहता है 'एष ह वा अहिर्बुध्नयो यदाग्निर्गार्हपत्यः।' बुध्न्य का तलहटी या पेंदा अर्थ सुविदित है। सारे खगोल का रूपक बाँधा गया है 'अधोबिलश्चमस ऊर्ध्वबुध्न्यः' यह तारों भरा आकाश मानो उलटा रखा प्याला है जिसकी तलहटी विभिन्न तारों से चमकीली हमें दिखती है।

यह 'बुध्न' शब्द बहुत महत्वपूर्ण है जो वैदिक वाङ्मय में आम है किन्तु संस्कृत में प्रचलित नहीं हो पाया। वहाँ किसी बर्तन के अन्दर की तलहटी को भी तल कहेंगे और बाहर नीचे के तल को भी तल। अंग्रेजी में बेस और बॉटम क्रमशः बाहर के और अन्दर के तले के लिए आते हैं। हमारे यहाँ बेस के लिए तल और बॉटम के लिए बुध्न आता था। आश्चर्यमिश्रित हर्ष की बात यह है कि स्वयं बॉटम शब्द भी बुध्नय से निकला है। बुध्नय से ग्रीक में बुथन बना, वह धीरे-धीरे बोडन बनता हुआ अंग्रेजी में बॉटम बन गया यह तथ्य आप अंग्रेजी के किसी भी शब्दकोष से सत्यापित कर सकते हैं। यह वैदिक शब्दावली की समृद्धि का सूचक है। हर भाषा में इतना बारीक भेद बताने वाली शब्दावली कहाँ? यह नहीं हो सकता कि यास्क को इसका यह अर्थ मालूम न हो। हमें तो लगता है उस अर्थ को संकेतित करते हुए ही वे कहते हैं कि बुध्न का अर्थ तो तलहटी है ही, 'इदमपीतरद बुध्नम्' एक दूसरी तरह की तलहटी हुआ अन्तरिक्ष। 'इतरत्' से यही तो उनका आशय है कि वे लक्षणा से अन्तरिक्ष को भी बुध्न बता रहे हैं, साथ में अपनी प्रक्रिया और तरीके से उसका निर्वचन भी करके दे रहे हैं। किन्तु यास्क के इस लाक्षणिक निर्वचन का परिणाम यह हुआ लगता है कि सायण ने इस शब्द का अर्थ ही अन्तरिक्ष समझ लिया। 'बुध्नेऽन्तरिक्षे भवो बुध्न्यिः। तत्र भवः।' (अष्टाध्यायी 4/3/53)

अब इसमें कोई यास्क को दोष दे कि उन्होंने बुध्न का अर्थ ही बदल कर इतिहास दूसरी दिशा में मोड़ दिया तो यह उचित नहीं लगता। एक व्यापक दृष्टि और वैविध्यपरक अभिगम के कारण उन्होंने एक नया निर्वचन किया। अब हम केवल उसी की लकीर पीटते रहें तो इसमें यास्क का क्या दोष? यह उदाहरण हमने एक नमूने के तौर पर ही दिया है। इसी प्रकार का एक अन्य नमूना केवल विचारार्थ प्रस्तुत किया जा रहा है। आजकल पुरोहित लोग पार्वती अर्थात गौरी की पूजा कराते समय अस्यवामीय सूक्त का यह प्रसिद्ध मंत्र बोलते हैं—

गौरीर्मिमाय सलिलानि तक्षत्येकपदी द्विपदी सा चतुष्पदी।
अष्टापदी नवपदी बभूवुषी सहस्त्राक्षरा परमे व्योमन्॥

यह सूक्त सृष्टि विज्ञान का है और यह आम्भृणी वाक् देवता को समर्पित है। फिर यहाँ गौरी कहाँ से आ गई यह अचरज हमें बचपन से होता था। निरुक्त पढ़ने के बाद ज्ञात हुआ कि कहाँ से गौरी शब्द निकालने का श्रेय यास्क को जाता है। दैवतकांड में वे कहते हैं–

गौरी रोचतेर्ज्वलतिकर्मण:।

अयमपीतरो गौरो वर्ण एतस्मादेव प्रशस्यो भवति।

तस्या एषा भवति गौरीर्मिमाय

(2/4/40/6)।

यह माध्यमिका वाक् का वर्णन है। इसे दीर्घतमा ऋषि जो अस्यवामीय सूक्त के मंत्रदृष्टा हैं गौ: कहते हैं। स्वयं यास्क जो अगली ऋचा उद्धृत करते हैं वह है 'गौरमीमेदनु वत्सं मिषन्तं'। हम तो यही समझते थे कि गौरीर्मिमाय ऋचा का कर्तृपद भी गौ: ही हैं। इसका पदच्छेद होगा। गौ:+ई+मिमाय+सलिलानि। इस सूक्त में स्थान स्थान पर ई:, ईं इत्यादि का प्रयोग हुआ है। ठीक इससे लगी हुई ऋचाओं में भी। उन्हें स्वयं यास्क ने उद्धृत किया है। यहाँ गौ: पद ही है इसका प्रमाण अथर्ववेद में स्पष्ट है जो कहता है 'गौरिन्मिमाय सलिलानि तक्षत्येकपदी द्विपदी' आदि (23/9/949), फिर गौरी यहाँ कैसे आ गई? इसका उत्तर यही प्रतीत होता है कि यहाँ यास्क ने उसी वैविध्यपरक अभिगम का अनुसरण करते हुए 'गौरी:' ऐसा विसर्गान्त प्रथमा वाला स्त्रीलिंग शब्द निकाला और कहा कि गौरी का अर्थ है दीप्तिमती। वे पहले भी गौर शब्द का निर्वचन करते हुए यह बता चुके हैं कि दीप्तिमान वर्ष को गौर कहते हैं। गौरी: का पदच्छेद गौ:+ई: न कर वे एक नया शब्द गौरी: शायद इसी विविध पक्ष प्रस्तुति समर्थक दृष्टि के लिहाज से उद्भावित करते हैं। यह गौरी बाद में हमारी संस्कृति में वाक् और मातृका तथा पार्वती और रुद्र पत्नी आदि अनेक भूमिकाओं में घुल मिल गई, गौरी पद्मा शची मेधा सावित्री विजया जया आदि षोडश मातृकाओं में भी शामिल हो गई, मातृका अर्थात् वाक् के मूर्त रूप की वाचिका होने के अतिरिक्त माता भी बन गई यह हमारी सुदीर्घ सांस्कृतिक भावधारा की नैसर्गिक परिणति थी। यास्क का आधार लेकर अनेक भाष्यकारों ने इस ऋचा में गौरी: शब्द ही व्याख्यात किया (गौरी नहीं जिसके रूप नदी की तरह चलेंगे) यह बात अलग है किन्तु कुछ

व्याख्याकारों ने अन्य ऋचाओं की तरह इसमें भी गौः को ही कर्तृपद माना है। यास्क ने ईं और ईः खूब पढ़े हैं, स्वयं नैगमकांड में 'य ईं चकार न सो अस्य वेद' ऋचा इसी सूक्त से उद्धृत की है, इस सूक्त में माध्यमिका वाक् गौः कही गई है यह भी वे जानते हैं किन्तु मौलिक दृष्टि का प्रमाण देते हुए वे गौरीः शब्द भी यहाँ समझा देते हैं। यहाँ भी वे इतर शब्द का प्रयोग करते हैं 'अयमपीतरो गौरो वर्णः।' इससे यह अर्थ नहीं लगाना चाहिए कि यह किसी अन्य देवी या पौराणिक पात्र पार्वती का वर्णन करने वाली ऋचा है। यास्क के मत में भी गौरीः शब्द वाक् के लिए ही कहा गया है, उनका यह नया निर्वचन अवश्य अनूठा है।

हमारा यह आशय भी नहीं है कि पार्वती की पूजा के समय इस मंत्र का बोला जाना अनुचित है, न यह कि पार्वती कोई देवी नहीं है। पार्वती, गौरी, उमा, कात्यायनी सभी पूज्य देवियाँ हैं। हम केवल यही बतलाना चाहते हैं कि यास्क का अभिगम (एप्रोच), उनकी दृष्टि, उनकी शैली उस कोषकार की सी है जो अनेक पक्षों की जानकारी देने का लक्ष्य लेकर चला हो, वैविध्यकामी हो, समस्त पक्षों का समावेश करने का हामी हो। इसलिए जो औदार्य उनकी दृष्टि में है, वह उनका विवेचन करते समय हमें भी अपनाना चाहिए तथा यह मानकर नहीं चलना चाहिए कि वे यह सिद्ध करना चाहते हैं कि जो निर्वचन उन्होंने किया है वही एकमात्र निर्वचन है, उसके अतिरिक्त कोई मार्ग अपनाया गया तो गलत होगा।

राजस्थान, विशेषकर अजमेर नगर ने वैदिक यन्त्रालय की स्थापना के फलस्वरूप वैदिक वाङ्मय की जो सेवा की है वह सांस्कृतिक इतिहास में अमर रहेगी। यह उल्लेखनीय है कि इसी वैदक यंत्रालय से उन्नीसवीं सदी में ही यास्क के निरुक्त का प्रकाशन हो गया था। हमने इसके द्वितीय संस्करण से जो सन् 1903 में निकला था निरुक्त पढ़ा था। वैदिक यंत्रालय ने यह ग्रन्थ और अन्य वैदिक साहित्य 100 वर्ष से भी पहले प्रकाशित कर जो कीर्तिमान बनाए वे आज राजस्थान के लिए गौरव का विषय हैं इस उल्लेख के साथ हम अपना निवेदन समाप्त करते हैं।

उपनिषद

प्राचीन विद्वानों की यह मान्यता वर्षों से चली आ रही है कि वेदों का उद्‌गम सृष्टि के प्रारंभ के साथ ही हुआ था। आर्य समाज के संस्थापक महर्षि दयानन्द का तो यह दृढ़ मत है कि वेद से ही सृष्टि का प्रारंभ हुआ। वैदिक भाषा संस्कृत की जननी है, इसलिए उपर्युक्त मत के आधार पर यह कहा जा सकता है कि संस्कृत का

इतिहास भी सृष्टि के इतिहास के साथ शुरू होता है। इसे परंपरावादी मत भी मान लें तो यह बात तो विश्व में सर्वमान्य है कि विश्व का सबसे प्राचीन लिखित वाङ्मय कहीं मिल सकता है तो वह है ऋग्वेद। ऋग्वेद का समय सामान्यतः ईसा से कम से कम पाँच हजार वर्ष पूर्व तो वे लोग भी मानते हैं जो आधुनिक शोध के कायल हैं। इस दृष्टि से संस्कृत का इतिहास वेदों से शुरू होता है जो ईसा से हजारों वर्ष पूर्व की रचना है। ऋग्वेद, यजुर्वेद, सामवेद और अथर्ववेद इन चार वेदों के साथ इन्हें समझने के लिए लिखे गये ब्राह्मण ग्रंथ, आरण्यक ग्रन्थ आदि साहित्य भी ईसा से बहुत पुराना है। इसके बाद दार्शनिक रहस्यों को उजागर करने वाली उपनिषदें लिखी गईं जिनके नाम–ईशावास्य, केन, कठ, प्रश्न, मुण्डक, माण्डूक्य, तैत्तिरीय, छान्दोग्य, बृहदारण्यक, ऐतरेय, श्वेताश्वतर आदि प्रसिद्ध हैं। इन्हीं ने वेदों के बाद दार्शनिक चिंतन प्रारंभ किया था, इसलिए इन्हें वेदान्त कहा जाता है। इनके अतिरिक्त शिक्षा, कल्प, व्याकरण, निरुक्त, छंद और ज्योतिष ये छः वेदाङ्ग माने जाते हैं, जिन्हें पढ़कर अध्येता वेद को समझा सकता है। इनका साहित्य बहुत विशाल है। व्याकरण और ज्योतिष के ग्रन्थ तो आज तक लिखे जा रहे हैं। कल्प के अंतर्गत सूत्र साहित्य आता है, जिसमें श्रोत सूत्र, गृह्यसूत्र, और शुल्बसूत्र विभिन्न विषयों को संक्षेप में समाहित किए हुए हैं। यह पूरा साहित्य वैदिक साहित्य कहा जा सकता है।

उपनिषदों का वाङ्मय

वैदिक वाङ्मय में चारों वेदों की संहिताएँ, उनकी व्याख्या करने वाले ब्राह्मण ग्रन्थ, ऋषियों के तत्वचिन्तन को अभिलिखित करने वाले आरण्यक ग्रन्थ और दर्शन का आधार देने वाली उपनिषदें प्रमुखतया आते हैं। जहाँ वेद और वेदान्त में विभेद करने हेतु वाङ्मय का वर्गीकरण किया जाता है, वहाँ अवश्य ही वेद, ब्राह्मण, आरण्यक, श्रौतसूत्र, गृह्यसूत्र आदि वेद के साथ और उपनिषदें वेदान्त में वर्गीकृत की जाती हैं। ईशावास्य उपनिषद् शुक्ल यजुर्वेद की संहिता का अन्तिम अध्याय है। अतः कुछ विद्वान इसका अर्थ 'वेदान्त' अर्थात् वेद का अन्तिम भाग करते हुए दर्शन साहित्य को वेदान्त के वर्ग में लेते हैं। उपनिषद्, ब्रह्मसूत्र और गीता यह हमारे दर्शनों की आधारभूत ग्रन्थत्रयी है, जिसे प्रस्थानत्रयी कहा जाता है।

साधारणतया ऐसा माना जाता है कि उपनिषद् आरण्यकों के परिशिष्ट के रूप में है और आरण्यक ब्राह्मणों के उपग्रन्थ हैं। लेकिन यह कहना कठिन है कि ब्राह्मणों, आरण्यकों और उपनिषदों को सदैव मूलतः भिन्न शास्त्रों के रूप में ही माना गया।

कई स्थानों में जिस विषय के सम्बन्ध में हम यह आशा करते हैं कि वह ब्राह्मणों में वर्णित होना चाहिए, आरण्यकों में उपलब्ध होता है और आरण्यकों की सामग्री को उपनिषदों की शिक्षाओं में समाविष्ट कर दिया गया है। इससे यह सिद्ध होता हे कि ये तीनों साहित्य एक ही विकास शृंखला की कड़ियाँ हैं और एक ही साहित्य के रूप में इनको स्वीकार किया गया है। यद्यपि उनके वर्ण्य विषय विभिन्न हैं। ड्यूसन के अनुसार–इनके विभाजन का सिद्धान्त इस प्रकार है–ब्राह्मण ग्रन्थ गृहस्थियों के लिए ही लिखे गए। आरण्यक वानप्रस्थ के वृद्धावस्था में गार्हस्थ्य जीवन के उपरान्त प्रयोग हेतु बनाए गए और उपनिषद विश्वबंधन का परित्याग करने वाले मुमुक्षु संन्यासियों के लिए निर्दिष्ट किए गए हैं। इस साहित्यिक वर्गीकरण की बात को छोड़ दिया जाए तो यह कहा जा सकता है कि उपनिषदों को प्राचीन भारतीय दार्शनिकों ने वैदिक साहित्य से विभिन्न प्रकार के साहित्य के रूप में स्वीकार किया, जिसमें ज्ञान मार्ग की चर्चा है।

उपनिषदों की संख्या 112 बतायी जाती है। जिन उपनिषदों को निर्णय सागर प्रेस ने 1917 में प्रकाशित किया है वे उपनिषद् इस प्रकार हैं–1. ईश, 2. केन 3. कठ 4. प्रश्न 5. मुंडक 6. मांडूक्य 7. तैत्तिरीय 8. एतरेय 9. छान्दोग्य 10. बृहदारण्यक 11. श्वेताश्वतर 12. कौषीतकि 13. मैत्रेयी 14. कैवल्य 15 जाबाल 16. ब्रह्मबिन्दु 17. हंस 18. आरुणि 19. गर्भ 20. नारायण 21. नारायण 22. परमहंस 23. ब्रह्म 24. अमृतनाद 25. अथर्वशिरस 26. अथर्वशिखा 27. मैत्रायणी 28.बृहज्जाबाल 29. नृसिंह पूर्वतापिनी 30. नृसिंहोत्तरतापिनी 31. कालाग्नि रुद्र 32. सुबाल 33. क्षुरिका 34. यन्त्रिका 35. सर्वसार 36. निरालम्ब 37. शुकरहस्य 38. वज्र सूचिका 39. तेजो बिन्दु 40. नाद बिन्दु 41. ध्यान बिन्दु 42. ब्रह्म विद्या 43. योग तत्त्व 44. आत्मबोध 45. नारद परिब्राजक 46. त्रिशिखि ब्राह्मण 47. सीता 48. योग कुमुदिनी 49. निर्वाण 50. मंडल ब्राह्मण 51. दक्षिणामूर्ति 52. शरभ 53. स्कन्द 54. त्रिपाद् विभूति महानारायण 55. अद्वय तारक 56. राम रहस्य 57. राम पूर्व तापिनी 58. रामोत्तर तापिनी 59. वासुदेव 60. मुद्गल 61. शांडिल्य 62. पिंगल 63. भिक्षुक 64. महा 65. शारीरक 66. योग शिखा 67. तुरीयातीत 68. संन्यास 69. परम हंस परिब्राजक 70. अक्षमाला 71. अव्यक्त 72. एकाक्षर 73. अन्नपूर्णा 74. सूर्य 75. अक्षि 76. अध्यात्म 77. कुंडिक 78. सावित्री 79. आत्मा 80. पाशुपत ब्रह्म 81. पर ब्रह्म 82. अवधूत 83. त्रिपुरतापिनी 84. देव 85. त्रिपुरा 86. कठरुद्र 87. भावना 88. रुद्र हृदय 89.

योग कुंडली 90. भस्म जाबाल 91. रुद्राक्ष जाबाल 92. गणपति 93. जाबाल दर्शन 94. तार सार 95. महावाक्य 96. पञ्च ब्रह्म 97. प्राणाग्निहोत्र 98. गोपालपूर्वतापिनी 99. गोपालोत्तरतापिनी 100. कृष्ण 101. याज्ञवल्क्य 102. वाराह 103. शाठ्यायनीय 104. हयग्रीव 105. दत्तात्रेय 106. गरुड़ 107. कलिसंतरण 108. जाबालि 109. सौभाग्यलक्ष्मी 110. सरस्वती रहस्य 111. बह्वृच 112. मुक्तिक ।

औरंगजेब के भाई दाराशिकोह द्वारा अनूदित उपनिषदों के संग्रह में 50 उपनिषद् हैं। मुक्तिक उपनिषद् में 108 उपनिषदों की सूची दी हई है। प्रथम 13 उपनिषदों को छोड़कर बाकी सभी उपनिषद् उत्तरकालीन हैं। इस अध्याय में जिन उपनिषदों का वर्णन है वे सब प्रारम्भिक उपनिषद् हैं। उत्तरकालीन उपनिषदों में कुछ ऐसी हैं जो इन प्रारंभिक उपनिषदों की विषयवस्तु को ही दोहराती या उद्धृत करती हैं और कुछ ऐसी हैं जो शैव तंत्र योग और वैष्णव सिद्धान्तों का निरूपण करते हैं। उत्तरकालीन उपनिषदों में से कुछ ऐसी भी हैं जो 14वीं अथवा 15वीं शताब्दी में लिखी गई हैं।

□□□

11

वेदान्त दर्शन एवं सर्वधर्म समभाव

धर्म का स्वरूप

धर्म शब्द संस्कृत की 'धृ' धातु से बना है जिसका अर्थ है-'धारण करना।' अर्थात् जो लोक अथवा समा को धारण करे तथा एवं जिसके द्वारा समाज को धारण किया जाये, वह धर्म है। इस प्रकार हमारे यहाँ धर्म को समाज का आधार एवं व्यक्तिगत जीवन मार्ग दोनों रूपों में लिया गया है। इसका सम्बन्ध इहलौकिक एवं पारलौकिक दोनों पक्षों से हैं।

ऋग्वेद में 'धर्म' शब्द का प्रयोग भिन्न-भिन्न रूपों में हुआ है। 'ऋत' एवं 'सत्य' शब्द का प्रयोग इसी परिप्रेक्ष्य में हुआ है। 'ऋत' शब्द का अभिप्राय विश्व-प्रपंच में व्याप्त उसके नैतिक आधार से है। इस आधार को दो रूप हैं,-बाह्य जगत की विभिनन प्रक्रिया प्राकृतिक नियम के अधीन चल रही है 'ऋत' है। इसी प्रकार मनुष्य के जीवन के प्रेरक जो भी नैतिक आदर्श हैं उन सबका आधार 'सत्य' है।

'अथर्ववेद' में 'धर्म' शब्द का प्रयोग धार्मिक क्रिया संस्कार करने से अर्जित गुण के अर्थ में हुआ है। जैसे-'सत्य बोलों, धर्म का आचरण करो।' छांदोग्य उपनिषद् में 'धर्म' की तीन शाखाएँ मानी गई हैं-यज्ञ, अध्ययन एवं दान। यहाँ 'धर्म' शब्द आश्रमों के विलक्षण का प्रयोग आध्यात्मिक नैतिक तथा भौतिक जगत के संचालक मौलिक तत्व के अर्थ में हुआ है।

गीता में 'धर्म' शब्द का प्रयोग 'स्वधर्मे निधन श्रेय:' के रूप में हुआ है। मनु ने धर्म को तीन प्रकार से परिभाषित करने का प्रयास किया है-

परम आचार 'धर्म' है।

धृति, क्षमा आदि 'धर्म' के दस लक्षण हैं।

वेद, स्मृति, सदाचार तथा अपनी आत्मा को प्रिय लगना ये 'धर्म' के चार साक्षात् लक्षण है। जैमिनी (पूर्व मीमांसक) ने 'धर्म' को वेद विहित प्रेरक लक्षण के अर्थ में स्वीकार किया है। वैशेषित सूत्रकार के अनुसार-'धर्म, वहीं है जिससे आनन्द एवं नि:श्रेयस की सिद्धि हो। बौद्ध धर्म में बुद्ध 'धर्म' को सम्पूर्ण शिक्षा का द्योतक माना है।

विवेक ानन्द के अनुसार 'धर्म' कहीं बाहर से नहीं आता, बल्कि व्यक्ति के अभ्यन्तर से ही उदित होता है। धार्मिक विचार मनुष्य की रचना में ही सन्निहित है और यह बात इस सीमा तक सत्य है, कि चाहकर भी मनुष्य धर्म का त्याग तब तक नहीं कर सकता, जब तक उसका शरीर है, मन है, मस्तिष्क है, जीवन है। तब तक नहीं कर सकता, जब तक यह संघर्ष चलता ही रहेगा और तब तक किसी न किसी रूप में धर्म रहेगा और तब किसी न किसी रूप में धर्म रहेगा ही। इस तरह विश्व में धर्म के विभिन्न रूप मिलते हैं। उन्होंने स्पष्ट शब्दों में घोषणा कि है कि-'धर्म सम्पूर्ण मानव में परिव्याप्त है, न केवल वर्तमान में अपितु भूत और भविष्य में भी।' पुन: विवेकानन्द कहते हैं-'हम सब धर्मों में निम्र सत्य से उच्च सत्य की ओर जाते हैं। संपूर्ण सृष्टि के पीछे एक एकता है पर मनों में बड़ी विविधता है। वह जो है, एक है, ज्ञानी उसे विभिन्न नामों से पुकारते हैं। मेरा तात्पर्य यह है कि हम छोटे सत्य से बड़े सत्य की ओर बढ़ते हैं। निम्नतमक धर्म केवल सत्य के निम्न पाठ मात्र हैं। हम धीरे-धीरे समझते हैं। शैतान की उपासना भी चिरन्तन सत्य और अनन्त सत्य और अनन्त ब्रह्म का ही विकृत पाठ मात्र है।'

विवेकानन्द मानते हैं, कि 'सभी धर्म एक सूत्र में गुहे-मोतियों के समान है। मनुष्य किसी धर्म में जन्म नहीं लेता, उसका धर्म तो उसकी आत्मा में सन्निहित है। कोई पद्धति, जिसे व्यक्तिगत विशेषता का नाश होता है, वह अंततोगत्वा विनाशक सिद्ध होती है। हर जीवन में एकधारा प्रवाहित हो रही है, और वहीं उसे अंत में ईश्वर को प्राप्त कर देगी।' एक अन्य प्रसंग में विवेकानन्द ने कहा है-'धर्म एक ही है परन्तु उसकी साधना में अनेकता होनी ही चाहिए अत एवं सभी अपना धार्मिक संदेश तो दें, परन्तु धर्मों में कोई त्रुटि न देखे।' विवेकानन्द के विचार में-'धर्म केवल सिद्धांत और मत की बात नहीं है। तुम क्या पढ़ते हो अथवा किस मत में विश्वास रखते हो, यह उतना महत्त्व नहीं रखता जितना यह कि तुम अनुभव या व्यवहार में उसे कितना लाते हो।'

विवेकानन्द के विचार में आत्म त्याग ही सर्वोच्च लोक धर्म है उनके शब्दों में धर्म की उत्पत्ति प्रखर आत्म-त्याग से ही होती है। अपने लिए कुछ भी मत चाहों। सब दूसरें के लिए करो। विवेकानन्द भारत की धर्म-परम्परा को एक संयुक्त उत्पत्ति मानते थे, जिसमें

शंकर का अवैयक्तिक एकसत्तावाद, रामानुज और उनके अनुयायियों का भक्ति मार्ग और बौद्ध धर्म का मानवतावाद एक-दूसरे में विलीन हो गया था।

हिन्दुत्व के प्रबल समर्थक होने पर भी स्वामी जी में इस्लाम के प्रति कोई द्वेष नहीं था। स्वामी जी ने इस्लाम और हिन्दुत्व के मिलन का महत्व उच्च स्तर पर बतलाया हैं। सामानयतः वेदान्त ज्ञान का विषय समझा जाता है, जिसमें त्याग और वैराग्य की बातें अनिवार्य रूप से आ जाती हैं, किन्तु इस्लाम मुख्यतः भक्ति का मार्ग तथा हजरत मुहम्मद का पन्थ देह दण्डन सन्यास और वैराग्य को महत्व नहीं देता। किन्तु, विवेकानन्द की व्याख्या वेदान्त निवृत्ति से शुद्ध प्रवृत्ति का मार्ग था एवं तात्विक दृष्टि से इस्लाम के प्रवृत्ति मार्ग से इसका कोई विरोध नहीं था।

इस तरह विवेकानन्द ने संसार में जो अनेक धर्म फैले हुए हैं, उनकी अनिवार्यता बताते हुए कहा, कि मनुष्य सर्वत्र अन्न ही खाता है, किन्तु देश-देश में अन्न से भोजन तैयार करने की विधियाँ अनेक है। इसी प्रकार धर्म मनुष्य की आत्मा का भोजन है, ये सभी धर्म हमारे अपने धर्म हैं, इस भाव से उन सबको हमें अपना लेना है। विवेकानन्द विचार में धर्म को समाज का आधार एवं व्यक्तिगत जीवन-मार्ग दोनों रूपों में लिया गया है। विवेकानन्द के विचार में धर्म मनुष्य एवं ईश्वर के सम्बन्ध से तो सम्बन्धित है ही, किन्तु वह उसी तक सीमित नहीं है। मनुष्य के सामाजिक जीवन को भी नियंत्रित करता है।

सर्वधर्म समभाव का अर्थ

'सर्वधर्म समभाव' का ही 'सर्वधर्म समन्वय' भी कहा जाता है, क्या है यह? 'सर्वधर्म समभाव' का अर्थ क्या है? इस धारणा के दो अर्थ लगाये गये हैं-सती अर्थ एवं सही अर्थ। सतही अर्थ यह है कि विश्व सभी धर्मों को एक से मिला दिया जाए और इसे 'विश्वधर्म' कहा जाए।

वस्तुत: 'सर्वधर्म' सम्भाव का सही अर्थ है-सभी धर्मों में धर्म के सामान्य तत्व की खोज, तर्कसंगत ढंग से उसमें मूलभूत एकता की खोज। सभी धर्म तथा विचारधाराएँ अन्ततः एक हैं। इसे उपनिषद् में 'एक सद विप्राः बहुधा वदन्ति' के रूप में व्यक्ति किया गया है इसका अभिप्राय यह है कि 'सत्य एक है और सज्जन इसे अनेक नामों से पुकारते हैं। निष्कर्ष यह है कि तमाम देश-काल, पात्र और मान्यताओं-विश्वासों के बाहरी भेदों के बावजूद सबके भीतर का धर्म-सब का आत्म तत्व एक है। जैसे विभिन्न और विश्वासों के लोगों की धमनियाँ में दौड़ने वाले रक्त का रंग लाल होता है, वैसे ही समस्त वसुधा के

विभिन्न धर्मों के शरीरों में प्रवाहित होने वाला परम सत्य एक है और यह परम सत्य ही वह परम गंतव्य हैं, जहाँ पहुंचकर संस्कृति सार्थक होती है और तमाम धर्म धन्य हो उठते हैं।

विवेकानन्द के शिकागो की धर्म महासभा में उनके वक्तव्य के निम्न अंश: 'यदि कोई महाशय यह आशा करे कि वह एकता, इन धर्मों में से किसी एक की विजय तथा बाकी अन्य सबके नाश से स्थापित होग, तो उनसे मैं कहता हूँ कि भाई तुम्हारी यह आशा असंभव है।' न तो ईसाई को हिन्दू या बौद्ध होना पड़ेगा और न हिन्दू अथवा बोद्ध को इसाई ही। पर हाँ, हर मत के लिए यह आवश्यक है कि, वह अन्य मत को आत्मसात करके पुष्टि लाभ करें, और साथ ही अपने वैश्टिय की रक्षा करता हुआ अपनी प्रकृति के अनुसार वृद्धि को प्राप्त हो।

स्वामी विवेकानन्द ने समन्वयवादी दृष्टि को स्वाभाविक माना है-उपयुक्त विश्लेषण से स्पष्ट है कि सभी धर्मों के मूलभूत तत्वों में समानता हैं, और इनके रस्मों-रिवाज में भी समानता है। धर्मों की पारस्परिक समानता को खोजने और सबके ईश्वर को एक ही मानने का विचार हमें उदार बनाता है और धर्म के नाम पर की जाने वाली संकीर्णाओं से ऊपर उठाता है।

सारांश यह है कि 'सर्वधर्म समभाव' की धारणा कोरी कल्पना न होकर जीवंत सत्य है। सभी धर्मों में मूलभूत एकता पायी जाती है और इस एकता का आधार यह है कि, 'सर्वत्र मनुष्य का मूल स्वभाव एक है।' धर्म या मजहब या उसमें पाये जाने वाले रस्मों-रिवाज इसी मूलभूत एकता को 'एक ईश्वर' 'ओनली वन गॉड' या 'ला इला ह हल्ल ल्लाहु' के माध्यम से प्रतिपादित करते हैं।

विश्व के सभी धर्मों में एकता कैसी लायी जाए, इसका समाधान नहीं मिलता। प्राचीन समय से ही लोगों की मान्यता थी कि, जो धर्म सबसे अच्छा हो, विश्व के सभी लोगों को उमी धर्म में दीक्षित हो जाना चाहिए। इसका परिणाम यह निकला कि प्रत्येक धर्म के लोग ही धर्म का व्यापक प्रचार करने लगे। जिसमें इस्लाम और ईसाइयत के प्रचारकों ने सबसे अधिक उत्साह दिखाया। शिकागों में जो विश्व धर्म सम्मेलन हुआ था, उसका भी यह आशय था कि विश्व में सर्वोत्तम धर्म कौन-सा है, किन्तु सम्मेलन में स्वामीजी ने अपना जो विचार रखा उसकी सभी प्रतिनिधियों ने सराहना की।

विवेकानंन्द के अनुसार हमें धर्मान्धता एवं संकीर्णता से अपने आप को ऊपर उठाना है एवं सभी धर्मों का सम्मान करना है। कूप-मण्डूक बनने से काम नहीं चलेगा। जैसे-

'हिन्दू अपने क्षुद्र कुएँ में बैठा हुआ समझता है क मेरा कुआं ही संपूर्ण संसार है। इसी तरह इसाई और मुसलमान भी अपने-अपने क्षुद्र कुएँ में बैठे हुए उसी को सारा ब्रह्माण्ड मानते हैं। अत: हमें अपने-अपने इन क्षुद्र कुओं से बाहर निकलना है। इन सब धर्मों में समन्वय स्थापित करते हुए स्वामीजी कहते हैं कि 'विश्व के सब धर्म मूलत: अभिन्न है। अत: हमें अपने-अपने इन क्षुद्र कुओं से बाहर निकलना है। इन सब धर्मों में समन्वय स्थापित करते हुए स्वामीजी कहते हैं कि-विश्व के सब धर्म मूलत: अभिन्न है। प्रत्येक धर्म का उद्‌देश्य ससीम को असीम का साक्षात्कार कराना है। जैसे-त्रिज्याएँ हजारों हो सकती है परन्तु सभी एक केन्द्र बिन्दु पर आकर मिलती है। वैसे ही विभिन्न धर्म पृथक-पृथक प्रतीत होते हैं फिर भी उनका मूल उद्‌देश्य परमतत्व की प्राप्ति है।

विवेकानन्द ने कहा है-हिन्दुओं के ब्रह्म, जरथ्रष्टो के आहूरा मजदा, बौद्ध के बुद्ध, यहूदियों को यहोवा, ईसाइयों के स्वर्गीय पिता आपको शक्ति दे, इसाई को हिन्दू या बौद्ध बनाना अथवा हिन्दू या बौद्ध को ईसाई बनाना आवश्यक नहीं। परन्तु प्रत्येक को दूसरे की भावना आत्मसात करनी हैं और साथ ही अपना वैशिष्ट्य अक्षुण्य रखते हुए अपने ही नियमों के अनुसार विकास करना है।

इस प्रकार विवेकानन्द ने सर्व-धर्म सम्मेलन में सिद्ध कर दिया कि धार्मिकता, पवित्रता और सहिष्णुता विश्व के किसी एक मठ की बपौती नहीं है, और प्रत्येक व्यवस्था ने उदारचरित्र अन्यतम नर एवं नारी उत्पन्न किए हैं। उनके शब्दों में 'प्रत्येक धर्मपताका पर अब प्रतिरोध के स्थान पर अंकित होगा, 'लड़ो नहीं साथ दो' खण्डन नहीं-संगम, समन्वय और शान्ति, विग्रह नहीं।

विवेकानन्द ने कहा कि-'मैं ऐसे धर्म का प्रचार करना चाहता हूँ जो सब प्रकार की मानसिक अवस्था वाले लोगों के लिए उपयोगी हो, इसमें ज्ञान भक्ति और कर्म स्वभाव से रहेंगे। मेरे मत से मानव का सर्वश्रेष्ठ आदर्श यही होगा' विवेकानन्द का यही मत है कि हर धर्म का परम उद्‌देश्य यही है। वे कहते हैं-सभी धर्मों में कोई एक सर्वव्यापी सत्य है, तो मैं कहूँगा कि वह है ईश्वर को पाना। आदर्श और साधन भिन्न-भिन्न हो हा सकते है पर मौलिक तथ्य यही हैं-यद्यपि मूलत: सभी धर्म एक ही है, तो भी विभिन्न देशों की विभिनन परिस्थितियों के कारण उनके बाह्य रूप में भिन्नता आ ही जाती है।

विवेकानन्द चिन्तन में धर्म चरित्र निर्माण, शिव और महत् की प्राप्ति, स्वयं तथा विश्व को शान्ति की प्राप्ति के लिए सर्वोपरि प्रेरक शक्ति है। उनके अनुसार धर्म सम्बन्धी सभी संकीर्ण, सीमित युद्धरत धारणाओं का परित्याग करना होगा। हर जाति या राष्ट्र की

भावना पर आधारित सारे धर्मों का परित्याग करना होगा। हर जाति या राष्ट्र का अपना-अपना ईश्वर मानना और दूसरों को भ्रान्त करना एक अन्धविश्वास है, उसे अतीत की वस्तु को जाना चाहिए। ऐसे सारे विचारों से मुक्ति पाना होगा। वे कहते हैं, 'भविष्य के धार्मिक आदर्शों को संपूर्ण धर्मों में जो कुछ भी सुन्दर और महत्त्वपूर्ण हैं, उन सबों को समेटकर चलना पड़ेगा और साथ ही भाव विकास के लिए अनन्त क्षेत्र प्रदान करना होगा। धर्म को ग्रहणशील होना चाहिए और ईश्वर सम्बन्धी अपने आदर्शों में भिन्नता के कारण एक-दूसरे का तिरस्कार नहीं करना चाहिए। ईश्वर सम्बन्धी सभी सिद्धान्त सगुण, निर्गुण, अनन्त नैतिक नियम अथवा आदर्श, मानव धर्म की परिभाषा के अन्तर्गत आने चाहिए।'

इस प्रकार विवेकानन्द ने सभी धर्मों एवं सम्प्रदायों में समन्वय स्थापित करने का प्रयास किया और यह सिद्ध किया कि-धर्म में साम्प्रदायिकता, संकीर्णता धर्मान्धता, इत्यादि के लिए कोई स्थान नहीं है। धर्म अनुभूति की वस्तु है, वह मुख की बात मतवाद अथवा युक्तिमूलक कल्पना मात्र नहीं है-चाहे वह जितना ही सुन्दर हो। यही धर्म है। वह केवल सुनने या मान लेने की चीज नहीं हैं। वर्तमान संदर्भ में धर्म की आवश्यकता पर यह बल देते हुए विवेकानन्द ने कहा, कि आज आवश्यकता इस बात की है, कि सभी तरह के धर्म परस्पर बंधुत्व भाव रखे क्योंकि अगर उन्हें जीना है तो साथ-साथ और मरना है तो साथ-साथ। बंधुत्व भाव रखें। बंधुत्व की यह भावना पारस्परिक स्नेह और आदर पर आधारित होनी चाहिए, न कि संरक्षणशील, प्रसाद स्वरूप किंचित शुभेच्छा ही कृपण अभिव्यक्ति पर। इस प्रकार सभी मत एवं सम्प्रदाय मेरे अपने है और सभी भव्य हैं वे सभी मनुष्य के सच्चे धर्म की और उन्मुख करने में सहायक होते हैं। अन्तर सिर्फ पद्धति का है लक्ष्य एक ही है।

धार्मिक कुरीतियों का निराकरण

विवेकानन्द ने धर्मान्धता, रूढिवाद और मिथ्या विश्वासों को दूर करने में पूरा जोर दिया। अपने सहधर्मियों को उन्होंने पुराने रूढ़िवाद का परित्याग करने को कहा।

रूढ़िवाद को उनहोंने-रसोई धर्म और अस्पृश्यवाद कहकर भर्त्सना की। उन्होंने लोगो को कूप-मण्डूक न बने रहकर खुली आँखों से दुनियाँ को देखने के लिए कहा कि जीवन प्रगतिशील है और आज हमारा जीवन पिछली अनेक सदियों से की गई प्रगति तथा विकास का परिणाम है। अत: हमे रूढ़िवादिता और अप्रगतिशील विचारों से दूर रहकर सदैव प्रगति पथ का राही बनना चाहिए। समाज में फैले अंधविश्वासों को मिटाना चाहिए और प्रत्येक बात को तर्क तथा बुद्धि की तराजू पर तौलकर ग्रहण करना चाहिए।

विवेकानन्द ने पुजारियों के पाखण्ड की कटु आलोचना की, उन्होंने कहा कि कोई आदमी संसार के सारे सम्प्रदायों में विश्वास करता हो, समस्त धर्मग्रंथों का ज्ञान वहन करता हो, अथवा संसार की सभी पवित्र नदियों में स्नान कर पुण्य कमा चुका हो, पर यदि उसे ईश्वर का साक्षात्कार नहीं हुआ है तो, मैं उसे पहले सिरे का नास्तिक मानूंगा। उन्होंने पुजारियों पर यह आरोप लगाया, कि वे अपना प्रभुत्व बनाये रखने के लिए, समाज में तरह-तरह के विश्वासों का प्रचार करते हैं और अंधविश्वासों तथा रूढ़ियों को बल देते हैं। विवेकानन्द का कथन है कि-अंधविश्वास मनुष्य का महान शत्रु है, पर धर्मान्धता तो उससे भी बढ़कर है। विवेकानन्द ने इस बात को स्वीकार किया कि, किसी प्रतिमा की पूजा से प्रत्यक्ष रूप से मुक्ति प्राप्त नहीं हो सकती, फिर भी उन्होंने इसकी निन्दा नहीं की, क्योंकि उनके अनुसार यह मन को ईश्वर की अनुभूति के लिए विचार करती है। मूर्ति-पूजा हमारे आध्यात्मिक विकास की प्रक्रिया में एक प्रारंभिक व्यवस्था है। आध्यात्मिक विकास का आशय एक निम्नतर या हीनतर सत्य से, एक उच्चतर सत्य की ओर प्रगति करना है और ईश्वर की अनुभूत के लिए मूर्तिपूजा ठीक वैसी ही है, जैसे बाल्यावस्था, वृद्धावस्था की परिपक्व बुद्धि के लिए।

विवेकानन्द ने चेतावनी दी थी कि, जिस धर्म की जड़ें प्रथा और रूढ़ि में होती है वह 'दुकानदारी का धर्म' हो जाता है, जिसमें ईश्वर साध्य नहीं रह जाता हैं। उन्होंने तंत्र पर आधारित कर्मकाण्ड पूर्ण धर्म की बड़ी आलोचना करते हुए कहा था कि गुरु और शिष्य का सुन्दर सम्बध भी गर्हित हो गया है। 'गुरुवाद हमारे देश में बढ़ा चलता हुआ अंधा है। भोजन के बारे में अंधविश्वासों की वे हंसी उड़ाते थे। बन्दर को दूध-भात खिलाइये, वह योगी हो जाएगा। जहाँ तक स्नान के कर्मकाण्ड का प्रश्न है, यदि उसे मान लिया जाए तो सबसे पहले स्वर्ग में मछली पहुँचेगी, क्योंकि वह तो हर समय स्नान ही करती रहती है।'

विवेकानन्द ने धर्म की उत्पत्ति और उसकी महत्ता को बतलाते हुए हिन्दू धर्म जिसका आधार वेदान्त[a] को सार्वभौम धर्म बनने के उपयुक्त माना है-

विवेकानन्द के अनुसार हिन्दू धर्म भारत की सामाजिक, आर्थिक एवं सांस्कृतिक परिस्थितियों की उपज है। विवेकानन्द ने धर्म को जीवन की आवश्यकता समझा है। वस्तुत: उन्हीं चीजों को जीवन के लिए आवश्यक माना जाता है, जो हमारे दैनिक जीवन एवं भौतिक जीवन की आवश्यकताओं की पूर्ति करता है।

धर्म की उत्पत्ति के संदर्भ में दो सिद्धान्त

1. धर्म की उत्पत्ति का प्राकृतिक सिद्धान्त

2. धर्म के सम्बन्ध में अति-प्राकृतिक सिद्धान्त

प्राकृतिक सिद्धान्त के अन्तर्गत धर्म की उत्पत्ति को विभिन्न प्राकृतिक तत्वों के साथ जोड़ा गया है। धर्म को प्राकृतिक पूजा या आत्मा पूजा के साथ या अन्य प्राकृतिक घटनाओं के साथ जोड़ा गया है। अति-प्राकृतिक सिद्धान्त के अनुसार धर्म की एकमात्र प्रेरक शक्ति अति प्राकृतिक सत्ता यानी ईश्वर है। इन दोनों प्रकार के धर्म में इन्द्रिय संवेदनाओं से परे जाने की चेष्टा की गई हैं। विवेकानन्द ने कहा है कि धर्म इन्द्रियों की सीमाओं से उपर उठने का प्रयास करता है। धर्म के दो पक्ष होते हैं। एक बाह्यपक्ष और दूसरा आन्तरिक पक्ष। धर्म का बाह्य पक्ष कर्मकाण्ड से सम्बन्धित है। विवेकानन्द का कहना है, कि जब प्रकृति की पूजा करते हैं तो हमारी चेष्टा रहती है, कि प्रकृति में निहित शक्ति की पूजा करें।

विवेकानन्द की मान्यता है, कि धर्म की कोई निश्चित परिभाषा नहीं दी जा सकती है, किन्तु धार्मिक क्रिया-कलापों की व्याख्या की जा सकती है। विवेकानन्द धर्म के दो पक्ष-आन्तरिक और बाह्य में अन्तर बतलाते हुए यह कहते हैं कि धर्म का उसके बाह्य पक्ष या पूजा-पाठ या कर्मकाण्ड में नहीं है। धर्म का बाह्य पक्ष तब अर्थपूर्ण हो जाता है, जब आंतरिक समर्थन प्राप्त रहता है तथा विवेकानन्द ने धर्म के प्रति मानव के दृष्टिकोण को ही धार्मिक भावना माना है तथा धार्मिक भावना पर अत्यधिक बल देते है।

धार्मिक भावना एक सर्वमान्य तथ्य है। धार्मिक भावना ईसाई, हिन्दू, मुसलमान, तथा अन्य धमावलम्बियों में समान रूप से पायी जाती है। यहाँ तक कि नास्तिकों में भी धार्मिक भावना पायी जाती है। धार्मिक भावना में ज्ञानात्मक, क्रियात्मक तथा भावनात्मक तीनो पहलुओं का समन्वय होता है। जिहस धर्म में ज्ञानात्मक पहलू अधिक होता है, वह कर्मकाण्ड में विश्वास करता है, लेकिन 'धार्मिक अनुभूति' इन तीनों को अपने अन्तर्गत समाविष्ट कर लेती है। इस तरह विवेकानन्द का कहना है, कि धार्मिक भावना सार्वभौम है।

विवेकानन्द के अनुसार-'अति प्राकृतिक सत्ता' ही धर्म का केन्द्र बिन्दु है। धर्म में हम इन्द्रियों की सीमाओं से ऊपर उठकर, अतीन्द्रिय सत्ता की ओर संकेत करते हैं। विवेकानन्द ने कहा है कि, धर्म में हम मात्र इन्द्रियों की सीमाों से ऊपर उठकर ही नहीं, बल्कि बौद्धिक सीमाओं से भी ऊपर उठते हैं।

विवेकानन्द ने का है कि, धार्मिक तथ्य वास्तविक तथ्यों की तरह नहीं होते। वास्तविक तथ्य इन्द्रिय ग्राह्य होते हैं। धार्मिक तथ्य एक प्रकार से अमूर्त होते हैं। यह अमूर्त सत्ता या तो ईश्वर के नाम से जानी जाती है, या नैतिक नियम के रूप में समझी जाती है, जिसे उपनिषद की भाषा में सद् कहते हैं। जिन धर्मों ने अमूर्त को नकारा है, उन लोगों ने भी किसी न किसी प्रकार के आदर्श को स्वीकारा है। जिन लोगों ने व्यावहारिक धर्म की बात की है, उन लोगों ने अपना आदर्श नैतिक नियम या मानवता को माना है। मानवतावादी धर्म अमूर्त को नकारने का दावा करा है, धर्म को मानव से जोड़ने का प्रयास करता है। मानवतावादी धर्म भी एक प्रकार से अमूर्त का ही आदर्श मानता है। मानव मूर्त, किन्तु मानवता अमूर्त है। मानवता को आदर्श मानना एक प्रकार के अमूर्त में आस्था रखना है।

विवेकानन्द के अनुसार धर्म का अर्थ, मानव के अन्दर आध्यात्मिकता को जागृत करना है। आध्यात्मिकता लौकिक तथा पारलौकिक दोनों मूल्यों को अपने अन्दर समाविष्ट करती हैं, विवेकानन्द नैतिकता के लिए भी धर्म को आवश्यक मानते हैं। धर्म नैतिक मूल्यों को संरक्षण देता है। बिना धार्मिक आधार के, नैतिक मूल्यों का कोई अर्थ नहीं है। यही एक धर्म एक पारलौकिक आदर्श की ओर संकेत करता है, जैसे ईश्वर एक पारलौकिक आदर्श है, जिसे सर्वव्यापी माना गया है। प्रत्येक मनुष्य को ईश्वर का अंश माना जाता गया है, जिसका हम स्वयं है तथा मानव सेवा के माध्यम से, ईश्वर तक पहुँचा जा सकता है।

सार्वभौम धर्म

यदि हम इतिहास के पन्नों का अवलोकन करें तो सबसे पहले सम्राट अकबर का नाम याद आता है, जिन्होंने दीन-ए-इलाही धर्म को एक सार्वभौम धर्म की तरह प्रचलित किया। अकबर ने ईसाई धर्म, हिन्दू-धर्म, इस्लाम-धर्म, सभी को बराबर सम्मान दिया। किन्तु अकबर द्वारा प्रतिपादित एवं प्रचारित दीन-ए-इलाही धर्म उसकी मृत्यु के उपरांत नगण्य हो गया।

सार्वभौम धर्म के आदर्श की प्राप्ति में, सबसे अधिक बाधक प्रत्येक धर्म की अपनी विशिष्टता है तथा प्रत्येक धर्म के पीछे उसके, अपने कर्मकाण्ड छिपे रहते हैं। प्रत्येक धर्म में भिन्नता, उनके कर्मकाण्ड के चलते हैं। प्रत्येक धर्म किसी न किसी विशिष्ट सांस्कृतिक परम्परा से जुड़ा हुआ है। साथ ही एक धर्म, दूसरे धर्म से भिन्न होते हुए भी कुछ बातों में समान है। ईसाई धर्म, बौद्ध धर्म, यहूदी धर्म, हिन्दू धर्म, इस्लाम धर्म, सभी एक दूसरे से भिन्न होते हुए भी, कुछ सिद्धान्तों को समान रूप से स्वीकार करते हैं।

किन्तु सभी धर्मों में समानता को देखकर कोई सार्वभौम धर्म कान लेना उचित नहीं हैं। सार्वभौम धर्म का लक्ष्य तभी प्राप्त किया जा सकता है, जब हम मान कर चले कि भिन्न-भिन्न धर्म, एक ही आध्यात्मिक सत्य को प्रकाशित करते हैं। धर्म कोई सिद्धान्त या कर्मकाण्ड नहीं है, बल्कि धर्म का सही अर्थ आत्मानुभूति में है।

विवेकानन्द मानव को आध्यात्मिक मानते हैं। सार्वभौम धर्म का लक्ष्य इसी आध्यात्मिकता को प्रापत करना है। धर्म के प्रति घृणा या अनास्था नहीं होनी चाहिए।

विवेकानन्द वास्तविक धर्म तथा साम्प्रदायिक धर्म में भेद करते हैं। साम्प्रदायिक धर्म, मानव को मानव से, एक सम्प्रदाय को दूसरे सम्प्रदाय से पृथक करता है। इनका मानना है कि साम्प्रदायिक धर्म कभी भी सार्वभौम धर्म का स्थान नहीं ले सकता। क्योंकि सांप्रदायिक धर्म पूरी मानवता को एक सूत्र में बांधने का कार्य नहीं करता है। किन्तु सार्वभौम धर्म एक मानव को दूसरे मानव से, एक सम्प्रदाय को दूसरे सम्प्रदाय से, पृथक नहीं करता है।

सार्वभोम धर्म का कार्य मानव के सामने एक सार्वभौम आदर्श प्रस्तुत करता है। अत: विवेकानन्द का मानना है कि, सार्वभौम धर्म सदा वास्तविक धर्म होता है। क्योंकि यह सम्प्रदाय के चंगुल से मुक्त होता है। सार्वभौम धर्म सभी धर्मों का योगफल भी नहीं हैं, बल्कि वह उन सभी से व्यापक है। सभी धर्म सार्वभौम सत्य की अभिव्यक्ति को लेकर एक-दूसरे से भिन्न है, परन्तु जहाँ तक आध्यात्मिकमा का प्रश्न है, सभी धर्म समान हैं। सभी धर्मों में पवित्रता एक सार्वभौम तत्व है। सभी धर्मों में कुछ मूल्यों के प्रति आस्था रहती है। मूल्य सभी धर्म की आधारशिला है। सभी धर्म चाहे वह बौद्ध धर्म हो या इसाई धर्म या हिन्दू धर्म कुछ मूल्यों में विश्वास करता है। उसमें आंतरिक तत्व की कमी है। मोहम्मद जो इस्लाम के प्रवर्तक है, उन्होंने इस्लाम का प्रचार तलवार की धार पर करने की बात कही हैं। अत: इस्लाम धर्म हिंसा को प्रश्रय देता है। इसे हम सार्वभौम धर्म की संज्ञा नहीं दे सकते हैं।

बौद्ध धर्म बहुत ही संजीता धर्म है। बौद्ध धर्म का आन्तरिक पक्ष बहुत ही सबल है। इस्लाम आंतरिक पक्ष को लेकर कमजोर है। बौद्ध धर्म ईश्वर में विश्वास नहीं करता। यह नास्तिक धर्म है। इसका कोई धर्म विज्ञान नहीं है। अत: बौद्ध धर्म को साधारण धर्मों की श्रेणी में नहीं रखा जा सकता। यह एक जीवन दर्शन है, तथा नैतिक पक्ष पर बल देता है। परन्तु बौद्ध धर्म एक अत्यंत कठोरवादी धर्म है, जो जीवन में विरक्त होने का दर्शन

प्रतिपादित करता है। बौद्ध धर्म भावना का दमन करता है। इसकी विश्व दृष्टि निषेधात्मक है। अतः यह सार्वभौम धर्म का स्थान ग्रहण नहीं कर सकता है।

ईसाई धर्म के समर्थक, इसाई धर्म को सार्वभौम धर्म के लिए उपयुक्त धर्म बताने की चेंष्टा करते हैं। परन्तु ईसाई धर्म बाह्य कर्मकाण्ड की घेराबं दी में है। ईसाई धर्म रूढ़िवादिता तथा कर्मकाण्ड से ग्रस्त है। ईसाई धर्म मानव-प्रेम की बात करता है। परन्तु अन्य जीवों के साथ प्रेम कने की बात नहीं करता। अन्य जीवों के प्रति सौहार्दपूर्ण दृष्टिकोण नहीं अपनाता है।

पुनः ईसाई धर्म में, ईश्वर पूर्णतः विश्वातीत है। मानव और ईश्वर में सदा एक लम्बी दूरी बनी रहती है। मानव को 'क्रीचेयर' और 'ईश्वर' को 'थियेटर', मानव को नौकर तथा ईश्वर को 'मालिक' 'मानव को पुत्र' तथा ईश्वर को पिता कहा गया है। मानव को मुक्ति, तब तक नहीं प्राप्त हो सकती, जब तक ईश्वर का आर्शीवाद न हो। मानव को पूर्णतः ईश्वर के सामने अपने को समर्पित करना होगा, समर्पण की भावना मानव के व्यक्तित्व को शून्य बना देती है। कोई मोक्ष प्रासि या अपनी भवितव्ययता की प्रासि के लिए, मानव के लिए कोई प्रयास करने की गुजाइश नहीं है। अतः ईसाई धर्म सार्वभौम धर्म नहीं बन सकता।

हिन्दू धर्म कैसे सार्वभौम बनने का दावा करता है, सबसे पहली बात है कि, हिन्दू धर्म आंतरिक पक्ष पर बल देता है। वेदान्त पर आधारित हिन्दू धर्म, ज्ञानकाण्ड पर अधिक ब देता है तथा वैदिक कर्म काण्ड को कम महत्व देता है। हिन्दू धर्म सहनशील है, यह सभी धर्मों को अपने अन्तर्गत समाहित करता है।

हिन्दू धर्म की आधारशिला उसकी आध्यात्मिकता है। हिन्दूधर्म का दावा इस्लाम, बौद्ध, ईसाई मत से अधिक है। वेदान्त धर्म कर्मकाण्ड से ग्रसित नहीं है। वेदान्त धर्म मानव और ईश्वर के साथ तादात्म्य की बात करता है। तथा सभी प्राणियों के साथ प्रेम की बात भी करता है। विवेकानन्द कहते हैं कि सार्वभौम धर्म कोई नया धर्म नहीं है, बल्कि वेदान्त धर्म ही सार्वभौम धर्म का स्थान ग्रहण कर सकता है। सभी धर्म साम्प्रदायिक तथा लौकिक तथ्यों पर आधारित होता हैं। किन्तु वेदान्त धर्म साम्प्रदायिक तथा लौकिक तथ्यों की घेराबन्दी में नहीं रहता है।

विवेकानन्द कहते हैं कि भिन्न-भिन्न धर्म में विरोधात्मक हो सकते हैं ठीक उसी तरह जैसे, एक ही व्यक्ति या वस्तु के चित्र भिन्न-भिन्न कोणों से लेने पर भिन्न-भिन्न होते

हैं। किन्तु विषय तो एक ही रहता है। उसी प्रकार से धर्म का भी आदर्श एक ही रहता है। एक ही कुएँ के जल को हिन्दू 'जल' कहते हैं। ईसाई 'वाटर' कहते हैं, मुसलमान पानी कहते हैं। परन्तु जल सभी के लिए जल ही है। नामकरण की भिन्नता से जल का रूप एवं स्वभाव नहीं बदलता है।

विवेकानन्द वेदान्त-धर्म को अन्य साम्प्रदायिक धर्मों से भिन्न बतलाते हैं। वेदान्त धर्म में कुछ सर्वमान्य मूल्य है। 'सार्वभोम धर्म' का यह अर्थ नहीं है कि, सभी धर्मों की मुख्य बातों एवं सामान्य बातों को लेकर एक नया सार्वभौम धर्म प्रतिपादित किया जाए।

यह मानना कि नैतिक तथा धार्मिक आधार सभी धर्मों का समान है, तथा यह कहना कि, आध्यात्मिक विचार, कर्मकाण्ड सभी धर्मों का एक साथ मिलकर एक नया धर्म उत्पन्न करेगा, जिसे सार्वभौम धर्म की संज्ञा दी जा सकती है, कि उसका ही धर्म सत्य है और अन्य सभी धर्म गल्प मात्र है, तो यह उसका भ्रम है। धर्म का एकमात्र उद्देश्य है- सभी धर्मों में एकता। वेदान्त धर्म व्यापक है, जिसमें सर्वमान्यता एवं सहनशीलता के तत्व भरे हैं।

स्वामीजी ने कभी भी हिन्दू धर्म का वरण करने या ईसाई धर्म का परित्याग करने की बात नहीं की, उन्होंने वेदान्त धर्म का उद्घोष किया जिससे एक ईसाई अच्छा ईसाई बन सके, एक मुसलमान अच्छा मुसलमान बन सके, उन्होंने वेदान्त की मूल बातों की शिक्षा दी जो सभी को मान्य है। धर्मा के सामान्य तत्व हो सकते हैं किन्तु सार्वभौम धर्म नाम कोई धर्म नहीं हो सकता। 'मर्सिया एलियाडे' के अनुसार सार्वभौम धर्म 'द रिलीजन' नहीं हो सकता वह 'ए रिलीजन' होगा। विवेकानन्द को विचार मर्सिया एलियाडे के विचार से मेल खाता है। वेदान्त धर्म 'ए रिलीजन' है।

विश्व धर्म का आदर्श

धर्म मनुष्य के जीवन एवं चिन्तन का सबसे उच्च स्तर है और हम देखते हैं कि, धर्म जगत में ही इन दो शक्तियों की क्रिया सबसे अधिक परिस्फुटित हुई है। मानवता को जिस तीव्रतम प्रेम का ज्ञान है, वह धर्म से ही प्राप्त हुआ है, और वह घोरतम पैशाचिक घृणा भी, जिसे महत्तम शान्ति की जो वाणी सुनी है। वह धर्म राज्य के लोगों के मुखर से ही निकली हुई है। और जगत ने कभी भी जो तीव्रतम भर्त्सना सुनी हैं, वह भी धर्म राज्य के मनुष्यों से, उच्चारित हुई है।

किसी धर्म का उद्‌देश्य जितना ही उच्च होता है, उसका संगठन जितना ही सूक्ष्म होता है, उसकी क्रियाशीलता भी उतनी ही अद्‌भुत होती है। धर्म प्रेरणा से मनुष्यों ने संसार में जो खून की नदियाँ बहायी हैं, मनुष्य के हृदय की और किसी प्रेरणा ने वैसा नहीं किया और धर्म प्रेरणा से मनुष्यों ने जितने चिकित्सालय, धर्मशाला, अन्न क्षेत्र आदि बनाये, उतने और किसी प्रेरणा से नहीं। अतीत में ऐसा ही हुआ है और संभवतः भविष्य में भी ऐसा ही होगा। फिर भी विविध धर्मों और सम्प्रदायों के कलह और कोलाहल, द्वन्द्व और संघर्ष, अविश्वास और ईर्ष्या-द्वेष में भी समय-समय पर इस प्रकार की बज्र गंभीर वाणियाँ निकली है, जिन्होंने इस सारे कोलाहल को दबाकर संसार में शान्ति और मेल की तीव्र घोषणा कर दी थी। एक ध्रुव से दूसरे ध्रुव तक, अपने बज्र गंभीर आह्वान को सुनने के लिए, मानव-जाति को विवश किया था। क्या संसार में किसी समय इस शान्ति-समन्वय का राज्य स्थापित होगा। किसी धर्म में विश्वास करना देशभक्ति का एक अंग हो जाता है, और देश भक्ति सदा पक्षपाती होता है। विभिन्न धर्मों में सामंजस्य विधान करना ही कठिन कार्य है।

प्रत्येक धर्म में तीन भाग है-पहला है, दार्शनिक भाग। इसमें उस धर्म का सारा विषय अर्थात् मूल तत्व, उद्‌देश्य एवं उसकी प्राप्ति के साधन निहित हैं। दूसरा है, पौराणिक भाग, यह स्थूल उदाहरणों के द्वारा दार्शनिक भाग को स्पष्ट करता है। इसमें मनुष्यों एवं अलौकि पुरुषों के जीवन के उपाख्यान आदि होते हैं। तीसरा है, अनुष्ठानिक भाग, यह धर्म का स्थूल भाग है। इसमें पूजा पद्धति, आचार पद्धति, आचार अनुष्ठान विविध, शारीरिक अंग-विन्यास, पुष्प, धूप, धूनी प्रभृति नाना प्रकार की इन्द्रियग्राह्य वस्तुएँ है। सारे धर्मों को ये तीन भाग होते हैं, कोई किसी पर कम जोर देता है किसी पर ज्यादा।

प्रश्न उठता है कि, कोई सार्वभौमिक दर्शन है या नहीं, अभी तक तो नहीं। प्रत्येक धर्म वाले अपने मतों की व्याख्या करके, उसी को एक मात्र सत्य कहकर उसमें विश्वास करने के लिए आग्रह करते हैं और जो उनके मत में विश्वास नहीं करते, वे किसी भयानक स्थान में अवश्य जायेंगे। कोई-कोई तो दूसरों को अपने मत में लाने के लिए तलवार तक काम में लाते हैं। मानव मस्तिष्क प्रसूत धर्मान्धता नामक व्याधिविशेष की प्रेरणा से वे करते हैं। ये धर्मान्ध सबसे निष्कपट होते हैं, मनुष्यों में सबसे अधिक निष्कपट। किन्तु संसार के दूसरों पागलों की भाँति उनमें उत्तरदायित्व नहीं होता।

विभिन्न धर्मों के पुराणों में क्या कोई सादृश्य या ऐक्य हैं? क्या ऐसा कोई सार्वभौमिक पौराणिक तत्व है, जिस सभी धर्मवाले ग्रहण कर सके? निश्चय ही नहीं है। सभी धर्मों

का अपना-अपना पुराण साहित्य है, किन्तु सभी कहते हैं कि-'केवल हमारी पुराणोक्त कथाएँ उपकथा मात्र नहीं हैं।'

इसके बाद आनुष्ठानिक भाग आता है। एक सम्प्रदाय की एक विशेष प्रकार की अनुष्ठान पद्धति होती है, और उस सम्प्रदाय के अनुयायी उसी को, धर्म संगत समझकर विश्वास करते हैं, दूसरे सम्प्रदाय के अनुष्ठान पद्धति को घोर अंधविश्वास समझते हैं। आनुष्ठानिक भाग में भी कोई सार्वभौमिक प्रतीक नहीं हैं, जिसे सब धर्मवाले स्वीकार और ग्रहण कर सके। तब किसी भी प्रकार का सार्वभौमिकत्व कहाँ है? सार्वभौमिक धर्म किसी प्रकार संभव है? यह सच है, किन्तु वह पहले से ही विद्यमान है।

हम सभी लोग विश्व बन्धुत्व की बात सुनते हैं और विविध समाज में, उसके प्रचार के लिए कितना उत्साह है, यह भी जानते हैं, हम सभी लोग समान है, इसलिए एक दल का कितना उत्साह है, यह भी जानते हैं, हम सभी लोग समान है, इसलिए एक दल का संगठन किया, त्यों ही तुम समता के विरुद्ध हो गये, तब समता नामक कोई चीज तुम्हारे पास नहीं रह जायेगी।

इस प्रकार हम लोग विश्व बंधुत्व और साम्य से अनुसंधन में सारी पृथ्वी पर घूमते फिररते हैं। जिस समय तुम लाग कहीं पर इसकी बात सुनो, मेरा अनुरोध है, तुम थोड़ा धैर्य रखो और सतर्क हो जाओं, कारण इन सब बातों के भीतर प्राय: घोर स्वार्थरता छिपी रहती हैं। जाड़ों में कभी वर्षां ऋतु में बादल गरजता नहीं, वह संसार को जल से प्लावित कर देता है। इसी प्रकार जो लोग यथार्थ कर्मी है और अपने हृदय में विश्व बंधुत्व का अनुीव करते हैं, वे लंबी चौड़ी बातें नहीं करते, और न उस निर्मित सम्प्रदायों की रचना करते हैं, किन्तु उनके क्रियाकलाप, गतिविधि और सारे जीवन के उपर ध्यान देने से यह स्पष्ट समझ में आ जायेगी कि उनका हृदय सचमुच ही मानव जाति के प्रति बंधुता से परिपूर्ण है, वे सबसे प्रेम और सहानुभूति करते हैं। वे केवल बातें न बनाकर काम कर दिखाते हैं- आदर्श के अनुसार जीवन व्यतीत करते हैं।

हम सभी लोग मनुष्य तो अवश्य है, किन्तु क्या सभी समन हैं? निश्चय ही नहीं। हम सब लोग मनुष्य अवश्य हैं, किन्तु हम लोगों में कुछ पुरुष एवं कुछ स्त्रियाँ हैं, कोई काले और कोई गोरे-किन्तु सभी मनुष्य हैं, सभी एक मनुष्य जाति के अन्तर्गत है। हम लोगों का चेहरा भी कई प्रकार का है। दो मनुष्यों का मुख ठीक एक तरह का हम नहीं देख सकते, तथापित हम लोग मनुष्य हैं। मनुष्यत्वरूपी सामान्य तत्व कहाँ-कहाँ हैं? मैंने जिस काले या गोरे या स्त्री या पुरुष को देखा, उन सबके मुँह पर सामान्य रूप से मनुष्यत्व

का एक अमूर्त भाव हैं, मैं उसे पकड़ या इन्द्रियगोचर भले ही न कर सकूं फिर भी नमैं निश्चयपूर्वक जानता हूँ कि वह है। यदि किसी वस्तु का असंदिग्ध है, तो इसी मानवीयता का जो हम सब में व्याप्त हैं। इस समान्यीकृत उपादान के द्वारा ही मैं तुम लोगों को स्त्री एवं पुरुष के रूप में जान पाता हूँ। विश्व धर्म के सम्बन्ध में भी यही बात हैं, जो ईश्वर रूप से पृथ्वी के सभी धर्मों में विद्यमान है। यह अनन्त काल से विद्यमान है और अनन्त काल तक रहेगा। 'यदि सर्वमिद प्रोत' सूत्रे मणिगणा इव। -'मैं इस जगत में मणियों के भीत सूत्र की भाँति वर्तमान हूँ।'

बहुत्व में एकत्व का होना, सृष्टि का विधान हैं। हम सब लोग मनुष्य होते हुए भी परस्पर पृथक हैं, मनुष्य जाति के एक अंश के रूप में मैं और तुम एक हैं, किन्तु अमुक के रूप में तुमसे पृथक हूँ। पुरुष होने के तुम स्वे से भिन्न हो। मनुष्य होने सु तुम जीव-जन्तु से पृथक हो, किन्तु प्राणी होने के नाते स्त्री-पुरुष, जीव-जन्तु और उद्‌भिज सभी समान हैं, एवं सत्ता के नाते तुम्हारा विराट विश्व के साथ एकत्व है। उस ईश्वर में हम सभी एक हैं, किन्तु व्यक्त प्रपंच में यह भेद अवश्य चिरकाल तक विद्यमान रहेगा। इसलिए विश्व धर्म का यदि यह अर्थ हो कि, एक प्रकार के विशेष मत में संसार के सभी लोग विश्वास करे, तो यह यह सर्वथा असंभव है। यह कभी हो ही नहीं सकता। ऐसा हम आशा करें कि समस्त संसार एक ही पौराणिक तत्व में विश्वास करेगा, तो यह भी संभव है, यह कभी नहीं हो सकता। फिर, समस्त संसार में कभी भी एक प्रकार की असंभव है, यह कभी नहीं हो सकता। फिर, समस्त संसार मे कभी एक प्राकर की अनुष्ठान पद्धति प्रचलित हो नहीं सकती। ऐसा किसी समय हो नहीं सकता, अगर कभी हो भी जाये, तो सृष्टि लुप्त हो जायेगी। कारण, वैचित्र्य ही जीवन की मूल भित्ति है। हमें आकारयुक्त किसने बनाया है? वैषम्य ने। संपूर्ण साम्यभाव होने से ही हमारा विनाश अवश्यंभावी है।

विश्व धर्म का अर्थ फिर में समझाता हूँ? कोई सार्वभौमिक दार्शनिक तत्व, कोई सार्वभौमिक तत्व या कोई सार्वभौमिक अनुष्ठान पद्धति, जिसको मानकर सबको चलना पड़ेगा-मेरा अभिप्राय नहीं है। कारण, में जानता हूँ कि, तरह-तरह के चक्र समवायों मे गठित, बड़ा ही जटिल और आश्चर्यजनक इस विश्व का, जो दुर्बोध और विशाल यंत्र है, वह सदा ही चलता रहेगा। फिर हम लोग क्या कर सकते हैं- हम इस यंत्र को अच्छी तरह से चला सकते हैं, इसका घर्षणवेग कम कर सकते हैं। वैषम्य की नैसगिक अनिवार्यता को स्वीकार करके। जैसे हम सब ने स्वाभाविक रूप से एकत्व को स्वीकार किया है, उसी प्रकार हमे वैषम्य भी स्वीकार करना पड़ेगा। हमको यह शिक्षा लेनी ही

होगी कि एक ही सत्य का प्रकाश लाखों प्रकार से होता है और प्रत्येक भाव ही अपनी निर्दिष्ट सीमा के अन्दर प्रकृत सत्य है। हमको यह सीखना ही होगा कि किसी भी विषय को सैकड़ों प्रकार की विभिन्न दृष्टि से देखने पर, वह एक ही वस्तु रहती है। उदाहरणार्थ सूर्य को लो एक स्थान से लिया हुआ सूर्च का चित्र, दूसरे स्थानों से लिए हुए चित्र से भिन्न होगा। मानों वे सब भिन्न-भिन्न सूर्यों के चित्र हैं। परन्तु हम जानते हैं, कि वह अपने गंतव्य पथ के भिन्न-भिन्न स्थानों से एक ही सूर्य के अनेक चित्र लेकर लौटा है। ईश्वर के सम्बन्ध में ठीक ऐसा ही होता है। उच्च अथवा निकृष्ट दर्शन से ही हो, स्थूल अथवा सूक्ष्म पौराणिक कथाओं के अनुसार ही हो या सुसंस्कृत क्रियाकाण्ड अथवा भूतोपासना द्वारा हो, प्रत्येक सम्प्रदाय, प्रत्येक व्यक्ति, प्रत्येक धर्म और प्रत्येक जाति, जान या अनजान में अग्रसर हाने की चेष्टा करते हुए ईश्वर की ओर बढ़ रही है। मनुष्य चाहे जितने प्रकार के सत्य की उपलब्धि करे, उसका प्रत्येक सत्य भगवान के दर्शन के सिवा और कू छ नहीं है। मान लो हम जलपात्र लेकर जलाशय से जल भरने आये। कोई कटोरी लाया, कोई घड़ा लाया, कोई बाल्टी लाया इत्यादि। अब जब हमने जल भर लिया, तो क्या देखते हैं कि प्रत्येक पात्र के जल ने स्वभावतः अपने-अपने पात्र का आकार धारण कर लिया है। परन्तु प्रत्येक पात्र ने जल ने स्वभावतः अपने-अपने पात्र का आकार धारण किया है। परन्तु प्रत्येक पात्र में वही जल है-जौ सबके पास हैं। धर्म के सम्बन्ध में भी ऐसा ही कहा जा सकता है-हमारे मन भी पूर्वोक्त पात्रों के समान हैं। हम सब ईश्वर प्राप्ति की चेष्टा कर रहे हैं। पात्रों में जो जल भरा हुआ है ईश्वर उसी जल के समान है-प्रतयेक पात्र में भगवददर्शन उस पात्र के आकार के अनुसार उसी जल के समान है-प्रत्येक पात्र के अनुसार है, फिर भी वे सर्वत्र एक ही हैं-वे घट-घट में विराजमान है। सार्वभौमिक भाव का भी हम यही एकमात्र परिचय पा सकते हैं।

सैद्धान्तिक दृष्टि से यहाँ तक तो सब ठीक हैं। परन्तु धर्म के समन्वय-विधान को कार्य रूप में परिणत करने का भी कोई उपाय हैं? हम देखते हैं, 'सब धर्म मत सत्य है', यह बात पुराने समय से ही मनुष्य स्वीकार करता आया है। भारतवर्ष, अलेक्जेंड्रिया, यूरोप, चीन, जापान, तिब्बत अन्ततः अमेरिका में भी एक समन्वित धर्म को सूत्रबद्ध करने, सब धर्मों को ही प्रेम-सूत्र में ग्रन्थित करने की सैकड़ों चेष्टाएँ हो चुकी हैं-परन्तु सब व्यर्थ हुई, कारण उन्होंने किसी व्यावहारिक प्रणाली का अवलम्बन नहीं किया। परन्तु अब तक धर्मों के समन्वय के लिए जितने प्रयास हुए हैं, उनमें धर्म सम्बन्धी सभी दृष्टिकोणें को समाहित करने लेने के संकल्प के बावजूद, कार्यरूप में उन्होंने सभी धर्मों को कुछ मतवादों

जकड़ देने की चेष्टा की है। फलस्वरूप उनमें परस्पर कलह, संघर्ष और प्रतियोगिता करने वाले अनेक नये सम्प्रदायों की ही सृष्टि हुई है।

विवेकानन्द के अनुसार, मेरी भी एक छोटी सी योजना है। मैं यह नहीं जानता कि, यह कार्यकारी होगी या नहीं, परन्तु उसको मैं विचारार्थ तुम्हारे सामने रखता हूँ। मेरी योजना क्या है? सर्वप्रथम मैं मनुष्य जाति से यह मान लेने का अनुरोध करता हूँ, कि कुछ विनाश न करो। मूर्ति-भजनकारी सुधारक लोग सांर का उपकार नहीं कर सकते। किसी वस्तु को भी तोड़कर धूल में मत मिलाओं, वरन उसका गठन करो। यदि हो सके तो सहायता करो, नहीं तो चुपचाप हाथ उठाकर खड़े हो जाओ और देखों मामला कहाँ तक जाता है। यदि सहायता न करो, तो अनिष्ट मत करो। यदि सत्य यह है कि, ईश्वर सब धर्मों का केन्द्रस्वरूप है और हममें से प्रत्येक एक-एक व्यासार्थ से उसकी और अग्रसर हो रहे हैं तो हम निश्चय ही उस केन्द्र में पहुँचेगे और सब व्यापारों के मिलन स्थान में हमारे सब वैषम्य दूर नहीं हो सकता। सब व्यासार्थ एक ही केन्द्र में पहुँचते हैं। कोई अपने स्वभावानुसार एक व्यासार्थ से अग्रसर होता है और कोई किसी दूसरे व्यासार्थ से। इसी तरह हम सभी अपने-अपने व्यासार्थ द्वारा आगे बढ़े, तब हम अवश्य एक ही केन्द्र में पहुँचेगे। कहावत भी ऐसी है कि 'सब रास्ते रोम में पहुँचते हैं।' प्रत्येक अपनी-अपनी प्रकृति के अनुसार बढ़ रहा है और पुष्ट हो रहा है-प्रत्येक व्यक्ति उचित समय पर चरम सत्य की उपलब्धि करेगा, कारण अन्त में देखा जाता है कि, मनुष्य स्वयं ही अपना शिक्षक है। न कोई तुम्हे शिक्षा दे सकता है, और न कोई तुम्हारी आध्यात्मिक उन्नति कर सकता है। तुमको स्वयं ही शिक्षा लेनी होगी, तुम्हारी उन्नति तुम्हारे ही भीतर से होगी।

हर समाज में, भिन्न-भिन्न लोगों को देखते हैं। संसार में सहस्रो प्रकार के मन और संस्कार के लोग विद्यमान हैं-उन सबका संपूर्ण सामान्यीकरण असंभव है, परन्तु, हमारे व्यावहारिक प्रयोजन के लिए उनको चार श्रेणियों में विभक्त किया जा सकता है। प्रथम, 'कर्मठ व्यक्ति, जो कर्मेच्छु हैं। उनके नाड़ीतंत्र और मांसपेशियों में विपुल शक्ति है। उनका उद्देश्य है काम करना, अस्पताल तैयार करना, सत्कार्य करना, रास्ता बनाना, योजना स्थिर करके संघबद्ध होना। द्वितीय, भावुक, 'जो उदात और सुन्दर को सर्वान्तकरण से प्रेम करते हैं। वे सौन्दर्य की चिन्ता करते हैं, प्रकृति के मनोरम दृश्यों उपभोग करने के लिए, और प्रेम करते हैं, प्रेममय भगवान की पूजा करने के लिए। वे विश्व क तमान महापुरुषों और भगवान के अवतारों पर विश्वास करते हुए, सब की सर्वान्तःकरण सेपूजा करते हैं, प्रेम करते हैं। तृतीय, 'योगमार्गी व्यक्ति, जो अपने मन का विश्लेषण करना और

मनुष्य के मन की क्रियाओं को जानना चाहता है। मन में कौन-कौन सी शक्ति काम कर रही हैं और उन शक्तियों को पहचानने का, या, परिचालित करने का, अथवा उनको वशीभूत करने का क्या उपाय है-यही सब जानते हैं-और अपनी बुद्धि के द्वारा मानवीय दर्शन से जहाँ तक जाना संभव है, उसे भी परे जाने की इच्छा रखते हैं।

अब बात यह है कि यदि भिन्न-भिन्न वर्गों के लोगों के लिए उपयुक्त सामग्री जुटाने की क्षमता होनी चाहिए और जहाँ तक इस क्षमता का अभाव है, वहा सभी सम्प्रदाय एकदेशीय हो जाते हैं।

यही धर्म की वर्तमान अवस्था हैं और यही वस्तुस्थिति है। मैं ऐसे धर्म का प्रचार करना चाहता हूँ, जो सब प्रकार की मानसिक अवस्था वाले लोगों के लिए उपयोगी हो, इसमें ज्ञान, भक्ति योग और कर्म स्वभाव से रहेंगे। विवेकानन्द अंधविश्वास पर कहते हैं कि 'हे दार्शनिकवर, तुम्हारी यह पंचभौतिक देह तो, सबसे बड़ा अंधविश्वास है, उसका परित्याग करो। आहार करने के लिए घर में या अध्यापन के लिए दर्शन क्लास में अब तुम मत जाओ। शरीर छोड़ दो और यदि न हो सके, तो चुपचाप बैठकर जोर-जौर से रोओ। क्यशसेंकि धर्म को जगत में एकत्व और एक ही सत्य के अस्तित्व की, सम्यक् उपलब्धि करने का उपया अवश्य बताना पड़ेगा। भक्ति योग ज्ञान और कर्म ाक इस प्रकार का समन्वय, विश्व धर्म का अतयंत निकटतम आदर्श होगा। भगवान की इच्छा से यदि सब लोगों के मन में इस ज्ञान, योग ज्ञान और कर्म का इस प्रकार का समन्वय, विश्व धर्म का अत्यंत निकटमत आदर्श होगा। भगवान की इच्छा से यदि सब लोगों में मन में इस ज्ञान, योग भक्ति और कर्म का प्रत्येक भाव ही, पूर्ण मात्रा में और साथ ही समभाव से विद्यमान रहे, तो मरे मत में मानव का सर्वश्रेष्ठ आदर्श यही होगी। इस तरह चारों ओर समभाव से विकास का लाभ करना ही 'मेरे' कहे हुए धर्म का आदर्श धर्म को प्राप्त किया जा पकता है। कर्मी के लिए यह मनुष्य के साथ मनुष्यजाति का योग है, योगी के लिए जीवात्मा और परमात्मा का योग, भक्त के लिए अपने साथ प्रेममय भगवान का योग और ज्ञानी के लिए बहुत्व के बीच एकत्वानुभूतिरूप योग है। योग शब्द से यही अर्थ निकलता है, यह एक संस्कृत शब्द हैं और चार प्रकार के इस योग के संस्कृत में भिन्न-भिन्न नाम हैं। ाजे इस प्रकार का साधन करते हैं उन्हें भक्तियोगी कहते हैं। जो ज्ञान के विचार के बीच इस योग का साधन करते हैं, उन्हें ज्ञानयोगी कहते हैं। अतएव योगी कहने से इस सभी का अर्थ निकलता है।

जन्मजात प्रवृत्ति, बुद्धि शक्ति, और अतीन्द्रिय बोध ये तीनों ही ज्ञान लाभ के साधन हैं, पशुओं में जन्मजात प्रवृत्ति मनुष्यों में बुद्धि शक्ति और देवमानव में अतीन्द्रिया बोध दिखाई पड़ता है। परन्तु सभी मनुष्यों में ही इन सब मानसिक साधनों का विकास होने के लिए उनके बीजों का भी मन में विद्यमान रहना आवश्यक है और यह भी स्मरण रखना कर्तव्य है कि एक साधन दूसरे साधन की विकसित अवस्था ही है, इसलिए वे परसपर विरोधी नहीं है। बुद्धि शक्ति ही प्ररिस्फुटित होकर अतीन्द्रिय बोध में परिणत हो जाती है, इसीलिए अतीन्द्रियबोध बुद्धि शकि का परिपंथी नहीं हैं, परनतु उसका पूरक है। जो विषय बुद्धि शक्ति के द्वारा समझ में नहीं आते उन सबको अतीन्द्रिय बोध द्वारा समझना होता है। जो विषय बुद्धि शक्ति के द्वारा समझ में नहीं आते उन सबको अतीन्द्रिय बोध द्वारा समझना होता हैं और यह बुद्धि के द्वारा समझ में नहीं आते उन सबको अतीन्द्रिय बोध द्वारा समझना होता हैं और यह बुद्धि का विरोधी नहीं है।

राजयोग मनस्तत्व विषय का योग है-मनस्तत्व के विश्लेषण से ही एकत्व को प्राप्त किया जा सकता है। विषय खूब बड़ा है, इसलिए मैं अभी इस योग के आभ्यन्तरीण मूल भाव को तुम लोगों के सामने व्यक्त करता हूँ। हम लोगों के लिए ज्ञान का लाभ केवल एक ही उपाय है। निम्नतम मनुष्य से लेकर उच्चतम सर्वोच्च योगी तक को उसी उपाय का अवलम्बन करना पड़ता है। वह उपाय है एकाग्रता। यह एकाग्रता जितनी अधिक होगी, उतना ही मनुष्य अधिक ज्ञान लाभ करेंगे, कारण यही ज्ञान लाभ का एकमात्र उपाय है- 'नान्य: पन्था विघतेऽयनाय'। जिस काम में जितनी अधिक एकाग्रता होगी, वह कार्य उतने ही अधिक अच्छे प्रकार से सम्पन्न होगा। राजयोग में केवल इसी विषय की चर्चा है। अपनी वर्तमान शारीरिक अवस्था में हम बड़े ही अन्यमनस्क हो रहे हैं। हमारा मन इस समय सैकड़ों ओर दौड़कर अपना शक्तिक्षय कर रहा हैं। जब कभी मैं व्यर्थ की सबच चिन्ताओं को छोड़कर ज्ञान लाभ के उद्देश्य से मन को स्थिर कने की चेष्टा करता हूँ तब न जाने कहाँ से मस्तिष्क में हजारों बाधाएँ आ जाती हैं, हजारों चिन्ताएँ मन में एक संग आकर सबको चंचक कर देती हैं। किस पकार से इन सबका नियंत्रण कर मन को वशीभूत किया जाए, यही राजयोग का एकमात्र आलोच्य विषय है।

अब कर्मयोग अर्थात कर्म द्वारा ईश्वर लाभ की बात लो। सांर में ऐसे लोग बहुत देखे जा सकते हैं, जिन्होंने मानो किसी न सिकी प्रमार का काम करने के लिए ही जन्म ग्रहण किया है। उनका मन केवल चिन्तन राज्य में ही एकाग्र होकर नहीं रहता। जिसे आँखों से देखा जा सकता है और हाथों से किया जा सकता है-ऐसे मूर्त काम में ही उनका मन

एकाग्र होता है। परन्तु हम लोगों में अधिकतर लोग अपनी अधिकांश शक्ति का अपव्यय करते हैं, कारण यह है कि हमें कर्म के रहस्य का ज्ञान नहीं है, कर्मयोग इस रहस्य की व्याख्या करता है, और कहाँ, किस भाव से कार्य करना होगा, प्रस्तुत कर्म में किस भाव से हमारी समस्त शक्ति का प्रयोग कने से सर्वापेक्षा अधिक लाभ होगा, इसकी शिक्षा देता है। कर्मयोगी कम करते हैं, कारण, यह उनका स्वभाव है, वे अनुभव करते हैं कि एसा कना ही उनके लिए कल्याणप्रद हैं, उसको छोड़ उनका और कोई उद्देश्य नहीं रहता। वे संसार में सर्वथा दाता का आसन ग्रहण करते हैं, कभी किसी वस्तु की प्रत्याशा नहीं रखते। वे जान बूझकर दान करते जाते हैं, परन्तु प्रतिदान स्वरूप वे कुद नहीं चाहते इसी कारण वे दुःखों से मुक्ति पाते हैं। जब दुःख हमको ग्रसित करता है, तब यही समझना होगा कि केवल 'आसक्ति' की प्रतिक्रिया है।

अब इसके बाद, भावुक और प्रेमी लोगों के लिए भक्तियोग है। भक्त चाहते हैं भगवान से प्रेम करना। वे धर्म के अंगस्वरूप क्रियाकलापों की सहायता करते हैं और पुष्प, गंध, सुरम्य मन्दिर, मूर्ति इत्यादि नाना प्रकार के द्रव्यों में सम्बन्ध रखते हैं। भक्ति योग निस्वार्थ भाव से प्रेम करने की शिक्षा देता है, किसी भी सुदूर स्वार्थभाव से, लौकेषणा, वितैषण से नितान्त रहित होकर। केवल ईश्वर से अथवा जो कुछ मंगलमय है, केवल उसी को कर्तव्य समझकर प्रेम करो। प्रेम ही प्रेम का श्रेष्ठ प्रतिदान हैं, और ईश्वर ही प्रेम स्वरूप है। ईश्वर सृष्टिकर्ता सर्वव्यापी, सर्वत्र, सर्व-शक्तिमान, शास्ता और माता-पिता हैं, यह कहकर उसके प्रति हृदय की सारी भक्ति और श्रद्धा अर्पित करने की शिक्षा ही भक्तियोग है। भाषा उसका जो सर्वश्रेष्ठ प्रकाश कर सकती है, अथवा मनुष्य उसके सम्बन्ध में जो सर्वोच्च धारण कर सकता है, वह यह है कि प्रेममय है। जहाँ कहीं प्रेम हैं, वहाँ वह है। जहाँ कही किसी प्रकार का प्रेम है, वहाँ वह है, वहाँ प्रभु विद्यमान हैं। वहाँ भक्तियोग से इन्हीं सब बातों की शिक्षा मिलती है।

अब अन्त में ज्ञानयोगी दार्शनिक पर विवेकानन्द विचार करेंगे। वे दार्शनिक और चिन्तक हैं, जो इस दृश्य जगत से परे जाना चाहते हैं-वे संसार की तुच्छ वस्तुओं को लेकर संतुष्ट नीहं रह सकते। वे ही ज्ञानी हैं, भगवान के पिता, माता, सृष्टिकर्ता, पालक, पथ प्रदर्शक इत्यादि वाक्यों द्वारा, भगवान उनके प्राणों के प्राण, आत्मा की आत्मा है, भगवान उनकी ही आत्मा हैं। भगवान को छोड़कर और कोई भी वस्तु नहीं है। उनका समुदाय नश्व अंश विचारों के प्रबल घातक से पूर्ण-विचूर्ण होकर उड़ जाता है। अंत में जो समुदाय विद्यमान रहता है, वहीं स्वयं भगवान हैं ज्ञान योग हमको यही शिक्षा देता है। वह मनुष्य

से कहता है, तुम्ही स्वरूगत: भगवान हो। वह मानवजाति को प्राणिमात्र के बीच यर्था एकत्व दिखा देता है। अत्यंत सामान्य पददलित कीट से लेकर उन श्रेष्ठ जीवो तक, जिसको हम सविस्मत्र हृदय की श्रद्धा-भक्ति अर्पित करते हैं, सभी उस एकमात्र भगवान की अभिव्यक्तियाँ हैं।

अन्तिम बात यह है-इन सब विभिन्न योगों को हमें कार्य में परिणत करना ही होगा, केवल उनके सम्बन्ध में जल्पना, कल्पना करने से कुछ न होगा। यथार्थ धर्म कभी परिवर्तित नहीं होगा। धर्म अनुभूति की वस्तु है-वह सुख की बात, मतवाद तथा युक्तिमूलक कल्पना मात्र नहीं-चाहे वह जितना ही सुन्दर हो। आत्मा की ब्रह्म स्वरूपता को जान लेना, तद्रूप हो जाना, उसका साक्षात्कार करना, यही धर्म है-वह केवल सुनने या मान लेने की चीज नहीं है। समस्त मन-प्राण का विश्वास की वस्तु के साथ एक हो जाना-यही धर्म हैं।

विश्व धर्म की उपलब्धि के मार्ग

जिस अनुसंधान के द्वारा हम ईश्वर का ज्ञान प्राप्त करते हैं, मानव हृदय के लिए इससे अधिक प्रिय अन्य कोई अनुसंधान नहीं है। मानव के भाग्य की खोज, ईश्वर की खोज द्वारा नापा गया है।

विभिन्न जातियों के विभिन्न प्रकार के समाज-संगठनों से जिस तरह हमें अपने सामाजिक संधर्ष का परिचय मिलता है, उसी तरह जगत के विभिन्न धर्मसम्प्रदाय समूहों से मनुष्यों के आध्यात्मिक संघर्ष का परिचय मिलता है। भिन्न-भिन्न समाज जिस प्रकार सर्वदा ही आपस में कलह और युद्ध कर रहे हैं-उसी प्रकार ये धर्म-सम्प्रदाय भी सर्वदा परस्पर कलह और युद्ध कर रहे हैं। इसी प्रकार प्रत्येक धर्मसम्प्रदाय का दावा ह कि केवल उसे ही जीवित रहने का एकातिंक अधिकार है। अब हम देखते हैं कि यद्यपि मानव जीवन में धर्म ही सर्वाधिक शान्तिदायी है, तथापित धर्म ने ऐसी भयंकरता की सृष्टि की है, जैसी की किसी दूसरे ने नहीं की थी।

धर्म ने ही सर्वापेक्षा अधिक शान्ति और प्रेम का विस्तार किया हैं और साथ ही धर्म ने सर्वापेक्षा भीषण घृणा एवं विद्वेष की भी सृष्टि की है। धर्म ने ही मनुष्यों के हृदय में मातृभाव की प्रतिष्ठा की है, साथ ही धर्म ने मनुष्यों के सर्वापेक्षा कठोर शत्रुता और विद्वेष का भाव भी उद्दीप्त किया।

सभी सम्प्रदायों को जीवित रहने का अधिकार मिले, कारण प्रत्येक सम्प्रदाय में एक उद्देश्य, एक महान भाव नीहित है, जो जगत के कल्याण के लिए आवश्यक है और इस कारण से उसका पोषण करना उचित है। वर्तमान समय मे भी यह धारणा चल रही है, और समय-समय पर इसे कार्य रूप में परिणत करने की चेष्टा भी की जाती है।

केवल एक ही धर्म-एक प्रधान प्राचीन धर्म धीरे-धीरे लुप्तप्राय हो गया है। वह हैं जरथुस्ट्र धर्म-प्राचीन पारसियों का धर्म। प्रत्येक धर्म एशिया में उत्पन्न हुआ है और वह भी केवल उसी भूखण्ड में। आधुनिक वैज्ञानिक जिसे 'योग्यतम की अतिजीविता' कहते हैं। बौद्धों ने मध्य एशिया में बराबर विस्तार किया है। तुम सब जानते हो, पश्रनतु मुझे ऐसा मालूम होता है कि फिर भी चेष्टानुरूप फल प्राप्ति नहीं हो रही है।

इस तयि का अवश्य कोई अर्थ है, और सर्मज्ञ, परम कारूणिक सृष्टिकर्ता की यदि इच्दा होती है जिसे इनमें से केवल एक ही धर्म विद्यमान रहे और शेष नष्ट जो जाए, तो वह बहुत पहले ही पूर्ण हो जाती है। सारे धर्म किसी एक समय उन्नति और किसी एक समय अवनति की और जाते हैं। गवेषणा करने से सम्भवत: मालूम होगा कि सब देशें में धर्म कभी उन्नति और कभी अवनति करता रहा है। जब सब नष्ट हो जायेंगे, तब म्प्रदाय नहीं रहेंगे, तब श्मशान की पूर्ण शान्ति और सामंजस्य आकर उपस्थित होगा। किन्तु जब तक मनुष्य चिन्तन करेंगे, तब तक सम्प्रदाय भी रहेंगे। वैषम्य ही जीवन का चिह्न है और वह अवश्य ही रहेगा। मैं प्रार्थना करता हूँ कि उसकी संख्या वृद्धि होते-होते संसार में जितने मनुष्य हैं, उतने ही सम्प्रदाय हो जाएँ, जिससे धर्मराज्य में प्रत्येक मनुष्य अपने पथ से अपनी व्यक्तिगत चिन्तन-प्रणाली के अनुसार चल सके।

जब प्रत्येक सम्प्रदाय को टुकड़े-टुकड़े काटकर फेंक देने की चेष्टा करा था। उसी प्राचीन काल में संसार को किसा भयानक यन्त्रणा का सामना करना पड़ा था। इतिहास इसका साक्षी है, हमारे भीतर का ब्याध अभी तक मरा नहीं हैं, सिर्फ सोया हुआ है। प्रत्येक धर्म मानों महान सार्वभौमिक सत्य के एक-एक अंश को मूतिपत्र करके प्रस्फुटित करने के लिए अपनी समस्त शक्ति लगा देता है।

अतएव मेरी धारणा यह है कि समस्त धर्म ईश्वर के विधान की विभिन्न शक्तियाँ हैं और वे मनुष्यों का कल्याण कर रहे हैं-उनमें से एक ही नहीं मरता, एक को भी विनिष्ट नहीं किया जा सकता। जिस प्रकार प्राकृतिक शक्ति को नष्ट नहीं किया जा सकता, उसी प्रकार इन आध्यात्मिक शक्तियों में से किसी एक को भी विनष्ट नहीं किया जा सकता। तुमने देखा की प्रत्येक धर्म जीवित हैं। समय के प्रभाव से उन्नति या अवनति की ओर

अग्रसर हो सकते हैं प्रत्येक धर्म का हो चरम आदर्श है, वह कभी विनिष्ट नहीं होता, इसलिए प्रत्येक धर्म ही ज्ञात भाव से अग्रसर होता जा रहा है।

जिस प्रकार, सार्वजनिक मातृभाव पहले से ही है, उसी प्रकार सार्वभौमिक धर्म भी है, पुरोहित और दूसरे लोग, जिन्होंने विभिन्न धर्म प्रचार का भार इच्छापूर्वक अपने कंधो पर लिया है, यदि वे कृपा करके कूछ देर के लिए प्रचार कार्य बंद कर दें, तो हमको ज्ञात हो जायेगा कि सार्वभौम धर्म पहले से ही विद्यमान हैं।

सब पुराने धर्मों के आज भी जीवित रहने से प्रमाणित होता है कि उन्होंने निश्चय ही उस उद्देश्य को अटूट रखा है। उनमें से प्रत्येक का हृदय स्वस्थ है-वह जीवंत हृदय की तरह स्पंदत हो रहा है-धड़क रहा है। दृष्टान्त स्वरूप मुसलमान धर्म की बात लो। ईसाई धर्मावलम्बी मुसलमान धर्म से जितनी अधिक घृणा करते हैं, उतनी पिछली बातों को छोड़, उसे भाई कहकर छाती से लगा लिया। ऐसा कोई भी धर्म नहीं करता। मुसलमान धर्म संसार में जो प्रचार करने आया है, वह है मुसलमान धर्मावलम्बी मात्र एक दूसरे को प्रति मातृभाव। मुसलमान धर्म का यही सार-तत्व है। जीवन तथा स्वर्ग आदि सम्बन्धी अन्य धारणायें इस्लाम धर्म नहीं हैं। वे दूसरे धर्मों से ली गयी हैं।

हिन्दू धर्म में एक राष्ट्रीय भाव देखने को मिलेगा-वह है आध्यात्मिकता और किसी धर्म में-संसार के किसी अन्य धर्मग्रन्थों में ईश्वर की परिभाषा करने में इतनी अधिक शक्ति लगायी गयी हो, ऐसा देखने को नहीं मिलता। उन्होंने आत्का का आदर्श निर्दिष्ट करने की चेष्टा कर इस प्रकार की है कि कोई पार्थिव संस्पर्श इसकों कलुषित नहीं कर सकता। आत्मा दिव्य है और इस अर्थ में इससे कभी मानवीय भाव आरोपित नहीं किया जा सकता। इसी एकतव की धारणा सर्वव्यापी ईश्वर की उपलब्धि को सर्वत्र उपदेश मिलता है।

ईसाइयों का प्रचारित मूल भाव ही यही है-'सतर्क रहो, प्रार्थना करो-कारण भगवान का राज्य अति निकट है।' अर्थात चित्त-शुद्धि करके प्रस्तुत हो। ईसाई लोग अज्ञानावस्था से ही अति अन्धविश्वासग्रस्त ईसाई देशों में भी औरों की सहायता करने, चिकित्सालय आदि सत् कार्यों द्वारा अपने को पवित्र कर ईश्वर की आगमन की प्रतीक्षा कर रहे हैं। जितने दिन क वे इस लक्ष्य पर स्थिर रहेंगे, उतने दिन तक उनका धर्म जीवित रहेगा।

अतएव ग्रहण ही हमारा मूलमंत्र होना चाहिए-वर्जन नहीं। केवल परधर्म सहिष्णुता नहीं, क्योंकि तथाकथित, सहिष्णुता प्रायः ईश निन्दा नहीं है, इसलिए मैं इस पर विश्वास

नहीं करता। मैं ग्रहण में विश्वास करता हूँ। प्रत्येक सम्प्रदाय जिस भाव से ईश्वर की, आराधना करता है, मैं उनमें से प्रत्येक के साथ ही ठी उसी भाव से आराधना करूँगा। मैं मुसलमानो के साथ मस्जिद में जाऊँगा, ईसाइयों के साथ गिरजाधर में जाकर क्रसित ईसा के सामने घुटने टेकूँगा। बौद्धों के मन्दिर में प्रवेश कर बुद्ध औ संध की शरण लूँगा और अरण्य में जाकर हिन्दुओं के पास बैठ ध्यानर में निमग्न हो, उसकी भाँति सबके हृदय को उद्भाषित करने वाली ज्योति के दर्शन करने में सचेष्ट होऊँगा।

हम वर्तमान में तो हैं ही, किन्तु भविष्य में भी भाव राशि ग्रहण करने के लिए हमको प्रस्तुत रहना पड़ेगा। अतीत में जो कुछ भी हुआ हैं, वह सब हम ग्रहण करेंगे, वर्तमान ज्ञान-ज्योति का उपभोग करेंगे और भविष्य में जो कुद उपस्थित होंगे, उन्हें ग्रहण करने के लिए, हृदय के सब दरवाजों को उन्मुक्त रखेंगे। अतीत के ऋषिकुल को प्रणाम, वर्तमान के महापुरुषों को प्रणाम और भविष्य में आयेंगे, उन सबको प्रणाम।

मानव धर्म

विवेकानन्द ने मानव-धर्म को परिभाषित करते हुए कहा है कि-ईश्वर सम्बन्धी सभी सिद्धान्त सगुण, निर्गुण, अनन्त, नैतिक नियम अथवा आदर्श मानव धर्म की परिभाषा के अन्तर्गत आने चाहिए। विवेकानन्द के विचार में जीवन का प्रथम लक्ष्य है ज्ञान, दूसरा लक्ष्य है, 'सुख'। ज्ञान तथा सुख मुक्ति की ओर ले जाते हैं। परन्तु जब हर प्राणी मुक्ति नहीं प्राप्त कर लेता, तब तक कोई भी मुक्ति नहीं प्राप्त कर सकता। जब तक सभी सुखी नहीं हो जाते, कोई भी सुखी नहीं हो सकता। आत्म प्रतिष्ठान नहीं आत्म-त्याग ही सर्वोच्च लोक का धर्म है। समस्या का हल निःस्वार्थ से ही हो सकता है। धर्म की उत्पत्ति प्रखर आत्मत्याग से ही होती है। अपने लिए कुछ भी मत चाहों सब दूसरों के लिए करो यही सच्चा मानव धर्म है।

वेदान्त दर्शन भी है धर्म भी है, वास्तव में मानव धर्म को स्थापित करने के लिए यही सबसे उपयुक्त आधार है। विवेकानन्द ने वेदान्त के विषय में जो कुछ लिखा है वह मानव-धर्म की धारणा उपस्थित करता है। प्राचीन भारतीय परम्परा के अनुसार वे धर्म को मानव समाज का आधार मानते हैं। उनका विचार था कि धर्म के अभाव में समाज नहीं चल सकता। इसलिए वे भारत राष्ट्र के धर्म पर आधारित करना चाहते हैं किन्तु यह धर्म विशेष मत न होकर मानव धर्म है, यह आत्मा साक्षात्कार है। विवेकानन्द के शब्दों में 'धर्म का अर्थ न गिरजे में जाना है, न ललाट पर रंगना है, न विचित्र ढंग का भेष धरना है।

इन्द्रधनुष के सब रंगों से तुम अपने को चाहे भले ही रंग लो, किन्तु यदि तुम्हारा हृदय उन्मुक्त नहीं हुआ है, यदि तुमने ईश्वर का साक्षात्कार नहीं किया है, तब यह सब व्यर्थ है। जिसने हृदय को रंग लिया है, उसके लिए दूसरे रंग की आवश्यकता नहीं। यही धर्म का सच्चा अनुभव है।' समाज में धर्म का महत्व बतलाते हुए उन्होंने कहा हैं, 'समाज के पीछे एकमात्र, पूर्णशक्ति, सम्पूर्ण मान्यता, बाँधने वाी सम्पूर्ण शक्ति एक और केवल एक है अर्थात् धर्म आध्यात्मिकता, परलोकवाद। वास्तव में समाज को आर्थिक कल्याण और भौतिक सुख अवश्य ही प्रदान करने चाहिए। परन्तु अन्तिम लक्ष्य जैसा कि अन्य सब कहते हैं, आत्मा का विकास और पूर्णता है-चाहे उसके कुछ भी अर्थ हो।' यह आत्मा मनुष्य के अन्तर्गत मानवता ही है। इसलिए मानव जीवन का एकमात्र लक्ष्य मानवता का साक्षात्कार है। उनके ही शब्दों में, 'जीओं में मनुष्य ही सर्वोच्च जीव है और यह लोक ही सर्वोच्च लोक है। ईश्वर को मनुष्य की अपेक्षा बड़ा समझकर हम उनकी कल्पना नहीं कर पाते, इसलिए हमारा ईश्वर भी मानव है और मानव भी ईश्वर है।'

संसार के सभी धर्म एक मूल मानव धर्म की अभिव्यक्ति हैं। सभी पैगम्बरों ने भिन्न-भिन्न प्रकार से उसी एक मूल मानव धर्म का उपदेश दिया है। सभी धार्मिक पुस्तकें उसी की व्याख्या करती हैं। यह मानव धर्म प्रगतिशील है, यह सदैव बढ़ता जाता है संशोधित होता जाता है। यह किसी देश काल में सीमित नहीं होता।

विवेकानन्द का धर्म मानववादी है, यह इस तथ्य से और भी अधिक स्पष्ट हो जाता है कि उन्होंने दरिद्र-नारायण की पूजा को ही सबसे बड़ी पूजा माना है, 'किसी राष्ट्र की प्रगति उसी अनुपात में जानी जाती है, जिससे उसके जनसमूह में शिक्षा और बुद्धि का प्रसार हो। भारत के सर्वनाश का मुख्य कारण देश के कुछ थोड़े से मुट्ठी भर लोगों में शिक्षा और बुद्धि का सीमित होना है। यदि हमें फिर से उठना है तो यह समस्त जनसमूह में शिक्षा के प्रसार से ही हो सकेगा।' विवेकानन्द देश के दीन-हीन, पिछड़े हुए और अशिक्षित वर्ग को आगे बढ़ाने के लिए विशेष रूप से इच्छुक थे। शिकागो के विश्व धर्म सम्मेलन में भी स्वामी जी ने ईसाइयों के समक्ष कहा था, 'आप ईसाई लाग जो मूर्ति पूजकों की आत्मा का उद्धार करने के निर्मित अपने धर्म प्रचारको को भेजने के लिए इतने उत्सुक रहते हैं, उनके शरीरों को भूख से मर जाने से बचाने के लिए कुछ क्यों नहीं करते? भारत वर्ष में जब भयानक अकाल पड़ा, तो सहस्रो लोग लाखों हिन्दू क्षुधा से पीड़ित होकर मर गए। पर आप ईसाइयों ने उनके लिए कुछ भी नहीं किया। आप लोग सारे हिन्दुस्तान में गिरजे बनाते हैं, पर पूर्व का प्रधान अभाव धर्म नहीं है, उनके पास धर्म पर्याप्त है-जलते

हुए हिन्दुस्तान के लाखों दु:खार्त भूखे लोग सूखे गले की रोटी के लिए चिल्ला रहे हैं। वे हमसे रोटी माँगते हैं और हमें उन्हें देते हैं पत्थर। क्षुतातुरों को धर्म का उपदेश देना उनका अपमान करना है, भूखों को दर्शन सिखाना उनका अपमान करना है।' विवेकानन्द ने यहाँ तक कहा है-'जब तक कि करोड़ों लोग भूख और अशिक्षा में रहते हैं मैं ऐसे प्रत्येक व्यक्ति को गद्दार मानता हूँ, जो कि उनके खर्च पर शिक्षा पाकर उनकी ओर कोई ध्यान नहीं देता।'

एक अन्य प्रसंग में उन्होंने कहा है कि-'धर्म सिद्धान्त कम, और रोटी अधिक है। जब पड़ौसी भूखा मरता हो, तब वह मन्दिर में भोग चढ़ाना पुण्य नहीं पाप है। मेरे जीवन का ध्येय उस ईश्वर के विरुद्ध संघर्ष करना है, जो परलोक में आनन्द देने के बहाने इस लोक में मुझे रोटियों से वंचित रखता है। जो विधवाओं के आँसू पोछने में असमर्थ हैं जो माँ-बाप से विहीन बच्चे को मुख में रोटी का टुकड़ा नहीं दे सकता।'

केष्टा नाम संथाल को भोजन कराकर उन्होंने कहा था 'तुम साक्षात् नारायण है।' आज मुझे संतोष है, कि भगवान ने मेरे समक्ष भोजन किया। पुन: वे कहते हैं-'वास्तविक शिव की पूजा निर्धन और दरिद्र की पूजा है, रोगी और कमजारे की पूजा है।'

निर्धनता, पुरोहितवाद और धार्मिक अत्याचार सिखाने वाले दर्शनों के स्वामी जी प्रचण्ड विरोधी थे। इसी प्रकार धनियों के प्रति भी उनमें आदर भाव नहीं था। भारत की एकमात्र आशा उसकी जनता है। ऊँची श्रेणी के लोग तो शरीर और नैतिकता, दोनों ही दृष्टियों में मर चुके हैं।

अत: विवेकान्द के अनुसार भारत झोंपड़ियों में रहता है और यदि उसकी समस्याओं को जानना हैं, तो गाँव-गाँव घूम-घूमकर इन्ही झोपड़ियों के दरवाजे खटखटाने पड़ेगें, और उनमें रहने वालों को उनकी दशा से परिचित करना पड़ेगा तथा उन्हें सरल शब्दों में व्यापार, वाणिज्य कृषि और जीवन की आवश्यकताओं के विषय में ज्ञान देना। मानव को मानव समझना और उसे ईश्वर समझकर उनकी सेवा करना ही सच्चा मानव धर्म है।

□□□